理 顺

——工程建设多层级项目管理方法与技巧

何自华 李庆生 著
王惠敏 黄 鹤 审

石油工业出版社

内容提要

本书介绍了多层级项目管理原理和项目管理再平衡原理及其应用，通过理论与实践相结合，完善了工程建设项目管理的体制机制，为打造负责任的 EPC 总承包商、PMC 项目管理和工程监理企业提供了方法和技巧。本书还介绍了监管分离的基本原理，为企业走出严监督阶段提供了理论支持。

本书可供从事大型工程建设的项目管理人员及 EPC 总承包、PMC 项目管理、工程监理人员阅读，也可供从事工程建设项目管理研究的人员参考。

图书在版编目（CIP）数据

理顺：工程建设多层级项目管理方法与技巧/何自华，李庆生著．
北京：石油工业出版社，2014.1
ISBN 978－7－5021－9932－6

Ⅰ．理…
Ⅱ．①何…②李…
Ⅲ．基本建设项目—工程项目管理
Ⅳ．F284

中国版本图书馆 CIP 数据核字（2013）第 298472 号

出版发行：石油工业出版社
　　　　　（北京安定门外安华里2区1号　100011）
　　　　　网　址：www.petropub.com.cn
　　　　　编辑部：（010）64523583　　发行部：（010）64523620
经　　销：全国新华书店
印　　刷：北京中石油彩色印刷有限责任公司

2014年1月第1版　2014年1月第1次印刷
787×960毫米　开本：1/16　印张：22.5
字数：400千字

定价：86.00元
（如出现印装质量问题，我社发行部负责调换）
版权所有，翻印必究

目前，工程建设体制正在发生深刻变化，传统设计、施工和监理企业纷纷向工程公司转型，EPC（Engineering，Procurement，construction）已成为工程公司的核心业务。当前QHSE问题已成为转型期间的颠覆性风险。EPC的QHSE工程师们面临的最大困惑是：

（1）在业主、PMC（Project management，contract）或监理、EPC、分包商之间，按照业务对口形成的设计、采办、施工、进度、质量、HSE、投资等矩阵管理体系中，QHSE工程师们为什么难以对QHSE实施控制？

（2）QHSE工程师们没有资源控制权，为什么还要求对QHSE实施控制？

（3）掌握资源的人，为什么对QHSE不控制？

本书通过讲述一个EPC项目管理创新的故事，引导读者剖析当前工程项目QHSE管理过程中存在的问题，探索和利用项目管理规律，以多层级项目管理原理和项目管理再平衡原理为理论基础，通过由下至上的体制创新，最终建立起符合EPC项目管理规律的体系架构。QHSE工程师们按照网络化、节点化、系统化、标准化、程序化和信息化的管理要求，找准了定位，明确了责任，强化了监督，走出了传统QHSE管理的怪圈。项目相关资源控制部门，如控制部、施工部等同时担负起了QHSE的管理职责，通过调节资源供给，实现对分包商的QHSE有效控制。

本书探讨了监控分离的依据和方法，以演练的形式展示了走出严格监督阶段的途径，对当前抓管理、促质量、保安全提供了理论指导。

　　本书尽管通过 EPC 项目管理实践提出了多层级项目管理原理和项目管理再平衡原理，理顺了 EPC 项目部及其分包商的管理，提出了如何进一步提升 EPC 项目部及其分包商管理人员的自主管理能力，但管理无止境，还需要对 EPC 项目管理评价模型进行深入研究。

　　EPC 模式已成为工程建设领域的主导模式，希望本书为业主、PMC、监理、EPC 及分包商的项目管理人员理顺管理提供实践指南，同时，也可供致力于项目管理研究人员和相关工程技术人员学习使用。

随着工程建设体制的深刻变革,在 EPC 总承包模式下,如何充分调动和发挥 EPC 总承包商的积极性和创造性,是现代工程管理面临的新课题。为理顺工程建设各方的关系,项目管理公司提出了"控制依权、监督依势、确认依规、协调依情、考核依约"的二十字方针,为建构业主+监理+EPC 总承包商的建设管理模式,提供了理论基础。项目管理公司以多层级项目管理原理和项目管理再平衡原理为基础,设置的项目管理信息平台,把业主、监理和 EPC 总承包商的管理融为一体,形成一体化管理。信息管理系统的透明和可追溯性,进一步明确了管理责任,提高了管理效率。

实践证明,项目业主只有始终把提高资源整合能力,作为提升自身管理水平的最重要指标,就有尊重监理和 EPC 总承包商的基本诉求,就有理顺管理的政治智慧,就有充分发挥和调动监理和 EPC 总承包商积极性的管理措施。

《理顺——工程建设多层级项目管理方法与技巧》来自于实践,并指导实践,为我们创造和谐的管理氛围,优质、安全、高效地推进工程建设提供了指导。

山西燃气产业集团 PMT 项目经理　李平陆

  为适应当前多变、复杂的项目管理形势需要，通过工程建设者的演义，再现工程项目管理中具有我国文化特色的项目冲突表现及冲突解决管理，很好地解决了实际工作中面临的沟通与制度执行的难题，理顺了项目管理。《理顺——工程建设多层级项目管理方法与技巧》基于我国文化情境，首次提出多层级项目管理原理和项目管理再平衡原理，是工程建设领域的一项理论创新，为推动EPC总承包模式的发展起到重要的推动作用，也为监理适应EPC总承包模式的发展提供了理论指导。

天津大学教授 吕文学

  《理顺——工程建设多层级项目管理方法与技巧》从全新的视角，以系统化、网络化、节点化、标准化、程序化和信息化的理念，基于多层级项目管理原理，介绍了将工程建设各参与方作为一个整体实施项目管理的体制、机制、方法、程序与技巧，突破了传统矩阵管理思维模式，为大型工程建设项目管理进入互联网信息化时代提供了基础。

  本书论述了多层级项目管理原理和项目管理再平衡原理，可以为构建结构清晰、层次分明、权责合理、信息流畅、管理有效的多层级项目管理体系提供支持。

  本书结合石油工程建设项目管理工作的实践，以讲故事的方式形象地解读比较抽象的多层级项目管理原理和项目管理再平衡原理，内容通俗易懂，便于读者深入理解项目管理原理，并有利于激励读者在项目管理实践中创新。

  本书将对EPC模式在石油工程建设领域的推广应用产生重要推动作用。

中国石油大学（北京）教授 吴长春

　　如何正确处理直线责任与监督责任之间的关系？如何通过项目管理公司对承包商的管理激活承包商管理体系？一直是困扰大型工程建设项目管理的难题。《理顺——工程建设多层级项目管理方法与技巧》通过对项目管理要素的分析，结合工程管理实践，提出了监控分离的管理原理，展示了从严格监督阶段向自主管理阶段转化、与国际接轨的先进理念。在当前严峻的质量安全形势面前，面对管理风险，实施源头控制、过程监督、成果确认、事中协调、事后考核的管理方法，具有现实意义。在工程建设"业主＋PMC＋EPC"管理模式转型的关键时期，本书的出版，为业主、PMC、EPC项目管理团队提供了理论指导，希望本书能够引导广大工程建设者适应形势，转换观念，提升项目管理水平。

北京兴油工程项目管理有限公司总经理　刘玉梅

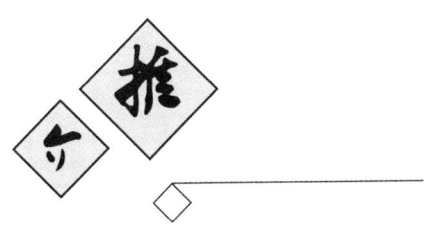

打造负责任的 EPC 总承包商是赢得业主信任和忠诚的基础。在业主、监理、EPC 项目部、设计、采办、施工等多单位的管理过程中，EPC 项目部如何准确定位、正确履责，提供优质服务，打造精品工程，一直是困扰 EPC 总承包模式发展的难题。《理顺——工程建设多层级项目管理方法与技巧》讲述了多层级项目管理原理和项目管理再平衡原理，为 EPC 项目部理清自身职责，理顺各方关系，积极有效实施管理，发挥 EPC 总承包商在项目管理中的核心主导作用，提供了理论指导和实践范例。

管道局贵州天然气管网项目经理　张存华

开展EPC总承包项目管理面临的最大难题是如何有效地对分包商实施管理,面临的最大问题是如何赢得业主、PMC或监理的满意,主导项目管理。

QHSE管理问题的交汇点是:在作业现场,谁的指令说了算?

在业主+PMC+EPC模式下,业主、PMC、EPC都有QHSE管理部门,EPC分包商有专职的QHSE管理人员,为什么众多的QHSE管理人员在作业现场发布指令,往往说了不算?为什么分包商越来越难管?管理困惑背后的原因是什么?

一方面,新生一代作业人员的权力意识普遍提高,知道谁给我发工资,谁说了算,不给我发工资的人,说了不算,说了不算的人员要管,自然就难;另一方面,传统矩阵责任划分方式往往会造成责任与权力不对等,由此产生了说了不算的管理人员。权力意识进步与管理方式不相适应的矛盾,就是当前管理面临的难题。

如何破解以上管理难题?

本书讲述了EPC项目部QHSE工程师小王从无奈、困惑、探索、创新、实践,最后成为EPC项目管理创新人才的成功故事,探索了项目过程管理责任不清、职责不明、衔接不畅和管理不顺的难题。

小王从矩阵式管理的无奈和困惑中,认识到培训工作的重要性;在编制培训材料的过程中,发现培训工作必须结合当前管理实际,才有吸引力和影响力;为理清当前管理现状,就必须有书面的记录;在分析书面记录的过程中,发现事先制定的控制措施中,要求现场管理人员承担控制职责，但是现场管理人员没有资源控制权，控制措施难以落实；为确保控制措施的执行，就必须有管理流程；在跟踪管理流程的过程中，发现EPC项目部的管理人员被分包商整合；实施EPC的核心价值在于有效地整合资源，EPC的进一步发展面临危险；为确保EPC业务的顺利推进，就必须将口头指令书面化，管理工作流程化；在推进流程管理的过程中，发现EPC的各项工作只有通过分包商的转化，才能形成工程的实体成果，流程管理存在于EPC项目管理的各个环节。

小王认为，流程管理必须有控制，在理清管理过程中的控制时，发现有资源才有控制权，没有资源就没有控制权，或者，谁控制资源，谁就有控制权。如果控制越界，就会被被控制者反控制。只有约束越界控制，才能真正实现分层控制，只有分层控制，才会有大规模控制。

为什么要开展监督？什么是有效的监督？怎样才能走出严格监督阶段？小王结合自身的实践，通过梳理发现了以下问题：我们设定的管理方式为什么只有在遇到重大隐患时才有效？我们的QHSE管理体系为什么运行难？为什么我们的QHSE管理理不顺？总结出了控制与监督的必然联系，控制与监督分离的规律。监督就是为控制提供信息，保障控制的有效运行。监督→控制→控制管理模式就是有效监督。监督→监督管理模式就是严格监督。通过管理架构调整或重组，将监督→监督管理模式变为监督→控制→控制管理模式，就走出了严格监督阶段。

有监督为什么还要确认？小王通过梳理，监督是上一层级控制者对下层级控制者的主动管理，下一层级控制者对上一层级控制者的主动管理就是确认。现场监理的确认工作为什么难？原因就是现场监理的确认结果未转化为总监的控制权。确认也是与控制分离后，为控制提供信息，保障控制有效运行的工具。

对监督和确认过程中发现的问题，必须通过协调，采取有效措施，项目才能顺利推进。协调工作要取得成功，就必须有资源支持，即，有资源控制权，才有协调权，没有资源控制权就没有协调权。没有资源控制权的人员，要开展协调工作，首先应积极取得资源的控制权，否则，协调工作不会成功。这就是为什么项目经理能够协调成功，而一般员则难以成功，总监能够协调成功，而现场监理的协调往往不顺的原因。

为确保控制、监督、确认、协调工作的有序进行，就必须对控制、监督、确认、协调工作进行考核。考核是为了强化各层级的管理，不能越过控制层级。在项目管理过程中，应开展积极考核工作，避免因管理失控，采取严厉的制裁性考核措施。

通过梳理，发现项目过程管理是由控制、监督、确认、协调和考核五个管理要素组成，通过五个管理要素，建立项目过程管理模型，从而理清了各种管理流程之间的衔接关系。

有了项目过程管理模型图，抽象的概念就变成了形象化的管理结构。通过对项目过程管理模型图的变换，认清了以往从事项目管理过程中存在的问题。小王组织大家对照模型图进行项目过程管理演练，在推演过程中，小王发现项目过程管理存在两条线，一条是资源流动线，另一条是监督、确认、协调和考核形成的信息线，资源在控制节点之间流动，信息线只有沿着资源流动的控制节点传递管理才有效。

小王通过梳理成功理顺一个分包商的案例，发现五个管理要素的组合，具有一定的规律性，通过进一步的提炼，提出了多层级项目管理原理。多层级项目管理是现代工程管理分层与分工的结果。多层级项目管理与信息技术相结合，出现了项目管理流水线。项目管理流水线的出现，必将推动工程公司向大规模、集成化方向发展，也预示着工程公司面临持续的变革。

星级服务就是一种考核。小王在组织编写EPC质量安全管理星级服务活动方案时发现：要深入推进星级服务，就需要资源，要调动资源，就涉及控制权，而控制权又会伴生监督、确认、协调和考核权，只有以多层级项目管理原理为基础的网络式管理体系，才能真正推进星级服务活动的开展。是坚持按矩阵式管理为基础实施考核，还是按网络式管理为基础实施考核？在小王领导的编写小组处于迷茫之际，

EPC 项目经理决定按网络式管理为基础实施考核，并提出开展 EPC 项目管理创新试点。

EPC 管理创新涉及管理结构的调整，创新就要改变原来的惯性，要改变原来的惯性，就必须在创新与稳定之间找平衡。晁错出《削藩策》，引吴楚七国之乱；主父偃献"推恩令"，得天下和睦太平。不变革，被时代淘汰，过激的变革，被反对派淘汰，在变革时期，必须认真吸取历史教训。

责任履行流程化，推动了信息化的发展，责任记录透明化，推动了网上监督的发展。随着 EPC 管理创新的推进，通过分析责任履行记录，小王发现在 EPC 与分包商之间存在管理竞争。

通过分析 EPC 与分包商之间的管理竞争，小王发现了项目管理再平衡原理。在多层级的竞争管理条件下，如果不理性地加强管理，就会落入加强管理的陷阱。利用项目管理再平衡过程和多层级项目管理原理设定的规则，探讨了在大型项目上取得成功的途径。

隐患治理为什么会进入先制造隐患，然后再治理隐患的不良循环？原因一是计划不周；二是资源不足；三是管理不到位。只有从计划、资源和管理三方面入手，采取综合性的管理措施，提升能力，理顺体制，完善机制，才能有效治理隐患。

如何推进管理持续改进？隐患治理不是零和游戏，只有对管理效率与效益进行持续的评价，以管理效率与效益为目标，才能不断深入推进 EPC 总承包项目管理。

管理探索无止境，《理顺——工程建设多层级项目管理方法与技巧》只是 EPC 项目管理探索的起点，希望本书能够引导读者积极开展 EPC 项目管理探索和实践。

本书中的小标题，只是抛砖引入玉，引导读者思考作者在项目管理过程中曾经遇到的难题，不代表其后段落要回答此问题。

《理顺——工程建设多层级项目管理方法与技巧》源自十年探索，阐述了作者在多层级项目管理探索过程中的探索与思考。陕京二线输气管道工程建设，出现了业主项目经理部、业主省区项目部，监理总部、监理分部、监理区段、施工承包商项目部、施工作业机组等多层级项目管理架构，为开展多层级项目管理探索提供了平台。中国石油天然气股份有限公司在兰银输气管道工程建设中，开展业主＋PMC＋EPC模式试点，为进一步探索多层级项目管理的规律提供了实践的舞台。本书作者参与了中国石油天然气股份公司管道分公司、中国石油集团工程设计有限责任公司组织编写的《兰州—银川输气管道工程PMT/PMC项目管理实践》，特别是2010年《现代工程建设复杂项目管理概论》专著，梳理了控制、监督、确认、协调和考核的概念，提出了控制依权、监督依势、确认依规、协调依情和考核依约的五项项目管理基本原则。中国石油管道建设项目经理部推行"过程监督、成果确认"监理管理模式，推动了"过程监督、成果确认"标准化和信息化工作发展。中国石油天然气集团公司组织开展的工程建设组织模式研究和工程建设项目PMC模式研究，为推动多层级项目管理原理和项目管理再平衡原理的形成和发展起到了重要的推动作用。

　　本书实际是许多工程建设者在项目管理过程中不断探索的智慧结晶，在此表示衷心的感谢。由于作者水平有限，难免有不妥之处，恳请读者提出宝贵意见。

第一章 艰难起步 ……………………………………………………（ 1 ）
- 一、谁管安全谁危险 …………………………………………（ 1 ）
- 二、别人安全要我管 …………………………………………（ 4 ）
- 三、不负责任怎么办 …………………………………………（ 10 ）
- 四、执行程序嫌麻烦 …………………………………………（ 17 ）
- 五、管住流程把好关 …………………………………………（ 26 ）

第二章 谁对谁错 ……………………………………………………（ 33 ）
- 一、控制者反被控制 …………………………………………（ 33 ）
- 二、监督放不下控制 …………………………………………（ 41 ）
- 三、确认被别人控制 …………………………………………（ 56 ）
- 四、协调受资源控制 …………………………………………（ 67 ）
- 五、考核被落后控制 …………………………………………（ 72 ）
- 六、管理受要素控制 …………………………………………（ 86 ）
- 七、思考与提升演练 …………………………………………（102）

第三章 迷局重重 ……………………………………………………（110）
- 一、认清角色搞推演 …………………………………………（110）
- 二、项目经理左右难 …………………………………………（130）
- 三、控制之下控制难 …………………………………………（134）
- 四、没有控制怎么管 …………………………………………（137）
- 五、资源不足怎么办 …………………………………………（142）
- 六、怎么不能主动管 …………………………………………（145）
- 七、信息化变流水线 …………………………………………（155）

八、项目经理没人管 …………………………………………（160）
　　九、梳理流程公式现 …………………………………………（170）
　　十、多层级管理实践 …………………………………………（176）

第四章　步步推进 ………………………………………………（183）
　　一、考核被体系控制 …………………………………………（183）
　　二、创新受惯性控制 …………………………………………（193）
　　三、改革被希望控制 …………………………………………（197）
　　四、过渡受调整控制 …………………………………………（204）
　　五、管理创新与实践 …………………………………………（213）

第五章　管理竞争 ………………………………………………（217）
　　一、开发资源看前头 …………………………………………（217）
　　二、交流影响打基础 …………………………………………（221）
　　三、源头控制在龙头 …………………………………………（229）
　　四、平衡不当入歧途 …………………………………………（243）
　　五、巧用平衡调资源 …………………………………………（255）
　　六、再平衡原理探讨 …………………………………………（268）

第六章　齐心协力 ………………………………………………（274）
　　一、隐患治理急转弯 …………………………………………（274）
　　二、隐患治理平衡点 …………………………………………（286）
　　三、成本分析找底线 …………………………………………（294）
　　四、结构重组促发展 …………………………………………（298）
　　五、隐患治理大辩论 …………………………………………（306）

第七章　永无止境 ………………………………………………（310）
　　一、安全管理的冬天 …………………………………………（310）
　　二、提升能力治隐患 …………………………………………（314）
　　三、完善管理责任链 …………………………………………（323）
　　四、流程化高速公路 …………………………………………（331）
　　五、管理效率与效益 …………………………………………（333）

第一章　艰难起步

一、谁管安全谁危险

（一）为什么安全管理人员很危险？

EPC 总承包项目现场施工开工后不久，EPC 总承包项目部下设的 QHSE 部工程师小王找到 QHSE 部的张部长，说："这些工人太难管，看见安全管理人员来了，就把安全帽戴上，安全管理人员离开后，他们就把安全帽摘下来，放在一边。如果不对工人处罚，QHSE 部的工作就不好干。"

QHSE 部的张部长肯定了小王的工作，并说道："QHSE 工作就得大胆地说、大胆地管，要做到眼勤、嘴勤、腿勤，至于处罚问题，我得同项目经理刘总商量一下。分包商适应我们的管理有一个过程，现阶段，我们就得瞪着眼、黑着脸、大声说、满地转，让这帮工人没有违章的机会，时间一长，现场工人习惯了，我们就轻松了。"

小王觉得张部长时时刻刻都在关心自己成长，尽管 QHSE 工作开展得很艰难，仍然起早贪黑，盯在施工现场。

经过一段时间的现场安全管理，小王觉得现场安全管理的确不是一件简单的管理工作。自己的责任，就是保证工人不出安全责任事故；如果自己尽责了，工人不尽责，出了事故，自己也应承担连带的安全管理责任。如果遇上不要命的工人，出了安全事故，那自己就更惨了，没想到安全管理还是一项危险的职业。

（二）为什么施工部管生产，要我们 QHSE 部管安全？

随着作业面的增多，施工现场也越来越忙，小王的安全管理压力也越来越大。

施工临时用电量越来越大，现场发电不能满足要求，EPC 项目部决定加快外电临时用电施工速度，要求施工部在三天之内组织分包商完成电缆敷设和电气设施安装任务，同时要求 QHSE 部加强施工现场安全管理。施工部指定电气工程师蒋工负责各项目组织协调工作，QHSE 部指定小王负责安全管理工作。

由于任务急,施工分包商为临时指定,施工部的蒋工直接安排分包商的工人开展各项工作。由于工人缺乏培训,很多行为不符合安全管理要求,小王要求分包商完成各项准备工作后,才能组织施工。施工部的蒋工要求小王要么马上离开施工现场,要么盯住危险现场,否则,三天之内完不成任务,由小王承担责任。

小王说:"我离开现场,出了安全问题谁负责?"

施工部的蒋工说:"按照 EPC 项目部职责划分,我们施工部管进度,你们 QHSE 部管质量安全,出了质量安全问题当然由你们 QHSE 部负责。"

小王说:"是你要我离开现场,出了问题,当然由你负责。"

施工部的蒋工说:"你我说了都不算,EPC 项目部有责任划分,出了问题就会按照责任划分进行责任追究。我再重申一次,要么马上离开施工现场,要么盯住危险现场,别因为你们安全问题,影响了我们施工进度。"

(三)矩阵式的责任分工,现场安全怎么管?

小王气得找到 QHSE 部的张部长,张部长安抚小王说:"没办法,工期要求紧,不按期完工,就送不上电,耽误整体进度呀!越是施工部抓进度,我们 QHSE 部就越应该盯住安全不放,不是不管,而是要加大力度去管,我们要为施工部抓进度保驾护航。"

小王说:"不是说安全第一吗?为什么实践中却把安全排到进度之后?"

QHSE 部的张部长说:"EPC 总承包现场管理很复杂,现在把我们部门的工作做好就行了。再坚持一下,施工部把进度搞上去,我们的压力自然就减下来了。"

小王说:"《安全生产法》有要求,谁主管,谁负责,管生产必须管安全。现在施工部在管生产,应该由施工部去管安全才对。"

QHSE 部的张部长对小王耐心地说:"管生产必须管安全没有错,我们干的是 EPC 总承包项目,项目经理把安全管理职责划给了我们安全管理部门,谁主管,谁负责,安全生产的主管部门是我们,我们就应对安全生产负责,这不对吗?现在时间紧,施工部把工程进度抓上去了,我们也得把安全抓上去,避免因安全问题影响工程进度。如果安全问题影响了施工进度,就影响了我们安全管理部门的声誉。"

小王说:"现场的指挥权在施工部,安全问题,我们说了,施工部也不听呀!"

QHSE 部的张部长说:"我们与施工部是平级部门,现场管理的停工权在我们 QHSE 部，当发生紧急情况时，我们 QHSE 部可以下达停工令。"

小王说："我们总不能一直等到现场发生紧急情况时才管吧！"

QHSE 部的张部长说："当然不行，涉及安全方面的事，该我们管的，我们一定要管。"

小王说："怎么管？看到违章，我们要求停下来，施工部的蒋工非让干不可。"

QHSE 部的张部长为了缓和气氛，对小王说："安全管理的确很复杂，我们的基本要求是违章是红线，事故是底线，不作为则是离岗线。具体问题还得结合实际情况，要求高了可能达不到。任何管理方法都离不开管理的基础——人（管理人员的认知度和管理人员的能力），我们对施工部是一种制约，施工部有指挥权，如果违章指挥出了事故，就得追究他们的责任。施工部的蒋工不懂安全，我们多加提示，让他知道什么叫红线、什么叫底线、什么叫离岗线。"

小王说："施工部的蒋工也不是什么都说了算。"

QHSE 部的张部长说："对呀，红线以上我们看着他们干，红线以下就是我们决定是否让他们干，到了底线，我们就坚决不让他们干。"

小王说："这与我们在书本和文件上学的不一样呀！"

QHSE 部的张部长又谈到自己的经验，说道："书本和文件要学，更要辩证地去学，结合现场实际去学，任何时候都不能机械照搬。如果机械地去执行，出了问题，往往不会说书本和文件有什么毛病，而是执行人有问题。因为书本和文件永远不能把所有的事情都写进去，书本和文件写的是一般问题，而现场总有特殊问题，在执行过程中，就得与具体实际相结合，解决实际问题，化解矛盾，减少风险，这才是明智的选择。书本和文件上说得都对，如果施工部的人员都像我们 QHSE 部的人员一样经过专门的安全管理培训，具备安全管理知识和实际管理经验，当然就能够承担起安全管理的职责，我们 QHSE 部就会省很多事。现在的实际情况与书本和文件有差异，很多施工部的员工没有经过安全培训，有些虽然经过培训，当有专人管时，往往不把主要精力放在安全管理上。如果我们懂得安全管理的人员，不把安全管理的责任担当起来，工程就很可能会出现安全事故。现场管理应结合实际情况，只有这样，我们的管理才能顺利进行，这条路子尽管很艰难，但最终会得到大家认可。"

小王说："好，这几天，我就盯在现场。"

小王渡过了三天难熬的时光。每天与工人一起到现场，等到最后一个工人收工后才离开现场。

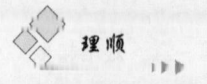
理顺

外电临时用电按时安全完工，EPC项目部对施工部的蒋工和小王提出了表扬。

(四) 为什么安全管理人员头顶上会悬着一把剑？

小王回想这几天来安全管理与生产管理的一幕幕情景。安全管理是由安全主管部门——QHSE部来负责，生产管理是由生产主管部门——施工部来负责，但任务最终都由执行部门或者执行人员——分包商的管理人员和工人负责。在管理过程中，分包商的管理人员和工人往往在QHSE部和施工部之间做游戏，谁盯得紧，谁的要求就先行。工程越是紧张，QHSE部与施工部的冲突就越严重，分包商的管理人员或者工人对QHSE部与施工部的不满情绪就越大，QHSE部就越觉得分包商的管理人员和工人素质越差，而分包商的QHSE管理人员——小昌，几乎是我们QHSE部说什么，他就去组织整改什么，工作从来就不主动。QHSE部对分包商的小昌也极其不满。小王想，矛盾就是最大的不安全因素，如果再进一步加强管理，就可能进一步激化矛盾，就有可能引起更大的冲突。

按照目前的管理方式方法，不出事故就得表扬，出了事故就成责任追究的对象。小王觉得自己不仅要大胆地管，更得小心翼翼地管。只有与工人处理好关系，才会有安全，如果处理不好，现场工人的安全就是悬挂在自己头顶上的一把剑，随时都会有危险。小王觉得，如果项目经理给了安全管理人员绝对的安全控制权，谁管安全谁危险。小王觉得必须对安全管理人员与生产管理人员的职责深入研究，才有可能突破目前的局限性。

二、别人安全要我管

(一) 为什么自作聪明的工人最危险？

为什么越是加强安全管理，各方面的矛盾越大？越是投入大量的管理人员，各方面的管理反而显得越不顺？安全生产管理的出路何在？

工人在作业现场不戴安全帽，一是工人对戴安全帽不习惯；二是对作业现场安全风险估计不足。强制性的安全管理措施，造成工人与安全管理人员在作业现场做游戏。安全管理人员在场时，工人戴安全帽；安全管理人员离场时，工人不戴安全帽。要想让工人始终都戴安全帽，就得派遣安全管理人员盯在现场。

小王想，为什么工人不负责自己的安全？为什么工人的安全要我管？

为了寻求问题的答案，小王进行了现状调查。

小王在作业现场同一个姓牛的工人聊天时，提到为什么有些工人不愿意戴安全帽？

牛师傅说："戴安全帽不习惯。"

小王问道："不习惯为什么还要戴？"

牛师傅说："安全管理人员要求戴，你没看到，安全管理人员离开了作业现场，大伙就把安全帽从头顶上拿了下来。"

小王问道："不戴安全帽出了安全事故怎么办？"

牛师傅说："大伙出门在外，是想把活干好，把钱赚回家，谁还天天想出安全事故？如果天天想出安全事故，那就别出门干活了。"

小王说："你看这周围确实存在安全风险呀！你们队长没有告诉你们这儿存在安全风险吗？"

牛师傅说："我们作业队长只负责给我们安排工作任务，没有告诉我们这儿存在的安全风险。我们干了好多年头了，没有说安排工作任务时，还要说存在的安全风险。出门在外，多说吉利话，谁也不愿意听丧气的话。"

小王说："你们在外干了很多年，怎么看待安全？"

牛师傅说："你看警示牌上写着'注意安全'，只要注意了，就安全了，不注意就可能出安全事故，因此，在干活的过程中，必须时时刻刻注意。"

小王说："如果没有安全提示，大家也不知道今天应注意哪些安全事项，时时刻刻地注意，也有其盲目性。"

牛师傅说："王工，你说得对，在作业现场有个安全提示，或者在作业前有个安全提示讲话，把影响安全的危险因素告诉大家，大家的注意力就会有针对性，防范措施就会有针对性，就更有利于避免事故发生。"

小王说："需要将'注意安全'的内容进一步细化一下？"

牛师傅说："细化一下，当然就更好，但在施工现场提示也不能搞得太复杂。"

牛师傅兴致勃勃讲起了以前经历的一个项目，现场各种安全标识、安全提示针对性很强，并把各种安全知识由书本搬到了现场。在空闲时间，看一看，就学到了很多安全知识，自己在项目上举办的安康杯竞赛中还获了奖。

小王说："没有想到牛师傅还是个安全积极分子。"

牛师傅说："平安是福，谁也不愿出安全事故。"

小王说："那为什么有的工人的安全需要别人来管？"

牛师傅说："俗话说'初生牛犊不怕虎'，由于缺乏安全经验，他们不知道图省事、冒险作业出现事故给项目、给家庭带来多大的麻烦和后患。图省事、冒

理顺

险作业不一定出事故,侥幸心理和投机取巧就产生了。如果投机取巧的人成了聪明人,成了英雄,而按照标准规范作业的人成了傻瓜,隐患文化就产生了。对自作聪明的工人应加强管理,否则,由于他们图省事、冒险作业习惯了,项目执行就很危险。"

(二)对自作聪明的工人应该怎么管?

小王说:"我们要引导大家不能图一时,而要谋一世。"

牛师傅说:"要做到这一点,很不容易,这需要长期合作才行。现在市场经济,你到劳务市场上去看一看,人都成了萝卜白菜,招工的时候大家都希望招收聪明人,谁知道这聪明人中是否有冒险分子?如果招了几个冒险分子回来,对这些冒险分子不管,那项目上还有安全吗?"

小王说:"从你的角度看,应该怎么管才合适?"

牛师傅说:"管聪明人,就得用聪明的办法管——抓培训、抓宣传。"

小王说:"分包商对你们进行过专门的安全培训吗?"

牛师傅说:"管理人员需要培训,工人就是每天的班前训话。"

小王说:"国家2005年就公布了《生产经营单位安全培训规定》,对安全培训有规定,分包商应对你们进行安全培训才对。"

牛师傅说:"培训需要花钱,哪个分包商愿意干?"

小王说:"国家规定主要负责人、安全生产管理人员、特种作业人员需要经过专门的培训机构组织培训,我们现场的大部分人员可以由我们自己来组织培训。"

牛师傅说:"我们自己培训国家也有要求?"

小王说:"当然有要求,培训完了,要求建立培训档案,证明自己开展了培训工作。我们可以利用施工间歇时间,自己来组织培训,这种方式,让分包商花不了多少钱。"

牛师傅:"如果能在项目上开展培训,那当然好。"

小王说:"你们希望有系统的安全培训吗?"

牛师傅说:"培训一下当然好。理解了,执行起来就更主动。"

小王想,要治理隐患,建立基层培训、交流体系是关键。

小王说:"你们对什么样的培训感兴趣?"

牛师傅说:"讲别人的故事,获得感悟,这种方式比较容易接受。故事能够做到通俗易懂,能够产生联想,引起共鸣。这样故事中存在的问题,就易于在实际工作中避免。安全培训的目的一方面是增加安全知识，另一方面是改变自己的情感，把不正确的经验或者冒险的行为，通过培训学习，把它改正过来。安全培训不在于宣讲者说了啥，而在于接受培训的人员改变了啥。如果经过培训，什么也没有改变，这种培训也是一种无效培训。因此，选择大家能够听得懂、听得进、有所感悟的故事很关键。"

小王说："司马光砸缸，就是最好的风险应急响应案例。"

牛师傅说："对，现场管理就是事实胜于雄辩，故事胜于理论。讲司马光砸缸，就是让大家明白在缸和人之间，当二者不能兼得时，应急响应措施就是砸缸保人。在我们以后的工作中，出现应急情况时，保人是第一位的措施。通过这个故事，大家一下子就理解了什么叫风险应急响应。"

小王说："安全管理人员在作业现场时，工人戴安全帽；安全管理人员不在作业现场时，工人不戴安全帽。工人对在作业现场戴安全帽的意义没有理解，管理人员为工人设计的自我防护要求，变成了对工人的强制规定。"

牛师傅说："对，强制性的规定必须有强制性的措施，才能保障其执行；如果强制性的规定没有强制性的措施去保障执行，可能就不会有人去认真执行强制性的规定。而不执行的人就开始炫耀自己聪明。"

小王说："问题是如果管理的任何一个环节，不靠自觉，而靠强制，大家就会觉得没有自由。如果强制条件不存在，大家就会努力去寻求自由。"

牛师傅说："工人不戴安全帽，就是自作聪明的人自己努力寻求自由的结果。如果我们让工人们理解了这种自由是一种危险的自由，是对自己和家人不负责任的自由，工人们就会把自由控制在适度的范围之内，养成习惯，戴上安全帽。"

小王说："制度变成自觉行动，理解是基础。"

（三）如何提升基层培训的有效性？

小王想：如何开展对工人的有效培训，是迈出目前困境的第一步。

小王查了一下 EPC 总承包商对分包商的培训记录。自 EPC 总承包商进场以来，只对分包商的管理人员进行过一次系统的培训，EPC 总承包商编制的安全风险清单也在培训课程之列。EPC 总承包商对项目实施过程中的风险进行了一次系统全面的辨识，形成了项目的安全风险清单，内容全面详实，能够覆盖整个项目的需要。但是分包商的管理人员成天在现场忙，没有时间把 EPC 总承包商的安全风险管理要求传递到工人。

小王想如果把 EPC 总承包商编制的安全风险清单直接讲给牛师傅他们听，

肯定不会有效果,可能会第一次有人参加,以后就再也不会有人参加。如何解决培训教材问题,成为小王面对的难题。

小王认真阅读了以往项目上做的工作前安全分析案例,原来认为工作前安全分析与HSE两书一表、项目安全风险清单的内容没有什么区别,也就没有认真对待。现在要对工人培训,才发现工作前安全分析就是最好的安全培训教程,贴近现场,工人还可以参与安全分析,激发工人开展安全风险辨识的热情,使工人由被动接受安全管理,到积极主动参与安全管理。

小王认真地阅读了《工作前安全分析管理规范》、《生产过程危险和有害因素分类与代码》、《企业职工伤亡事故分类标准》,根据规范、标准要求,参考以往的工作前安全分析案例,编制了《脚手架施工工作前安全分析报告》,并按照分析涉及的危险点,找到了相关事故案例,做好了培训材料。

一天下雨停工,小王找到QHSE部的张部长,看能否召集一下工人,搞一次脚手架安全培训。

QHSE部的张部长说:"好哇,有培训材料吗?我们对分包商的工人培训一定得有点水平。"

小王说:"有,准备好了。"

小王把准备好的培训材料递给QHSE部的张部长。

QHSE部的张部长一看,培训内容贴近现场实际,有标准要求,有案例实证,就通知各分包商的管理人员和相关工人参加由小王主讲的安全培训。

由于各分包商的管理人员和工人的积极参与,小王主讲的安全培训课,变成了各单位的安全交流和经验分享会,分包商觉得从来就没有聚在一起平等交流,今天有这个机会,大家就对现场安全问题献计献策。

培训产生了很好的效果,有的分包商找到张部长询问,以后能否经常性地开展这类贴近工作实际的培训。

QHSE部的张部长看到分包商的积极性,就说:"我们搞EPC总承包强调四个一样,即一样的尊重、一样的规则、一样的培训和一样的管理,会把培训工作放在首位,通过培训打造优秀分包商,当然还要搞。"

QHSE部的张部长把小王开展的工作前安全分析与培训向刘总作了汇报。

刘总说:"我们现在很难找到一个适合项目上的培训教材,小王的培训之所以得到大家的认可,就是结合了我们项目的具体情况。在对分包商的培训方面,我们的确要开动脑筋。"

QHSE部的张部长说:"对分包商的人员开展培训的确不容易,一是大家都有丰富经验,希望自己的经验与其他人共享;二是具有思维定式,只有启发性的学习，才能调动大家学习的积极性；三是大家工作中都有很多困惑，只有解决实际问题的学习，大家才感兴趣；四是参加学习的人员差异性大，只有调动大家的积极性，才能实现相互学习；五是大家希望通过学习改变现状，只有我们EPC总承包商带头学习，促进大家反思，并推进实际应用，才能达到目的。"

刘总说："小王巧妙地把以上五个方面结合在一起，所以，培训工作搞得很成功。整合资源，提升管理，是我们EPC总承包商的重要工作，开发战略合作伙伴，培训工作不可少。"

QHSE部的张部长说："下来我们会进一步加强这方面的工作。"

刘总说："上级主管部门一直在推广工作前安全分析这种管理工具，由于没有找到合适的接洽点，各单位开展得很不平衡，小王把工作前安全分析与培训相结合，很有创意，值得推广。"

QHSE部的张部长把小王叫到办公室，说了刘总的意见和各分包商对培训的评价，并表示以后要深入开展这项工作。

得知刘总和大家对培训工作表示肯定，小王觉得这是对自己的莫大鼓励和鞭策。

QHSE部的张部长与小王针对本项目要开展的工作前安全分析进行了探讨。小王认为工作前安全分析方法是一种针对基层开展培训的有用工具。我们项目上有项目安全风险清单，如果不是为了对分包商的工人开展安全培训，就没有必要增加这项工作。

QHSE部的张部长说："工作前的安全分析应该让分包商去做，我们作为EPC总承包商应该积极引导分包商去开展这项工作。如果我们不要求，分包商很可能就不会开展这项工作。"

小王说："从目前收集的案例资料来看，工作前安全分析都是项目业主在主导。如果项目业主不主导，分包商也不会积极主动开展这项工作。"

QHSE部的张部长说："安全问题涉及到我们的切身利益，业主重视是必要的，我们应该比业主更重视安全管理才对。安全事故，业主承担的只是管理风险，我们EPC总承包商不仅要承担管理风险，还要承担财产损失风险。在安全管理方面，我们多做一点工作是有必要的。对于隐患辨识和治理没有达到要求的分包商，必须开展工作前的安全分析工作，通过工作前安全分析，一是提高分包商管理人员的风险辨识能力，风险意识和管理水平；二是让分包商的管理人对作业人员开展有针对性的培训；三是深化班前讲话的内容，通过班前讲话，把工作前安全分析的内容贯彻到作业层。选定典型的工作前安全分析项目之后，我们再

研究一下。"

小王说："好，准备好后，我再汇报。"

（四）如何把风险管理措施落实到基层？

小王想，今天张部长提到把工作前安全分析与班前讲话相结合，就是工作前安全分析结果的进一步应用。

怎样才能使工作前安全分析与班前讲话有效结合，小王觉得有必要对分包商的班前讲话进行认真调查。

小王找到分包商的QHSE检查员小昌，了解分包商的班前讲话情况。

小昌说："我们班前讲话规定了四个方面的内容，即作业内容、作业步骤、作业风险、应急避险，并对常规风险给予提示。"

小王问："为什么不把工作前安全分析与项目风险清单的成果融入安全讲话之中？"

小昌说："工作前安全分析与项目风险清单内容太多，安全讲话不可能把这些内容重复一遍。"

小王说："据我们了解，有的承包商对安全工作非常重视，根据作业内容，对常规风险制定了消项清单，要求在作业前和收工后进行安全检查确认，并根据现场安全风险，明确应对措施。"

小昌说："这样就把管理工作与现场作业融合在一起，避免了文件编制工作与实际操作两张皮。"

小王觉得EPC总承包商应该对分包商的班前讲话有一个明确的书面要求，对分包商的班前讲话应进行检查，确保各项安全措施落实到位。只有这样才能把风险管理落实到基层，工作前安全分析的成果才会落到实处。

三、不负责任怎么办▶▶▶

（一）为什么总是说分包商不负责任？

什么叫做"典型的工作前安全分析"？小王觉得应从工作前安全分析入手分析管理责任，危险性大和现场问题频次比较高的项目应是研究的重点，即典型的工作前安全分析。

根据《工作前安全分析管理规范》，工作前安全分析法主要采用的是LEC法，即：

$$D = L \times E \times C$$

式中　D——作业条件危险性大小；

　　　L——事故发生的可能性；

　　　E——人员暴露于危险环境中的频繁程度；

　　　C——一旦发生事故可能造成的后果的严重性。

根据计算出的 D 值范围，将风险分为五个等级，其中第一级为稍有危险，第二级为一般危险，第三级为显著危险，第四级为高度危险，第五级为极其危险。

根据工作前安全分析的结果，利用危害因素与风险等级之间的关系，决定应采取的措施。工作前安全分析中的事故发生的可能性和一旦发生事故可能造成的后果的严重性，均根据经验来确定；人员暴露于危险环境中的频繁程度，根据施工组织来确定。工作前安全分析法本质上是一种经验分析法，也就是只有有经验的人，才能利用这种方法来评价危险程度。

经验需要积累。小王觉得要深入开展工作前安全分析，目前口头通知分包商立即整改的做法，可能会存在问题，因为口头通知没有留下记录。如果事故发生的可能性、一旦发生事故可能造成的后果的严重性、人员暴露于危险环境中的频繁程度，是假定而不是经验，把这种工作前的安全分析讲给工人听，长此以往，就没有说服力，工人就不会再来听。我们天天在说分包商不负责，分包商究竟在哪些环节不负责任？由于缺乏记录，缺乏有针对性的分析，很难提出有针对性的分包商管理意见。如果分包商的管理不能改进，能力不提升，不能达到要求，我们 EPC 总承包商就只能永远说分包商不负责任。

小王认为必须改变现在的工作方式，无论是书面通知分包商，还是口头通知分包商，事后对所有问题都必须做出书面记录。

（二）怎样才能避免假问题造成不利影响？

小王把一周来发现的问题进行了整理，在整理问题过程中发现，原来口头通知中，有些对设计图纸和标准规范把握得不准确，给分包商下达的问题整改通知不正确。口头通知中有错误，针对现场工人也许不会有大问题；如果书面记录中有错误，分包商的管理人员看了，就有可能与我们 EPC 总承包商的管理人员产生争论，就有可能给我们 EPC 总承包商带来负面影响。如果上级监督检查机构查出我们下达的通知有问题，就有可能造成更大的负面影响。

小王觉得必须把每一个问题同设计图纸和标准规范进行对比，描述每一个问题必须附加不符合设计图纸的具体内容、不符合标准规范的具体条款，这样才能

理顺

避免争议。原来把问题看成不符合项，把不符合项等同于问题的做法，是没有准确把握不符合项的含义。问题有可能正确，也有可能不正确，需要进一步的考证；而不符合项，就是把问题与标准规范、设计图纸和相关管理文件对比，确定问题不符合标准规范、设计图纸和相关管理文件的要求，因此，用不符合项描述问题，问题肯定就是不正确。通过开展工作前的安全分析，小王自己对设计图纸和标准规范的理解有了更进一步加深，对不符合项的理解也有了进一步的加深。

想到这时，小王想起关总监曾经讲到的一个故事。

在一次投标中，业主方要求对总监进行当面考评。

业主方向关总监提出一个问题：如果现场监理发现的现场问题，指出后，承包商不认可怎么办？

关总监回答道："你们提出现场监理发现的现场问题，承包商不认可，在监理行业具有普遍性。传统监理一般只是提出问题，往往对问题没有进一步的描述和界定是否真正为问题，在这种情况下，就会出现承包商不认可监理提出的问题。如果监理提出的问题不正确，就极大地影响监理的权威性。为了避免这种问题的出现，我们单位要求现场监理必须熟悉标准规范、合同、图纸和施工相关技术与管理文件，监理提出的问题必须指出不符合标准、规范或合同的具体条款、不符合图纸与施工相关文件的具体内容，才能向承包商下发不符合项。"

业主方向关总监继续问道："你们向承包商下发的是问题整改通知单，还是不符合项整改通知单？"

关总监回答道："是不符合项，不是问题。"

业主方问："为什么不用监理通知单下达问题整改通知？"

关总监说："问题有真有假，而不符合项只有真。监理通知单对不符合项没有要求，而我们的不符合项通知单要求书面指出不符合标准规范、合同、图纸和施工相关技术与管理文件的具体内容。如果不符合项附有标准规范、合同、图纸和施工相关技术与管理文件支撑，承包商还不认可吗？"

业主方说："这样，承包商就没法反驳了，监理的威信就有了。"

后来关总监谈到那次面试时说，由于我们回答"问题"和"不符合项"的概念非常清楚，在总监面试环节，我们得了高分。关总监强调，我们在管理过程中，一定要把基本概念弄清楚，只有把基本概念弄清楚了，就不怕别人考问。

小王认为，把不符合项形成书面文件，不仅有助于加强管理，也为进一步开展工作前安全分析提供了基础材料。

（三）为什么工作前安全分析中的控制措施会失效？

小王想，如果能够建立项目的不符合项统计台账，就能够为深入开展工作前的安全分析打下基础。为此，小王希望通过不符合项统计台账，确定张部长所说的"典型的工作前安全分析"项目。

随着时间一天天地过去，不符合项清单也越来越长，有些不符合项已经完成了整改；有些不符合项整改完成后，分包商申请EPC总承包商确认；有些不符合项没有整改。小王觉得有必要对每一项不符合项整改情况进行跟踪，只有找到不符合项产生的真正原因、不符合项整改没有闭合的真正原因，才能找到解决问题的措施，才能评价工作前安全分析表中的现有控制措施是否合适，是否需要进一步的修改工作前的安全分析报告。为此，小王编制了一张不符合项整改跟踪表。

通过跟踪，小王发现了工作前安全分析表中与现有控制措施关联的问题没有提及。这些关联问题不解决，控制措施就落实不到位，如果控制措施落实不到位，不符合项就自然表现出来。如果不符合项整改措施不落实，不符合项可能就得不到根本性的整改。

为了便于分析，小王取了工作前安全分析表中的一部分内容如下：

危害因素描述	现有控制措施
触电 电气火灾	配电箱必须合格并安装漏电保护器 配电箱周围无易燃物品并配置足够的灭火器 电缆必须合格，敷设必须符合规范标准要求 电工正确使用个人劳动防护用品 电工须遵守电工操作规程和临时用电管理规定 严禁非电工人员私自接电 每天进行检查，确保电气设备设施处于正常状态

现有控制措施要求每天进行检查以确保电气设备设施处于正常状态，但处于非正常状态如何处理没有进一步的解决措施。例如，配电箱使用一段时间后，门锁坏了，没有人组织更换；电缆使用一段时间后，出现了破损，也没有人组织更换。针对这个问题，小王做了详细调查。

分包商的安全管理人员小昌找到分包商的武电工说："武师傅，配电箱的门锁坏了，不安全，应进行维修或更换；电缆破损严重，不安全，应更换。"

武电工说："我天天在现场，知道配电箱的门锁坏了，我不是用铁丝绑上了

吗！电缆破损，我刚用绝缘胶布缠好，这帮小子就是不把公家的东西当回事，又弄坏，真拿这帮工人没办法。"

小昌说："你修也没有用，应更换！EPC总承包商的安全管理人员给我们下了不符合项。"

武电工说："我知道了，EPC总承包商施工部的电气工程师蒋工也给我说了，我也给上面反映了，上面的人员说这些东西进场时是新的，现在也没有到报废期，咋更换？"

小昌说："这些东西的确不符合安全要求，不能让EPC总承包商的安全管理人员天天说我们呀！"

武电工说："你为难，我更为难。这些设备设施没有到报废年限就用坏了，别人说我这个电工怎么管的。小昌，这帮工人不爱护东西，你说我能管住他们吗？这些东西是这帮工人用坏的，不是我管坏的。我在现场只管送电，设备坏了，我负责维修，电缆破了，我负责用绝缘胶布缠好，至于把不符合要求的设备设施何时换掉，不该我管。我希望早点更换，我也省点事，少挨一点批评。"

小昌说："武师傅，你也挨批评？"

武电工说："只想到你挨批评，我管电，这电气设施有问题，当然就冲着我来了！"

小昌说："我也是呀，安全方面有问题就冲着我来了。武师傅，有什么办法不挨批评吗？"

武电工说："把这些不符合要求的电气设施换了，就不挨批评了。"

小昌说："可是，过几天，这帮工人又弄坏了，如果不及时更换，我们不又得挨批评？"

武电工说："你说也对，这些工人的素质和水平决定了我们是否挨批评。"

小昌说："只有通过培训，再建立相应管理制度，才能延长这些电气设施的使用寿命，我们才能减少批评。"

武电工说："如何正确使用电气设施，我可以同这些工人说一说，至于建立管理制度则是你们管理人员的事。"

小昌说："培训和完善管理制度的事，我也得找领导，只有领导同意，这些工作才便于开展。"

武电工说："小昌，你这么一说，电气设施损坏和不符合安全要求，不应批评你和我，工人没有正确使用电气设施，造成电气设施加速损坏，是工人素质不到位，或者管理制度不健全造成的，不是你和我工作不到位造成的。你和我是在替工人素质不高，或者管理制度不健全在挨批评。"

小昌说："大家在现场看到的是电气设施损坏，不符合安全要求的现象，没有人看到工人素质不到位，或者管理制度不健全。上次，EPC项目部的王工给我们讲工作前安全分析，控制措施都是电工应做的事和工人禁止做的事。配电箱门锁坏了，是工人私自接电造成，'严禁非电工人员私自接电'，我们得有措施才能做到这一点。这就是说我们的制度还需要完善，应该是在正常使用情况下，谁损坏，谁负责，而不是工人损坏的电气设施，由电工和安全管理人员负责。现在电气设施之所以这么快就坏了，就是因为没有人去追究工人的责任，说明我们的责任追究制度不健全。而电缆损坏是工人使用不当造成的，工人素质不高，是我们培训考核不到位，我们应该应完善我们的培训考核制度才行。"

武电工说："追究责任也很难。你说这配电箱的门锁我管着，把钥匙留在箱门上，EPC总承包项目部的管理人员说不符合管理要求。我把钥匙拿在手上，刚走开一会，这帮工人就把锁撬了。如果我到领导那儿告这些工人，这些工人就说我脱岗。我不告这些工人，就只有拿铁丝绑。"

小昌说："难怪这满场地的配电箱门锁就没有几个是好的。"

武电工说："如果工人素质不提高，这个门锁就永远修不好。"

小昌说："隐患治理不能只治我和你。"

武电工说："问题是大家现在只看现象，不看本质。我管电，就批评我，你管安全，就批评你，我们不该挨批评的，天天在现场顶着批评。关键是他们批评了我们，这不是我们的工作职责，问题还是解决不了，我们挨了批评也没有用呀！"

小昌说："我们也不能说'这不是我的工作职责，我管理不了'，如果我们这么说了，EPC项目部的人就会说我们不负责。"

武电工说："我们现在是管了我们管不了的事，也接受了不该接受的批评，面对他们说的整改，明知整改不了，还得说马上整改，立即更换。"

小昌说："所以，EPC项目部的管理人员说我们不负责任。"

武电工说："不是我的责任，我怎么能负起这个责任？我已经反映了这个问题，得到的答复是这些电气设施没有到报废期，按照规定没法更换。我们也有我们设备设施报废管理的制度。"

小昌说："我们也不能说EPC项目部批评得不对呀！"

武电工说："EPC项目部管分包商，我们分包商有错，EPC项目部的人当然就有权批评我们呀。"

理顺

小昌说:"他们应该批评我们建立制度的人员、安排培训的人员才对呀。"

武电工说:"现场有问题,大家都要求立即整改,建立制度,培训工人都需要时间,不能马上解决问题。我们建立制度和安排培训的管理人员不在现场,自然就落不着批评,我们天天在现场,就只有顶着批评。"

小昌说:"我们只是说了马上解决,事实上现在马上解决不了。"

武电工说:"在批评的时候,说声马上解决,就给大家一个面子,给批评的人一个台阶下。至于是否能够真正解决,还得看他们是否找到我们的负责人,只有我们的负责人才有权提供资源,花钱维修或更换。我们在现场只能利用手头上的资源进行简单处理,现场资源有限,也就是处理完毕后,不一定能够满足EPC项目部的管理要求。例如,配电箱门锁坏了,就得换锁,我们手头上没有锁,只有铁丝,用铁丝固定配电箱的门,肯定不符合安全管理要求。我想,他们批评我们多了,看着没有用,自然就会找我们的负责人。"

小昌说:"那我们为什么不让他们直接找我们的负责人呢?"

武电工说:"我们不能说这个话,如果我们这么说了,他们就会把我们告到我们的领导那里,说我们不负责任。前天EPC总承包商施工部的蒋工还质问我说:'电气设施方面你还管得了吗?要是管不了,我就找你们领导。'我还得说,'管得了,管得了,马上组织整改,千万别找我们领导。你找到我们领导那儿,我们领导那脾气,还不得把我们开除了?'"

小昌说:"我们现在确实负不了责任。"

武电工说:"其实,他们应该找我们的领导——资源的协调与控制者反映才对,没有必要天天要求我们,天天批评我们。"

小昌说:"是你不让他们找我们领导呀,怎么你又说他们应该找我们领导?"

武电工说:"不是我不让他们找我们领导,是让他们不要瞎说我们不负责任,我们负不了责任的事,他们理所当然去找我们领导呀!如果他们听不懂中国话,那我又怎么办?"

小昌说:"他们应对每件事的管理责任进行分析分解,找到对应的责任人,才能解决问题。"

武电工说:"那就需要管理水平。现在的EPC总承包商好像大家都在管,又好像大家都不管,管理人员满地转,一个问题说了无数遍,大家都没有动脑子管。"

小昌说:"他们的管理方式方法是否也有问题?"

武电工说:"他们天天找我们,天天批评我们,其实没有效果。没有效果的

16

管理，就有可能是管理方式方法有问题。"

小昌说："EPC 总承包商的管理人员不动脑子管，所以，我们有能力、负责任的人就没有出现。"

武电工说："管理这东西，都是你们管理人员的事，我也说不好。"

小昌调侃道："吹胡子，瞪着眼，天天围着不能负责的人转，EPC 总承包商就这么管！"

小王觉得如果不是对不符合项整改情况的跟踪，就发现不了目前所做的工作前安全分析表中的现有控制措施还存在问题。我们 EPC 总承包商的管理人员认为小昌和武电工应该做好电气设施的现场管理，而小昌和武电工只能根据现有资源开展现场管理。我们 EPC 总承包商的管理人员认为小昌和武电工就是分包商的代表，全权负责处理分包商电气设施现场存在的不符合项，而小昌和武电工认为自己只是分包商的普通一员，只能完成分包商赋予的职责。如果 EPC 总承包商的管理人员不对分包商的各级管理人员的职责和实际授权进行跟踪分析，如果没有找到分包商真正的负责人，EPC 总承包商的管理措施就难以落到实处。

在小昌和武电工的对话中提到为什么分包商能够负责任的人没有出现，这是对我们的 EPC 总承包项目管理提出的挑战。小王对工作前安全分析方法进行了认真的研究，工作前安全分析表由于受其结构限制，不可能把管理过程中的链接关系通过工作前安全分析表表现出来，这样控制措施所需的资源就难以保障，如果没有资源保障，控制措施必然就难以落实。因此，工作前安全分析方法只是一种工作前安全风险提示方法，真正要落实工作前安全风险提示的内容，还必须借助其他的管理工具。如果我们 EPC 总承包商把关注点放在风险识别和安全技术，不从 EPC 总承包的管理角度入手应对分包商的管理，就很难应对分包商的管理挑战。

小王觉得，抓现场管理就很难，应对分包商的管理就更难！

四、执行程序嫌麻烦 ▶▶▶

（一）如何引导项目管理人员提高风险辨识能力？

小王认为跟踪不符合项是 EPC 项目部对分包商实施管理的一个突破口，于是找张部长协商能否安排一个人专门负责此项工作。

小王找到张部长说："工作前安全分析法是项目管理的一个重要工具，拉近了风险识别与现场作业之间距离，经过这一段时间的跟踪，发现工作前安全分析表中的现有控制措施经过实践检验还有很多问题，对这些问题，现有的管理方式

方法还很难解决,我们必须认真研究,以便寻求管理对策。"

小王把分包商配电箱使用一段时间后,门锁坏了没有人组织更换、电缆使用一段时间后,出现了破损也没有人组织更换的详细调查情况向张部长进行了汇报。

QHSE部的张部长原来想分包商管理水平低,我们应想办法提高分包商管理水平,让他们把我们的工程干好,没想到分包商竟会给我们设圈套。

QHSE部的张部长说:"搞好EPC总承包的QHSE管理,我们首先得摸清分包商的管理现状,水平差的分包商我们就从安全技术入手,提高其安全技能,水平高的分包商我们就从安全管理入手,督促其加强管理。"

小王说:"通过这段时间的了解,分包商中有些工人和管理人员很有安全管理经验,我们得把他们的积极性调动起来,完善我们的EPC总承包管理。"

QHSE部的张部长说:"问题是如何才能发现分包商的工人和管理人员在安全操作与安全管理方面有经验?"

小王说:"我们发布的不符合项就是一道道考题,水平高的分包商在整改措施上肯定做得有水平,工人水平高,整改的效果肯定就好。如果我们对发布的不符合项跟踪,还能发现分包商的管理问题,针对问题再去抓分包商的管理,我们就不会中分包商的圈套。"

QHSE部的张部长说:"不符合项就是问题,如果我们总是去抓问题,是否会打击大家的工作热情,影响大家的积极性?"

小王说:"如果我们把不符合项看做是各级管理人员对现场风险的辨识能力,谁发现的不符合项多,就是谁对现场风险辨识能力强,谁的水平就高,这样就把负面的东西,变成了正面管理的影响力。"

QHSE部的张部长说:"好,你们可以先试一试,看看管理效果。"

小王说:"不符合项跟踪处理工作量比较大,能否给我配一个人,便于快速推进。"

QHSE部的张部长说:"那就让QHSE部的丁工配合你吧。"

于是,张部长把QHSE部的丁工叫来,让QHSE部的丁工配合小王开展不符合项的跟踪统计工作。

(二)为什么EPC总承包商的管理人员会被分包商整合?

一天,小王看了QHSE部的丁工提交的不符合项跟踪统计表中有些数据不太正常,就问QHSE部的丁工:"这家分包商的不符合项为什么一直就没有闭合,又没有新增不符合项?"

QHSE 部的丁工说："这家分包商赵工家中有点事，给施工部请假了，回家了。我们下发的不符合项通知单都在赵工手中，因此，就没法闭合。由于赵工走得急，没有安排好接替人员，我们在现场发现的不符合项只有口头通知分包商整改。我写好了几个书面的不符合项通知，分包商没有人愿意接收，大伙都说等赵工回来，让我直接给赵工。王工，你说，等赵工回来，这活都干完了，我再把书面的不符合项通知给赵工也没有用呀！"

小王说："赵工回家了，我们的不符合项管理程序就得同赵工一起休假？赵工没有来得及安排，分包商也得安排人员接替呀！"

QHSE 部的丁工说："我给分包商的项目经理吴总打过电话，吴总说'兄弟帮帮忙吧，我这施工现场也没有人能够代替赵工呀！你把所有的问题都记录下来，赵工回来，我让赵工给你一一回复，现场问题你就直接告诉工人整改就是了，我保证让工人服从管理、整改到位。'王工，你说，我能说啥，哪个家里都会有点事，这个忙也不能不帮呀！"

小王说："那现场质量检查验收呢？如果上道工序不完成验收，就不能进入下道工序呀！"

QHSE 部的丁工说："我都在现场帮助检查了，现场工人在吴总的要求下，比赵工在时还听话，我说啥，他们就改啥，比赵工在时还顺畅。"

小王说："这说明了什么问题？吴总要求了，现场管理就顺畅，吴总不要求，现场管理就难。"

QHSE 部的丁工说："其实，赵工在，还不如不在。你看，赵工不在，我们把分包商的工人管得很顺，赵工在的时候，我们总觉得是隔靴搔痒。"

小王说："这说明了什么问题？"

QHSE 部的丁工说："这说明分包商的管理人员水平太差，这些分包商的工人还不如让我们直接管省事。"

小王说："不是分包商的管理人员水平差，我同赵工接触过，赵工很有经验，也有水平，当然，赵工在管理意识上，也不是一点问题就没有。"

QHSE 部的丁工说："这也不对，你看，赵工回家，吴总让我帮忙，我管工人比赵工管得还要好，这说明了什么，这不就证明了我比赵工管理水平高吗？"

小王说："听说过狐假虎威的故事吗，你管得好，是因为有吴总，你借了吴总之势在管。"

QHSE 部的丁工说："这不就代表了我的水平嘛！我能借吴总之势开展管理，赵工也可借，为什么赵工就不知道去借呢？"

小王说:"这就是赵工的问题所在。赵工在技术方面的确很好,在管理方面还需要提高。但是,你借吴总之势,你也落到吴总的掌控之下,我们的管理水平,也就超不过吴总的水平,这也很危险。"

QHSE 部的丁工说:"在技术方面,我比赵工差,但也能满足现场要求,在管理方面,我就比赵工强。我除了有吴总之势之外,还有 EPC 总承包商之势呀,因此,吴总他们只能被我们 EPC 总承包商控制。"

小王说:"我们也应该认识到我们自己的差距,我们是在搞 EPC 总承包项目管理,而现在我们只会管工人,不会管分包商,这就是我们的问题所在。"

QHSE 部的丁工说:"现在我们把分包商的工人管好了就不错了,如何管理分包商其实大家都没有思路,如何理顺我们各部门之间的关系也还有很多工作要做。我们现在把工人管好就是一大贡献。只有我们把工人管得不出大问题,管理探索才会有机会、有时间。"

小王说:"问题是赵工回来后,吴总就不会让你再管。"

QHSE 部的丁工说:"你说的也是现实。我可以同吴总私下里说一下,让赵工也别回来了。"

小王说:"这不就成了让分包商不管,我们代替分包商管理吗?不能说我们不会 EPC 总承包项目管理,就去代替分包商搞管理呀!我们终究要把 EPC 总承包项目管理搞上去才成呀!"

QHSE 部的丁工说:"我们现在搞 EPC 总承包项目管理的主要有三种现状,一是让分包商自己管,我们不知道怎么管,这就是我们所说的以包代管;二是分包商不管,全由我们来管,这样管着也方便;三是 EPC 总承包商和分包商都愿意管,关系处理好就是齐抓共管,关系不好,相互对着干。第一种情况要是遇上好的分包商,不会出大问题;第二种情况要是遇上好 EPC 总承包商也不会出问题;第三种情况业主肯定不满意。"

小王说:"如果我们不去寻求 EPC 总承包项目管理的规律,我们就只有围绕着分包商转。"

QHSE 部的丁工说:"统计分析也许是个突破口,只有找到了入口,才有可能想方设法找到 EPC 总承包项目管理的规律。"

小王说:"对,正是因为不符合项统计,才知道分包商的赵工回家了。目前我们对质量检验记录也没有统计,是否这里面也会有问题?赵工不在,质量检查验收记录签字怎么办?"

QHSE 部的丁工说:"开始吴总说让我代签,我说这不符合 EPC 总承包商的管理要求，不能代签。吴总说'时间紧，任务重，大家都在现场看了，那就等赵工回来再补办手续，完善程序。'赵工不在，为了满足施工进度要求，也只有让先干着，等赵工回来再签。"

小王说："这么一变，现场管理不就没有程序？出了问题怎么办？"

QHSE 部的丁工说："现在现场管理大家都习惯这么管，既简单，又方便。现场活是干出来的，而资料是做出来的，大家在现场都看了，不会有什么问题，至于检查验收的签字，只是个形式，什么时候签都一样。现在很多项目不是工程完工以后，大家才做资料，在一起签字。如果现场检查，现场签字大家反而不习惯。"

小王说："我们的 EPC 总承包项目管理过不了入门关，可能一是不符合项口头通知，二是质量验收只有现场检查，没有签字确认。"

QHSE 部的丁工说："现在大家都这么干，要改变这两点太难了。口头通知能解决的事，非要发个书面通知，不方便；工程质量验收大家都在现场看了，存在的问题大家也都知道，整改完成后，大家又都看见了，等大家有时间，集中签字更方便。"

小王说："我们要立即改变大家看法也很难，只有找出口头通知和事后签字的弊端，大家才能克服困难。就拿目前赵工回家这件事来说，我们应该管分包商，而不应该管分包商的赵工，分包商的赵工只是分包商的一个代表，赵工回家休假，分包商的吴总应把赵工手中的工作安排给其他的同事继续完成才对。问题是分包商没有人接替赵工的工作，赵工回家了，施工现场还干得热火朝天。赵工在施工现场时，收到我们 EPC 总承包下发的不符合项没有完成整改，现在赵工回家了，我们在施工现场发现的不符合项就不知道发给谁。如果我们的管理程序不是对分包商这个单位，而是对分包商某一个具体人，就难免出现尴尬的局面。"

QHSE 部的丁工说："口头通知是我们找赵工，检查验收是赵工找我们。赵工回家，我们就只有找工人。检查验收就没有人找我们，只能我们自己去找他们。如果我们不找他们，工人就继续进行。"

小王说："这就是口头通知和事后签字的弊端，这就造成了项目有程序而不运行程序；程序不运行，管理信息就没法流动，如果大家一起看了，都承担责任，就没法追究主体责任。如果主体责任失去了追究的措施，就有可能有人不负责任，如果不负责任的人大行其道，不符合项就难以根治，隐患就难以根除。"

（三） EPC 总承包商如何反制分包商的整合？

一天，张部长把小王叫到办公室，问小王说："分包商的赵工有多长时间没

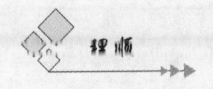

有来施工现场。"

小王说:"根据不符合项统计表,将近十天没来,听 QHSE 部的丁工说,赵工家里有点事,回家了。"

张部长说:"没有听说,吴总他们最近有新项目?"

小王觉得,我们又中分包商的圈套了。吴总看到我们喜欢帮他管,就索性让我们代他管。小王说:"没有听说呀,这些事吴总也不会跟我们说。"

张部长:"上道工序没有验收,是否下道工序就得停止施工?"

小王说:"对呀,这是程序要求呀。"

张部长说:"那我们现在是怎么执行的?"

小王说:"因为赵工家中有点事,所以,都是我们帮着检查,没有问题才让进入下道工序施工。"

张部长说:"如果是赵工家的事,你们帮一下忙,我不反对,人都是有情有缘。问题是这个工程是吴总他们分包商的,不是赵工分包的,你们帮这个忙,就不怕中了分包商的圈套?"

小王说:"赵工没有回家?"

张部长说:"吴总多聪明,能让赵工回家?这事就不说了。以后你们要严格程序,严格管理界面,上道工序没有签字验收,绝不允许进入下道工序施工,分包商没有验收,我们 EPC 总承包商的管理人员绝不能代替分包商验收。我们要学会管分包商,而不能天天代替分包商。你同 QHSE 部的丁工商量一下,看下一步怎么办?"

小王说:"好。"

小王想,我们总在为分包商考虑,总以为分包商管理水平差,可是我们的智商却比分包商差。

小王看到 QHSE 部的丁工就说:"我们又中分包商的圈套了,赵工没有回家,到另外一个工地去干活了。"

QHSE 部的丁工说:"这叫中什么圈套,这不正好吗?"

小王说:"张部长知道了,要求我们学会管理分包商,不能代替分包商。并要求上道工序没有签字验收,绝不允许进入下道工序施工,分包商没有验收,EPC 总承包商的管理人员绝不能代替分包商验收。"

QHSE 部的丁工说:"这不等于说让分包商停工吗?现在时间这么紧,我们哪敢让分包商停工呀?"

小王说:"没有说让分包商停工呀!你就怎么知道分包商会停工呢?分包商

第一章 艰难起步

的资源由分包商配置，分包商资源配置不足，干不下去，分包商自然会有解决办法。如果分包商资源配置不足，我们去补充，分包商的资源就永远会配置不足，我们就得永远代替分包商管理，张部长已经关注这件事，是我们改变的时候了。"

QHSE 部的丁工说："好，我们现在就执行张部长的要求，看分包商有什么反应。问题是赵工不在，我们把不符合项通知发给谁？检验批完成后，赵工不在，没有人通知我们，我们没法不让分包商进入下道工序施工呀？"

小王说："目前，我们都是口头通知和事后签字，这样我们是省了事，但是，吴总他们更省事，不管了。这种省事的管理方式就肯定有问题，有问题，就得改，改了才能把问题消除掉。如果不改，就只有中分包商的圈套，天天宣传分包商管理水平不行，而实际情况是我们天天被分包商管了。这样不是分包商管理水平不行，而是我们的智商不行。现在，我们是执行张部长的指令，还是执行吴总的请求？"

QHSE 部的丁工说："那当然是执行张部长的指令。"

小王说："那就把没有闭合的不符合项、赵工走后这几天发现的不符合项和没有检查验收签字的检验批和分项工程给我整理一下，并通知吴总下午两点到现场。"

QHSE 部的丁工给吴总通了电话。吴总意识到张部长要动真格，赶紧让赵工回到施工现场。

下午，吴总带着赵工来到施工现场。

赵工见到小王和 QHSE 部的丁工就说："这几天家里有点事，回家了一趟，给二位添了不少麻烦。"

吴总说："这几天都是 QHSE 部的丁工和王工在现场帮忙，QHSE 部的丁工和王工水平都很高，比我们自己管得好多了。"

赵工说："那当然，EPC 总承包项目管理肯定比我们分包商站的位置要高，水平自然就比我们高了。"

QHSE 部的丁工本想说说现场存在的问题，吴总这一说，就把自己的嘴给堵上，如果说有问题，那就是我们没有管好。QHSE 部的丁工想，吴总这嘴也真厉害。

QHSE 部的丁工说："赵工回来得正好，我们张部长给我们安排了很多工作，下一步我们可没有那么多时间在现场。现场监督发现的不符合项，张部长要求我们按照管理流程发布，每一个环节都必须有痕迹；现场质量检查验收也要求分包商检查完成后，再报 EPC 项目部签字认可。"

23

赵工说："这样做太麻烦了，以前不挺好吗？"

小王说："不就是因为赵工你回家了！"

赵工说："我这不回来了。"

QHSE部的丁工说："是麻烦，但是张部长的指令不能不执行呀！"

小王对QHSE部的丁工说："丁工，你把我们上午整理的不符合项和未验收的检验批和分项工程说一说。"

QHSE部的丁工想这不是当着赵工的面说我水平不行吗？QHSE部的丁工翻了相关资料，说："今天下午到现场走得急，没有带来，下来再说吧。"

吴总说："王工，没事，不管是不是我们的问题，只要是问题，我们都会整改到位，我们不能拖EPC总承包商的后腿。"

赵工说："张部长的指令，能否缓一两天执行，让我也有一个思想准备。"

吴总说："张部长刚下指令，不执行肯定不行，你们先按照张部长的要求试一试，我再找时间同张部长说说。现场工作越方便、越简单越好干，复杂了，就没有人认真地去执行，赵工我们也得适应适应。"

小王说："吴总，你得指定一个文件的收发人，让我们知道有文件发给谁。"

吴总说："你们来往的是技术文件，最好发给赵工，避免出差错，影响项目进展。"

小王说："赵工一个人忙不过来，吴总，你也得替赵工考虑考虑。"

吴总说："那就把文件统一发给我们文控小韩吧！"

小王说："感谢吴总支持。"

吴总说："这段时间的工作也给你们添了不少麻烦，我们会全力配合好你们的工作。现场该检查验收了，赵工你同QHSE部的丁工、王工去检查验收，我先忙别的事去。"

赵工说："好。"

吴总走后，赵工邀请QHSE部的丁工、王工去检查验收。小王拉着丁工对赵工说："赵工，我们还有一个报告要写，你检查验收完成后，准备好签字记录，就通知我，我们马上就到。"小王和丁工就离开了赵工所管的作业现场。

(四) EPC总承包商怎样才能有效地整合分包商的资源？

第二天，小王向QHSE部的张部长汇报同吴总、赵工沟通的情况。

QHSE部的张部长说："别看这些分包商水平不行，做起事来可比我们机灵，不能小视啊。分包商总是拿进度说事，你看这一要求，赵工不就回来了，进度问题也解决了，分包商总是在同我们斗智斗勇。我们想通过分包来整合分包商的资源，分包商也想通过各种措施整合我们的资源。如果不执行管理程序，我们不但没有整合上分包商的资源，反而被分包商整合。"

小王说："以前总是嫌程序化管理太麻烦，能口头解决的就优先采用口头方式，能就近解决的就优先采用就近方式，这种短路解决方案很容易被分包商利用。"

QHSE 部的张部长说："从现在起，我们必须转变我们的工作方式。"

小王说："我们转变工作方式必须从口头通知和事后签字入手。只有书面通知，按程序要求签字，才需要管理程序；只有管理程序，才能让管理信息有序流动；只有打通管理信息流向管理的各个环节，管理体系才能够有效运行。"

QHSE 部的张部长说："原来，我们总想一步就得出答案，对小型项目来说，还有一定的可行性。我们现在搞 EPC 总承包是一道多步骤的计算题，一步就想得到答案，就可能永远选不到正确的答案。"

小王说："对，例如，程序和责任本是两回事，可是程序牵动着责任，如果程序能够有效运行，管理责任就能够得到落实，如果管理责任落到了实处，管理也就自然顺了。赵工回家休假，按照程序，如果赵工的工作没有人接替，现场检查未完成，就不能进行下道工序，现场就得停工，如果因为赵工的休假引起停工，分包商的项目经理肯定就得想办法临时找人代替赵工的工作，如果赵工的工作有人接替，管理流程就能够顺利进行。"

QHSE 部的张部长说："我们的管理之所以没有流程，在设计、采办、施工分离的管理体制下，每个单位只开展项目一个阶段的管理工作，作为承包单位，管理流程短，没有流程，也不影响项目管理的效果，随着 EPC 总承包的推进，管理出现了分层，没有管理流程，项目管理的效果很难保证，管理水平很难提高。经验很重要，但是，如果经验不能做到与时俱进，经验也就可能成为发展的障碍。"

小王说："我们在向国际大公司学习管理时，往往关注的是管理技术，没有注意到管理程序，以至于我们学了很多年的管理技术，回过头来，发现我们在管理上还是没有多大的改进。"

QHSE 部的张部长说："我们从 1997 年引进国际 HSE 管理体系，到今天已经走过了十几个春秋，国外公司对我们的评价是仍然还处于严格监督的早期阶段，为什么我们努力地干了十多年，还没有彻底改变现状？学习同样东西，别人就行，为什么我们就不行？通过这段时间的 EPC 总承包项目管理反思，发现在别

人在不断实现管理程序化和标准化,而我们仍停留在口头管理阶段。口头管理阶段就几乎等于严格监督的早期阶段。如果不改变口头管理方式,我们就永远停留在严格监督的早期阶段。"

小王说:"只有搞 EPC 总承包项目管理我们才发现有程序化管理的需求,以前之所以没有发展,是因为没有大型化复杂化的管理需求。"

QHSE 部的张部长说:"我们的管理仍然处在小型项目管理向大型项目管理的过渡阶段,从个人经验管理向程序化、标准化管理的过渡阶段。在这个转变时期,需要大家付出艰辛的努力。"

小王说:"按程序办事,赵工就回来了;如果不按程序办事,赵工就可能还会走;我们搞 EPC 总承包项目管理,现在最难的就是坚持按程序办事。"

QHSE 部的张部长说:"我们要加强项目管理统计工作,及时发现和纠正不按程序办事的行为,只有这样,才能逐步把大家从口头管理的习惯转向按程序办事的做法上来。"

小王说:"有张部长的正确领导,我们一定要把这个项目干成 EPC 总承包项目管理的示范工程。"

五、管住流程把好关▶▶▶

(一) 为什么会有流程化管理?

小王觉得,为什么会有流程化管理?为什么说管理流程贯穿于 EPC 总承包项目管理的每一个环节,如果这个问题不搞清楚,就不会有人重视流程化管理工作。

小王觉得,项目管理过程不外乎计划、执行和结果三个方面。计划主要说明完成的工作任务。项目执行过程管理就是根据计划配置资源,并有效地利用资源。对工作成果进行确认就是考核项目执行是否达到预期的结果。为有效开展 EPC 总承包项目管理工作,每项工作开展必须有计划,计划执行过程中必须进行管理,计划执行结果必须进行验收确认,因此,EPC 总承包项目管理的特征就是流程化管理,或者是流程与流程之间构成的复杂管理,如图 1-1 所示。

随着项目的推进,计划也在不断地演变。随着工作任务分解,新的分包商进入,分包商负责完成的工

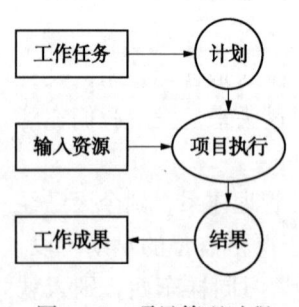

图 1-1 项目管理过程

作任务以及计划的编制工作。计划编制工作本身就包含计划、执行和结果三个部分。为确保分包商编制的计划满足 EPC 总承包商的要求，分包商完成计划编制后，应提交 EPC 总承包商确认，审查是否符合 EPC 总承包商的要求。

分包商的分解任务计划，经过 EPC 总承包商批准之后，才能组织实施。

分包商完成分解任务形成的结果，也不是由分包商自己说了算，必须经过 EPC 总承包商确认并接收之后，分包商的工作才告结束。

EPC 总承包商由于工作任务的分解，引入了分包商，产生了分包商的计划和执行结果。对分包商编制的计划和执行结果的管理产生了管理流程，如图 1-2 所示。

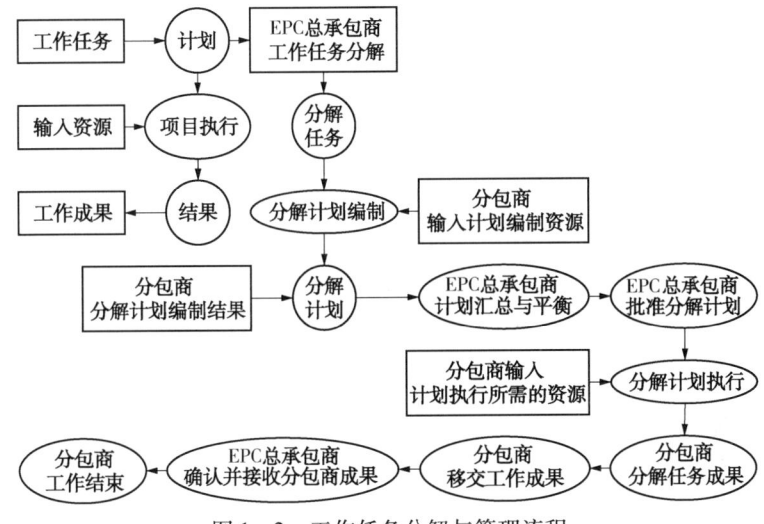

图 1-2　工作任务分解与管理流程

在项目执行过程中，计划可能受到多方面的制约。分包商在执行过程中所需的资源，既有来自分包商自己，也有来自 EPC 总承包商；进入现场可利用的资源很有可能不符合要求，需返回生产厂家重新处理；上一阶段的成果对下一阶段的关键技术要求关注不足，尽管验收符合标准规范要求，但不符合本工程特定技术要求，需要整改；操作人员技术不熟练，造成返工频繁；管理人员不熟悉工作流程，造成管理衔接不畅，审批不及时，影响项目进展；由于对标准的理解不一致，造成 EPC 总承包商对分包商的成果验收产生矛盾。在项目计划、执行和成果交接验收环节都存在风险。如何降低这些环节的风险是项目管理的一项重要任务。

事实上，不符合项发现越早，采取的措施越适当，对后续工作的不利影响就

越小，项目执行就越顺利。

问题是怎样才能让大家去认清自己的责任，并适时履行自己的责任？

小王觉得，有了计划就有了工作任务清单，有了管理流程就有了责任节点，如果我们按工作任务清单和管理流程节点去检查每一个人的责任履行情况，并采取措施，就能够让每一个人认清自己的责任并履行责任。

小王找来项目上执行的四级进度计划，只有任务名称和时间节点，计划执行过程中管理与计划执行结果的管理未纳入日常管理状态。如果计划执行完成了，而涉及工程实体质量的不符合项未进行整改，或者项目未按要求验收，就进入下一个计划环节即下一道工序施工，就会出现执行环节和验收环节失控，最后，工程质量与安全就难以保证。目前的计划完成情况统计只有实体，没有管理，这就造成大家不重视执行环节和验收环节的管理。项目管理在完成工作任务中，质量安全管理投入了大量的人力资源，而对这些管理人员的执行结果没有纳入统计状态，就会滋生质量安全管理人员不负责的情形——检查记录不符合现场实际、检查记录与现场作业要求不一致等低级错误。

不符合项及其整改工作的统计加强了监督环节的管理，成果验收与计划执行的一致性统计，必然有助于加强验收环节的管理。只有开展项目管理责任统计，才能让每一个管理人员迈出认清责任并履行责任的第一步。

小王收集了公司PMC项目上的工程统计表。晚上电话请教了在工程统计方面经验丰富的贾老师。

贾老师说："要把好工程过程检查验收流程关，就必须开展工程过程检查验收统计工作。工程过程检查验收工作量大，参与的人员多，很难做到每一个人都自觉地完成检查验收工作。如果没有工程统计，到项目完工之后，整理竣工资料之时，就会发现很多过程验收没有认真执行，最后只有补签检查验收记录。如果有工程过程检查验收统计台账，就可以随时检查是否有已经完成而未完成检查验收的施工项目。如果有就及时发出管理不符合项，督促相关人员进行改正。在工程过程检查验收统计台账中，应注明施工项目完成日期，以便及时检查进度计划。工程过程检查验收统计有助于促进工程过程检查验收工作透明化，规范工程过程检查验收行为。"

贾老师还谈到，理顺项目管理，前期策划工作非常重要。随着项目大型化，管理架构复杂化，只有通过前期策划，统一划分工作范围，统一划定管理职责，统一设置管理界面，统一项目管理流程，统一文件编制要求，才有利于加强管理环节的管理。工作任务清单和管理流程节点也是加强管理环节管理的重要方法，作为EPC总承包的项目管理人员要会画项目管理流程图，有些管理环节的管理，只要能把流程图画出来，思路就有了，问题基本上就解决了。

通过贾老师的指点，小王心里就踏实多了。

第二天一上班，小王就向QHSE部的张部长汇报了加强工程过程检查验收环节管理的建议。

QHSE部的张部长说："工程过程检查验收环节的管理一直是工程管理的老大难，工程过程检查验收记录签字确认不及时，是工程项目管理的通病。有时，项目投产运行一二年，竣工资料还交不完，我们这个EPC总承包项目从现在起也要加强工程过程检查验收环节的管理，防止项目投产后，竣工资料不能及时移交。通过工程过程检查验收工作的统计，强化检查验收环节的管理，把住检查验收流程关，把住质量安全关，这个思路很好，可以在我们EPC总承包项目上推行。"

有了QHSE部的张部长的支持，小王开始在项目上推行工程过程检查验收统计工作。通过建立统计台账，逐步掌握了工程过程检查验收工作情况。

小王在贾老师的指点下，开始画项目过程管理流程图。

在画管理流程图的过程中，小王发现管理流程是由工作任务推动，而管理节点的责任表现出来的却是审查、审批、确认、备案等词语。如何透过这些词语，看到管理责任的本质，小王觉得，还需要对应管理节点的责任深入研究。

（二）为什么开展EPC总承包要实施流程化管理？

小王觉得EPC总承包项目管理过程是一个多人参与的项目管理过程，要对责任进行书面记录，就得事先制定一个流程，并明确流程节点上每一个人的责任。否则，在实施过程中，由于每一个人不知道自己的位置和责任，就会出现混乱的局面，也无法对管理责任进行考核，因此，流程管理是探索EPC总承包项目管理的起点。

施工部把编制的施工方案提交给各部门审查时就发生一次小插曲。

施工部的付工把编制的施工方案提交给小王。

小王看完施工方案后，就安全管理方面提出了五条意见，并与施工部的付工协商能否对方案进行进一步修改。

施工部的付工说："方案已经报到业主和PMC手中了，现在来不及修改。"

小王说："事关安全方面的问题，我们得对我们自己负责呀，如果不修改，执行过程中，出了问题怎么办？"

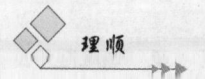

施工部的付工说:"我也不知道你们部门还有意见,下次编制方案,安全部分应由你们部门来编,我们施工部又不管安全,你让我们怎么改?"

小王说:"你们把方案给我,我看了,也提了意见,至于改不改是你们编制方案人的事,也与我无关。我把我看的意见给你们吧。"

施工部的付工说:"你把意见给我,不是在往我们身上推责任吗?我们不能接收你的意见。"

小王说:"这审查意见,我也不能自己拿着呀!"

施工部的付工说:"我们把方案已经报到业主和PMC那儿去了,不可能把方案拿回来修改再报。如果拿回来再报,别人也会说我们工作不严谨。你的意见很关键,在方案执行过程中,大家都多加关注就行了。"

小王想,项目管理就是在一个个矛盾事件中进行选择,选择了正确的方向,就前进;选择了错误的方向,就倒退。而倒退的方向似乎总比正确的方向更有利于自己。成功是因为战胜了自己,失败不是别人打败了自己,而是因为自己没有战胜自己。小王觉得再与施工部的付工沟通下去也不会有结果。如何战胜自己,小王画了一张项目经理、QHSE部、施工部之间的管理关系图,如图1-3所示。

小王认为QHSE部与施工部是平级机构,QHSE部没有权力向施工部发出控制指令,如果不是对施工部有利的事,施工部不会接受QHSE部的协调。只有项目经理可以向施工部发出控制指令,当管理过程涉及资源动用时,只有项目经理的协调,才是有效的协调。要想让项目经理给施工部发出控制指令,小王只有找张部长,让张部长同刘总沟通,由刘总向施工部发出控制指令才对。报告与控制指令的传递如图1-4所示。于是小王想到应该去找张部长。

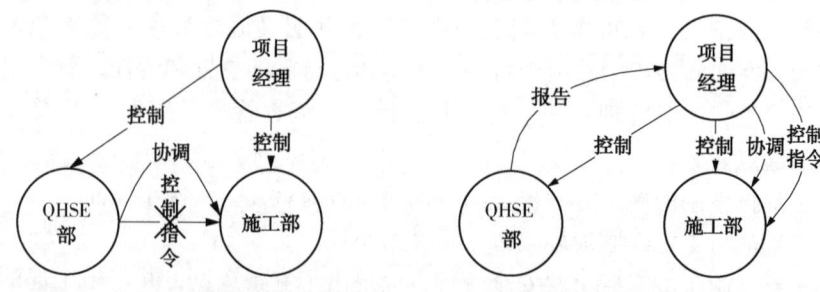

图1-3 无效的控制指令　　　　图1-4 有效的控制指令

小王把与施工部沟通情况同张部长进行了汇报,张部长觉得小王提出的五条建议涉及安全生产的关键环节,必须落实才能有效防范风险。为此,张部长把小王提出的五条建议向刘总作了汇报。

刘总叫来施工部李部长，同李部长进行了有效沟通，李部长表示坚决落实刘总的要求，并对施工方案进行认真修改后再报请刘总审批。

施工部的李部长把施工部的付工找来说："刘总要求对施工方案进行修改，并报刘总审批。你把这五条意见看一看，尽快把方案修改完成，我看了以后，再提交刘总审批。"

施工部的付工说："我把方案报到业主和PMC了。"

施工部的李部长说："我还没有看呢，怎么就报走了？"

施工部的付工说："我也不知道你们还要看。"

施工部的李部长说："刘总都要看，你说我能不看吗？"

施工部的付工看了一眼需要修改的内容，就说："这五条意见，是QHSE部提出的，我已同他们沟通过一次，安全方面的问题应由他们去修改完善。"

施工部的李部长说："刘总安排的任务，我们都得认真执行。再说任务已经领回来了，不能再退回去呀！如果退回去，刘总怎么看我们施工部？"

施工部的付工说："我们修改也没有问题，只是麻烦一点。"

施工部的李部长说："那就抓紧时间。"

施工部的李部长把修改完成的施工方案报刘总审批，正好刘总工作比较忙，刘总叫来张部长，让QHSE部的张部长看一看小王提出的五条建议是否全部落实。

QHSE部的张部长拿回施工方案，与小王仔细进行了核对，确认五条意见全部落实，于是把核实情况向刘总进行了汇报。

刘总对施工方案进行了浏览后，批准了该施工方案，并对小王的工作给予了肯定和表扬。

小王觉得上述管理过程之所以能够取得成功，就是因为把管理程序梳理清楚了，让每一个人发挥了各自的作用。小王认为有必要对这一管理过程进行认真剖析，于是把这一管理过程绘制了一张管理关系图，如图1-5所示。

小王将其具体步骤分解如下：

第一步：施工部向QHSE部提交需要审查的施工方案。

第二步：QHSE部对施工方案进行审查，并提出意见。

第三步：QHSE部协调施工部对施工方案进行修改。

第四步：施工部以没有时间为由，拒绝修改施工方案。

第五步：QHSE部向项目经理报告施工方案审查情况。

第六步：项目经理协调施工部对施工方案进行修改。

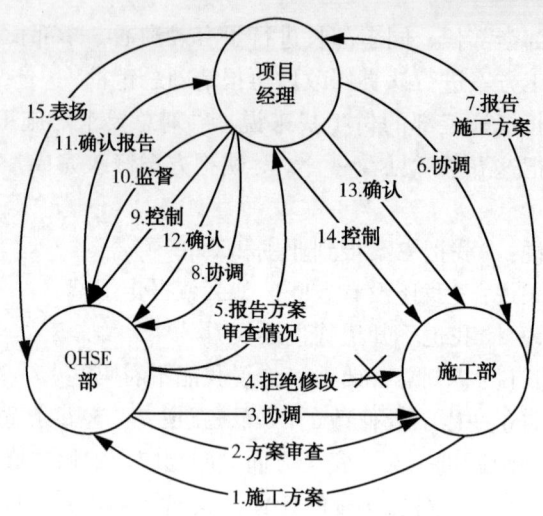

图1-5 项目过程管理与管理架构

第七步：施工部方案修改完成后，向项目经理提交。
第八步：项目经理协调QHSE部对施工方案修改情况进行审查。
第九步：项目经理对QHSE部的审查提出要求。
第十步：项目经理对QHSE部审查过程进行监督。
第十一步：QHSE部对修改后的方案进行审查确认，并报告项目经理。
第十二步：项目经理确认QHSE部的审查结果。
第十三部：项目经理确认施工部提交的报告。
第十四步：项目经理审批施工方案。
第十五步：项目经理对QHSE部的小王给予表扬。

小王认为这次之所以得到刘总的表扬，就是因为在管理过程中分清了责任主体，做好了工作，找对了程序，让每一个人在各自的位置上发挥了各自的作用，实现了项目经理、QHSE部和施工部各方有效管理。复杂问题通过动作分解，一步一步地解决，最终得到成功的答案。如果用简单的方式，自己就很有可能与施工部的付工打起来，问题最终也难以解决。流程实现了对EPC总承包项目管理过程的分解。

小王想，通过流程找到了每一个环节的问题，而问题又通过流程找到了解决方案，问题是如何建立管理流程，建立管理流程的规律是什么？如果找到了建立管理流程的规律，就更有利于推进EPC总承包项目管理流程化的深入进行。

第二章　谁对谁错

一、控制者反被控制

（一）为什么有 EPC 总承包商控制，分包商就不愿意控制？

小王认为 EPC 总承包管理就如同下棋，只有把每个棋子的功能和运行规则搞清楚，才有可能正确下棋；只有实现多个棋子的有效组合，才有可能下赢一盘棋。管理的基本要素就如同棋盘上的棋子，要研究流程管理，就得从管理的基本要素入手。

小王觉得控制是工程管理的一个核心要素，研究流程管理应该先从控制开始。

小王回想近期自己对分包商的管理。

一天上午，小王看到分包商安全员小昌一上班到工地转了圈之后，就进了现场吸烟室，再也没出来。下午，小王到分包商的现场吸烟室，见到一帮分包商的管理人员坐在里面聊天。

小昌见到小王过来，赶紧给小王打招呼，让凳子，并说："什么风把王工吹来了，请坐！请坐！"

小王说："没事，就是过来看一看。"

小王想，我们 EPC 项目部的张部长要求我们盯在现场，可这分包商的安全员却坐在现场吸烟室聊天！

小王对小昌说："小昌，现场有点事，跟我一起到现场看一看。"

小昌说："有王工你们盯着，不会有什么大事，先歇一会儿，吸根烟。"

小王压着心中的怒气，想，你们分包商怎么都这样，这也太不负责任了，我们 EPC 总承包商的管理人员天天盯现场，你们分包商的管理人员却整天坐在吸烟室聊天。

但是，看到一帮人，小王内心说，我能做什么？如果把小昌批评一顿，这满屋的人都会不乐意。况且，小昌是分包商的安全员，如果不给他面子，很可能会对着干起来，自己也会陷入孤军作战，这对自己也极为不利。

 理顺

小王想，分包商目前这种情况，一次批评也解决不了问题。不批评，他们在吸烟室，如果我们有问题，还能找得到；批评了，他们就有可能躲在我们找不到的地方，对他们的管理就更难。我们对分包商的管理是否也有问题？如果我们对分包商的管理有问题，不从我们自身抓起，问题就不可能得到解决。这个时候，忍让一分，就可能避免牺牲，保存自己，就可能为自己下一步积极争取分包商主动开展管理增加一分，明智的克制胜于怒气。从事安全管理，首先要让自己安全，才能有效地推进安全管理。

小王克制着怒气对小昌说："小昌，我还有点事，先走了，如果有时间，找我一趟。"

小昌说："好，我一会就找你去。"

小王正要离开，分包商的范队长看到小王满脸怒气和满腔无奈，就对小昌说："小昌，王工过来找我们，是在帮助我们，王工说有点事，是表示尊重我们，我们也得学会如何去尊重王工他们，任何事都不能做过头，赶紧跟王工去。"

小昌说："知道了，知道了，王工，我这就跟你去。"

小王本想把小昌叫出来，痛痛快快地批评一顿，范队长的话，使自己觉得，批评一声，散人心，尊重一分，聚人心。项目管理过程中必然存在各种困难和问题，如果我们做到不伤害任何人的心，在面对难题，寻求解决之道时，就会为管理成功多加一分保证。安全管理应以争取和扩大力量为核心，才能让我们逐步摆脱困境。小王把小昌从现场吸烟室叫出来，由原来的批评，变成了谈心。

分包商目前的状况，小王是看在眼里，急在心上。自己在现场盯的时间越长，及时指出的质量安全问题越多，分包商对自己的依赖性就越强；自己发现分包商管理人员越来越不负责任，而自己的工作强度却越来越大。自己似乎是加强了对质量安全的控制，而分包商却减弱了对质量安全的控制。为什么自己的辛勤劳动，却换来相反的结果？自己是否已被分包商控制了？

小王看到离吸烟室有一段距离，就对小昌说："小昌，我看你们范队长对你很好，很关心，你得好好干才对呀！怎么就成天待在吸烟室？"

小昌叹了声气说道："我们范队长当然对我很关心，都快关心到我没有事干了。王工，你说，没事干还让我待在这儿干啥？我想到别的项目上去，范队长就是不同意，说让我先待着。"

小王说："怎么回事？"

小昌说："你不知道吗？"

小王说："我不知道哇！什么事，你说说。"

小昌说:"还是不说为好,免得又给大家添麻烦。"

小王说:"有问题大家说开了,不就行了,有什么麻烦?"

小昌说:"王工,你们EPC项目部的人都像你这样就好了。"小昌蹲下身,双手抱着头,两行眼泪淌下来。

"小昌,什么事,让你这么受委屈?说出来吧,说出来就好了"小王安抚道。

小昌说:"王工,你别追问了,我已经答应我们范队长了,不同任何人说起这件事。"

小王说:"好了好了,我不问了,你也别太伤感了。"

小昌说:"我们范队长说'和谐是第一位的,对错是第二位,我们只有同EPC总承包商融合在一起,才有生存的机会。有了生存机会,大家总有一天会认识到对错,总有一天会改变,如果改变了,大家都是受益者。如果我们现在没有把握好生存的机会,失去了生存的机会,对错有什么用?'范队长还说了三个绝对,一是绝对服从EPC总承包商的管理;二是绝对尊重EPC总承包商的管理人员;三是EPC总承包商的指令绝对是对的。并说'我们遵守三个绝对,我们与EPC总承包商之间的关系就不会出大的问题'。要我们苦练内功,而不要练气功,要用真本领赢得EPC总承包商的尊重。"

小王说:"你们范队长也不能把我们EPC总承包商绝对化了。"

小昌说:"我们分包商在你们EPC总承包商的管理之下,我们怎么敢把EPC总承包商绝对化?"

小王说:"你是说我们EPC总承包商把我们手中的控制权绝对化了?"

小昌说:"你们是EPC总承包商,你们向我们要控制权我们能不给吗?"

小王说:"我们EPC项目部都认为你们分包商不负责任,啥事都不想管。"

小昌说:"树活一张皮,人活一张脸,大家已经到项目上来了,谁不想干出一点成就。但我们也理解,EPC总承包商的管理人员比我们更想干出一番成就,这样,就避免不了争控制权。"

小王说:"所以,你们范队长就提出了三个绝对。"

小昌说:"有了三个绝对,就可以有效地避免矛盾。"

小王说:"这样矛盾是避免了,EPC总承包商的管理人员就惨了。"

小昌说:"我们范队长说,根据他的经验,开始EPC总承包商的管理人员都会争着、抢着管,真正干到一定时候,各自表现完了,就没有人认真地去管,或者没有人管,这就是管理上的虎头蛇尾。所以,我们范队长给我做工作,让我先待着,并做好准备。不然,EPC总承包商的管理人员不管的时候,如果我们没有

准备,就有可能出问题,到时候后悔的是我们分包商。王工,这些话本不应该对EPC总承包商的人员说,我看你人不错,就把你当做朋友看,所以说了不该说的话,请你不要介意。"

小王说:"大家就是因为在一个项目上工作,才有缘相识,缘分,缘分,有缘就有一份情份。以后,我们EPC项目部还有很多事需要你帮忙。"

小昌说:"能够为王工做一点事,也是一份荣幸。"

小王想,看来,不做深入的调查,只看表面现象,就可能迷失管理的方向。

(二)为什么控制越过了界线就会被反控制?

小王觉得,为什么EPC总承包商在强化控制的同时,反而被分包商控制?

小王画了一张总承包商与分包商之间的控制与被控制的关系如图2-1所示。

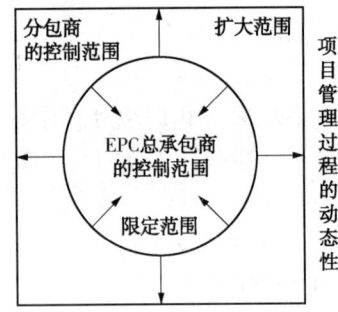

1. EPC总承包商的控制范围扩大,分包商的控制范围就缩小;
2. EPC总承包商的控制范围就缩小,分包商的控制范围扩大;
3. EPC总承包商与分包商的控制范围稳定,项目管理就达到平衡;
4. EPC总承包商的控制和分包商的控制范围都未涵盖,管理就出漏洞。

图2-1 控制与被控制变化关系图

总承包商总是希望自己少花钱,分包商多干活,即限定总承包商花钱的范围,扩大分包商干活的范围;而分包商总是希望多赚钱,少干活,即限定干活的范围,扩大赚钱的范围;只有双方达到平衡,管理才能有效实施。

花钱与干活本应是一一对应关系,但总承包商与分包商因为思想认识上的差异,管理水平上的差异,资源能力上的差异,承受业主和PMC项目管理单位压力的差异,往往造成花钱与干活不对应,即总承包商对分包商的管理不平衡。

总承包商多干活,分包商少干活,分包商当然乐意减弱甚至放弃控制,如果分包商彻底放弃控制,就变成总承包商承担全部管理职责,总承包商对分包商就是以管代包。

面对工程质量安全,小王想总承包商应该控制什么,分包商应该控制什么。如果这个问题不搞清楚,自己辛苦半天,有可能是"种了分包商的田,荒了总承包商的地"。

现在有两种资源,一个是钱,一个是工作,如果把这两种资源独立分开管理，分包商会认真地控制钱。

如果总承包商愿意控制工作，分包商自然会乐于拱手相让，总承包商投入管理资源越多，分包商投入管理资源就会相应减少，分包商的管理水平就越差，总承包商对分包商的批评就越多，满意度就越差。

从工作层面上来说，总承包商居优势，分包商居劣势，但从投入上来说，总承包商却居劣势，分包商却居优势。如果分包商就是为了赚钱，总承包商的投入正好满足分包商的需求。

小王在现场经常发现分包商的工人没有戴安全帽，没有履行合同规定的责任，如果小王控制分包商的工人，分包商的管理人员当然就用不着履行其职责。

小王想如果资源与控制存在对应关系，那么，总承包商与分包商对资源的控制关系用函数关系式表示如下：

$$F(x) = f[x_1 + g(x_2)]$$

式中　F——总承包与分包商对资源的总体控制；

　　　x——总承包商与分包商总体折算资源量；

　　　f——总承包商对投入资源的控制；

　　　x_1——总承包商自己投入的资源量；

　　　g——分包商对自己投入资源的控制；

　　　x_2——分包商自己投入的资源量。

正常情况下，总承包商对分包商的资源控制应通过分包商进行。但是，如果分包商能力比较弱，总承包商觉得还不如直接控制分包商资源更方便，更快捷，这样总承包商就会越过分包商，控制分包商的资源。如果把人、机、料和没有转化成人、机、料的资金分别看成一种资源，总承包商投入的资源分别用 x_{11}（人）、x_{12}（机）、x_{13}（料）、x_{14}（资金）表示，分包商投入的资源分别用 x_{21}（人）、x_{22}（机）、x_{23}（料）、x_{24}（资金）表示，此时，总承包商与分包商对资源的控制关系用函数关系式表示如下：

$$F(x) = f\{x_1 + g[x_{24} + f(x_{21} + x_{22} + x_{23})]\}$$

小王看到了这个公式，一下子就明白过来了，这些日子自己每天都在调遣分包商的资源——指挥、安排和要求工人，组织施工方案的实施，进行材料、设备的调度，似乎分包商就没有起到作用。实际上是分包商默许了总承包商代行分包商对分包商人、机、料的控制，分包商成了总承包商的总承包商。看来，不是分包商不努力，而是自己把分包商的管理工作都干了。

如果分包商完全放弃履行现场控制权赋予的责任，总承包商完全代替分包商

履行责任，公式则变为：

$$F(x) = f[x_1 + g(x_{24}) + x_{21} + x_{22} + x_{23}]$$

总承包商控制分包商人、机、料资源，既会受分包商的限制，又要增加EPC总承包商的资源，不利于总承包商管理水平提高。事实上，总承包商只能对分包商提供的资源实施有限控制，无论总承包商如何对分包商管理，都改变不了分包商对人、机、料资源和资金的控制，即：

$$y = g(x_{21} + x_{22} + x_{23} + x_{24})$$

分包商一只看不见的手，在调节着总承包商控制的分包商资源。如果分包商不提供和保障高质量的人、机、料资源，在以管代包的条件下，总承包商很难对分包商实施有效的管理。因此，一旦总承包商与分包商签订了合同，只有分包商的管理人员有权对其分包商的资源直接管理，总承包商就不能直接调遣分包商的资源，也就是说总承包商失去了对分包商的资源直接控制权。控制与资源存在对应关系，控制源于资源，有资源调动权，才有控制权，没有资源调动权，就没有真正的控制权。

从公式：

$$F(x) = f[x_1 + g(x_{21} + x_{22} + x_{23} + x_{24})]$$

可知：只有分包商提高对资源的控制能力，才有助于总承包商的控制，如果分包商对资源的控制能力越来越差，将越来越不利于总承包商的管理。如果总承包商越过分包商的控制层对分包商的资源实施控制，只会削弱分包商对其资源的控制，也就是降低其控制能力。看来，分包商的资源只应由分包商调遣，分包商的工人只应由分包商控制，分包商的施工方案只应由分包商实施，材料、设备移交分包商后，只应由分包商保管。

把总承包商与分包商之间的控制关系用函数关系表达出来，问题就豁然开朗。通过以上梳理，小王认为总承包商不能直接控制分包商的资源，但对分包商的资源肯定不能不控制，那又如何通过间接方式实施控制？

小王对上述公式进一步梳理，发现：

$$f \longrightarrow x_1 \longrightarrow g \longrightarrow x_2$$

即利用自己投入的资源量来控制分包商投放的资源量，这不正是通过总承包商的资源来调动分包商的资源吗？EPC总承包商与分包商签订合同，EPC总承包商可以通过工程款支付手段来促使分包商控制其资源。

小王认为在分包商工程款支付书签字的EPC总承包商相关领导——项目经

理及其授权人就是EPC总承包商的控制权人。作为现场管理者，如果没有控制权，就不应该越权履行控制职责，而应该把现场情况如实报告给具有控制权的人，实施控制。下步工作的重点就是如何把现场情况及时准确报告给控制权人——项目经理或者项目经理的授权人，并影响项目经理或者项目经理的授权人实施控制。就总承包商对分包商的管理而言，总承包商的职责就是让分包商认清责任并履行责任。如果分包商认清了责任并履行了责任，质量安全事故就能够避免。

小王想，对分包商的资源用不着直接控制，通过间接的管理方式，也能把分包商管好，EPC总承包商就应把重点放在间接管理措施上。

（三）为什么有监理控制，承包商就退出控制？

小王想起做监理时，有些业主都反复强调现场旁站，要求监理盯住承包商。其实，大家都是好心，业主希望把工程管好，当然就期望监理盯着不放才放心；承包商退出管理，也是为了更便于生产管理，减少矛盾，因为现场只有一个声音，管理才会顺。否则，承包商说这样做，监理非要那样做，承包商不执行监理意见，肯定会产生矛盾。承包商的管理人员难免有与监理意见不一致的地方，当出现不一致的情况时，就得按照监理的意见执行，时间一长，承包商的管理人员就没有积极性。

承包商的管理人员认为：既然现场监理想管这些事，那就都让现场监理管好了，正好单位里还有事，免得现场监理说没控制权，不支持现场监理工作。于是，承包商的管理人员就退出了现场管理，把施工现场管理工作全部推给了现场监理。过度控制不是加强管理的好办法，反而在某种程度上是弱化管理。

小王想起关总监曾经提到的一个问题。业主为了提升监理在项目管理中的作用，杜绝承包商偷工减料的行为，强调监理是作业现场的唯一管理者，承包商必须按照监理的指令进行。由于有了监理在作业现场进行指挥，承包商的关键管理人员陆续退出了作业现场。后来，监理发现自己扩大了控制权，承包商却缩小了控制权，监理人员越来越多，而承包商的人员越来越少，监理由高端行业变成了低端行业，而承包商看似低端行业，却成了高端行业。

控制不是管理的全部，控制也不等同于管理，控制应是管理的一部分，要做好管理工作，只有控制不行，还得有其他的管理办法，才能使控制充分发挥作用。监理强调控制之所以没有出现大的问题，就是因为监理队伍中，还有像张部长这样的现实主义管理者，不机械地执行任何不适当的指令，控制张弛有度。

（四）为什么现场监理难以有效地控制？

事实上，现场监理越是盯住承包商，承包商的管理层就越放弃对其人、机、料的管理；监理对承包商的人、机、料控制能力越强，承包商对人、机、料控制就越差。最后，承包商认为反正有监理承担责任，就提供更差的人、机、料资源，质量安全事故隐患也就会不断出现。当只看到监理，看不到承包商的管理人员时，事故风险就发展到最大概率，这就是为什么经常看到大家认为负责的好监理，因为工程质量安全事故被开除。通过控制与资源的函数关系分析，出现好监理开除事件就不足为奇了。看来，出现质量安全事故，不是业主的错，也不是承包商的错，更不是监理的错，是大家没有找到"控制"规律。没有用对"控制"规律，承包商没有提供合格资源支持，必然导致现场监理难以对作业现场实施有效控制。

（五）为什么分层控制后，就能实现更大规模的控制？

正确理解控制与资源之间的对应关系，对改进和提升管理水平也大有益处。例如控制权分解，就是通过分包等方式寻求外部优质资源，扩大自身动用资源的能力，同时降低自身对资源的管理强度，使自己通过有限的精力，控制更多的资源。汉高祖刘邦就是资源利用的典范，"夫运筹帷幄之中，决胜千里之外，吾不如子房；镇国家，抚百姓，给饷馈，不绝粮道，吾不如萧何；连百万之众，战必胜，攻必取，吾不如韩信。三者皆人杰，吾能用之，此吾所以取天下者也。"《吕氏春秋·审分》中说，如果众人共耕一块地，一起劳作，速度就慢，这是因为有人偷懒不出力；如果是分地各自耕作，速度就快，这是因为没有办法偷懒不出力。君主也有"地"，如果臣子和君主共同耕地，臣子就有机会隐匿他的私心邪念，君主也就无法逃避自身的劳累。

让出控制权，不是放弃控制权，是适应分层管理的需要，是为了取得更大的控制权。

自古以来，对控制权与资源的管理都很重视，小王觉得有必要对控制的内涵进行系统的梳理。

（六）控制的内涵是什么？

控制是管理的一部分，一是调动内部资源，二是通过控制权分解，调动外部资源，扩展自身能力。控制的主要特征就是：

1. 控制与资源对应，控制权与资源调动权对应，有资源调动权就有控制权，没有资源调动权就没有控制权。

2. 没有控制权的人员，不应越权调动被管理对象的资源。

3. 控制权是具有资源分配或调动权的组织或个人，通过资源分配或调动构成的管理层级关系——即控制依权。

4. 控制权形成的管理链，构成了项目的控制体系——控制网，通过控制体系进行系统的分工，从而提高管理效率。

控制是管理的主线，管理过程也围绕着控制转，这也是容易把控制视为管理，管理视为控制的一个重要原因。小王觉得对控制内涵成功的探索，改变了以前看问题的视角，即从资源及资源利用的角度看控制，抛开了进度、质量、安全和投资等具体内容，即透过进度、质量、安全和投资等现象看到了控制的本质。

通过以上梳理，小王觉得只有EPC总承包商与分包商各自控制有度，才能实现有效管理。EPC总承包商对分包商的控制度就是不能越过分包商的管理层，去控制分包商的作业层。负责任也有底线，越过了底线，就是不负责任，就会招致危险。控制越过了责任界线，控制者就会反被控制。目前，我们EPC总承包商在强化对分包商管理的过程中，在很大程度上，我们的一部分控制行动，落入了分包商的控制范畴，把我们自己送给分包商控制，即被分包商反控制。

（七）如何破解分包商的反控制？

小王想，如何避免落入分包商的控制范畴，被分包商控制，在下一步管理体系研究中应重点关注。

小王想，EPC总承包商选择分包商后，控制权分解就告一段落，接下来的就是对控制权履行过程的控制，也就是对分解后的控制权实施控制，具体来说，就是EPC总承包商对分包商实施控制。对EPC总承包商来说，只有分包商对其资源有效利用，其结果才有利于EPC总承包商的管理，如果分包商不积极主动地管理好其资源，其结果就对EPC总承包商不利，因此，总承包商必须对分包商资源利用情况实施有效的管理。了解控制的内涵以后，小王想，想要让分包商有效利用其资源，又不能直接控制，那怎么办？

二、监督放不下控制

小王想到最近公司开展了一系列监督检查活动，这些检查活动，也有助于加强

 理顺

管理。监督与控制有关系吗？监督是否也是管理的必要要素？监督的内涵是什么？

（一）怎样选择，监督者才能取得优势地位？

小王想起《韩非子》中有一个坚守本位的典故：韩昭王醉酒，和衣而睡，掌帽的担心他着凉，拿衣服盖在他身上，韩昭王醒后说："谁替我加盖衣服"，左右说："是掌帽的"。

韩昭王听了左右的回答后，有四个答案供他选择，即：

A、奖励掌帽，惩罚掌衣

B、惩罚掌衣，对掌帽的不惩罚

C、奖励掌帽，对掌衣的不惩罚

D、惩罚掌帽，也惩罚掌衣

韩昭王选择哪个答案对自己更有利？

小王想要想知道韩昭王的选择，就必须分析韩昭王设置的管理体系。

韩昭王处于控制主体地位，授予左右监督职能，授予掌帽的负责给韩昭王戴帽职能，授予掌衣的负责给韩昭王加衣职能，即韩昭王把自己、左右、掌衣、掌帽等四个人的职能进行了分工。如果韩昭王想让每一个在各自的位置上发挥作用，让管理体系有效运行，我们想一想韩昭王会选哪一个答案？

典故中，韩昭王选择了 D。

原因是：掌帽因为越位，掌衣因为缺位，韩昭王对他们进行了惩罚。韩昭王之所以能够实现对掌帽和掌衣控制——处罚，就是因为左右对掌帽和掌衣的执行过程进行了检查，并提供了监督信息，才保证了韩昭王管理体系运转不正常的情况下，采取纠偏措施，即对超越责任和不负责任的人员进行处罚，使管理回到正常的体系运行轨道上来。

小王将这一过程图解如下（如图 2-2 所示）：

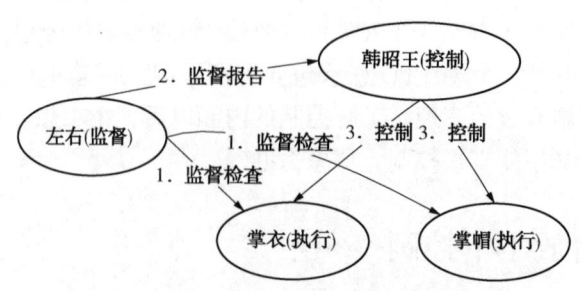

图 2-2 监督检查、监督报告与控制关系图

第一步：监督人员对被监督者的执行过程进行检查评审。
第二步：监督人员对检查评审结果进行整理，并向控制人员报告评审结果。
第三步：控制人员根据监督信息对被监督的执行人员实施控制。

小王想，左右作为一个监督，为什么要选择"是掌帽的"呢？如果左右选择其他选项如"是掌衣的"等，对左右及其韩昭王的管理体系有什么影响？

如果韩昭王按照体系履行控制职责，左右选择对自身及下一步影响优劣形势分析，见表2-1。

表2-1 左右选择优劣形势分析表

序号	左右选择	过错	不利后果	后续影响	优劣形势	团队影响
1	左右加盖的	越位	左右越位处罚 掌衣缺位处罚 掌帽越位不处罚	不确定	左右占劣势 掌衣占优势 掌帽占优势	体系难以运行，左右失去信任，必然面临重组
2	掌衣加盖的	越位	掌衣免于处罚 掌帽免于处罚	掌衣继续缺位 左右继续越位 掌帽可能缺位	左右占劣势 掌衣占优势 掌帽占优势	体系难以运行，左右越位控制，最终可能掌衣被控制
3	左右让掌衣加盖的	越位	左右越位处罚	不确定	左右占劣势 掌衣占优势 掌帽占优势	体系难以有效运行，左右越位控制
4	掌帽加盖的	本位	掌帽越位处罚 掌衣缺位处罚	坚守本位	左右占优势 掌衣占劣势 掌帽占劣势	体系能够运行，左右能取得信任，但人际关系淡漠

从表2-1中对比分析可以看出，监督者如实报告对自身及其后有利。但是，监督者为构建自己的人际关系，往往会做出对体系运行不利的选择，使控制者难以对被控制者实施控制。为保证监督者正确履行职责，往往会对监督者与被监督者之间的人际关系进行限制，如制定严格的监督纪律，回避制度，流动制度，控制与监督分离制度，责任履行统计制度等。

监督者也应对自己的报告行为进行分析，避免不正确的决策，使自己处于不利地位。首先，监督者必须认清监督工作的独立性是自身存在的基础。一旦韩昭王发现左右不履行职责，韩昭王就会对左右不信任，左右即失去应有的作用和存在的基础；其次，监督者必须认清为控制者服务的目的性。监督者对被监督者实施监督，是控制者为了获取控制信息所采取的重要措施，如果监督者不能为控制者提供控制信息，监督者就失去了价值。因此，监督者如实反映情况是对自己负责任的最优选择。

 理顺

从这个典故中，我们可以得到五点启示：

第一点启示：韩昭王要实现他的管理目标，必须有正确的流程。控制者必须是韩昭王。左右——监督者不能实施控制。控制者与监督者已经出现了分离。

第二点启示：监督者从属于控制，要服务于控制者，就必须向控制者报告。监督者如果向执行者报告，韩昭王设置的管理体系就不能正常运转。

第三点启示：韩昭王为确保其设置的管理体系正常运转，就必须对越位和缺位的人员实施处罚，确保每一个人在各自的位置有效工作。

第四点启示：监督主要由两个部分组成，一是掌帽和掌衣执行过程进行检查评审；二是形成报告，并报告信息。监督之所以在管理过程中能够发挥作用，是因为监督信息被控制人采用，并对执行层实施了控制。

第五点启示：如果控制不利用监督提供的信息，监督就失去了作用。如果监督不向控制报告监督信息，控制就难以有效运行。

（二）为什么我们设定的管理方式不见重大隐患就不起作用？

小王觉得让监督信息走一个管理流程，尽管比直接管理复杂一些，但是，只有流程才能把控制者所需要的信息适时传递给控制者，让控制者发挥控制作用，而不是让监督者代替控制者发挥作用。如果不走流程，直接把检查评审结果报告给被监督者，控制者就失去了应有的作用，管理体系就难以有效运行。

为了进一步探求监督的管理规律，小王觉得应结合我们的EPC总承包项目管理实践，进行有针对性的分析。

我们目前设定的管理方式是：

一是小问题口头告诉工人，让他们立即整改。

二是一般问题，通知分包商的安全管理人员，督促他们组织整改。

三是重大隐患，书面通知分包商，让分包商组织整改。

四是现场发现重大危险时，立即要求分包商停止作业，马上整改。

小王认为监督总是与控制相联，如果不对管理过程进行认真分析，就难以理清监督与控制之间的关系。

为此，小王对以上四种情况进行了剖析。

第一种情况：小问题口头告诉工人，让他们立即整改。

"小问题口头告诉分包商的工人，让他们立即整改"，从控制层面上来说，是EPC总承包商的管理人员越过控制界线，去调动分包商的工人；从监督层面来说，没有形成有效的管理流程，监督信息不能传递到我们自己的控制层，也不

能发挥监督的作用。这种管理方式，是一种无效管理方式。

为了便于分析，小王把 EPC 总承包商的管理人员"强令工人戴安全帽，工人不执行"的管理过程图解如下（如图 2-3 所示）：

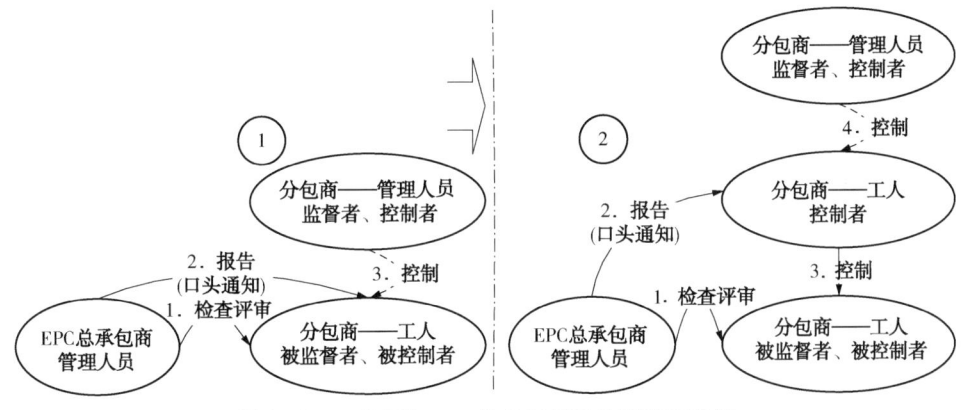

图 2-3　口头通知——监督与控制的现状和效果

从图 2-3①中可以看出：EPC 总承包商的管理人员对分包商的工人实施了检查，并将检查结果直接口头通知了分包商的工人，并未通过分包商的管理人员——工人的监督者、控制者对工人实施监督与控制。

从图 2-3②中可以看出：EPC 总承包商的管理人员对分包商的工人的口头通知，通过工人转化对自身的控制，而分包商的管理人员——工人的监督者、控制者未能对工人起到控制作用。

从图 2-3 分析，我们可以得出以下结论：

一是，工人属于分包商的资源，应该由分包商调遣，因此，我们 EPC 总承包商的管理人员对分包商的工人不具备直接控制功能，即不是控制人员。

二是，我们 EPC 总承包商的管理人员检查了分包商工人的行为，发现没有戴安全帽，就是完成了对分包商工人的检查评审工作，再口头告诉工人，就是完成了对分包商工人的报告工作，从流程管理的角度来看，我们完成了监督工作，是一个监督人员。

三是，我们告诉工人，实质上是向工人报告，找到了一个错位的控制者——工人。如果监督者把监督信息报告给被控制者、被监督者，EPC 总承包商的管理人员就成了被监督者的下级，上级当然有权决策是否执行下级的建议。由于报告流程错误，使工人既成为被监督者，又成为控制者。

四是，分包商的管理人员处于 EPC 总承包的管理视线之外，成为不负责的管理人员。

五是，监督信息只有流转到正确的控制者手中，并由该控制者采取措施之后，才能发挥作用。

六是，EPC总承包商的管理人员认为自己就是代表EPC总承包商行使控制权，但是，由于不正确地行使控制权，反而被工人控制。

七是，EPC总承包商的管理人员选择了一个对自己不利的管理方式，使自己的管理成为一种无效管理。

因此，监督→执行的管理模式，即"强令工人戴安全帽，工人不执行"，同工人产生矛盾，错误不在工人，而在自己没有掌握监督——控制的管理规律。

根据不符合项统计，我们目前主要采用"口头通知"管理方式，也就是说我们目前的管理，在绝大多数情况下是无效的。既然是无效管理，我们EPC总承包商花再大的精力，派遣再多的管理人员，分包商的管理也不会有太大的改进。

小王认为在监督——控制管理方面，应坚持三项原则，一是监督信息必须报告给授权监督的控制者；二是控制者有权要求对被控制者作出反应；三是控制者应把控制结果反馈给监督者。

第二种情况：一般问题，通知分包商的安全管理人员，督促他们组织整改。

为便于分析，小王决定用图解的方式描述EPC总承包商的管理人员、分包商的安全管理人员和分包商的工人之间的关系，如图2-4所示。

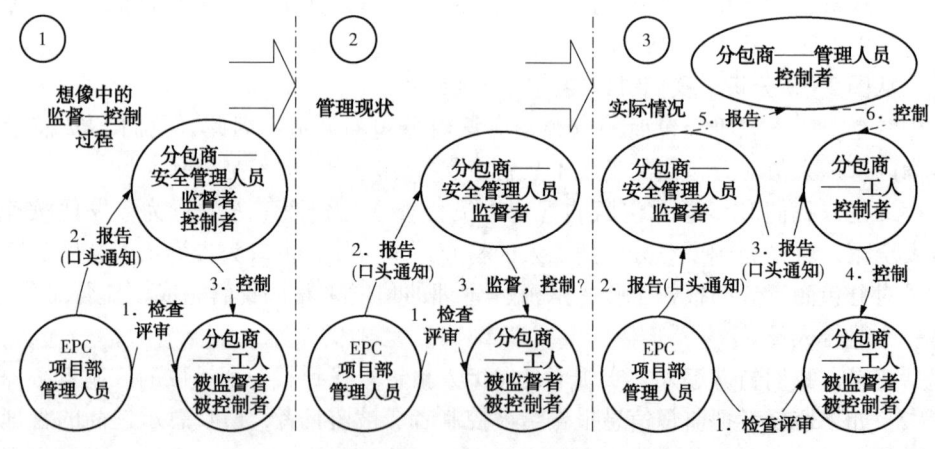

图2-4 一般问题——监督与控制的现状和效果

图2-4①中，EPC总承包商的管理人员想象中的监督——控制关系。

管理前提条件：

1. EPC 总承包商的管理人员认为自己对分包商的安全管理人员具有控制权和监督权。

2. EPC 总承包商的管理人员认为分包商的安全管理人员对其工人具有控制权和监督权。

管理实施过程：

1. EPC 总承包商的管理人员对分包商的工人实施监督检查。

2. EPC 总承包商的管理人员将监督信息报告（口头通知）给分包商的安全管理人员。

3. 分包商的安全管理人员对分包商的工人实施控制。

图 2-4②中，EPC 总承包商对分包商的管理现状：

1. EPC 总承包商的管理人员对分包商的工人实施监督检查。证明：EPC 总承包商的管理人员是一个监督者。

2. EPC 总承包商的管理人员将监督信息报告（口头通知）给分包商的安全管理人员，EPC 总承包商的管理人员对分包商的安全管理人员不直接控制，证明：EPC 总承包商的管理人员对分包商的安全管理人员无控制权。

3. 分包商的安全管理人员是分包商的一个监督者，不直接控制工人，证明：分包商的安全管理人员对其工人没有控制权。

因此，EPC 总承包商的管理人员想象中的监督——控制关系与管理现状不符。

图 2-4③中，EPC 总承包商对分包商的管理实际情况：

1. EPC 总承包商的管理人员对分包商的工人实施监督检查。证明：EPC 总承包商的管理人员是一个监督者。

2. EPC 总承包商的管理人员将监督信息报告（口头通知）给分包商的安全管理人员，EPC 总承包商的管理人员对分包商的安全管理人员不直接控制，证明：分包商的安全管理人员是 EPC 总承包商的管理人员的上级——控制者。

3. 分包商的安全管理人员将监督信息报告（口头通知）给分包商的工人，分包商的安全管理人员对工人不直接控制，证明：分包商的工人是分包商的安全管理人员的上级——控制者。

4. 监督信息的处理取决于分包商的工人意愿，证明：分包商的工人是一个控制者。

5. 分包商具有控制权的管理人员未参与控制，即分包商的安全管理人员未将监督成果报告给分包商的控制人员，由控制人员将监督成果转化为控制指令。

因此,监督→监督的管理模式,即"一般问题,通知分包商的安全管理人员,督促他们组织整改"的管理方式,也是一种无效的管理方式。

小王觉得,第二种情况,同第一种情况一样没有出路。

第三种情况:重大隐患,书面通知分包商,让分包商组织整改。

"重大隐患,书面通知分包商,让分包商组织整改"的管理程序是:EPC总承包商现场管理人员发现重大隐患,报告给EPC总承包商的领导,由领导通知分包商的领导,由分包商的领导落实整改。小王将这一管理过程表示如下(图2-5):

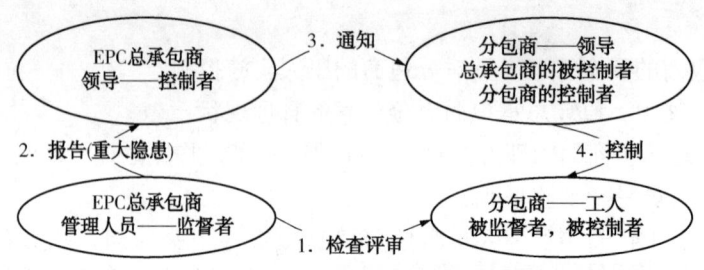

图2-5 重大隐患——监督与控制管理关系

第一步:EPC总承包商的管理人员对分包商的工人——被监督者、被控制者的执行过程进行检查评审,证明:EPC总承包商的管理人员是一个监督者。

第二步:EPC总承包商的管理人员对检查评审结果进行整理,发现重大隐患,向EPC总承包商的领导——控制者报告。

第三步:EPC总承包商的领导——控制者将重大隐患通知EPC总承包商的被控制者——分包商的领导——分包商的控制者。

第四步:分包商的领导——分包商的控制者根据监督信息对被控制——分包商的工人实施控制。

EPC总承包商、分包商的控制人员均参与了控制。将这一管理过程简单描述为:监督→控制→控制→执行。因此,"重大隐患问题,书面通知分包商,让分包商组织整改"的管理方式,是一种有效的管理方式。

小王觉得,EPC总承包商与分包商之间存在管理界面,只有在控制者与被控制者之间传递控制信息,控制过程才有效。监督者与被监督者之间传递控制信息的管理,是一种无效的管理。

第四种情况:现场发现重大危险时,立即要求分包商停止作业,马上整改。

"现场发现重大危险时,立即要求分包商停止作业,马上整改"是一个应急管理程序,小王觉得,应在下一步的研究工作中予以探讨。

小王把以上讨论结果列入表2-2中。

表 2-2　监督者的选择优劣形势分析

序号	监督者的选择	优劣形势分析	表现形式	备注
1	小问题口头告诉工人，让他们立即整改	监督者处劣势，被工人控制	监督→执行	无效管理 严格监督阶段
2	一般问题，通知分包商的安全管理人员，督促他们组织整改	监督者处劣势，被工人和分包商的安全管理人员控制	监督→监督	无效管理 严格监督阶段
3	重大隐患问题，书面通知分包商，让分包商组织整改	EPC 总承包商控制层，向分包商控制层发出指令，监督者处优势	监督→控制→控制→执行	有效管理
4	现场发现重大危险时，立即要求分包商停止作业，马上整改	应急处理		

（三）为什么监督者会被被监督者控制？

通过以上梳理，监督、控制与执行之间关系，存在动态转化的可能性，如图 2-6 所示。

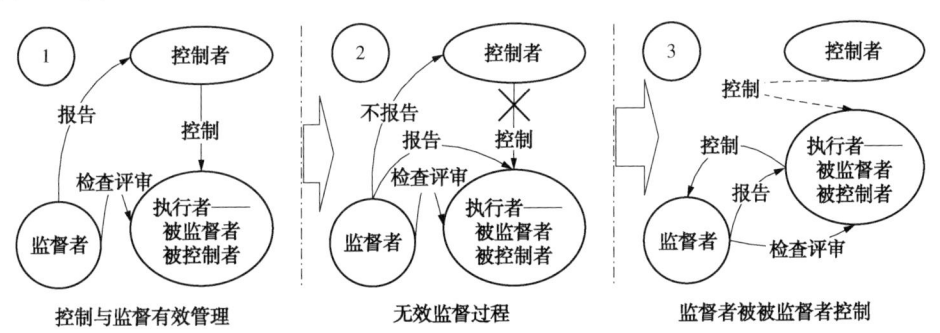

图 2-6

图 2-6①中，监督者对被监督者进行检查评审，并把检查评审结果报告给控制者，由控制者对被控制者实施控制，管理有效。

图 2-6②中，监督者对被监督者进行检查评审，并把检查评审结果报告给被监督者，由控制者由于缺乏控制信息，难以对被控制者实施控制，因此，监督无效。

图 2-6③中,监督对被监督者进行检查评审,并把检查评审结果报告给被监督者,监督者成为被控制者的下级,上级有权决策是否执行下级的建议,监督者的希望由被监督者控制,因此,管理无效。

(四)为什么我们的 QHSE 管理体系难以运行?

为了进一步理清现 QHSE 管理体系存在的问题,小王画了一张目前安全管理不符合项过程管理图,如图 2-7 所示。

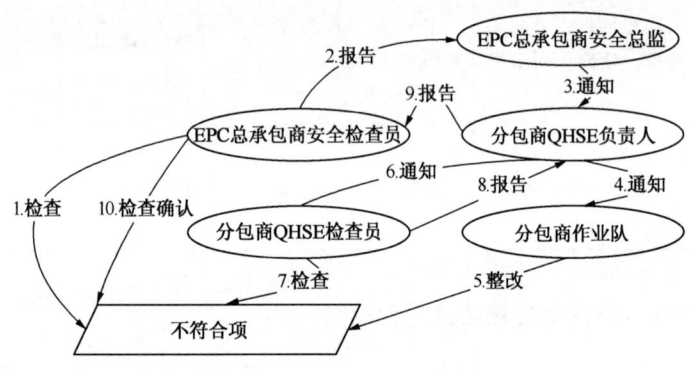

图 2-7 不符合项过程管理

第一步,EPC 总承包安全检查员在现场的检查过程发现了不符合项。

第二步,EPC 总承包商安全检查员将不符合项报告给 EPC 总承包商安全总监。

第三步,EPC 总承包商安全总监通知分包商 QHSE 负责人进行整改。

第四步,分包商 QHSE 负责人通知分包商作业队组织整改。

第五步,分包商作业队对不符合项进行整改。

第六步,分包商 QHSE 负责人通知分包商的 QHSE 检查员对不符合项和不符合项整改情况进行检查。

第七步,分包商 QHSE 检查员对不符合项和不符合项整改情况进行检查。

第八步,分包商 QHSE 检查员向分包商 QHSE 负责人报告不符合项和不符合项整改情况。

第九步,分包商 QHSE 负责人向 EPC 总承包安全检查员报告不符合项整改情况。

第十步,EPC 总承包安全检查员确认分包商对不符合项的整改。

小王对目前不符合项处理流程的动作分解发现,在不符合项的十步管理流程中，EPC 总承包项目部的施工部管理人员就没有出现，分包商控制资源的管理人员也没有出现，全部由 QHSE 部——监督部门的人员完成现场资源的调动，QHSE 部也没有想到如何让施工部来调动资源进行整改。显然，现场有现成的资源时，可能会顺利完成整改；如果现场没有现成的资源，施工部不及时提供资源，QHSE 部想及时整改，也难以顺利进行。

我们可以按矩阵式管理建立体系，却难以按矩阵式管理配置资源。我们的 QHSE 管理体系不符合控制——监督的管理规律，这样的体系必然难以运行。

（五）为什么我们的 QHSE 管理理不顺？

小王想，只有有资源调动权的人员和部门才有控制权，在 EPC 总承包项目部，所有的资源直接由施工部负责调遣，据此推理，EPC 总承包施工管理的控制部门就应该是施工部，但是，施工部只管工程进度，不管安全。而我们 QHSE 部既要做安全监督，又要做好安全控制。为了让 QHSE 部具有控制权，EPC 总承包项目部单独列支了 QHSE 费用，这部分费用由 QHSE 部负责控制，但是施工现场涉及的安全管理没有超过 QHSE 清单费用项目范围，也就是说 QHSE 部在施工现场只能行使有限的控制权，这就形成了有限的安全控制权，去应对无限的安全管理控制责任。

小王回想给分包商下发整改通知后，分包商的管理人员就开始计算时间，在施工部与 QHSE 部之间找平衡点，有些工作很快就要干完，分包商就等到干完以后再回复，小王再去检查时，问题已经不存在，常常闹出一些尴尬的局面。

QHSE 部控制安全，当然就会强调安全重要，施工部控制进度，当然就会进度优先。在资源控制方面，施工部处于优势，进度就自然优先。QHSE 部没有相应资源控制权，工作必然难以推进，自然就会说过头的话，做过头的事，如果出了事故，再以控制不力追究其责任，就会使 QHSE 部以极端化的办法，派人盯住生产的每一个安全环节。想到这里，小王认为这不正是我们现在的安全管理方式吗？

QHSE 部和施工部各自强调各自的内容，自然就会对立，产生矛盾。如果按照控制与监督的基本内涵，对工作流程进行调整，自然就化解了矛盾。

如果让施工部行使控制权，出了质量、安全、环保事故，追究施工部的责任，施工部自然就会把安全问题纳入日常生产管理过程之中，关注不符合项的整改。而 QHSE 部只履行监督责任，只要把现场所有不符合项检查出来，并报告了，就尽到了职责。通过这样的分工，控制与监督的责任界面清楚了，工作力度自然就会得到加强，安全管理水平自然就会提升。

理顺

（六）为什么监理因为加强控制而被逼到现场搞旁站？

小王觉得我们现在面临的最大问题是把监督权当成了控制权，或者处监督之位，总想着履行控制权。现场监理放不下控制权，最后被业主和承包商逼到现场搞旁站。

小王想起一个管道防腐补口故事。

一次，一个姓许的监理，在现场看到承包商使用的砂料不符合规范要求，要求承包商立即更换砂子，否则，就不让干。承包商人员、材料、设备已到场，工人的工资是按照补口的数量发薪金，如果不干，今天就这些工人的工资就没了，工人们想到自己今天的工资就强行要干。许监理看势头不对，就一屁股坐到了管道的补口位置上，并对承包商的作业人员说："要喷砂，就往我身上喷。"

另外一个在场的陈监理，看到要打起来，赶紧给关总监打了个电话。关总监感到事情的严重性，就给承包商的徐总打了个电话，并立即赶到现场。在现场，承包商的徐总对关总监说，"这些工人都不懂事，现场有事给我说声不就得了，这些工人真要是把许监理打了，我怎么下台呀！"

关总监心里也很憋气，徐总真会说话，不说他的工人不对，反而说起我们的监理来了，关总监赶紧让许监理下来，回去好好再说。没想到，许监理就是不下来，必须要求徐总当着关总监的面，把这个作业队清除出场，否则，就不下来。关总监原想把许监理叫下来，回去同业主协商怎么处罚承包商，没想到，许监理就在现场出了个难题。徐总也着实为难，开除队伍的事，也不是徐总一人说了算，还得请示公司领导才成，况且，现在正抢工期，队伍原本就不足，业主还要求再上队伍，现在又怎么能够把队伍开除出去。关总监沉着脸，问徐总，"怎么办？"徐总也一脸无可奈何，对关总监说，"现在业主整天催进度，这砂子，前几天不是还好好的吗？重复使用次数多了，还没来得及换，自然就有问题，现在不是时间紧吗？谁敢停呀！"

关总监与徐总处于僵持状态，正好业主 QHSE 部的于部长路过，于部长看到有人扎堆，就下车看个究竟。陈监理见到于部长，就赶紧走上去说"我们已经给承包商的工人说过多遍了，明天不能再用这些砂子，可是，好几个明天过去了，还是依旧，如果再用下去，这些补口的剥离试验肯定不合格，如果上级检查组要是抽查出来，还不得把我们这些监理开了，情急之中，许监理就一屁股坐在管道上，不让干。"

于部长了解情况后，砂子用到这个程度还在用，这个承包商的确不像话。于部长满脸怒气地对关总监说,"承包商干到这样,为什么不早下停工令,出了质量问题谁负责?"

徐总见到于部长态度很强硬,就对工人大声吼道:"谁让你们用这些砂子,赶紧给我回去换。"于是工人拉着砂子离开了工地。

关总监也很生气,天天要求现场监理把现场情况如实报给监理部,这些现场监理就是不反映。许监理看到于部长要收拾关总监,觉得给关总监闯了祸,就赶紧下来,跑到一边,不敢做声。于部长当着关总监和徐总的面说道,"做监理就应该像许监理这样,要认真,要负责,关总监应该表彰许监理。质量是底线,任何人都不能突破。徐总把对工人的处罚意见报到监理部,关总监看了满意后,再报到业主 QHSE 部。"于部长离开现场时,还专门同许监理握了握手,许监理觉得一身暖流。关总监与徐总也不欢而散。

晚上,关总监找许监理进行了一次长谈。谈到公司正在进行管理试点,推行过程监督,成果确认的管理方法,我们应该改一改,现场有问题,应交由监理部处理。

许监理就是觉得自己做得没有错,对关总监说:"业主 QHSE 部的于部长还当着大家的面表扬了我,同我握了手,如果现场问题报给监理部,由监理部处理,黄花菜都凉了,就监理部里的这些人,还能控制到我这个水平。"

关总监参加过公司 PMC 项目的考查,PMC 项目管理之所以成功,离不开业主和承包商的支持。在交流会上,业主觉得自己管理很轻松。PMC 项目部把所有的问题和处理情况及时上报业主项目部,使所有的问题都在业主的掌控之中;承包商觉得自己队伍水平和素质日益提高,原来难管理的队伍,也变得越来越好管;现场监理觉得管了该管的事,不该管的事,就一律不管,责任界面清楚,工作干劲十足。PMC 项目部也觉得工作很充实,上至业主,下至承包商,把各方管理得都很满意。反观自己的项目,公司好的管理方法就是执行不下去。许监理之所以固执地认为自己对,就是因为今天正好碰上了于部长,如果没有碰上于部长,今天的事,还不知道怎么收场呢!

关总监说道:"如果你们现场监理控制不住,问题又没有及时反馈到监理部,出了问题,由谁负责?"

许监理说道:"不是天天在强调有感领导、直线责任、属地化管理吗?现场就是我的属地呀,我管的地盘,出了问题当然就由我负责。我们现场监理管的事,监理部就不要再插手管了!我保证把施工现场管好。"许监理有了于部长的支持,同关总监说话也就信心十足。

关总监生气地说道:"你能把现场管得不出问题,那当然好,问题是承包商不支持,就像今天的这件事一样,你保证不了,怎么办?"

许监理大声地说道:"我今天怎么啦?我今天干得很好呀!把承包商给管住,看他们以后还敢这么干?"

关总监无可奈何地说道:"今天是正好碰上了业主的于部长,如果没有碰上于部长,今天还不知道怎么下台呢!"

许监理说道:"今后出现这种事,你们通知于部长,于部长不就到了。于部长是业主,我们应该主动找业主,用不着业主总是追我们呀!"许监理这一提醒,关总监觉得自己也有观念不到位的地方,自己总是害怕业主说我们管得不好,有问题,就是不敢向业主报告。

关总监说道:"你们不报告,我们怎么知道现场有问题?"关总监说这句话的时候,也意识到自己对现场监理缺乏有效的管理,造成现场监理只有自选动作,没有规定动作。

许监理说道:"我们能管住的事,就不想给你关总监添麻烦。"

关总监生气地说道:"你们是不想给我添麻烦,却给我们添了很多批评!我们宁可要麻烦,也不要批评。"

许监理信誓旦旦地说道:"如果我管不住,出了质量安全问题,就把我开除掉!"

关总监说道:"你一个人开除了事,我们还得替你背处分!就是你们这些监理,在现场把所有的问题都捂着,直到出了大事故,让很多领导替你们背黑锅!"

许监理说道:"你要是不想背处分,不想背黑锅,那你也可以不干啦!"

关总监看到许监理,劝也劝不来,道理也讲不通,只好作罢。

关总监觉得在现在的环境条件下,改变观念,推行公司倡导的管理方法,实在太难了。为了避免矛盾激化,想把许监理调整一下,但一细想,这样做也不妥,如果不斗争,像徐总这种人,更没法管。看来,想避免斗争,也避免不了,目前,也只有顺其自然。

于部长回到办公室,向业主项目部经理曹总汇报了现场防腐补口的事。曹总对许监理大加称赞:"监理要是都像许监理这样认真负责,工程质量就有保障"。于是,要求于部长写个通报,对许监理给予表扬,对承包商提出批评。

第二天,许监理的事迹就传遍了整个项目。从此,许监理有了曹总尚方宝剑,承包商都让许监理三分,许监理的工作也就好开展多了。

一天又一天,一月又一月,很快就到年关,业主项目部通知每个单位上报年度先进单位和先进个人，准备召开年度表彰大会。关总监圈定了一些先进个人，唯独对许监理举棋不定，报吧，不符合公司的发展方向；不报吧，业主说监理部不会用人。最终，关总监决定还是不报为好，不能与公司的发展方向相冲突。

业主于部长看到监理部上报的名单，没有许监理，就打电话给关总监，询问名单上怎么没有看到许监理？关总监见势不对，就赶紧说，"有哇！是否文控上报时搞错，我马上落实。"于是，赶紧让文控部的贾部长补报了许监理。

关总监想，各项目部都在推行先进的管理方式，我们这个项目，就是从旁站监理这个坑里爬不出来。业主就会到现场数监理人头，不看管理效果，这不是把监理当"稻草人"吗？如果业主不开明，就很难吸收先进的思想和管理方式，我们的管理先进方式方法就泯灭在业主的传统管理方式方法之中。这些年来，我们公司通过对大型项目管理研究，提出了独特的管理方式方法，使每一个单位、每一个人在各自的管理节点上发挥各自作用，突破了画地为牢，英雄式的旁站监理管理方式方法，调动各方的管理积极性和主动性。我们公司的优势不就是我们公司独特的管理方式方法吗？如果不用我们公司的管理方式方法，那还用我们公司干什么？找几个有经验的人不就得了？关总监独自一人在办公室，越想越不舒服，越想越生气，越想越觉得监理这行当没法再干了。

许监理放不下控制权，越权调动分包商的资源，代替分包商实施管理，这与监理的控制论有关。小王想，我们搞EPC总承包，如果不深刻吸取监理行业发展的教训，不区分控制与监督，不正确行使控制权和监督权，到时我们的EPC总承包项目管理也会变得同监理一样没法再干了。

（七）监督的内涵是什么？

小王对监督的内涵进行系统的梳理。监督是管理的一部分，监督的主要特征就是：

1. 控制权分解后，伴随产生监督权，检查下一级控制权人的管理状况，监督不等于控制，监督离不开控制，监督离开控制，就变成无效监督。

2. 监督应向授权监督的控制权人报告，是控制权人的主动管理，对被控制权人而言，是一种被动的管理，没有监督支持，控制难以有效开展。

3. 当监督权与控制权已经分离时，监督权人不能对下一级控制权人实施控制，即监督权人不能越权调动被监督权人、被控制权人的资源。

4. 监督报告是实施监督的一个关键环节，没有报告，就不是有效监督。

5. 监督权人依照控制权人的势，向谁报告，就受谁管辖，为谁服务，即监

理顺

督受制于控制，监督服务于控制，但不受下级控制权的制约，即监督依势。

6. 控制权人可以实施监督，但监督权人不能实施控制。

7. 监督权人有可能越权控制，授权监督的控制权人，应加强对监督权人的管理，防止监督权人越权控制。

（八）为什么监督也得有度？

小王想，有了控制和监督，EPC总承包商就有了管理的主动权，但是主动权的使用，也总得有个度。小王记得一次到施工现场检查电气预埋件，指出分包商有几处施工不合格，分包商的技术员就说，还没有干完，当然就不合格，干完就合格了，弄得小王甚是尴尬。小王认为只有让分包商检查验收合格后，我们再检查出问题，分包商才会服从我们管。分包商检查验收也是分包商主动管的表现。看来，控制与监督也不是什么时候都好用，用在不对的场所，可能就起不到作用，反而显得自己不懂管理，管理权除了控制权和监督权，还应有其他权。

三、确认被别人控制 ▶▶▶

小王想，质量报验有一个签字确认，那么，确认是否也是管理的一个重要要素呢？如果确认是管理的一个重要要素，确认的基本内涵是什么？确认与控制的关系是什么？确认与监督的关系是什么？

小王回想确认过程就是在分包商完成每一步工作后，将其可交付成果报请EPC总承包商检查验收，签字确认，符合要求后，才能进行下一步工作，并将确认的成果作为中期进度款支付的依据。

小王想结合施工质量报验确认过程，寻找确认管理规律，理清确认的基本内涵。

（一）为什么一次性检查验收合格率这么低？

项目刚开始，分包商一旦完成施工质量检验批后，分包商的赵工，就请小王到现场检查验收，验收合格后，就开始下一步施工。赵工为了方便，往往等到几批验收后，再填写一堆质量检验批记录，报给小王签字，小王签字后，返还赵工。

小王到现场检查验收时，经常是满眼不符合项。小王也经常批评赵工，并要求赵工立即组织工人整改。

赵工说："工人素质太低，没有办法管，希望王工多提宝贵意见，我们一定按照王工的意见进行整改。"

工作一段时间后，小王觉得尽管分包商存在一些问题，但赵工还是比较负责，每次提出需要整改的不符合项，基本上得到了整改。

经常返工，也影响了工程进度。分包商的吴总找到QHSE部的张部长，请求张部长多加指导，减少返工，并说："质量是企业的生命，我们分包商对工程质量很重视，EPC总承包商的要求我们坚决执行，质量方面的不符合项能否在施工过程中就指出，以便我们及时整改，不要等到检查验收的时候才提出，弄得我们措手不及。"

QHSE部的张部长说："最近工程施工比较紧张，我们会加强工程质量检查验收环节的管理，EPC总承包项目管理就是为分包商服务，下来我们会根据吴总的要求进行调整，确保质量不拖进度的后腿。"

吴总走后，QHSE部的张部长找到小王，说："我们要提前做好预控，杜绝不符合项的发生，实在不行，不要等分包商报验，主动做好服务。关于竣工资料的事，等项目完工以后，统一组织编制。希望小王多盯一盯现场，工程质量是工人干出来的，少盯一会电脑，电脑干不出优质工程质量。施工部在抓进度，我们QHSE部也得把工程质量搞上去，不能天天返工。"

小王本想找张部长谈一谈，确认工作是否存在问题。没想到张部长反而找来，批评自己工作不主动。

小王觉得确认应该是一条链，一环扣一环，即分包商的班长小高首先确认无误后报分包商的赵工进行确认，经过分包商的赵工确认，没有问题之后，再由分包商的赵工报EPC总承包商确认。如果每次赵工不确认，直接找我们EPC总承包商确认，分包商现场存在的问题赵工就不需要辨识，对现场质量就可以不管，就等我们去辨识，去让我们提出不符合项，其结果，质量报验合格率就肯定低。

（二）为什么确认过程会让分包商控制？

小王觉得还是应该从流程分析的角度对质量确认这一过程进行认真的剖析。

工期紧张时，为了缩短检查验收的时间，张部长就要求小王不要等赵工来请，赵工也不要等小高来请，大家都应协同配合，主动提供服务，把质量搞上去，减少返工现象。质量检验批进行检查验收时，小王应与赵工一起到场，力争一次性验收通过，简化程序，以提高效率。

QHSE部的张部长指令，把分步确认转变为同时确认。小王对简化程序后的

管理过程如图2-8所示：

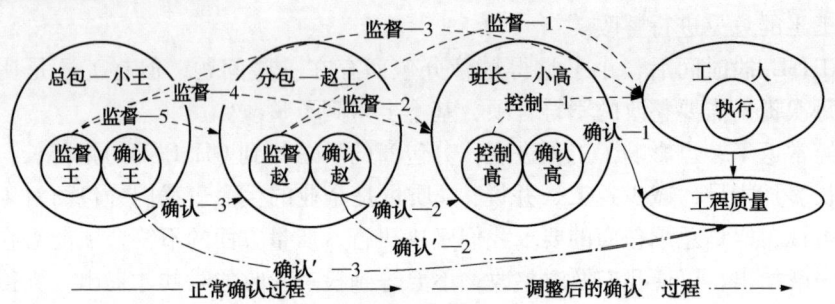

图2-8 同时确认管理过程

确认—1，表示小高对工人的工作成果质量进行确认；
确认—2，表示赵工对小高的工作成果质量进行确认；
确认—3，表示小王对赵工的工作成果质量进行确认；
确认′—2，表示赵工对工人的工作成果质量进行确认；
确认′—3，表示小王对工人的工作成果质量进行确认；
监督—1，表示赵工对工人的执行过程监督；
监督—2，表示赵工对小高的工作过程实施监督；
监督—3，表示小王对工作的执行过程进行监督；
监督—4，表示小王对小高的工作过程实施监督；
监督—5，表示小王对赵工的工作过程实施监督；
控制—1，表示小高对工人的执行过程进行控制。

  流程的改变，由原来的顺序确认——确认—1→确认—2→确认—3，变成了一起确认。开始的确认缩短了时间，现场问题由赵工和小王一次检查，小高统一组织整改，用不着大家互相等待。随着一次又一次的现场检查验收工作的进行，赵工也越来越顾及小高的情面，最后当着小王的面，不再指出现场存在的问题，小王发现赵工也越来越不负责任。但是，每次都是小高同时通知小王和赵工到现场检查验收，小王也就没法对赵工的检查验收工作进行监督。而赵工也依仗着自己的经验比小王丰富，每次检查验收都对小王说："王工，你看还有什么问题？如果没有问题，咱我们就签字验收。"

  EPC项目部QHSE部的QHSE部的丁工就是喜欢在现场转悠，也爱指指点点。一天，QHSE部的丁工转到小高的施工现场，指出现场存在的问题，要求小高组织整改，小高就是不改。

  QHSE部的丁工说："不改，我就站在这儿，今天，你们也别想施工。"

  小高与QHSE部的丁工僵持不下，打电话叫来赵工和小王。

赵工到现场就对 QHSE 部的丁工很不客气地说:"改,改什么改,怎么改,QHSE 部的丁工,你说说。"

QHSE 部的丁工一五一十地把现场问题说了一遍。

等 QHSE 部的丁工说完,赵工就发话了,理直气壮地说道:"丁工,你说的都是一些鸡毛蒜皮的小事,哪有你这么过针过线的,你们王工都知道,都签字了。你要是能让你们王工把签字的东西给我改了,我们马上就组织整改。学学你们王工,别成天在现场捣乱。"

小高说:"丁工,你到一边与你们王工先商量,什么时候商量好,再过来找我们,别在这儿影响我们施工。"

小王赶紧把 QHSE 部的丁工拉到一边,给 QHSE 部的丁工说好话。

QHSE 部的丁工说:"他们要是像你这样说话,我就不同他们计较了,这分包商也太不像话,都欺负到我们 EPC 总承包商的头上来了。"

小王说:"你看,我字都签完了,要是吵到张部长那儿,张部长不得把我好好收拾一顿。看在兄弟的情分上,你就高抬贵手,放我一把吧。"

QHSE 部的丁工说:"好吧,不是看在你的面上,我今天非得让他们返工。你说得也是,我们都签字了,再让他们返工,难度也大,我就不同他们计较了。恻隐之心,人皆有之,今天这事就这样吧。不过,你以后检查验收得认点真,这点问题怎么就看不出来?"

小王说:"我以后一定要加强现场学习,谢谢丁工指教。"

小王觉得真难,怎么大家都可以不负责,唯独自己不能不负责。

流程的改变,就意味着责任的改变。现在的管理流程,把分包商的问题,就变成了自己有问题。为什么确认反被分包商控制?为了深入探讨这个问题,小王把上述变化过程用图 2-9 表示出来:

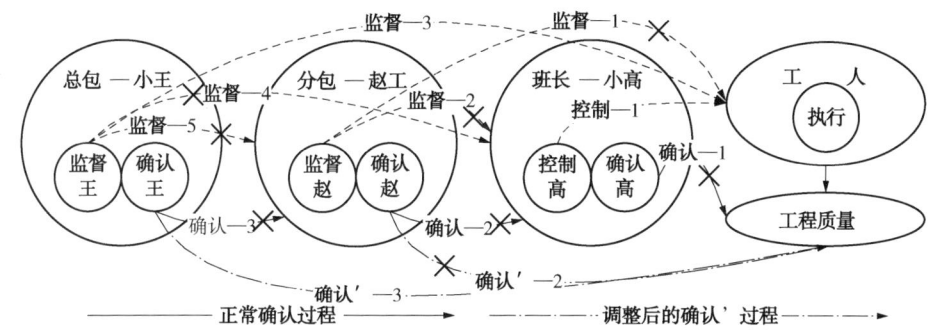

图 2-9 同时确认转化为无效确认的过程

由于失去了对赵工工作确认（确认—3变为无效）的制约，小王对赵工和小高就没法再进行监督（监督—4，监督—5变为无效），赵工和小高就等着小王到现场检查验收。小王说合格就往下步工序进行，小王说不合格，就按照小王的要求进行整改。由于现场质量的合格与否，全是小王说了算，小高放弃了对工程质量的确认（确认—1变为无效）；赵工放弃了对工程质量的确认（确认′—2变为无效），也同时放弃了对小高工作的确认（确认—2变为无效）。确认链的断裂，赵工为了减少同小王的矛盾，也放弃了对工人和对小高的监督（监督—1，监督—2变为无效）。通过以上变化，赵工就游离于小王的监督和确认之外。由于确认工作全部由小王来承担，确认失误的责任，当然也必须由小王来承担，小王无形中成了赵工的挡箭牌，赵工占据了主动地位，并对小王实施了反监督。流程的改变给小王带来了不小压力，而赵工和小高的压力一子就减轻了很多。

由于管理要素的自动调整，管理过程变为小高对工人实施控制（控制—1），小王对工人实施监督（监督—3），小王对工程质量进行确认（确认′—3），赵工对小王实施反监督（监督—6），最后，变成只有EPC总承包商确认，分包商不确认，如图2-10所示。

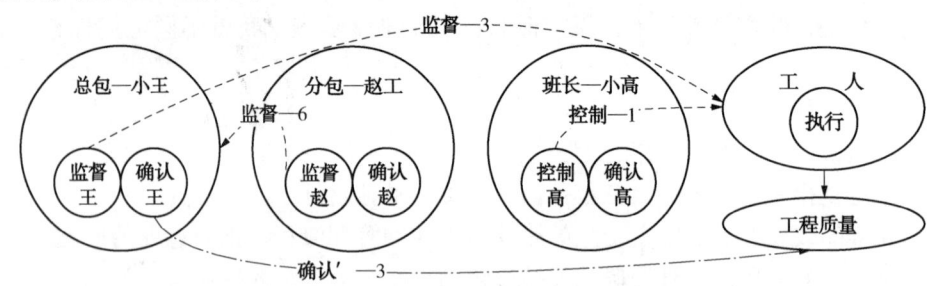

图2-10　EPC总承包商确认，分包商不确认

小王觉得，自己的努力和辛苦，没有起到应有的正面作用，反而是在培养一个不负责任的分包商。大家天天关注的是工程实体质量，没有人去关注工程管理质量，如果工程管理质量上不去，工程实体质量就难有保证。

在目前的条件下，要保证工程质量，就只有靠小王自己去盯。小王对工程质量要求越严，与赵工的矛盾与冲突就越大。为了减少与小王冲突，赵工也借故减少了参加验收的次数，把更多的时间放在方案的制定和质量检验批等竣工资料的编制上，并在背后监督小王。

有一次，小王、赵工和小高匆匆忙忙完成现场检查验收，正好碰上QHSE部的张部长巡视过来。张部长问小王："准备进行下道工序，你们检查验收完成了吗？"

小王忙向 QHSE 部的张部长汇报说："刚刚检查验收完了，签字手续也履行完了。"

QHSE 部的张部长问："你们怎么检查的？"

小王说："我们都是对着图纸，对着标准规范，对着施工方案进行检查。"

QHSE 部的张部长说："你们看一看，这合格吗？这几个基础都不上线，赶快组织整改。小王，让你在现场多盯一盯，不要等通知再到现场来检查验收。这整改，时间又耽误了。"

QHSE 部的张部长这一说，小王发现现场质量的确有问题。

QHSE 部的张部长说："多设备基础检查应拉线，我看到你们检查没有拉线，眼睛仔细一瞅，就发现了问题。"

赵工和小高都站在一边不做声，小王只好说："我马上组织整改。"

QHSE 部的张部长走开后，小王看到赵工也没有积极组织整改的迹象，就自己开始安排小高找拉线，对边线，与小高一起比划上了。

赵工也看到自己成了局外人，就对小王说："王工，你们在这整改，我赶紧把下一步验收资料做完。"

小王觉得，赵工在这儿也没有太大的用处，就说："好！"

赵工走后，小王给小高的每项工作安排，都需要小高积极响应，小王自己也不敢轻视小高，每件事都得与小高商量着办。小王变成了小高的顾问、老师和辅导员，彻底放弃了对赵工和小高的监督与确认管理。小王在现场开展质量验收都得听从小高的安排，小王提出的问题，决定是否整改，最后都是小高说了算。小王觉得自己已经处于小高的控制（控制—2）与监督（监督—7）之下。小王把上述过程用图 2-11 表示。

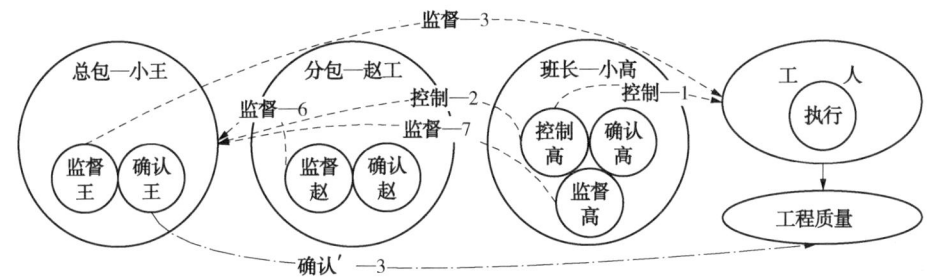

图 2-11　EPC 总承包商的确认过程受分包商控制

通过以上分析，小王也似乎找到了问题的症结，以前到现场检查验收时，只

看到了工程实体质量，只看到了工人的工作，没有把工程质量看成是小高的工作成果，没有把赵工检查小高的工作看成是赵工的工作成果，一下子就扎到了检查工程实体质量上。由于放弃了对小高和赵工的管理，影响了工程进度，自然就被小高和赵工管上了。现在EPC总承包商各级领导都在强调形象进度，工作面也比较少，小王只好顺其道而行之，跟小高在一起好好探讨施工技术。

（三）为什么要让分包商主动开展确认管理？

随着工作面的扩充，有些工作不再引人关注，小王觉得，这是最好的实践机会。在非关注工作节点，小王要求赵工完成检验批记录，并填写相应资料后，报小王确认，小王不再是直接检查工程实体质量，而是让赵工解释资料表格中填写的数据，然后，对数据进行核实。赵工指不出表中所测量的数据源自工程哪些部位，最后，赵工说出了实情，没有检查，只是根据经验填写了一些数据，至于现场是否有这些数值，自己也不知道。最后，小王确认赵工工作不合格，要求赵工据实检查，据实填表，据实判断工程质量是否合格。小王走后，赵工在现场对质量进行了认真的检查，发现多处不合格，还有几处根本就没有按图施工。赵工对小高一顿狠狠的批评，并报告分包商项目经理吴总，协调重新采购材料，进行整改。

整改合格后，赵工对现场检查部位进行了标识，确认符合要求，并填写相关资料后，报小王确认。

小王这次到现场发现质量大为改观，并对赵工检查数据进行了一一核实，符合实际，也符合要求，证明赵工履行了自己的确认职责，随后，小王又在其他部位抽了几个数据，也都符合要求，于是，小王在报验表上签字确认合格。由此，小王与赵工也达成一致意见，不是时间紧迫的项目，只有经过赵工检查确认后，小王再对赵工检查数据进行核实，确认工程质量是否达到要求。

经过一段时间磨合后，发现小高的组织协调能力大大提高，以前，根本就不看图纸，现在经常看到小高拿着图纸在现场比划。赵工与小高配合也越来越密切，时间紧迫的报验项目也越来越少，工程质量也越来越好，一个月后，时间紧迫的报验项目为零，而工程质量报验合格率为100%，由于不用返工，工人心气也越来越高，节点进度按计划如期开展，小王也不用时时刻刻盯在现场。

返工项目减少了，材料利用率提高了，工效也提高了，每项计划正点完成，EPC总承包施工部的李部长在工程协调会上对分包商吴总给予了表扬。吴总回到办公室，把赵工和小高叫来，说经过这段时间的磨合，难熬的日子总算过去了，今天，施工部的李部长对我们进行了表扬，根据公司奖励问责机制，决定给予赵工和小高每人奖励500元。赵工也把总包商小王如何提高我们管理水平所作的工作一五一十地给吴经理讲了一遍，吴总也表达了对小王的由衷感谢，与这样的总承包商一起，企业定有更好的发展。

小王觉得确认是个管理链，一环套一环，顺序不能随意变，否则，分包商就不会主动管。

（四）为什么服从现场监理管理让承包商很危险？

小王回想起与关总监一起的日子。

关总监说："如果没有话语权，确认工作就没法干。"关总监讲了一个故事，说的是地面检测管道埋深和防腐层质量的事。

一天，收到业主下发的文件，是关于管道埋深不足和防腐层损伤的检查情况和处罚通知。关总监看了文件后，感到很生气，也很无奈。我们已经要求EPC总承包商加强管道埋深和防腐层质量控制，地貌恢复后，就应该立即开展地面检测管道埋深和防腐层质量检验工作。EPC总承包商就是不配合，就是做不到位，害得我们与EPC总承包商一道挨处罚，一起背黑锅。

生气归生气，问题还是得尽快组织处理。为了把管道埋深不足和防腐层损伤的地段搞清楚，给公司和业主有一个明确的交待，关总监立即召集监理部人员，作了如下安排：

一是组织对报验资料进行检查，确定EPC总承包商和现场监理检查验收人员。

二是组织EPC总承包商人员和监理部人员对管道埋深不足和防腐层损伤的地段进行确认。

三是协调EPC总承包商提出整改措施和整改期限。

四是开展全线地面检查管道埋深和防腐层损伤工作，积极主动开展整改工作。

五是对相关责任人员进行调查和处理。

六是与EPC总承包商协调预防措施，并要求现场监理加强管道埋深和防腐层保护的监督管理。

七是准备给公司和业主项目部提交整改报告。

第二天上午，业主项目经理曹总来电话，让关总监过去一趟。

关总监到业主项目经理曹总办公室，就看到承包商的徐总也在。关总监想，

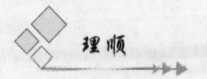
理顺

营道埋深和防腐层损伤这事不仅要挨处罚,还得挨批评。

曹总看着关总监和徐总说:"徐总,你看这个通知怎么办?"

徐总说:"这个罚款不应该由我们承包商来承担绝大部分,而应该全部由监理公司承担。"

曹总说:"为什么?"

徐总说:"昨天,我收到通知后就调查了,现场监理检查验收全部为合格,曹总,你说这现场监理检查验收合格的工程再检查出问题来,就是现场监理不负责任。如果现场监理认真负责,就不会检查出问题来。处罚应该针对不负责任的人员,我们现场干活的人,都是在现场监理的热情指导和严格监督下完成各项工作,现在有问题,当然应该全部由监理公司承担。"

曹总说:"关总监,你看怎么办?"

关总监说:"我们已经制定了整改方案和整改计划,曹总请你看一看。"关总监向曹总递交方案。

曹总说:"我们不能天天整改呀,监理得认真负责才行呀,不负责的人还能当监理吗?大家干工作都不容易,你们好不容易争取到手的钱,又被我们业主给罚回来了,不是我们想处罚,是因为你们监理不负责任,我们不得不处罚。如果监理认真把好质量关,我们现场质量检查,一次能够通过,就不会对你们处罚。"

关总监说:"曹总,你说得对,下来我们会加强对现场监理管理,加强与徐总沟通,做好服务工作。"

徐总说:"这罚款的大头,不能让我掏哇!"

曹总说:"徐总,这个处罚通知是我们上级单位下发的,你能不执行吗?不过,关总监也不能只交这一点处罚就完了,要对现场监理严加处理。"

关总监想,做监理真难,不顺着徐总,徐总有意见,顺着徐总,出了问题,徐总又有意见。同徐总一起干工程,监理都成了倒霉蛋。

徐总说:"我不执行,肯定不行,我也不能同业主对着干。但我有一个件条,关总监必须给我派遣负责任、会沟通的监理到现场给我盯着,不能仅派几个不明白的监理在现场瞎转悠。我们要对现场监理的服务进行评估,最后一名监理,要求关总监更换。"

曹总问关总监说:"关总监,你看徐总这点要求不过分吧。"

关总监想,这种场合还能说啥。不答应,徐总不满意,曹总也会不满意,答应了,又被徐总套上了,左右为难。但是,如果现场监理的考核也让徐总把持着,我这个总监不就成了徐总的傀儡,承包商对监理考核这一条是无论如何,也不能答应。反正今天曹总要发火，就还不如让他尽情地发，我们听着就是了。

关总监说："哪有承包商对现场监理服务进行评估的，我只听说过业主对监理进行考核，这一条我们绝对不能答应。"

徐总大声地说道："我们不考核，你们监理不负责任呀！我们总不能因为监理签字不负责任，把不合格的工程验收成合格，天天等别人来处罚吧！"

关总监说："我们是按合同要求派遣的监理人员，不能把承包商现场管理的事，都让我们干了，承包商也得派出现场管理人员。"

徐总说："我们现场有队长，有技术员，有质检员，有安全员，怎么没有现场管理人员？为了避免我们的管理人员与现场监理争权，同现场监理处理好关系，我们设置了一条底线，就是不服从监理的管理人员一律待岗。现在可好，监理把不合格的工程确认成合格，以后，让我们的现场管理人员怎么服从监理管理！如果关总监不同意我们考核，那就得再派真正有水平的监理人员到现场，把每一个作业面都给我盯着。否则，这罚款我就不交了。"

关总监说："我们只能按照合同要求，提供相关服务，不可能提供合同以外的服务。"

曹总生气地说："合同，合同要求监理把不合格的工程确认为合格吗？你们得有点责任心，怎么要我找你们公司，让你们公司领导来谈这件事？如果你们真有水平，把我这个工程管得不出问题，我答应就按你们的办法管。问题是，你们不行，让别人检查出这么多问题出来了，你们还不想办法，还在推诿。今天，这个事，我就定了，你们监理公司给我派人盯，盯得哪天不出问题，再来给我说合同的事！"

关总监说："好好，按曹总的要求执行，我回去，马上同公司联系，落实曹总的指令。"

曹总最后强调："徐总，你也得加强队伍建设，在施工现场一切得服从监理的指挥，即使监理错了，也得先执行，再辩诉，未经监理确认，决不允许进行下道工序施工，这是大家从实践中总结出来的规矩，不能因为这次质量问题，就改了规矩。施工现场没有这个规矩，我们这些领导就得天天解决施工人员同监理打架的事。孰重孰轻，徐总，你得掂量掂量。关总监，你们得细化确认范围，提供优质服务，达到承包商随干随确认，不要等到既成事实，再提出整改，现场监理要积极主动做好服务，创造性地开展监理工作。通知中提到的问题，按关总监提出的方案，由徐总组织整改。罚款的事，根据上级要求，从下月进度款中扣除。希望你们工作认真负责，不希望看到再来罚款通知。"

后来,关总监在总结经验时说:"现在监理存在的主要问题是过程成果确认资料管理不完善。现场监理人员找各种借口不上交,项目监理部没有及时整理承包商的确认信息,确认工作无法纳入管理状态。进度款支付时,承包商往往是先找业主项目部,再找项目监理部。确认是过程管理的一道关,由于监理部不能对确认过程进行有效管理,就等于关口丢失,丢失了关口,项目监理部就成了橡皮图章,自然就会出现问题。"

关总监继续说:"如果监理没有把住确认关,承包商就会把持整个项目管理的话语权,只要承包商把持话语权,监理模式就是旁站。只要监理模式是旁站,处处设关,处处是关,最后就等于没有关,承包商很危险,监理也更难。"

关总监强调:"我们总认为监理是公正的第三方,都是具有'高智能、高素质、高水平'的三高人员,现在监理都做到了旁站水平,哪有三高人员会干旁站监理?要有,那也是'高血压、高血脂、高血糖'的三高人员。我们总认为,只要监理签了字,就不会有问题,如果监理在不认真、不负责、不懂行的情况下,把字签了怎么办?我们必须加强现场监理确认过程的管理,一是要完善现场监理确认过程的统计管理,使现场监理的确认过程产生的信息,转化为监理部的控制指令;二是要开展对现场监理的确认过程的审查,及时发展现场监理确认过程存在的问题;三是积极推进确认过程信息化,促进确认过程管理透明化,只有采取这些措施,才能让确认过程管理真正成为监理对承包商管理的关口。把住了关口,就把住了话语权,再对承包商实施控制就不难。"

(五)确认的内涵是什么?

小王对确认的内涵进行系统地梳理。确认是管理的一部分,确认权是控制权分解后产生的一种伴生权,服务于控制权,确认的主要特征就是:

1. 确认权是控制权分解后而产生的伴生权,确认的成果应服务于控制。
2. 确认是控制权人对被控制权人的被动管理。对被控制权人而言,是对控制权人的主动管理。
3. 确认的具体内容是工作成果,即工作实体和成果文件。
4. 多重确认必须按照规定的程序依次而行,否则,确认不可靠。
5. 确认必须在规定的时间内完成,超过规定的时间,确认人应向被确认人做出说明。
6. 确认是控制权分解后,控制权人要求被控制权人取得成果的许可或交付程序。确认也必须有明确的结论,确认程序完成后,确认人与被确认人就建立了一种连带责任关系。

7. 确认权可以在管理体系中独立运行,也可以依附而行。

8. 非控制权人确认之后,应向授权确认的控制权人报告,以便将确认成果转化为控制权人的指令,强化确认环节的管理。

9. 确认与监督的区别:确认是被控制人发起,监督是控制权人发起。

经过一段时间的探索,小王的工作也越来越顺利,随着分包商自身能力的提高,小王也有越来越多的剩余时间,于是,小王开始研究图纸和标准规范,逐步提高技术水平。

四、协调受资源控制 ▶▶▶

(一)为什么项目经理协调易,其他人员协调难?

有一次,在熟悉图纸时,发现一张图纸没法施工,如果严格按图施工,需要花费很多措施费,如果图纸稍作修改,就可以节约一大笔钱。

小王认为分包商的赵工见多识广,设计图纸和施工方案优化的事宜,先同赵工沟通,听一听赵工高见,以便更好地组织实施。

小王把自己的想法同赵工和小高进行了交流,赵工认为小王的方案可行,但要是按小王的方案执行,本项目 EPC 总承包商又不允许分包商现场签证,还得EPC 总承包商提出设计变更并经有关各方审批后,才能实施。最近施工现场经常等 EPC 总承包商的设计图纸,设计是否愿意变更,还需要做设计的工作,目前的图纸尽管有难度,我们还是有办法按期完成。

小高认为按照小王的方案计划至少提前半个月完成。

小王原想找设计协调,但细细琢磨后,发现不妥,只有刘总才能调动设计部的人员协调设计单位开展变更设计,于是,小王把设计图纸情况和自己的见解向张部长进行了汇报,张部长觉得小王的想法不错,方案也可行,但变更图纸不是QHSE 部的工作范围,于是向项目经理刘总进行了汇报。

刘总听了 QHSE 部的张部长的汇报后,认为小王提出的合理化建议很好,于是要求小王认真准备,并定于周三召集相关部门协调会。

QHSE 部的张部长回到办公室,把小王叫来,说了刘总的意见,并再三强调,一定要抓住机会,认真准备。

为了取得更好的效果,小王开始做多媒体材料,在汇报的前一天,QHSE 部

的张部长对小王的多媒体材料进行了认真审查,直到满意,才让小王下班。

在周三举行的协调会上,小王做了汇报,相关部门进行了讨论,并形成一致意见。

会议最后,刘总要求:

1. 设计部协调设计单位提出变更图纸;
2. 采办部作好相应采购物资的调整;
3. 施工部同分包单位协调新的施工方案和施工进度计划安排;
4. QHSE部做好风险识别与防范措施;
5. 合同部协调处理相关合同事宜;
6. 计划部协调各部门并提出调整计划;
7. 文控部作好图纸和文件的报审准备。

刘总对小王的工作给予了肯定,并对小王提出表扬,要求各部门解放思想,锐意创新,逐步推进EPC总承包业务向更高水平发展。

小王原想只要设计人员提出变更,分包商组织实施就完了,没有想到一项设计变更会涉及到如此多的部门。常说设计是龙头,今天才体会到龙头一动,各部门都得动,才能把设计变更工作做好,缺一个部门,设计变更工作就难以实施。

设计图纸中的问题,赵工和小高也都知道了,但赵工和小高都没有想找设计或者向分包商吴总反应提出修改设计,因为赵工觉得难度太大,小高觉得分包商影响力太小,说了可能也没有人听,也许还会给自己招来不是。对赵工和小高也没有明显的益处,赵工和小高自然就不会主动开展协调工作。

小王觉得自己的行动之所以得到张部长和刘总的重视,是因为新的方案对EPC总承包商更有利,而变更旧的方案,实施新的方案,只有刘总有这样的协调资源的能力,而刘总的协调资源的能力,源自于刘总手中的控制权,有控制权才有协调权。

小王觉得如果自己开展协调,肯定不会成功,因为自己对这些相关部门没有控制权,没有资源的协调能力,除非设计人员承认是设计错误,而且是实质性的错误,设计人员接受指出的错误,并开展修改,这又似乎是监督,而不是协调。

在传统管理模式下,设计、采办、施工等分属不同的单位,由于利益不同,导致设计变更难以按程序组织实施。业主为了保证工程进度,在难以协调设计单位提出设计变更的情况下,一般会同意承包商提出现场签证,以便现场问题及时妥当解决,这也会导致承包商不按图纸施工,乱出现场签证的现象。

在EPC总承包模式下,项目经理能够协调设计、采办、施工全过程,能够避免乱出现场签证，规范项目管理，提高工作质量。

（二）为什么会产生协调？

小王想，如果不是设计方案或措施不完善或者新的方案或措施更有利，就不会有协调的机会。协调源于三个方面：一是管理不完善；二是方案或者措施不完整；三是关键资源不到位。

协调的目的就是为了结合当前现状，理性面对现实，寻求共同点，缩小分歧的差距，适度让步，减少损失，提高效益，通过持续改进，增强互信，实现共赢。

因此，协调含有对资源的调整，是控制权分解不完善、不完整、不到位，而采取的一种有利的补充措施。也可能是控制权人之间，为了共同利益或目标做出的适应现实需求的一种妥协，通过局部调整，促进EPC总承包商与分包商之间，分包商与分包商之间工作的协同与配合，保证整体目标的实现。

总之，协调就是为了扬长避短，针对问题而采取的一种理性应对措施。

（三）什么情况下开展协调工作可能取得成功？

小王推想，在有控制权人的组织下，在以下情况下开展协调可能取得成功：
1. 对多方有利；
2. 对主体责任人不利，但合同有规定；
3. 对主体责任人有利，但对局部承包人不利；
4. 对总体有利，对局部有利；
5. 对总体有利，但对局部不利。

小王想，掌握以上协调的规律，在今后的工作，就更能做出突出的贡献，取得更好的业绩。管理有诀窍，这诀窍就是规律。

（四）为什么现场监理协调有麻烦，总监协调就好办？

小王想起与关总监聊天时讲到的一个故事。

一天，承包商的徐总打电话，要求关总监马上赶到现场，否则，就要拉着丁监理找曹总。关总监觉得肯定又是我们监理惹怒了徐总，赶紧对徐总说："我马上就到，请你别着急。"

关总监赶到现场一看，内心思忖着："这活怎么能干成这样！徐总之所以发脾气，肯定又是我们丁监理在现场瞎指挥。"

徐总说："关总监，你说这活干得怎么样？"

关总监说："这只有你徐总的队伍，才能干出这种活。"

徐总生气地说："我们有自己的想法，自己的干法，你们有意见，好了，我们保留我们的意见和想法。在现场，我们一切服从监理的安排，一切听从监理的指挥，但是，你们现场监理也不能胡安排，瞎指挥呀！"

关总监问："怎么回事？"

徐总说："你问一问你们丁监理，是懂，还是不懂？"

关总监对丁监理说道："图纸你们看了，设计要求是这样吗？"

丁监理说："图纸我们看了，设计有问题。设计管道走向正好从这个坟头上过，外协协调不下来。我对他们说，干活也不能太机械，得动脑子，设计有问题，如果我们机械地去执行，不就是傻子？这稍微地调整一下，就过去了。"

关总监说："这现场是你指挥干的？"

丁监理说："业主曹总不是要求我们现场监理积极主动做好服务，创造性地开展监理工作吗？我这是执行曹总的指令呀！"

关总监说："执行曹总的指令没有错，但是，设计变更有程序，得按照程序来才对呀！"

丁监理说："外协工作不容易，如果等设计，还不知道要等多长时间呢！再说，这么好的施工时间，怎么能等呢！"

关总监说："先不说你违反设计变更管理程序，自行变更设计，你这变更后存在的风险知道吗？"

丁监理说："知道哇，我还同他们讲了类似问题处理还出现过人员伤亡的故事。我已要求他们在管道下沟之前做好工作前安全分析，并提出安全保证措施。"

关总监故意问道："他们说，按照你说的要求干没问题？"

丁监理说："我说最好分成两段干，下沟连头更安全。他们说，一次焊到位，下沟更方便。再说，旁边就是一座坟，谁都忌讳沟下干。我就说好，那就大家快点干，干完了再回去吃晚饭。"

关总监对徐总说："丁监理是违反了设计变更管理程序，其他方面都是同你们现场人员商量着办，都是为了你好，没有自作主张！"

徐总对关总监说："丁监理违反设计变更管理程序，带来的后果很严重。关总监，你干了这么多年的监理，你说，按照丁监理的想法，能干吗？"

关总监说："只要投入到位，就没有问题。"

徐总说："这擅自变更设计，业主不处罚我们，就不错了，这变更增加的费用，找谁出呀？如果是你们公司愿意出，我就按照丁监理的要求干。"

关总监说:"工程是你们承包的,费用当然应该是你们出呀,我们是搞监理,也不允许出这工程费用呀。"

徐总说:"我出了,我又找谁去要这个钱,我不等于白干?"

关总监说:"实在不行就按照原来的要求干。"

徐总说:"已经干到这个程度,怎么才能回到原来的要求上去干?如果按照原有的机械设备投入,存在的风险是:管道埋深不到位,这业主肯定不干;如果下了沟,业主肯定要求整改;在整改过程中,管道存在应力风险,根据以往案例,管道应力有致人死亡的风险。关总监,你看怎么办?"

关总监认为,我们这些监理就是多嘴,出谋划策是好事,得首先考虑谁愿意提供资源,如果没有人愿意提供资源,我们自己也不能提供资源,协调不就出问题了?这时,关总监想到设计的确有问题,设计有问题,就得出设计变更,有了设计变更,你徐总就得执行吧!

关总监有了这样的想法后,就想借此机会教训一下丁监理,让丁监理认识到执行程序的重要性,于是,对丁监理说:"你违反了设计变更管理程序,业主不会出这个钱,徐总要的钱,我们公司也没法出,你看怎么办?"

丁监理说:"我是个现场监理,我也没有办法出这个钱。"

关总监说:"那你想到违反程序的后果吗?"

丁监理说:"我们只想到把工程顺利快速干完,哪里想到后面还得有这么多麻烦事。"

关总监说:"以后,你还违反程序吗?"

丁监理说:"只要关总监不让我出这个钱,有了这次教训,我保证,以后再也不违反程序。"

关总监给业主项目经理曹总通了一个电话,把现场情况向曹总作了汇报,曹总指示关总监做一个汇报材料,明天上午同设计一起在现场协商后,再作决定,坟旁边的事一定要高度重视。

关总监对徐总说:"我把这儿的情况向曹总做了汇报,曹总说该出设计变更就协调设计单位出变更,明天上午与设计一起在现场商定这件事,指示现场施工一定要保证安全,并说按风俗坟旁边、庙门前敬炷香、烧点纸钱"。

小王想,管理过程中,之所以关注协调,就是因为协调能增加管理的灵活性。但是,协调必须有资源控制者作后盾,没有资源的协调,必然是无效的协调。

(五) 协调的内涵是什么?

为此,小王对协调的内涵进行系统的梳理。协调也是管理的一部分,协调权

是控制权分解后产生的一种伴生权,服务于控制权,协调的主要特征就是:

1. 协调也是控制权的伴生权,是控制权分解后,对控制权不完善,根据实际情况做出的调整。
2. 协调权与控制权相关联,没有控制权,就没有协调权。
3. 没有协调权的人可以协助有控制权的人开展协调工作。
4. 协调也是促使有控制权的人进一步认清控制责任。

五、考核被落后控制 ▶▶▶

项目各项工作逐步走入正轨,张部长与刘总商量后,决定适时在项目上开展星级服务活动,全面提升质量安全管理水平。张部长发现小王有思路,有作为,是一个难得的质量安全管理人才,于是,就安排小王编制质量安全管理星级服务活动方案。

(一)怎样抓住机遇,开发成长的机会?

小王接到任务后,觉得这是提高自己管理能力的一个好机会,如果自己独立编写,完成后再提交审查,一方面,可能改动量较大,另一方面,没有抓住影响别人的机会;如果组成一个小组编写,可以集思广益,在编写过程中,大家就把相关文件资料学习了一遍,把别人的经验总结了一遍,再贯彻执行就比较容易。在此项活动中,也锻炼了自己的组织协调能力,扩大了自己的影响力。计划是获取控制权的第一步,小王决定理出编写思路后,就与张部长汇报,征得张部长同意后,再开展工作。

小王梳理编写报告的工作步骤如下:

第一步,成立质量安全管理星级服务活动方案编写小组。

第二步,收集以往项目开展质量安全管理星级服务的资料。

第三步,对以往项目开展质量安全管理星级服务的经验进行总结,并写出总结报告。

第四步,对本项目相关管理文件进行梳理,找出开展质量安全管理星级服务活动的依据。

第五步,对本项目的质量安全管理现状进行分析,并提出质量安全管理下一步工作努力的方向。

第六步,组织编写质量安全管理星级服务活动方案。

第七步，提交张部长审查，并根据张部长的审查意见修改完善。

理完编写步骤后，小王向张部长作了汇报。

张部长看了小王的编写步骤后，觉得还应增加三个步骤，即：

第八步：征求各单位意见，并根据各单位意见修改完善。

第九步：提交项目质量安全委员会审查，并根据审查意见修改完善。

第十步：刘总签发。

梳理完工作步骤后，张部长与小王一起圈定了编写小组成员名单和编制时间要求，小王认为编制过程也是大家学习和思想观念转变的过程，不宜把时间安排得过紧。张部长也赞同小王的意见。小王提出了自己的计划：第一周完成一至三步工作，第二周完成四至五步工作，第三周完成六至七步工作，第四周日完成八至十步工作，力争一个月内由刘总签发执行。

张部长认为小王思考问题很全面，而且还有一定的深度，设置编写小组，还可以培养小王的团队领导力，经与项目经理刘总沟通，同意了小王梳理的工作步骤，根据编写小组的意见和工作计划，任命小王为编写小组组长。

（二）如何巧用控制权，有效整合团队的资源？

小王组织编写小组成员召开了首次会议，对编写工作、人员分工和总体计划进行了安排。通过编写小组成员又收集了大量资料，小王对这些资料进行了认真阅读。在阅读这些资料的过程中，小王觉得前面理出的控制、监督、确认、协调四个管理要素，似乎还显不足，如果不对控制、监督、确认和协调工作的效果进行评估，管理就只能发现不足，而不知道改进的方向和改进的效果，难以主动开展创新，促进可持续发展，难以进一步提高水平。想到这里，小王觉得考核也是管理的一个重要要素，那么，考核的内涵是什么？

小王通过编写小组施工部的付工了解到，公司有个PMC项目的考核工作做得不错。该项目将考核工作分为三个部分：

第一部分是PMC项目部的内部考核。

第二部分是PMC项目部对承包商的考核。

第三部分是承包商的内部考核。

PMC项目部负责编制内部考核方案和对承包商整体考核方案，并报业主审批。PMC项目部要求承包商编制内部考核方案，报PMC项目部审批，并根据方案要求开展内部考核，把考核结果上报PMC项目部。对人员采取的是星级服务管理制度，对单位采取的是流动红旗管理制度，并设置明星榜和红旗榜，予以明

示,加强宣传引导,考核周期为每月一次。为了加强对各单位的制约,提升各单位对考核工作的重视,把各单位的考核与其工程进度款支付相结合,以达到鼓励先进、鞭策落后的目的。

编写小组合同部的余工也提交了一个以往项目绩效考核的案例。该项目的做法:

一是由业主统一编制考核方案,并由业主统一组织考核,统一发布考核结果。

二是考核周期为每月一次。

三是考核范围只对单位不对个人。

四是每月月度例会颁发流动红旗,作为考核激励。

编写小组计划部的唐工也提交了一个以往 EPC 总承包项目的绩效考核案例。该项目的做法:

一是由 EPC 总承包商统一编制考核方案,该方案,第一部分为 EPC 项目部人员考核和部门绩效考核;第二部分为施工分包商绩效考核和分包商人员考核;第三部分为设计单位绩效考核和设计人员现场服务考核;第四部分为供应商服务考核。

二是 EPC 总承包商负责 EPC 项目部人员和各承包商的考核;各承包商的人员由所在项目部负责考核,并接受 EPC 总承包商的审查。

三是每月统一组织一次考核,考核结果由 EPC 总承包商在月度例会上统一发布,人员实行星级制度,单位采取流动红旗制度。人员前十名,单位前三名,标在 EPC 项目部大会议室的明星榜和红旗谱上进行宣传。

踏破铁鞋无觅处,得来全不费工夫。小王想,计划部的唐工提交的案例正符合我们的需求!

小王想,如果不是让大家一起编写,自己不知道要花多少精力才能完成张部长提交的任务!作为负责人,应学会巧用控制权,有效整合大家的资源,出色完成领导安排的任务。

(三)为什么我们设置的考核方式有时会发挥重要的作用,有时又流于形式?

小王想起前一段时间,设计承包商的江工想来就来,不想来时,EPC 总承包商施工部的李部长怎么叫都叫不来,气得李部长找刘总协调,后来刘总把设计承包商的蔡总叫来,经协商,把设计承包商的现场服务人员划归施工部李部长管,这样设计现场服务一下子就顺畅多了。小王想,考核是上级对下级进行考核,平级之间没法考核,如果江工划归设计承包商设计项目部考核,就很难约束江工的行为。如果江工到现场,设计承包商就把对江工的控制权移交给李总,这样就好考核多了。当然设计承包商现场服务人员少,不可能建立一个强大的管理组织,这种移交控制权的管理方式还算可行。如把对施工分包商的人员管理的控制权移交给李总,李总怎么也管不过来。

为了更好地推进质量安全管理星级服务活动方案的编制,小王组织召开编写小组第二次工作会议,对方案编制进行了研讨。

在研讨会上,编写小组文控部的小肖谈了自己经历过的一个项目的考核。项目考核是业主发起,并组织实施。业主同时对 EPC 项目部、EPC 分包商、监理部进行考核。由于工作联系,业主对 EPC 项目部和监理部的主要人员比较熟悉,业主对 EPC 项目部和监理部的考核还比较顺手;当考核 EPC 分包商时,由于现场作业人员太多,又对现场作业人员的工作情况不太清楚,组织考核的人员也怕出差错,只好让 EPC 分包商上报,EPC 分包商开始很重视,后来发现业主对 EPC 分包商现场作业人员的考核只是个形式,再后来就变成了轮流坐庄。最后考核工作流于形式,就没有人重视考核工作。

小王说:"业主项目部不应代替 EPC 总承包商对 EPC 分包商进行考核,尽管 EPC 分包商的工程款最终出自业主,但是,在合同执行过程中,EPC 总承包商可以对 EPC 分包商进行处罚,EPC 分包商只是表面上听从业主指挥,EPC 分包商的真正控制者还是 EPC 总承包商。有控制权,才有考核权,因此,业主对分包商的考核最后只能流于形式。要使考核工作真实有效,业主只能考核 EPC 总承包商,让 EPC 总承包商去考核分包商。有人会问,'既然业主不能对分包商进行考核,如果 EPC 放弃对 EPC 分包商的考核怎么办?'其实,业主也有办法,业主有权监督 EPC 总承包商对分包商考核,如果 EPC 总承包商不对分包商考核,业主就应加大对 EPC 总承包商的考核,最终迫使 EPC 总承包商对 EPC 分包商加强考核。"

(四) 为什么业主的考核会被承包商控制?

在讨论时,编写小组 QHSE 部的丁工谈到自己经历的一个项目。业主项目部发布了一个考核方案,要求各承包商加强现场不符合项管理,每月不符合项数量不能超过五条,超过五条,每条罚款伍万元。结果,各监理部每月上报的不符合项,都不超过五条,而上级检查组到现场检查却查出一堆问题。检查组问现场监理这些问题都看到了没有,监理都说已口头通知承包商,承包商正在组织整改,

理顺

后来，业主不得不再聘请飞检单位开展飞检或第三方检查工作。

QHSE 部的丁工说："每个业主都希望在自己的管辖范围内不要出问题，都在强调如果现场监理发现问题就立即通知让承包商整改，不能留死角，不能留隐患。业主的愿望是好的，承包商为了让监理达到业主的愿望，要求现场监理尽可少发书面不符合项通知，尽可能多一些口头通知。考核本是为了加强管理，由于口头通知的效果有限，结果就是因为有这一条限制，造成现场一堆问题。我们在做考核方案时，是否应权衡，哪些考核指标对加强项目管理有利，哪些考核指标对加强项目管理不利？避免考核堵塞言路。"

施工部的付工说："我们目前承包商的管理水平，每月不超过五条不符合项，这五条之内的不符合项肯定都是重大隐患。有了这条规定，监理乐了，承包商就惨了。为什么这么说呢？现场问题监理说'都口头告诉承包商了'，承包商能说监理没有告诉吗？如果说监理没有告诉，那就等着罚款。承包商在罚款和监理'口头告诉了'之间，会选择哪个？肯定选择的是监理'口头告诉我们了'，我们还没有来得及整改。如果承包商自己不加强管理，而监理又不管，你说承包商最后面临质量安全问题，不就惨了？丁工说得对，在制定考核方案时，不要尽想好事，还要考虑到考核条款对各单位的影响，只有这样才能避免上述惨状。"

计划部的唐工说："丁工和付工说的情形，在我经历的一个项目上就发生过。我们开始采用公司的过程监督管理方式，监督过程中发现不符合项，就给承包商下发书面的不符合项通知，监理部对每位现场监理下发的不符合项通知进行排名次，月度按名次推选月度明星。由于监理部把工作开展得有声有色，还得到业主的表扬。后来，业主发布了绩效考核管理办法，规定承包商每月不符合项不能超过 7 条，超过 7 条，每条罚款两万元。于是承包商就开始做监理的工作，总监受不了承包商的软磨硬泡，现场监理也在承包商的感召下，放弃了不符合项管理制度。再后来，业主找到公司主管领导，说我们的现场监理不负责，业主请的飞检人员在我们监理的标段检查出来很多问题，监理都没有报告，要求公司加强对现场监理管理。公司主管领导来到监理部，召开了全体监理人员座谈会，给监理人员出了一道题。"

文控部的小肖说："什么题？"

计划部的唐工说："是想得表扬，还是想挨批评？你们猜大家怎么回答？"

QHSE 部的丁工说："肯定是想得表扬。"

计划部的唐工说："主管领导为了慎重起见，没有让大家直接回答，而是让大家思考十分钟，把答案写在纸上。"

文控部的小肖说:"最后怎么样?"

计划部的唐工说:"大家在纸上写的都是想得表扬。主管领导对大家说'这个答案是你们每一个人经过深思熟虑后写出的答案,看了你们的答案,我很骄傲,我们监理部是一个有志气、团结奋发向上、有创新精神的监理部。为什么我们开始能得到业主的表扬,而现在却挨了业主批评?'有人说是业主颁发的绩效考核制度造成的。主管领导说'我们能改变业主吗?'有人说'不能。'主管领导说'我们能改变我们自己吗?'有人说'当然,可以。'主管领导说'怎么改变?'总监说'业主项目部对我们的不符合项管理制度还是认可的,业主项目部的上级领导要求项目实施绩效考核制度,业主项目部没有办法,就制定了这样一个绩效考核制度,我们能否这样,业主说的不符合项是指监理给承包商下发监理通知的不符合项,而我们给承包商下达的不符合项不是监理通知,而是不符合项整改通知,能否同业主项目部协商一下,只有监理通知下发的不符合项才列入业主项目部的考核之列,不符合项整改通知是我们监理开展过程监督的基本工具,不应列入业主项目部的考核之列。'主管领导说'这个问题,我们找过业主项目部吗?'总监说'还没有。'主管领导说'我们是否应该找一下业主的项目经理。'总监说'当然,好,我明天就去找。'"

文控部的小肖说:"后来怎么样?"

计划部的唐工说:"业主项目经理说你们公司的管理方法与我们的绩效考核制度并不矛盾。"

文控部的小肖说:"怎么不矛盾,这不明显矛盾吗?"

计划部的唐工说:"业主项目经理说'你们搞监理,对监理很在行,你们说监理通知下发的不符合项,与你们公司推行的过程监督,要求下发的不符合项整改通知一样吗?'你们猜,总监怎么说?"

文控部的小肖说:"监理通知下发的不符合项,不符合项整改通知中的不符合项,都是不符合项,这还有区别吗?"

计划部的唐工说:"总监说'不一样,监理通知下发的不符合项都是比较严重的不符合项,而不符合项整改通知是我们公司规定的过程监督中的'逢错必报'管理原则要求组织实施的一种特色管理。'你们猜,业主项目经理怎么说?"

文控部的小肖说:"业主项目经理肯定会问总监'你认为纳入我们绩效考核中的不符合项,是监理通知下发的不符合项,还是不符合项整改通知中的不符合项?'"

计划部的唐工说:"对,总监回答说'应该是监理通知下发的不符合项,而

不是小符合项整改通知中的不符合项。'业主项目经理对总监说'对,我看了你们的不符合项整改通知,都是一些小问题,不能因为承包商有这一点小问题就对承包商给予处罚,使承包商与监理产生对立情绪。下一步,你们有什么打算?'总监说'我们应该坚持公司的规定,按照'逢错必报'的原则开展现场监督工作,监理部根据现场监理提供的监督信息,加强与承包商协调,做到防微杜渐,控制风险,让业主满意。'"

文控部的小肖说:"啊!这个问题就这么解决了。后来怎么着?"

计划部的唐工说:"主管领导对总监说'什么时候坚持不符合项管理制度,什么时候就有可能得表扬,什么时候放弃不符合项管理制度,挨批评的一天迟早会到来。如果出了事故,受处分的那一天就会到来。'总监说'知道了,从此以后我会带领大家坚定地执行公司的不符合项管理制度。'"

文控部的小肖说:"这叫吃一堑,长一智。"

计划部的唐工说:"主管领导对总监说'我相信你们经过这一次洗礼,会变得更加成熟,更加理智,你们一定能够把这个项目干得让业主满意,让承包商尊重。'总监说'给领导添了不少麻烦,谢谢领导支持。'"

文控部的小肖说:"后来呢?"

计划部的唐工说:"后来我们监理部得了公司的先进集体。"

小王说:"从这个案例中,我们能够得到什么启示?"

文控部的小肖说:"绩效考核很时髦,唐工说的这个案例,就是因为业主项目部赶时髦,没有弄清楚别人编制的绩效考核条款在执行中会对项目运行产生什么样的影响,贸然照抄照搬。而业主项目部的人员意识到自己制定的绩效考核办法有问题后,又不能说自己有错误。公司主管领导到场,给了双方一个台阶,才会有上述戏剧性的结果。"

施工部的付工说:"为什么业主的考核最终被承包商控制?"

文控部的小肖说:"这不明摆着吗?是业主的绩效考核方案有问题。"

QHSE部的丁工说:"对,是业主的绩效考核方案有问题。业主设定的标准,一是与承包商管理水平不相适应;二是与我们的管理创新不相适应。"

文控部的小肖说:"为什么监理不听业主的指令,反而去执行承包商的指令?"

QHSE部的丁工说:"开展绩效考核的目是为了刺激大家的工作积极性,还是挑起大家相互斗争?"

文控部的小肖说:"我要是业主项目经理,肯定是想办法刺激大家的积极性,避免斗争。"

QHSE部的丁工说："对，这样就只有监理做出牺牲。而监理做出牺牲，最终会伤及业主利益。"

施工部的付工说："当业主利益受到损失时，就说明业主制定的绩效考核方案被承包商控制。因此，业主制定的绩效考核方案，不是越严厉越好，而是越科学越好。"

小王说："我们这次编制星级服务方案，一定要考虑科学性，关注目的性，讲求实用性。施工部的付工说得很好，绩效考核方案应具有科学性，计划部的唐工讲的这个故事除了方案的内容设置上有问题，是否科学性也有问题？"

施工部的付工说："考核的结果应服务于控制权，我们可以把唐工讲的这个故事用如下图来表示。"施工部的付工在白板上画了三个考核方案流程图，如图2-12所示。

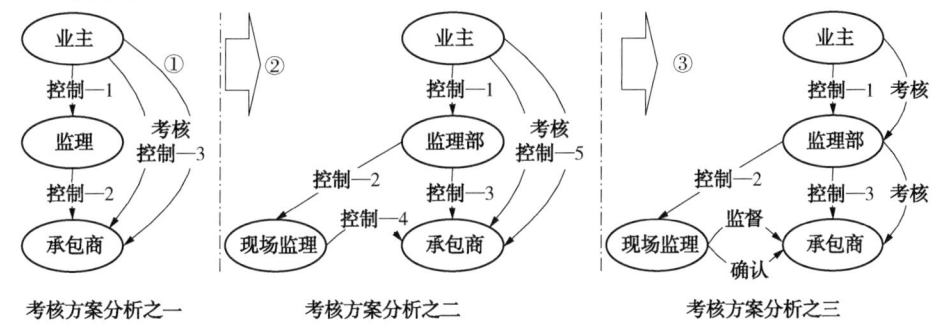

图2-12 考核方案对比分析

施工部的付工分别对三个流程图解释道："图2-12①中，业主设定的管理体系是授予监理对承包商实施控制，即业主：控制—1→监理：控制—2→承包商。而现在业主又越过监理对承包商实施绩效考核，为确保业主对承包商的绩效考核有效，业主只有将其绩效考核的结果用于对承包商的控制，从而产生了控制—3。现在承包商面临着两个控制，即控制—2和控制—3，大家想一想，当承包商同时面临两个控制指令时，优先执行哪一个控制指令？"

文控部的小肖回答道："肯定是控制—3。"

施工部的付工继续说道："当控制—2和控制—3相矛盾时，承包商最有可能不执行哪一个控制指令？"

文控部的小肖回答道："肯定是控制—2。"

施工部的付工继续说道："在业主对承包商直接实施考核，并对承包商实施控制的情况下，监理还能控制住承包商吗？"

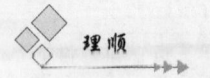

文控部的小肖回答道:"肯定不能。"

施工部的付工继续说道:"监理会采取什么措施?"

QHSE 部的丁工回答道:"监理受业主控制,肯定得服从业主管理,避免直接同业主发生矛盾。"

施工部的付工继续说道:"服从业主管理的结果是什么?"

QHSE 部的丁工回答道:"由于监理不能对承包商实施有效控制,现场不符合项,既不能及时得到整改,又不能得到有效地防治。业主按照绩效考核办法,根据问题的多少和严重程度,对监理和承包商进行处罚。"

施工部的付工继续说道:"承包商会采取什么措施?"

QHSE 部的丁工回答道:"承包商肯定会找业主沟通,能否少罚一点,能否让监理在现场多盯一点?"

施工部的付工继续说道:"业主会采取什么措施?"

QHSE 部的丁工回答道:"业主会找总监,对总监说'你们在《监理规划》和《监理实施细则》中,已经做过对工程进度、质量、HSE 和投资控制的承诺,现在,进度上不去,质量出现问题,HSE 险象环生,工程变更也没有管住,你这个总监怎么当的?'在业主的批评之下,总监会选择啥?"

文控部的小肖回答道:"这个时候同业主论理,只会得到更严厉的批评。总监只有说'我们管理的确有问题,下来我们一定会加强管理,请业主再给我们一次机会。'接下来业主会怎么说?"

QHSE 部的丁工说道:"业主会对总监说'现场问题说明了什么?说明了监理管理不到位,你们应派现场监理给我盯着!要再出了类似的问题,我就给你们监理重重的处罚!'监理费就那么点钱,哪经得起重重的处罚?最后,总监就把所有的人派到现场搞控制,就出现了付工画的图 2-12②,一个承包商,三个控制者(业主:控制—5→承包商,监理部:控制—3→承包商,现场监理:控制—4→承包商)。"

文控部的小肖问道:"这种方法看似加强了管理,能控制住承包商吗?"

施工部的付工回答道:"肯定控制不住。现场监理觉得自己说了不算,报告到监理部也没有人管,还不如与承包商混个好人缘,结果现场监理被承包商控制。总监把现场不符合项报告给业主,业主说'你们监理就管到这个水平!连个承包商都管不住,还要你们监理干啥?'结果,总监为了落实不符合项整改,只好求助于承包商,最后,总监又被承包商控制。因此,如果绩效考核方案设定得不科学,就会带来很多问题。"

文控部的小肖问道:"我们有什么方法能避免上述问题出现?"

施工部的付工回答道:"我们可以看一下图2-12③,在图2-12③中,业主授权监理部对承包商控制,为了保证业主的控制权有效实施,业主对监理部实施考核,监理部为确保完成业主授权的管理任务,监理部对承包商实施考核,为确保考核工作的顺利推进,监理部设置现场监理收集承包商的信息,这样就形成了一个系统、完整、科学的考核方案。"

小王说:"付工的解释非常好,我们制定绩效考核方案时,一定要注意科学性。"

(五) 为什么我们要编制绩效考核方案?

合同部的余工说:"我们现在编制的绩效考核方案,就如同一张行政命令,谁的权大,谁说了算。从合同管理角度来看,事后编制并发布的绩效考核方案是没有法律效率的方案,合同是一种带剑的契约,是为了防止坏承包商不履行责任,已经设置的处罚措施条款,有合同的处罚条款,我们就不应该再编制绩效考核方案。"

施工部的付工说:"我们与分包商签订的合同只有处罚条款,没有奖励条款,业主与我们签订的合同条款也只有处罚,没有奖励。如果根据合同来设置考核条款,就肯定是以处罚为先导。我们搞绩效考核,不仅关注落后分子,更关注积极分子,是为了在现有人力资源的条件下,通过考核,激发大家的热情,把我们的工作干得更好,让我们的管理更有水平,实施绩效考核是项目上开发人力资源的一种手段。因此,项目开工后,再编制一个绩效考核方案,是很有必要的。"

合同部的余工说:"问题是如果我们处理不好合同与绩效考核之间的关系就很麻烦。据调查发现,项目上实施绩效考核工作主要有三种情况,一是参与项目的各方对项目都很重视,都想从项目上获得荣誉,因此,对这类项目的考核是以荣誉为主;二是承包商没法管,业主被迫无奈的情况下,开展绩效考核,为了把不听话的承包商管好,绩效考核肯定以处罚为先导;三是项目管理进展比较顺畅,有合同条款支持,在没有麻烦的情况下,谁也不愿自找麻烦,项目考核事实为依据,以合同条件款为准绳,对项目实施考核。"

小王说:"我们开展绩效考核的目的,就是为了在项目上推进人力资源开发,是让我们现有的人员发挥更大的作用。尽管绩效考核工作很麻烦,我们还是应该认真地开展。"

理顺

（六）为什么事中编制的绩效考核方案总是向后看？

小王想起关总监讲的一个绩效考核故事。

一天现场乔监理找关总监说："现场监理没法再干了，现场质量安全没法保证，再干下去，承包商出事，我们就会跟着承包商倒霉。"

关总监对乔监理说："乔工，我们可不能这么说，监理已经写入《建筑法》了，把我们监理作为工程建设的三大主体之一，国家对我们监理工作都很重视。我们现场监理面对不同的承包商和承包商的不同人员，而每一个承包商都有不同的做法，每一个人都有每一个人的个性，工作起来肯定有这样那样的困难，有句话'人的办法总比困难多'，我们要有战胜困难的勇气，多想办法才对。遇到困难，我们可不能打退堂鼓哇！"

乔监理说："现场问题，开始我们口头说，他们还听一听，后来再说，他们就不听了。没有办法，我们就只有给他们下书面通知。开始下书面通知的时候，还比较重视。后来，再下书面通知的时候，他们就不接收了，让我们去找他们领导。关总监，你说我们现场监理上哪儿去找他们领导哇，再说，我们现场监理离开现场，这帮孙子还不把我们告到业主那儿去哇。"

关总监问："你们书面通知，没有传到监理部吧，我怎么不知道呀。"关总监本想批评乔监理一顿。每次都强调把下给承包商的不符合项传到监理部，以便监理部协调业主和承包商，落实现场监理指出的问题，这些监理就是我行我素，直到管不住承包商，害怕出问题，才找到监理部来。但是，关总监觉得今天这个气氛，不能批评，只有安抚，只有克制自己，才能团结这些监理，把工作向前推进。

乔监理说："不符合项通知是给承包商发的，我们哪敢给监理部发呀。"

关总监说："我是说，你们在给承包商发的同时，给监理部抄送一份。"

乔监理说："抄送监理部，监理部的人不就说我们现场监理没有本事管住承包商，只会打小报告。"

关总监觉得这些现场监理也有自己的苦衷，现在讨论任何程序上的事情都毫无意义，就关心地问道："我看一看你发现的不符合项，看怎么处理合适。"

乔监理把书面通知拿出来给关总监，关总监一看，觉得现场质量安全问题的确比较严重。关总监想，这些问题如果没有业主项目部的明确指令和相关措施，把承包商叫过来，也谈不出一个结果。

关总监觉得拿着这些问题去找业主项目经理曹总，曹总肯定会对我们监理提出批评；如果不找曹总，目前的问题就难以解决。我们监理应本着对工程负责、

第二章 谁对谁错

对业主负责的态度去开展工作才行,不管风吹雨打,不能动摇我们的责任心。

关总监想只有自己表现得坚强,现场监理才会有克服困难、战胜困难的勇气,队伍才能稳定。自己受点委屈,能够换得工程项目的质量安全,还是值得去冒一下险。关总监鼓足勇气对乔监理说:"质量是业主未来生产的安全,现场安全是业主项目部经理的乌纱帽,只要你们认真工作,把你们现场发现的不符合项及时报告监理部,监理部就会协调业主项目部,强化对承包商的管理。你们的工作有监理部、业主项目部的支持,就可以战胜承包商,希望你们严格管理,大胆工作,牢牢把住质量安全关。以后你们现场检查出来的不符合项,不管承包商是否接收,你们都可以发到监理部,可以由监理部统一处理。"

乔监理说:"我们把现场检查出来的不符合项发到监理部,监理部不追究我们现场监理的管理责任?"

关总监说:"你们在现场发现的不符合项越多,说明你们的风险辨识能力越强,工作水平越高,我们怎么会追究你们责任呢?我们对你们这些积极分子表扬还来不及,怎么会批评?我们对承包商的管理,得靠业主项目部+监理+承包商管理体系来管理,个人的力量是有限的,只有把个人的各项工作融入到管理体系之中,才能实现对承包商的有效管理。"

乔监理说:"关总监,你说按照体系管理,我们能否像公司开展的PMC项目一样,我们在现场只搞监督和确认,不搞控制,让体系真正发挥作用。"

关总监说:"我们现场面对徐总这样的承包商,还不能说我们现场监理不搞控制,否则,徐总会到业主项目部那去告我们,说我们不负责任,我们就可能会挨批评,我们可以悄悄向前推进。"

乔监理说:"今天与关总监一沟通,心里就踏实多了。"

关总监说:"好好干吧,我们一定要把徐总这只纸老虎降服。"

关总监把乔监理打发走了,就想如何才能把徐总这支队伍管起来。关总监想,好孩子有个奖状,就能点燃希望,坏孩子没有棍棒,就成不了气候。像徐总这支队伍,没有及时的处罚措施,就不会有改进行动。

关总监把乔监理检查的现场情况照片打印出来,就给业主项目经理曹总打电话说:"现场有些紧急情况,需要当面与曹总商量。"

曹总说:"紧急情况电话说不行吗?"

关总监说:"不行。"

曹总听到关总监有些犯脾气,就说"好,我在办公室等着,你马上过来。"

关总监到曹总办公室,就把乔监理拍的照片放在曹总的办公桌上。曹总看到

 理顺

杜总是有备而来，就克制着自己的脾气。

关总监把现场情况给曹总汇报了一遍，最后说："对徐总这样的队伍，不处罚是没法再管了，再发展下去，就可能出质量安全事故。"

曹总看了照片，想到前一段时间，上级单位已经给徐总所在的单位下达了罚款通知书，在罚款之后，徐总的队伍也没有太大的改变，如果再任由徐总他们发展下去，就可能危及自己的项目经理职位，于是说道："罚，我同意罚。"

关总监说："罚，也不能随意罚，得让徐总服气才行，这就需要一个绩效考核办法。我这儿有一个其他项目的绩效考核办法，曹总，我们是否也应该有一个类似的东西，徐总认可了才行。"

曹总说："关总监，你再辛苦点，能否明天先拿一个考核办法，我找徐总谈，遇上徐总这样的队伍，关总监，你们就得多费点心了。另外，对乔监理敢于大胆如实反映现场存在的问题，我们应弘扬正气，给予表扬，监理就得大胆地管，严格地管，只有这样工程质量安全才有保障。"

关总监说："感谢曹总的支持。明天一早上，我把考核办法拿过来。"

关总监觉得责任使得曹总把说话的天秤倾向了我们。

关总监从曹总办公室出来，马上给乔监理打了一个电话，传达了曹总的指令，对乔监理进行了口头表扬，并要求乔监理以后一定要及时报告，以便及时取得业主项目部的支持。

乔监理听到关总监的表扬，觉得扬眉吐气的一天终于来了，表示坚决执行关总监的指令。

第二天，一上班，关总监就把做好的绩效考核方案拿去找曹总。到曹总办公室时，曹总已开始与徐总交涉。关总监到后，曹总让徐总先出去等着。曹总把关总监写的绩效考核办法看了一遍，认为处罚太轻了。

关总监说："我们是想办法让徐总他们把活给我们干好，只要他们感觉到疼痛，改了就行，不能把他们打伤了，更不能一棍子把他们打死。我们是希望徐总他们越来越好，而不是立即消失。"

曹总觉得，关总监这个人真不错，徐总给关总监出了那么多难题，在做绩效考核时，仍然想到的是如何去帮助徐总，而不是置徐总于死地。于是就同意了关总监编制的考核方案。决定下午两点钟，在业主项目部召开绩效考核发布会，为了不影响现场施工，绩效考核发布会由监理部和承包商项目部的人员参加。

关总监说："徐总他们不同意怎么办？"

曹总说："徐总不同意，就让他们单位的领导今天下午两点赶到我们业主项

目部开会，否则，全线停工。下午两点，关总监你就过来见证这一时刻。"

曹总把关总监送出了办公室后，叫回徐总，先让徐总回答照片上反映的质量安全问题怎么办？

徐总回答说："回去立即组织整改，并愿意听从曹总处罚。"

曹总拿出关总监编制的绩效考核办法，让徐总看一眼，并签字。

徐总看了绩效考核条款并不过分，并说："以后工作中存在问题，同意按照绩效考核办法对我们进行处罚。"然后，在绩效考核方案上签字认可。

最后，曹总说道："徐总，做人得像关总监学习，你给关总监出了多少道难题，关总监总是表现得无怨无悔。在这次制定绩效考核办法时，关总监心中仍然想到的是如何去帮助你们。开展绩效考核就是为了惩前毖后，治病救人，希望你们能够服从监理的管理。今天下午召开一个绩效考核发布会，你们项目部和监理部的人都参加。为了赢得在下一步工作中关总监的支持，建议你去同关总监道个歉。"

徐总从曹总办公室出来后，就去找关总监道歉。

关总监曾经对小王说："我们走南闯北，做人一定要做一个真诚的人，一个负责任的人，开始大家可能有些不理解，会产生冲突，这就需要我们有韧劲，有耐心，想办法，积极主动地去影响别人，只要我们是对的，我们就得坚持，等到成功之时，我们就会赢得大家的尊重。"

（七）考核的内涵是什么？

为此，小王对考核的内涵进行系统的梳理。考核也是管理的一部分，考核权是控制权分解后产生的一种伴生权，服务于控制权，并提升控制权人手中的资源。考核的主要特征就是：

1. 考核是控制权的伴生权，是控制权分解后，提升控制权人手中的资源水平的一种管理方式。

2. 考核权与控制权相关联，没有控制权，就没有考核权，也就是没有控制权的考核是无效的考核。

3. 上级控制权人可通过监督措施，监督下级控制权开展考核工作，促进考核工作有序进行。

4. 上一级控制权人对下一级控制权人进行考核时，必须事先约定，考核时必须按照事先的约定，组织实施考核。

5. 考核不能越级进行，越级进行的考核是无效的考核。

六、管理受要素控制

（一）项目过程管理的基本要素是什么？

项目过程管理是以控制为核心，由控制产生监督、确认、协调、考核。五要素之间的关系如图 2-13 所示。

小王认为过程管理就是根据总体计划，随着资源的不断输入，控制不断分解而膨胀的过程，随着资源输入的不断缩减，控制不断合并而收缩的过程。监督、确认、协调和考核源于控制，因此，控制、监督、确认、协调和考核之间的关系是：

1. 控制是过程管理的始点，没有控制就没有管理的始点，因此，不存在没有控制的管理。

2. 没有监督，控制失去了信息支持，就难以有效运行。

3. 确认是对阶段性成果的验收和下一步工作的许可，没有确认就没有阶段性控制的终，也就没有下一阶段性控制的始，就难以保证最终成果符合控制要求。

4. 协调是过程控制的完善和补充，是控制过程中面对两难事件的一种妥协，没有协调就难以解决控制过程中的矛盾与对抗，就难以实现和谐发展。

5. 考核是对控制、监督、确认、协调的评估，促进控制、监督、确认、协调更好地发展。

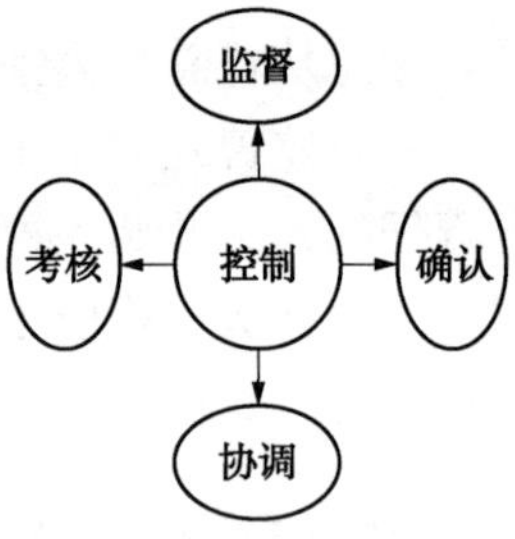

监督、确认、协调和考核可以独立于控制，开展各自的工作，并将其成果应用于控制。监督、确认、协调和考核不能脱离控制，脱离控制的监督、确认、协调和考核，必然是无效的监督、确认、协调和考核。

图 2-13 项目过程管理五要素

小王把过程管理用集合表示为：

过程管理 = ｛控制，监督，确认，协调，考核｝

控制、监督、确认、协调和考核是过程管理的基本要素，如果独立运行时，就是管理的子集，因此，既不存在管理和控制，也不存在监督中的控制，只有这样，才能分清职责，弄清过程管理要素之间关系。在很多情况下，由于没有理清管理、控制、监督这些词意基本内涵，出现了控制与管理争位，监督与控制争权的情况。因此，准确把握这些词意的基本内涵是管理和谐的基础。

小王想，项目管理过程中除了以上五个基本元素之外，是否还有其他基本元素？为此，小王对"培训"这个项目管理中常遇的关键词进行了分析。培训需要编制计划，需要资源，有了计划和资源，过程管理就有了开始。按照计划动用资源，即控制；检查培训过程是否按计划进行，资源是否充分利用，并报告检查情况，即监督；培训过程中要交作业，要对培训过程中阶段成果检查验收，即确认；培训课时调整，时间调整，即为协调；培训过程要进行考试，排名，即考核；因此，培训过程管理也是由这五个基本要素构成。培训计划的编制过程首先要有发起人，这个发起人一般就是培训的组织者——控制人，然后由控制人协调资源进行计划编制，在编制计划过程中，对计划编制工作进行检查，计划编制完成后，要进行审查确认，最后，对编制的计划和编制人进行考评，因此，培训计划的编制管理过程，也是由控制、监督、确认、协调和考核组成。

小王觉得，项目过程管理五要素与计划、资源和项目执行构成了项目管理的基本单元，有了基本单元，就可以建立符合我们管理需求的项目管理体系。项目过程管理五要素与计划、资源和项目执行之间的关系可用图2-14来表示。

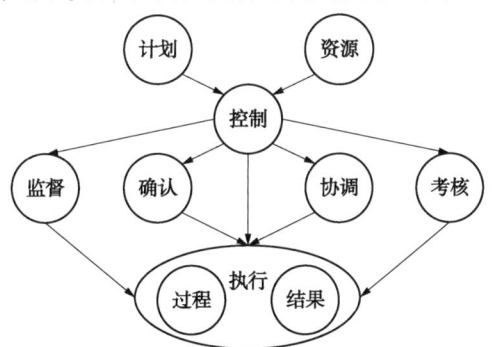

图2-14 项目管理的基本单元

波兰天文学家哥白尼坚信，美的东西一定是简单和谐。项目过程管理就是以计划为目标，以资源为基础，由控制、监督、确认、协调和考核五个基本要素构成的基本单元，突破了计划、组织、领导和控制为基础的管理概念。正如哥白尼的"日心说"摆脱了托勒密的"均轮"与"本轮"困惑。项目过程管理新概念也摆脱了现有管理概念中，"均轮"与"本轮"的困惑。

在现有管理概念中，组织、领导和控制均包含了控制内容。由于组织、领导和控制内涵非独立性，在控制层面上，易于产生界面不清，职责不明，最终，造成管理混乱。以计划、组织、领导和控制为基础的管理概念，正如托勒密的"地心说"，能够解释管理过程中的计划、组织、领导等现象，不能解释过程管理的本质。而过程管理新概念，确立了以计划为目标，以资源为基础，以控制为主轴，以监督、确认、协调和考核为支撑的过程管理思想，透过过程管理现象，看到了过程管理本质。小王觉得，全新的过程管理概念，使项目过程管理的研究和实践，进入了一个全新的时代。

（二）为什么控制决定管理架构？

为推动项目过程管理五个要素在实际工作中应用，小王结合自己的管理经验，设计了一个由项目部项目经理、EPC 项目部 QHSE 部长、EPC 项目部 QHSE 工程师、分包商项目经理、分包商 QHSE 检查员、分包商作业班长等六人组成的管理体系。

第一步，小王认为资源是管理的基础，首先建立六人之间的资源流动模型，如图 2-15 所示。

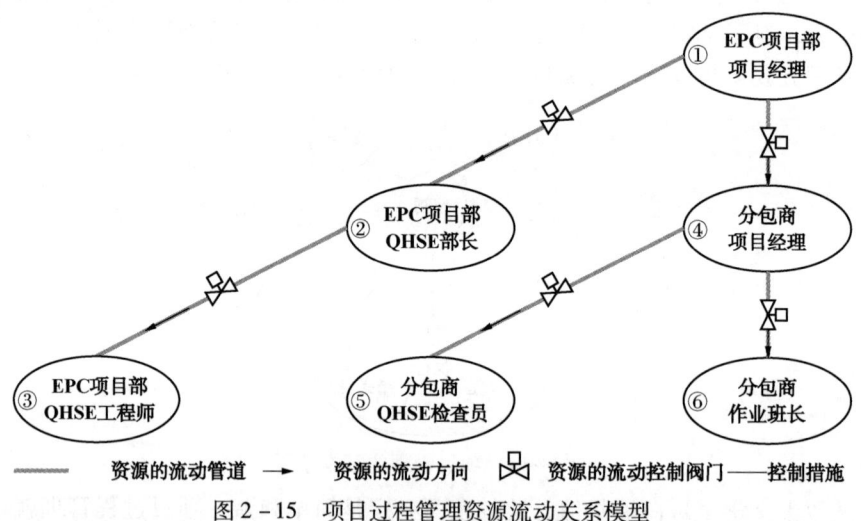

图 2-15　项目过程管理资源流动关系模型

1. EPC 项目部项目经理掌握的资源向 EPC 项目部 QHSE 部长和分包商项目经理流动。

2. EPC 项目部 QHSE 部长掌握的资源向 EPC 项目部 QHSE 工程师流动。

3. 分包商项目经理掌握的资源向分包商 QHSE 检查员和分包商作业班长流动。

第二步，根据资源从谁流出，受谁控制的原则，建立资源流动控制模型，如图 2-16 所示。

1. EPC 项目部项目经理对 EPC 项目部 QHSE 部长和分包商项目经理进行控制。

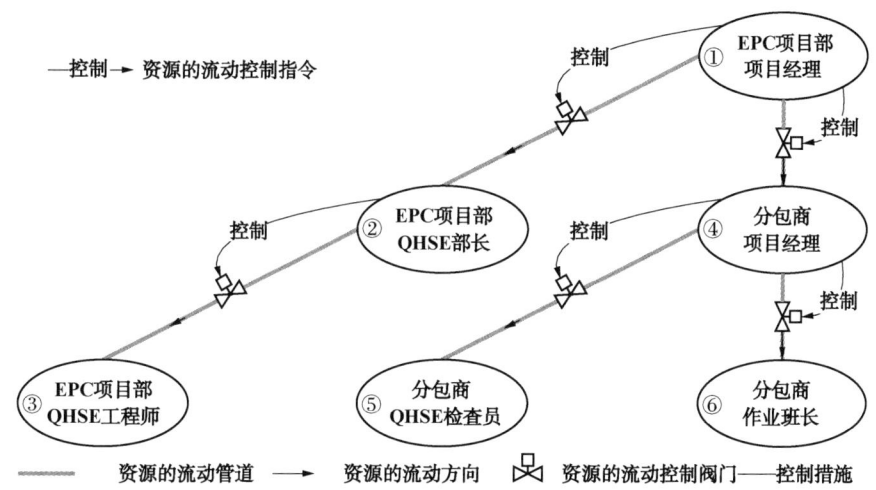

图2-16 项目过程管理资源流动控制关系模型

2. EPC项目部QHSE部长对EPC项目部QHSE工程师进行控制。

3. 分包商项目经理对分包商QHSE检查员和分包商作业班长进行控制。

第三步，根据受谁控制，向谁报告的原则，建立信息流动报告模型，如图2-17所示。报告信息主要包括两个方面：一是自身工作完成情况；二是请求控制人对被控制方实施控制的管理信息。

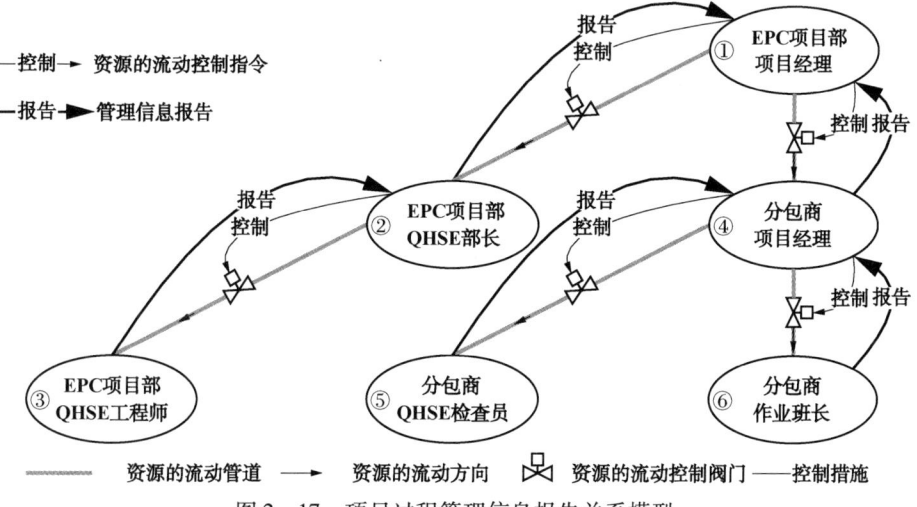

图2-17 项目过程管理信息报告关系模型

1. EPC项目部QHSE部长和分包商项目经理向EPC项目部项目经理报告。

2. EPC项目部QHSE工程师向EPC项目部QHSE部长报告。

3. 分包商 QHSE 检查员和分包商作业班长向分包商项目经理报告。

第四步，根据以控制权为基础，控制权人向下监督，授权监督权人向下或同层监督的原则，建立监督管理关系，如图 2-18 所示。

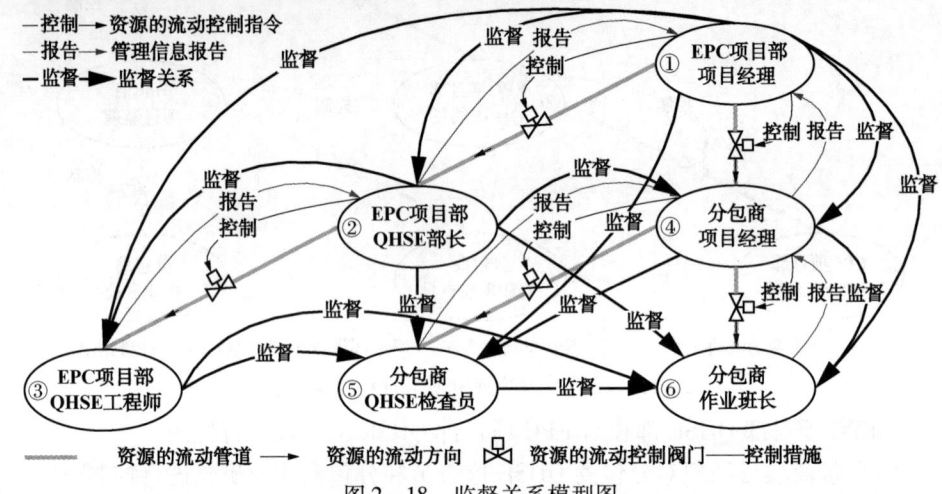

图 2-18 监督关系模型图

1. EPC 项目部项目经理监督 EPC 项目部 QHSE 部长、EPC 项目部 QHSE 工程师、分包商项目经理、分包商 QHSE 检查员和分包商作业班长。

2. EPC 项目部 QHSE 部长监督 EPC 项目部 QHSE 工程师、分包商项目经理、分包商 QHSE 检查员、分包商作业班长。

3. EPC 项目部 QHSE 工程师监督分包商 QHSE 检查员、分包商作业班长。

4. 分包商项目经理监督分包商 QHSE 检查员、分包商作业班长。

5. 分包商 QHSE 检查员监督分包商作业班长。

第五步，根据以控制权为基础，控制权人与被控制权人之间，控制权人授权确认权人之间，建立确认管理关系，如图 2-19 所示。

1. EPC 项目部项目经理确认 EPC 项目部 QHSE 部长、分包商项目经理的工作成果。

2. EPC 项目部 QHSE 部长确认 EPC 项目部 QHSE 工程师的工作成果。

3. EPC 项目部项目经理授权 EPC 项目部 QHSE 部长，EPC 项目部的 QHSE 部长授权 EPC 项目部 QHSE 工程师确认分包商 QHSE 检查员检查确认的成果。

4. 分包商项目经理确认分包商 QHSE 检查员和分包商作业班长的工作成果。

5. 分包商 QHSE 检查员确认分包商作业班长的工作成果。

第六步，根据以控制权为基础，控制权人与被控制权人之间，建立协调管理

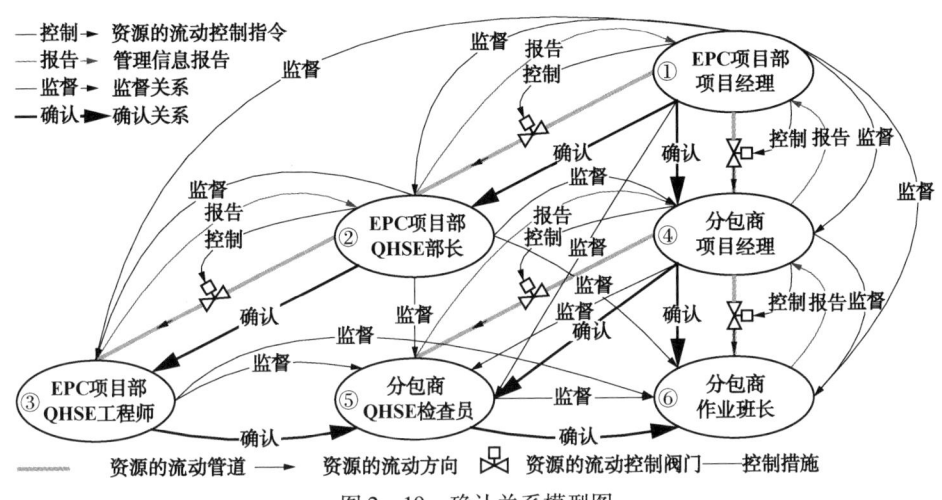

图 2-19 确认关系模型图

关系,如图 2-20 所示。

1. EPC 项目部项目经理协调 EPC 项目部 QHSE 部长、分包商项目经理的工作。

2. EPC 项目部 QHSE 部长协调 EPC 项目部 QHSE 工程师的工作。

3. 分包商项目经理协调分包商 QHSE 检查员和分包商作业班长的工作。

4. 分包商 QHSE 检查员协调分包商作业班长的工作。

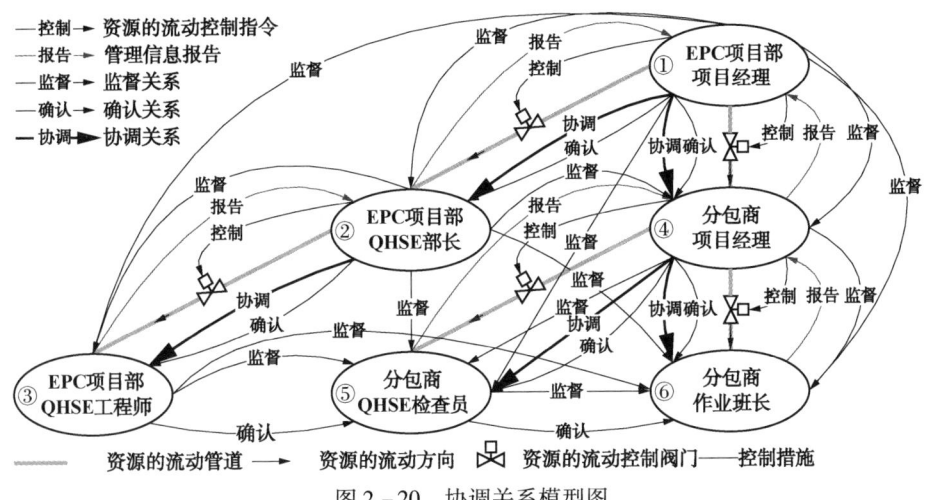

图 2-20 协调关系模型图

第七步,根据以控制权为基础,控制权人与被控制权人之间,建立考核管理关系,如图 2-21 所示。

1. EPC 项目部项目经理对 EPC 项目部 QHSE 部长、分包商项目经理的工作进行考核。

2. EPC 项目部 QHSE 部长对 EPC 项目部 QHSE 工程师的工作进行考核。

3. 分包商项目经理对分包商 QHSE 检查员和分包商作业班长的工作进行考核。

4. 分包商 QHSE 检查员对分包商作业班长的工作进行考核。

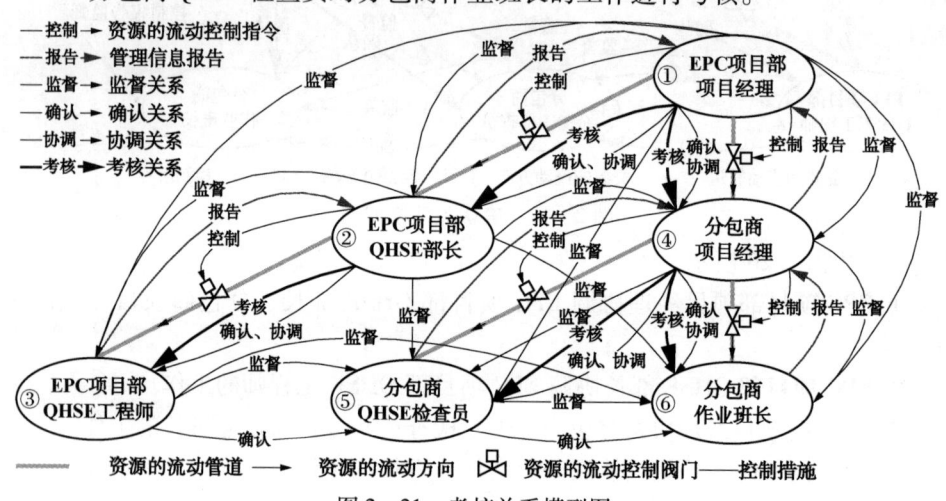

图 2-21 考核关系模型图

从以上七个步骤分析可以得知,控制形成的资源流构成了项目管理基本骨架,以控制为基础,形成的监督、确认、协调和考核信息流,推动了项目的过程管理。

(三) 怎样判断设定的项目过程管理方案是否正确？

为了判定项目过程管理方案的有效性,小王决定设计一个推演方案。为了结合自己的管理经验,决定把推演人员限定在 EPC 项目部项目经理、EPC 项目部 QHSE 部长、EPC 项目部 QHSE 工程师、分包商项目经理、分包商 QHSE 检查员、分包商作业班长等六人之内,推演场景选择为作业现场。具体推演设计方案如下：

第一步,制作标识牌。①EPC 项目部项目经理；②EPC 项目部 QHSE 部长；③EPC 项目部 QHSE 工程师；④分包商项目经理；⑤分包商 QHSE 检查员；⑥分包商作业班长,制作合格、不符合项标识牌若干。如图 2-22 所示。

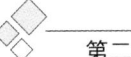

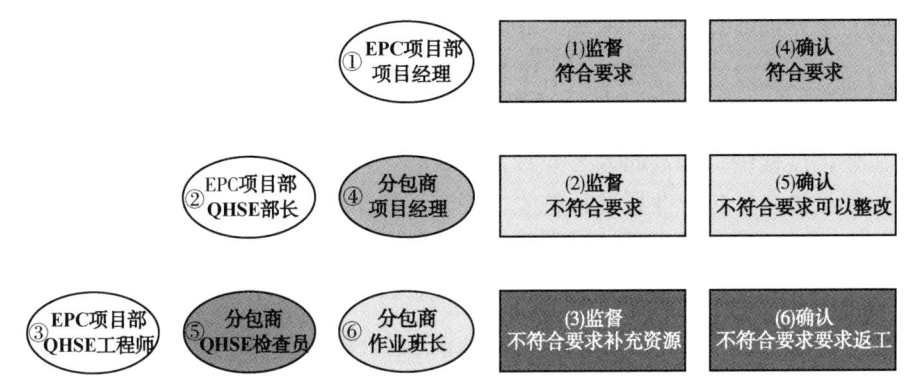

图2-22 推演标识牌

第二步，报名，选定六名人员，抽签决定承担的角色并贴牌。

第三步，宣布管理原则：控制依权，监督依势，确认依规，协调依情，考核依约。

第四步，宣布控制关系，如图2-23所示。

1. EPC项目部项目经理控制EPC项目部QHSE部长和分包商项目经理，即①控制②和④。

2. EPC项目部QHSE部长控制EPC项目部QHSE工程师，即②控制③。

3. 分包商项目经理控制分包商作业班长和分包商QHSE检查员，即④控制⑤和⑥。

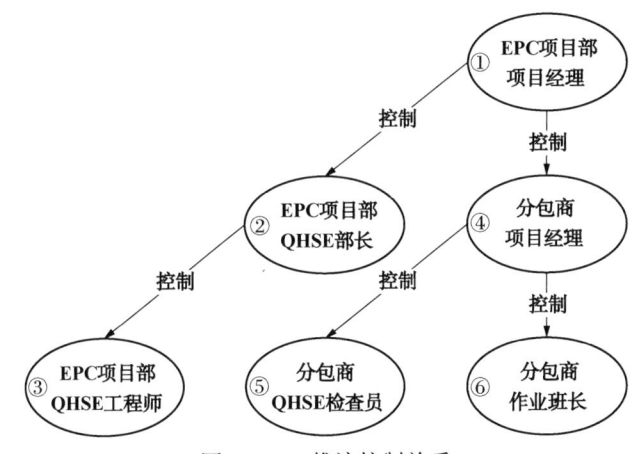

图2-23 推演控制关系

第五步，抽牌。⑥号首先抽，⑥号抽六张，⑤号抽五张，④号抽四张，③号抽三张，②号抽二张，①号抽一张。

第六步,翻牌并传递,根据管理原则,判断传递流程正误,确定管理的有效性。翻开后为无效牌时,可以申请重新抽取。传递顺序为:⑥→⑤→④→③→②→①→②→③→④→⑤→⑥。

在登记过程中,如发起人为⑥号,抽取牌号为(2),即监督不符合项,分包商队长直接指令分包作业层进行整改,传递过程中的记录为⑥(2)。如发起人为⑤号,抽取牌号为(2),⑤向④传递,由④向⑥传递,标记为⑤(2)。

方案设计完成后,小王自己进行了试验,并将结果填入表2-3中。

表2-3 流程推演过程记录表

序号	⑥	⑤	④	③	②	①	②	③	④	⑤	⑥	√×	备注
1	(3)		⑥(3)								⑥(3)	√	
2	(5)										(5)	√	
3	(4)	⑥(4)	⑥(4)								⑥(4)	√	
4	(5)										(5)	√	
5	(1)										(1)	√	
6	(2)										(2)	√	
7		(1)								(1)		√	
8		(4)	⑤(4)									×	路径不对
9		(6)	⑤(6)									×	发起不对
10		(1)								(1)		√	
11		(3)	⑤(3)							⑤(3)		√	
12			(1)						(1)			√	
13			(4)		④(4)				(4)			√	
14			(2)							④(2)		√	
15			(3)							④(3)		√	
16				(4)								×	起点无效
17				(2)						③(2)	③(2)	×	路径不对
18				(2)	③(2)	③(2)			③(2)		③(2)	√	
19				(3)	③(3)	③(3)			③(3)		③(3)	√	

续表

序号	⑥	⑤	④	③	②	①	②	③	④	⑤	⑥	√×	备注
20					(3)	②(3)			②(3)		②(3)	√	
21					(2)	②(2)			②(2)		②(2)	√	
22						(2)			①(2)		①(2)	√	

通过试验，判断项目过程管理流程是否正确的基本方法是：将一个监督不符合项放在管理架构的任一管理节点上，按照监督过程坚持"逢错必报"，控制过程坚持"有错必纠"，被控制过程或者执行过程坚持"知错必改"的原则，不符合项能得到顺利整改，就证明设置的过程管理流程正确，否则，就不正确。

（四）为什么一个报告就决定了项目过程管理的有效或无效性？

为验证报告及报告的方向对项目过程管理的影响，小王决定利用项目部项目经理、EPC 项目部 QHSE 部长、EPC 项目部 QHSE 工程师、分包商项目经理、分包商 QHSE 检查员、分包商作业班长等六人组成的管理模型图作进一步分析。

小王设置的项目过程管理推演模型及其现场条件，如图 2-24 所示。

推演案例之一：

第一步，分包商作业班长检查确认符合要求，标注为（4）。

第二步，分包商作业班长申请分包商的 QHSE 检查员检查确认，1-报验（4）。

第三步，分包商的 QHSE 检查员经检查，确认为不符合要求，可以整改，标注为（5），验收未能通过，2-检验（5）。

第四步，由于不需要调整资源，分包商的 QHSE 检查员只需向分包商的项目经理作例行工作报告，3-报告。

第五步，作业班长组织整改。

第六步，分包商的项目经理例行要求作业队长加强管理，即分包商的项目经理给作业班长下达了加强管理的控制指令，4-控制。分包商的 QHSE 检查员的确认报告信息转化为分包商的项目经理的例行控制。

以上管理过程有效。推演流程如图 2-25 所示。

推演案例之二：

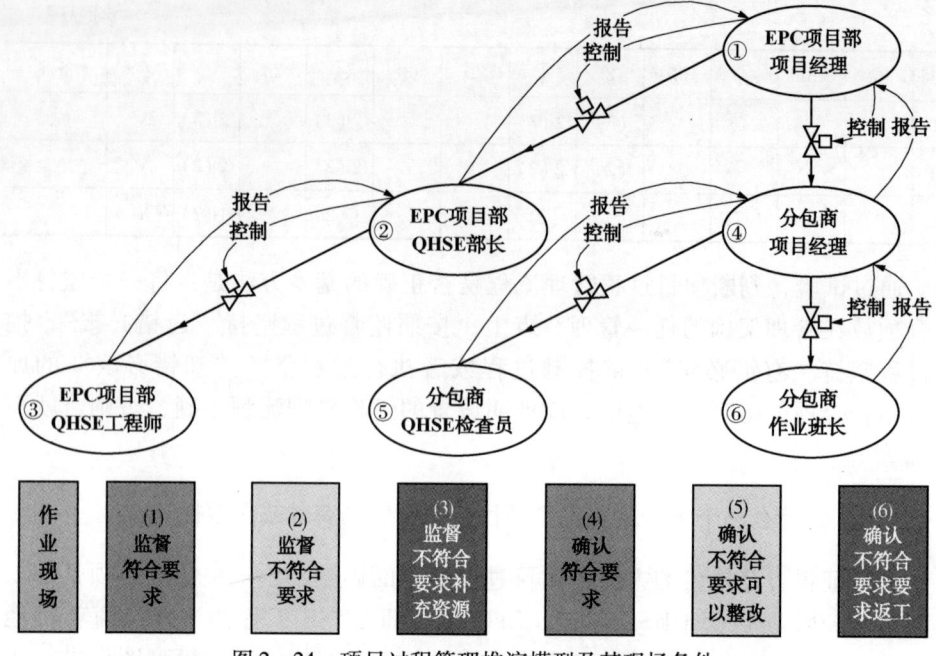

图2-24 项目过程管理推演模型及其现场条件

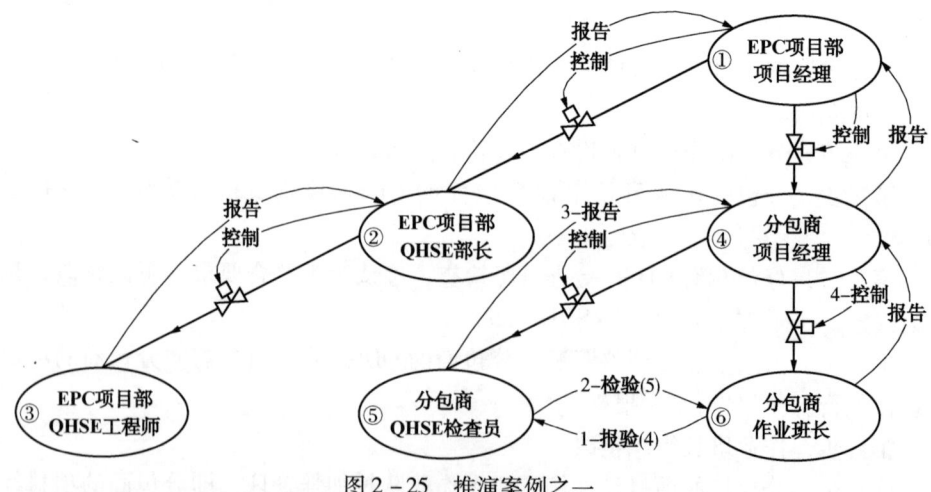

图2-25 推演案例之一

第一步,分包商作业班长检查确认符合要求,标注为(4)。

第二步,分包商作业班长申请分包商的QHSE检查员检查确认,1-报验(4)。

第三步,分包商的QHSE检查员经检查,确认为不符合要求,要求返工,标注为(6),验收未能通过,2-检验(6)。

第四步，由于需要调整资源，分包商的 QHSE 检查员只需向分包商的项目经理作专项工作报告，3－报告。

第五步，分包商的项目经理协调分包商的作业班长提出整改方案，4－协调。

第六步，分包商的项目经理协调整改所需资源，确保整改工作落实到位，5－控制。

第七步，作业班长组织整改。

以上管理过程有效。推演流程如图 2－26 所示。

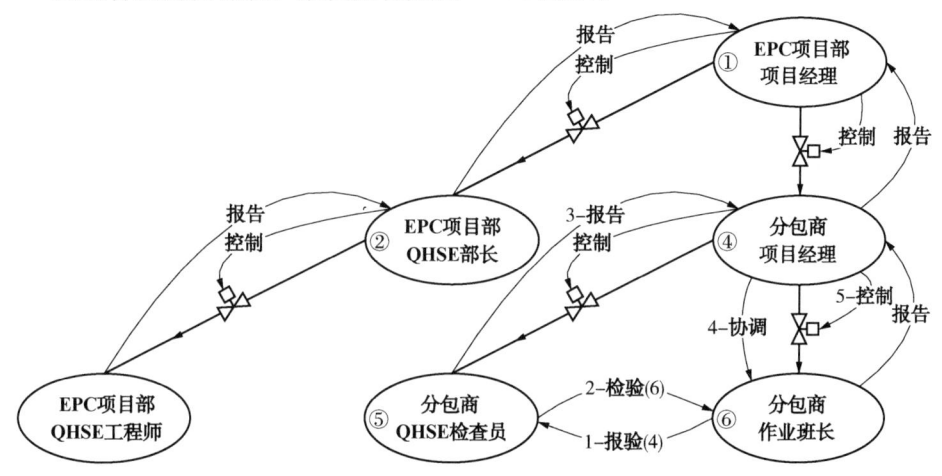

图 2－26　推演案例之二

推演案例之三：

第一步，分包商作业班长检查确认符合要求，标注为（4）。

第二步，分包商作业班长申请分包商的 QHSE 检查员检查确认，1－报验（4）。

第三步，分包商的 QHSE 检查员经检查，确认为不符合要求，要求返工，标注为（6），验收未能通过，2－检验（6）。

第四步，由于需要调整资源，分包商的 QHSE 检查员未向分包商的项目经理作专项工作报告，3－报告 X。

第五步，分包商作业班长由于害怕分包商的项目经理处罚，也未向分包商的项目经理作专项工作报告，4－报告 X。

第六步，分包商作业班长利用现场已有资源组织整改。

第七步，由于没有引起重视，分包商的项目经理缺乏确认信息，控制指令未能实施，5-控制 X，分包商作业班长组织整改自检不符合。

以上管理过程无效。推演流程如图 2-27 所示。

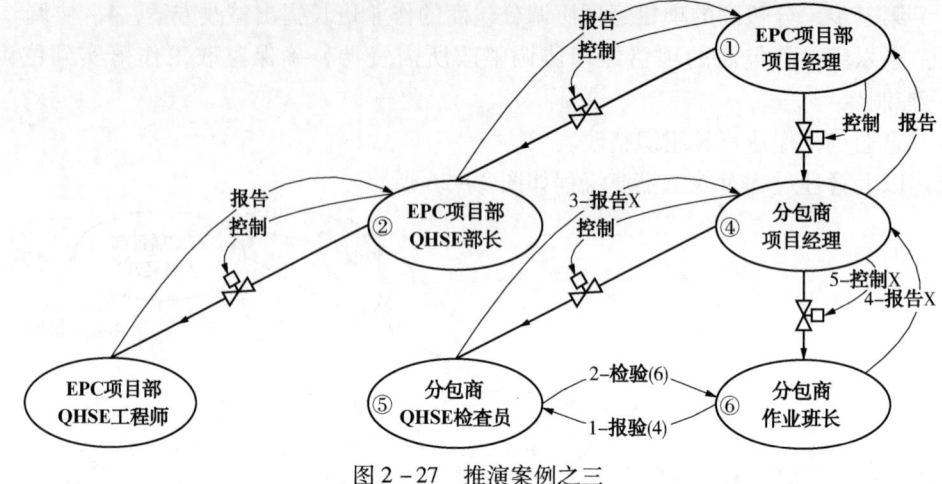

图 2-27 推演案例之三

从流程管理角度看，过程管理的有效性与无效性就在一个报告之间。

推演案例之四：

第一步，分包商作业班长检查确认符合要求，标注为（4）。

第二步，分包商作业班长申请分包商的 QHSE 检查员检查确认，1-报验（4）。

第三步，分包商的 QHSE 检查员经检查，确认符合要求，标注为（4），2-检验（4）。

第四步，分包商的 QHSE 检查员申请 EPC 项目部 QHSE 工程师检查确认，3-报验（4）。

第五步，EPC 项目部 QHSE 工程师检查，确认为不符合要求，可以整改，标注为（5），验收未能通过，4-检验（5）。

第六步，由于不需要调整资源，EPC 项目部 QHSE 工程师只需向 EPC 项目部的 QHSE 部长作例行工作报告，5-报告。

第七步，EPC 项目部的 QHSE 部长只需向 EPC 项目部的项目经理作例行工作报告，6-报告。

第八步，EPC 项目部的项目经理作例行要求分包商的项目经理加强管理，7-控制。

第九步，分包商的项目经理要求分包商的 QHSE 检查员和分包商的作业班长加强管理，8-控制，9-控制。

第十步，作业班长组织整改。

以上管理过程有效。推演流程如图2-28所示。

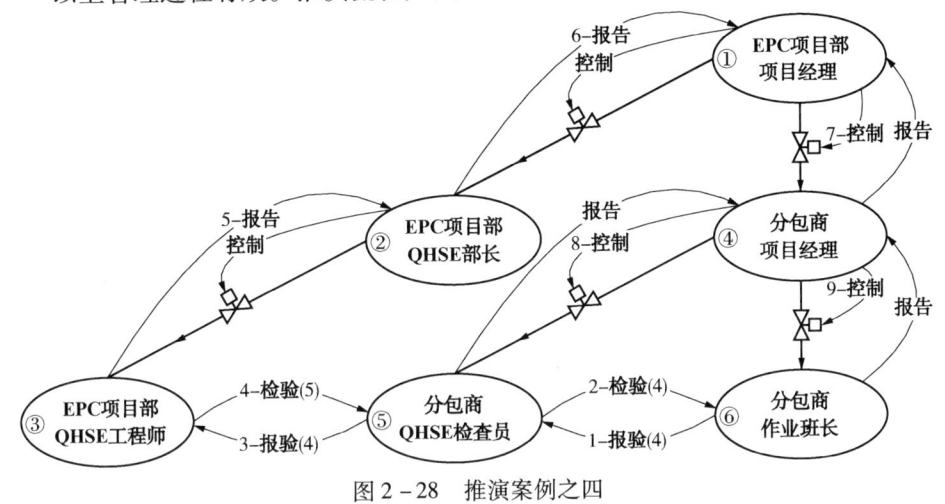

图2-28 推演案例之四

推演案例之五：

第一步，分包商作业班长检查确认符合要求，标注为（4）。

第二步，分包商作业班长申请分包商的QHSE检查员检查确认，1-报验（4）。

第三步，分包商的QHSE检查员经检查，确认符合要求，标注为（4），2-检验（4）。

第四步，分包商的QHSE检查员申请EPC项目部QHSE工程师检查确认，3-报验（4）。

第五步，EPC项目部QHSE工程师检查，确认为不符合要求，要求返工，标注为（6），验收未能通过，4-检验（6）。

第六步，EPC项目部QHSE工程师发现，分包商的QHSE检查员没有检查就进行报验，于是对分包商的QHSE检查员进行了严厉的训斥，并要求分包商的QHSE检查员立即组织整改，5-控制 X→5-报告。EPC项目部QHSE工程师自认为是对分包商的QHSE检查员的控制，而实质上，是在向分包商的QHSE检查员报告存在的问题，起不到真正的控制作用。

第七步，分包商的QHSE检查员对分包商的作业班长进行了严厉的训斥，并要求分包商的作业班长立即组织整改，6-控制 X→6-报告。

第八步，由于 EPC 项目部 QHSE 工程师未报告，EPC 项目部的 QHSE 部长和 EPC 项目部的项目经理没有确认信息，难以对分包商的项目经理实施控制，即 7-报告 X，8-报告 X，9-控制 X。

第九步，EPC 项目部的项目经理难以对 EPC 项目部的 QHSE 部长实施控制，EPC 项目部的 QHSE 部长难以对 EPC 项目部 QHSE 工程师控制，10-控制 X，11-控制 X。

第十步，由于作业现场缺乏整改所需的资源，分包商的作业班长不敢向上级反应，需经组织整改，但仍不合格。

第十一步，分包商的项目经理由于缺乏确认与报验信息，12-报告 X、13-报告 X，难以对分包商的 QHSE 检查员和分包商的作业班长实施控制，14-控制 X，15-控制 X。

以上管理过程无效。推演流程如图 2-29 所示。

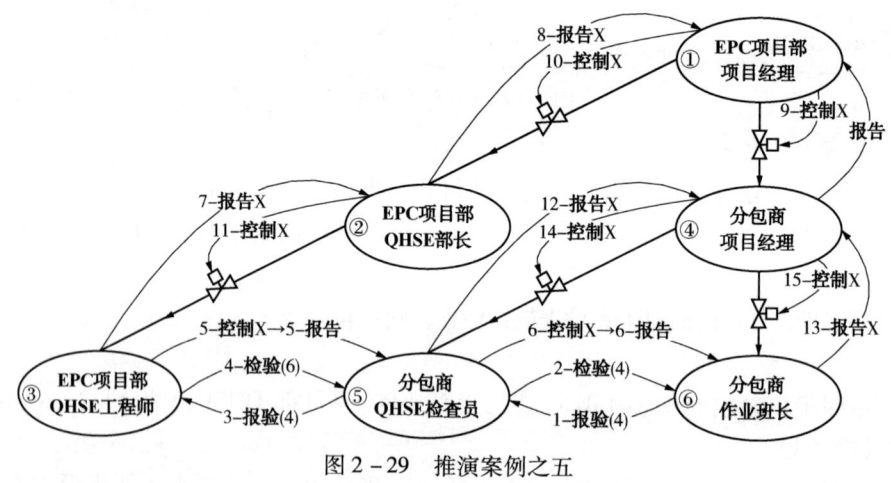

图 2-29　推演案例之五

推演案例之六：

第一步，分包商作业班长检查确认符合要求，标注为（4）。

第二步，分包商作业班长申请分包商的 QHSE 检查员检查确认，1-报验（4）。

第三步，分包商的 QHSE 检查员经检查，确认符合要求，标注为（4），2-检验（4）。

第四步，分包商的 QHSE 检查员申请 EPC 项目部 QHSE 工程师检查确认，3-报验（4）。

第五步，EPC 项目部 QHSE 工程师在检查验收时发现，分包商的 QHSE 检查员填写的检验记录内容不实，没有检查就进行报验。EPC 项目部 QHSE 工程师立即停止检验，4－检验 X。

第六步，EPC 项目部 QHSE 工程师向 EPC 项目部的 QHSE 部长报告，5－报告。

第七步，EPC 项目部的 QHSE 部长向 EPC 项目部的项目经理报告，6－报告。

第八步，EPC 项目部的项目经理要求分包商的项目经理加强报验管理，7－控制。

第九步，分包商的项目经理要求分包商的 QHSE 检查员和分包商的作业班长加强报验管理，8－控制，9－控制。

以上管理过程有效。推演流程如图 2－30 所示。

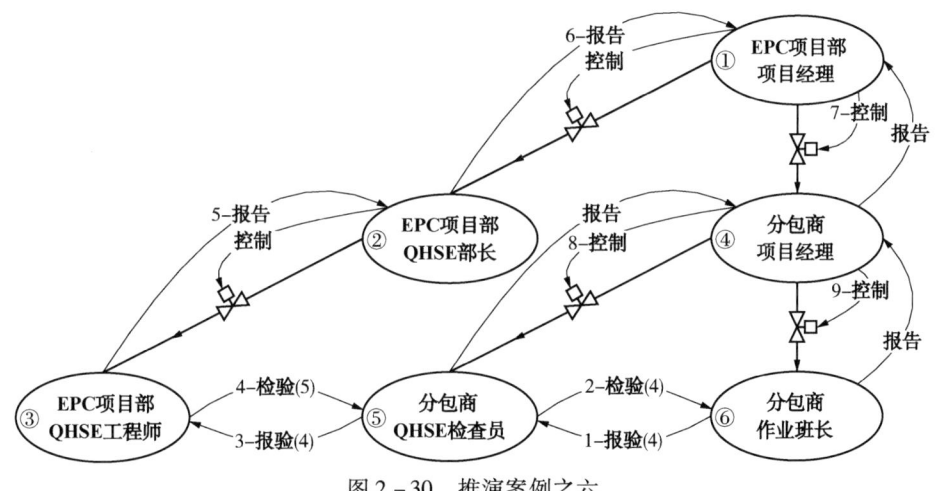

图 2－30　推演案例之六

项目执行过程中的监督、确认、协调和考核信息应沿着项目管理的骨架——控制线进行传递，不能沿监督、确认管理链路进行传递，否则，就会形成无效管理。

小王觉得，有了实验模型，就可以把管理过程拿到桌面进行推演，如果大家有不同的认识，通过模型推演，就可以把大家想法统一起来。

小王想我们现在知道了每个管理要素的基本功能。下一步工作就是如何利用这五个要素构成项目过程管理体系，项目过程管理又如何依靠这五个要素有效运行？小王决定利用这次编制质量安全管理星级服务活动方案的机会认真加以研究。

七、思考与提升演练

（一）判断图 2-31 中，控制与监督管理过程的有效性，并说明理由。

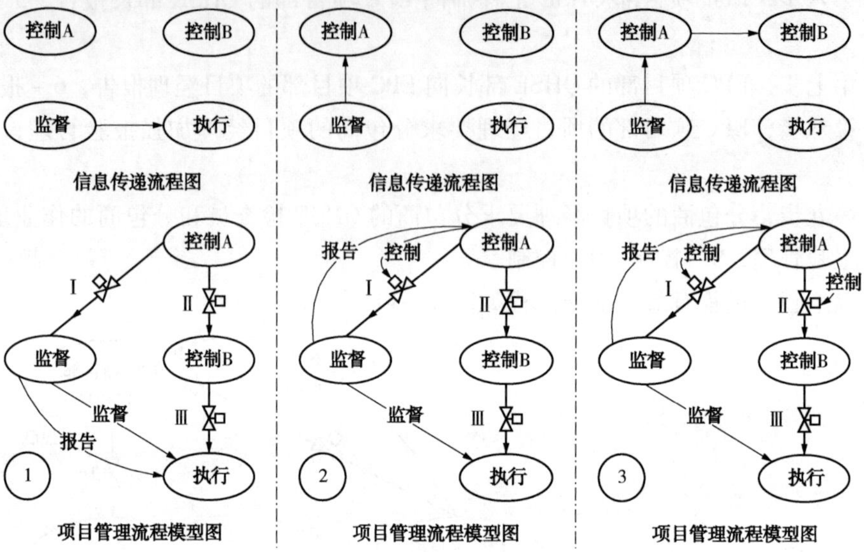

图 2-31 ①、②、③控制与监督过程管理模型图

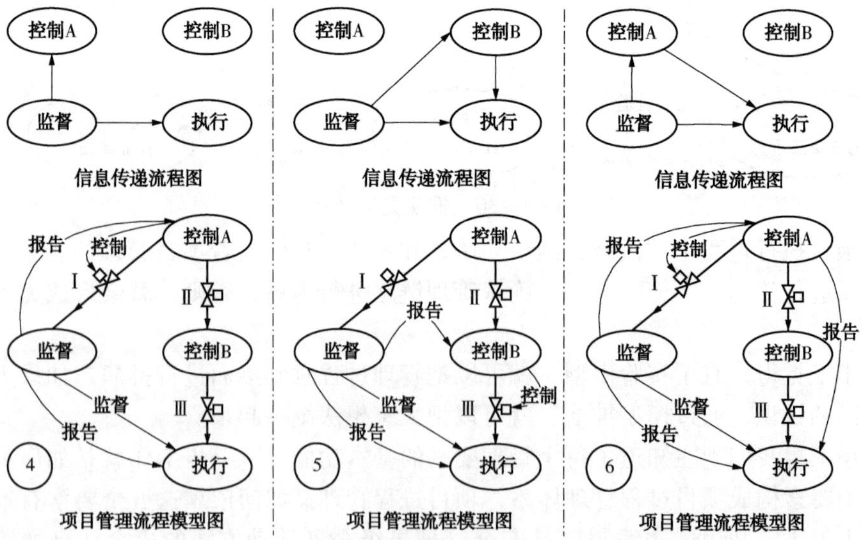

图 2-31 ④、⑤、⑥控制与监督过程管理模型图

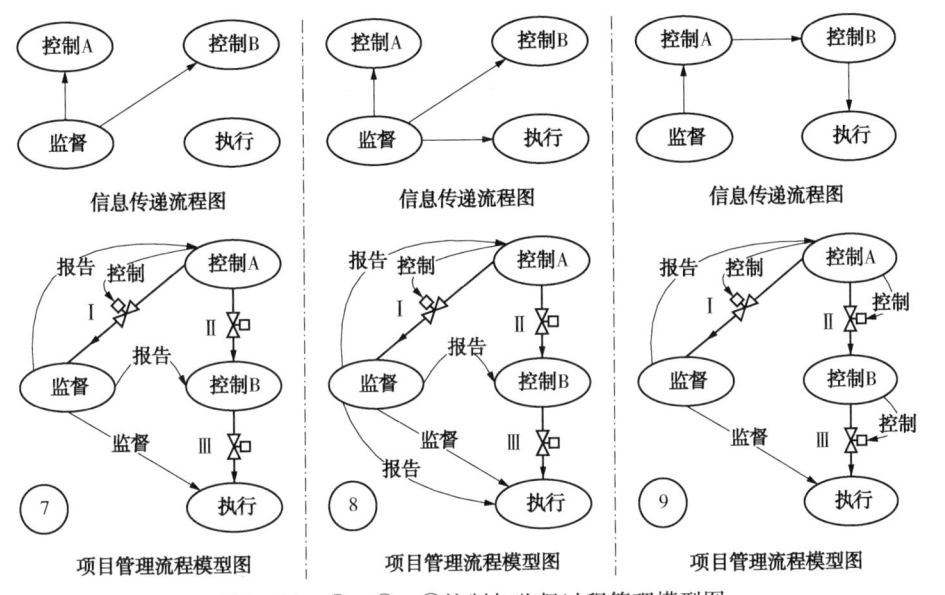

图 2-31 ⑦、⑧、⑨控制与监督过程管理模型图

（二）判断图 2-32 中，控制与确认管理流程的有效性，并说明理由。

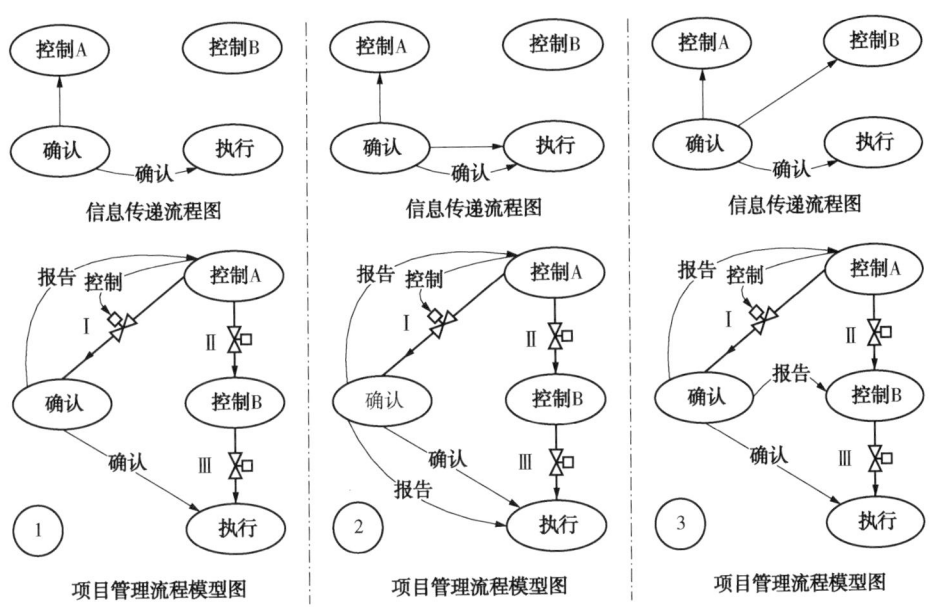

图 2-32 ①、②、③控制与确认过程管理模型图

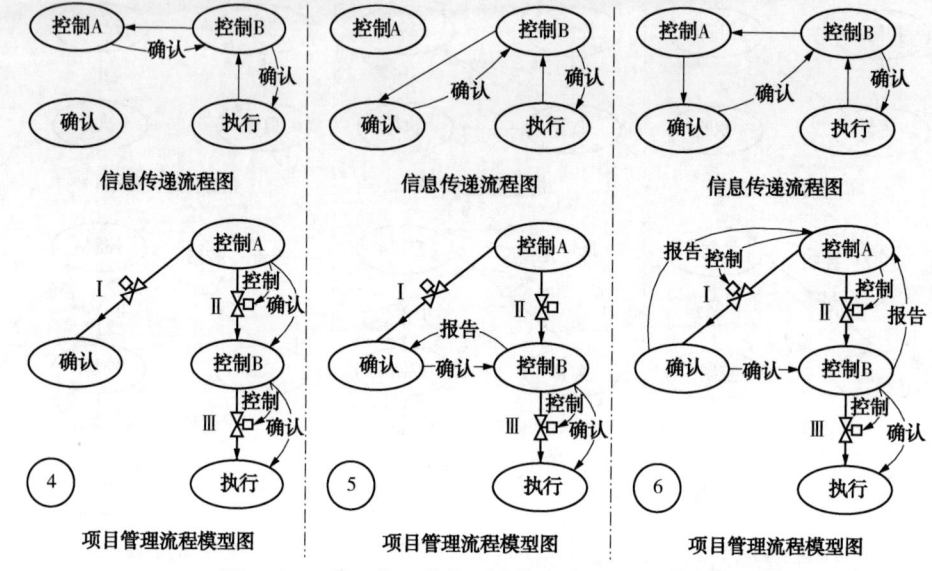

图 2-32 ④、⑤、⑥控制与确认过程管理模型图

（三）单选或多选题

1. 在项目实施过程中，正确的选择是：
（A）对资源具有直接支配权，就有控制权。
（B）没有资源的支配权，就没有控制权。
（C）EPC 的 QHSE 工程师可以调遣 EPC 分包商的资源，因此，EPC 的 QHSE 工程师对 EPC 分包商的现场资源具有控制权。
（D）监理具有质量控制责任，因此，现场监理必须对质量控制负责，必须对承包商的资源实施控制。

2. 在项目实施过程中，正确的选择是：
（A）监督包括监视、督促和控制。
（B）监督权是控制权分解后的伴生权，监督权必须依附相应的控制权。
（C）监督也是一种服务，为充分利用监督成果，监督人应立即把监督结果报告给被监督人。
（D）监督可以单独存在，因此，监督也可以发挥控制作用。

3. 在项目实施过程中，正确的选择是：
（A）监督者既要向授权监督的控制人报告，也要向被监督者报告。
（B）不能越级开展监督。

（C）监督者在作业现场应积极主动开展工作，现场发现问题应立即通知现场作业人员，让作业人员立即组织整改，防止隐患的不利影响扩大。

（D）由于有施工监理，EPC 项目部就没有必要再派遣现场监督人员。

4. 在项目实施过程中，正确的选择是：

（A）EPC 分包商派遣了 QHSE 检查员以后，EPC 项目部就没有必要再对 EPC 分包商进行作业现场进行监督。

（B）为确保安全，EPC 分包商在作业现场必须听从现场监理的指挥。

（C）由于现场旁站监理没有控制权，现场监理发现的现场问题必须通过 EPC 项目部下发到 EPC 的分包商。

（D）现场监理负责监督 EPC 分包商的操作工人，对操作工人没有控制权，现场发现的问题不应告诉操作工人，而将现场问题及时通知 EPC 分包商的 QHSE 检查员。

5. 在项目实施过程中，正确的选择是：

（A）如果现场监理没有控制职能，现场监理就只对工程质量进行检查验收。

（B）现场监理对工程质量的确认，不仅要确认工程质量，还要确认报验程序是否符合要求。

（C）如果监督检查过程中现场监理已经完成了检查，分包商只提交报验表即可签字确认。

（D）为确保工程快速推进，现场监理应在作业现场主动工作，对 EPC 分包商的施工作业随时进行检查确认，不要等 EPC 报验。

6. 在项目实施过程中，正确的选择是：

（A）由于现场有旁站监理，EPC 分包商边施工，监理边验收。

（B）EPC 分包商先请现场监理验收，现场监理认为合格后，EPC 分包商再准备报验材料。

（C）现场监理与 EPC 分包商的 QHSE 检查员一起检查验收。

（D）EPC 项目部要求 QHSE 工程师按照规定的程序对 EPC 分包商的施工成果进行检查验收。

7. 严格监督的早期是指：

（A）工作处于不稳定状态，不知道自己的做法为什么对，为什么错。

（B）监督人员对被监督人员实施控制。

（C）监督人员对被监督的执行人员实施控制。

（D）监督人员将监督情况如实形成报告，提交授权监督的控制者，由控制

者对相关人员实施控制。

8. 在项目实施过程中，正确的选择是：

（A）为了控制工程风险，防止事故发生，我们一定要按照程序和领导要求实施控制。

（B）质量是干出来的，要控制工程质量，就得盯在施工现场。

（C）质量控制是监理的职责，EPC 总承包商只重点做好进度的协调，质量由监理负责控制。

（D）夫运筹帷幄之中，决胜千里之外，吾不如子房；镇国家，抚百姓，给馈饷，不绝粮道，吾不如萧何；连百万之众，战必胜，攻必取，吾不如韩信。三者皆人杰，吾能用之，此吾所以取天下者也。因此，分层控制更有利于充分利用资源。

9. 在项目实施过程中，正确的选择是：

（A）EPC 的 QHSE 工程师发现小问题口头告诉工人，让他们立即整改。

（B）EPC 的 QHSE 工程师发现一般问题，应通知分包商的安全管理人员，督促他们组织整改。

（C）EPC 的 QHSE 工程师发现重大隐患时，应立即要求工人停工，并组织现场隐患分析会。

（D）EPC 的 QHSE 工程师现场发现重大隐患，应通过 EPC 项目部书面通知分包商，由 EPC 项目部让分包商组织整改。

10. 在业主＋PMC＋EPC 模式下，正确考核方案是：

（A）业主对 PMC、EPC 实施考核。

（B）业主对 PMC、EPC 以及 EPC 的分包商实施考核。

（C）业主对 PMC 实施考核，PMC 对 EPC 及其分包商实施考核。

（D）业主对 PMC 实施考核，PMC 对 EPC 实施考核，EPC 对其分包商实施考核。

（四）思考题

1. 为什么说不符合项管理是零距离辨识隐患，不符合项管理是风险管理的一种重要方法？

2. 不符合项管理是个人赛，还是接力赛？是个人赛有优势，还是接力赛有优势？

3. 没有领导支持，不符合项管理还能起到作用吗？

4. 如何发挥领导在不符合项管理中的作用？

5. 为什么不符合项管理难以持久，是认识不到位，还是领导支持不力？

6. 不符合项管理怎样才能得到领导支持？

7. 不符合项统计分析报告有用吗？是否做过不符合项统计分析报告？

8. 对不符合项统计分析报告影响领导的实践与体会？

9. 不符合项交流应该与执行层交流有效，还是与控制层交流有效？

10. 大家为什么不希望看到事故，但对不符合项却习以为常，为什么在执行过程中强调自身经验，却不愿执行专家制定的技术规范？

11. 为什么知名企业，强调清洁生产、文明施工，把现场清洁当作头等大事来抓，为什么质量安全频发的企业，天天抓大事故？

12. 为什么质量安全管理避免了重大质量安全事故就应表扬，而平时抓小的不符合项却让人看不起？

13. 抓不符合项管理的最终目的是为什么？

14. 画过不符合项管理流程图吗？画与不画在认识上有什么区别，没有画的同志是否可以画一画，画过后，可以谈一谈自己的体会？

15. 为什么越有经验，不符合项管理越难开展？是否徒弟多了，不符合项就少了？单位界线就没有了，责任就全部承担了？

16. 承包商用什么措施，让我们当他们的QHSE检查人员？

17. 承包商为什么会装不懂，是否采取孙子兵法中的"奇"来应对监理的管理？我们能体会到"正"与"奇"在项目管理中的作用吗？

18. 为什么大家很快就会当旁站监理，而难当一个有理性的管理智者？是否与不会写报告有关？

19. 会写报告的人，工作很容易让人重视，不会写报告的人，工作难以让人们重视，不符合项管理是不符合项+报告管理，没有写报告的能力，就需与人沟通，旁站监理是否与此有关？

20. 不符合项管理与改进我们的工作方法的体会是什么？

21. 如何理解项目管理的责任？出现事故是关系没有处理好，还是责任没有到位？大家最终希望看到的是负责任的人，还是把关系处理得好，而没有实现目标的人？

22. 事故发生的根本原因是什么，不正确的观念是否为主要因素，不符合项管理与认清责任的关系？

23. 要避免事故是否应从改变观念做起？

24. 防微杜渐，为什么往往没有行动？

25. 事故可以避免吗？管理的目的是消除不符合项，还是让责任者认清责任并履行责任？

26. 当业主、承包商和监理同时看到不符合项，会出现什么情况，如何处理才会对业主有利，如何处理才会对监理有利，如果处理才会对承包商有利？可以就身边的例子进行分析。

（五）讨论题

1. 如何辨识控制权、监督权、确认权、协调权和考核权？谈一谈项目管理实践中辨识控制权、监督权、确认权、协调权和考核权的体会。

2. 有控制权的人向谁下达控制指令就控制谁，向谁报告就被谁控制，谈一谈流程化管理对有控制权的人履行控制责任的影响。

3. 有监督权、确认权的人，向谁报告就被谁控制。有监督权、确认权的人想控制谁最后就被谁控制。为什么各级领导总是希望有监督权、确认权的人去履行控制者的责任。如果具有监督权与确认权的人员去履行控制者的责任，管理会出现什么样的结果？根据流程化管理的思路，谈一谈在项目管理过程中，如何正确行使监督权和确认权。

4. 《韩非子》中的坚守本位讨论。

（1）韩昭王设置的管理体系不近人情吗？

（2）我们常说，分工不分家，组织管理体系应以解决问题为导向。按照韩昭王的做法，是否就把组织管理体系弄僵化了？

（3）如果治理隐患的人受到处罚，以后大家见了隐患都不管，是否也有问题，我们现在天天强调"安全管理人人有责"，韩昭王的做法可行吗？

（4）监督者在项目管理过程如何取得优势地位？

5. EPC 总承包商的 QHSE 工程师的选择讨论。

（1）在流程管理中，怎样才能辨别 QHSE 工程师的选择是正确，还是错误？

（2）QHSE 工程师的选择会对 EPC 总承包项目管理体系有影响吗？

（3）QHSE 工程师的选择如何选择才对自己最有利？

（4）别人让我们做出不利于我们自己的选择，我们应该怎么办？

（5）我们选择的依据是什么？是依据经验，还是根据规律？

6. 如果不把管理分解为控制、监督、确认、协调与考核，在管理过程中，强化管理最后往往变成了弱化管理，谈一谈把管理分解为控制、监督、确认、协调与考核，对提升管理水平的作用。

7. 管理分解为控制、监督、确认、协调与考核之后，就呈现出一定的规律性，而控制、监督、确认、协调与考核在管理实践中又相互联系，只有把控制、监督、确认、协调与考核视为既独立，又联系时，才能让这些管理要素在实际应用中发挥作用。结合自己工作实际，谈一谈控制、监督、确认、协调与考核的独立性与相互联系。

8. 谈一谈确认成果转化为控制的现实意义，目前，确认过程存在的最大问题是什么？

9. 谈一谈监督、确认形成的信息，如果不沿控制线流转，会产生何种问题，如何避免这类问题？

10. 谈一谈管理模型在推动多层级项目管理中的作用，举例说明。

（六）推演题

1. 请按下列程序，结合工作实际，请设计一个推演方案，并组织推演。
（1）编制演练计划
（2）演练准备
（3）演练实施
（4）评估总结
（5）改进
2. 根据演练，谈一谈演练在推进管理创新中的作用。

第三章 迷局重重

一、认清角色搞推演 ▶▶▶

时间如梭,一周的时间很快就过去了,小王召开了编写小组的周工作会议,对本周的工作进行了总结,对下周的工作进行了安排。为激发大家对 EPC 总承包项目管理探索的热情,小王决定周工作会议之后,推演自己开发的项目管理模型。

(一)怎样利用模型研究项目管理?

小王给每个编写小组成员发了一张自己开发的六人项目管理模型,如图 3-1 所示。

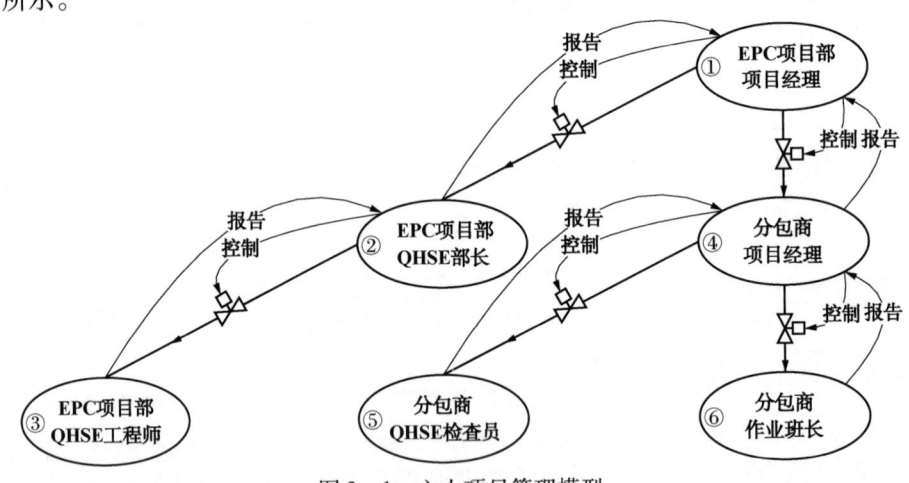

图 3-1 六人项目管理模型

小王指着六人项目管理模型图对大家讲道:"假设我们的项目管理过程由六个人组成,这六个人分别为 EPC 项目部的项目经理、EPC 项目部的 QHSE 部长、EPC 项目部的 QHSE 工程师、分包商的项目经理、分包商的 QHSE 检查员和分包商的作业班长。我们的项目管理过程,就像我们站场上的工艺流程,我们每一个管理人员就相当于一台设备,设备之间有管道相连,流体在设备之间通过管道流动,这里的流体,就是我们项目管理中的资源。在设备之间的管道上有阀门,我们可以给阀门发出控制指令,通过阀门来控制资源的流动。粗管道是主流程,即 EPC 项目部的项目经理→分包商的项目经理→分包商的作业班长;细管道是辅助流程,即 EPC 项目部的项目经理→EPC 项目部的 QHSE 部长→EPC 项目部的 QHSE 工程师,分包商的项目经理→分包商的 QHSE 检查员。报告就是我们的反馈信号,监督和确认,就是我们的信号采集点,为了使主流程和主信路更加清晰,监督和确认信号采集点太多,就没有在图上表示,我们把反馈信息用报告来表示。"

施工部的付工说:"用工艺流程图来描述项目管理,还是第一次。我们的工艺流程图与大型项目管理有很多相似的地方,我们的工艺流程图就是流体与信息的流动,而项目管理过程就是资源与信息的流动过程,从流程管理的角度来看是一致的,因此,把握住了资源与信息的流动,就把握住了项目管理的本质。另外分包商的一部分资源是由我们提供的,如设计图纸和主要设备,一部分资源是由分包商所在单位提供的。对分包商自己提供的资源,我们也要采取措施,例如,我们给了钱,他们就提供相应资源,不付款,他们提供资源就受到限制,如果能够补充完善,就更接近我们实际。"

小王根据施工部的付工的意见对流程图进行了修改,如图 3-2 所示。

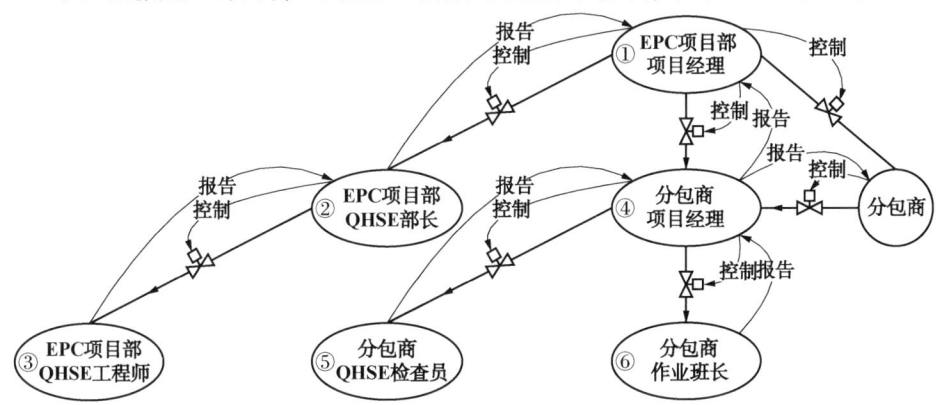

图 3-2 分包商提供资源的推演模型

通过修改增加了分包商这个资源管理节点,即 EPC 项目部项目经理控制着给分包商的付款,相当于 EPC 项目部项目经理向分包商提供并控制资源(钱),分包商控制着提供给分包商项目经理的资源。

合同部的余工看过后,说道:"既然是简化模型,越简化就越能突出主题,分包商的资源也是通过分包商的项目经理在实施控制,实际操作过程中,只有当

分包商的项目经理协调有问题时，我们才会找到分包商，一般情况下，我们不会干涉分包商项目经理的工作，分包商可以不出现，显得更加简洁。"

施工部的付工说："余工说的也有道理，既然是简化模型，应该做到以主题为核心，就像我们的可行性研究和初步设计中的工艺流程图，能说明问题就行，现在这一阶段，做成详细设计阶段的工艺流程图，可能反让大家看不懂。我同意余工的看法，可以不改。"

随后，小王以六人项目管理模型图为基础，给大家讲解了如何以控制为基础，建立监督、确认、协调和考核关系。

最后，小王讲道："控制关系是项目过程管理中最重要的关系，我们只要理清楚了项目管理过程中的控制关系，就能够很快建立项目管理的骨架，有控制关系就能够确定报告关系，报告关系确定了，监督、确认、协调和考核问题就自然迎刃而解。大家可以讨论一下，看看还有什么新发现。"

文控部的小肖说："我们可以把项目过程管理流程图做成球棍模型，管理人员——EPC项目部的项目经理、EPC项目部的QHSE部长、EPC项目部的QHSE工程师、分包商的项目经理、分包商的QHSE检查员和分包商的作业班长就是球棍模型的球节点，以控制为核心的资源流动渠道就是球棍模型的棍，监督、确认、协调和考核就是安装在球节点上的检测点，然后沿着球棍模型的棍安装连接检测点的电缆，这样就可以把我们的项目管理模式更加形象化地展示出来。"

QHSE部的丁工问道："监督是什么信号？"

施工部的付工回答道"是常开信号。"

QHSE部的丁工问道："确认是什么信号？"

施工部的付工回答道："是常闭信号。"

QHSE部的丁工问道："协调是什么信号？"

施工部的付工回答道："是差分信号。"

QHSE部的丁工问道："考核是什么信号？"

施工部的付工回答道："是计量信号。"

文控部的小肖说道："看来，我的球棍模型还真管用。"

施工部的付工问道："项目管理球棍模型给我们带来了什么启示？"

计划部的唐工回答道："项目过程管理就像我们的站场一样，具有客观性。压力传感器、温度传感器是常开信号，在正常情况下，我们可以不予特别关注，在非正常情况下，我们就必须及时采取措施，为加强常开信号的管理，常常会设置异常报警，这就如同我们现在在过程监督环节推行的不符合项管理。阀门、液位开关，很多情况下，设定为常闭信号，只有获得相应的信息，才决定开关，这就如同我们的工程报验和作业许可管理。差分信号就是我们的调节阀利用检测到的压差对阀门的开度进行调节，这就如同我们管理过程中的协调。通过计量我们一个站的油、气、水、电消耗，来评价我们的管理水平，这就如同我们管理过程中的考核。"

合同部的余工说："客观事物的运行，背后一定有其规律性，项目管理球棍模型背后暗藏的规律是什么？"

施工部的付工回答道："项目过程管理就是以控制形成的资源流动渠道为骨架，在监督、确认、协调、考核过程中形成的信息流，通过控制节点，调节资源的流动。我们可以利用模型图对项目过程管理进行深入研究。"

小王说："有了项目管理模型，我们讨论项目过程管理就变得简捷、轻松。为加深对项目过程管理模型图的理解，下面我们来做一下项目过程管理桌面推演。"

（二）演练交底

小王拿着推演使用的项目管理流程模型图（图3-3），继续对大家说道："付工、余工、唐工、小肖、丁工和我正好六个人，按照这幅图，有EPC项目部项目经理、EPC项目部QHSE部长、EPC项目部QHSE工程师、分包商项目经理、分包商QHSE检查员和分包商作业班长，由我们六个人分担相应的角色，下面我作演练交底。"

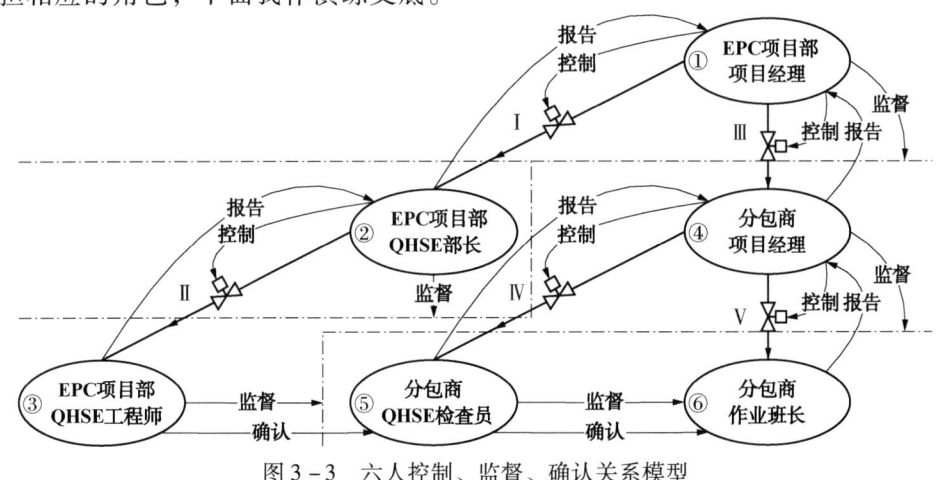

图3-3 六人控制、监督、确认关系模型

第一，模型中的管理关系。

控制：图中标出阀门的点，控制人可以发布控制指令，开启阀门，向被控制人提供资源。

监督：凭借控制权人之势，本着逢错必报的原则开展监督工作。

确认：管理过程中的阶段性成果，按照顺序进行确认。

协调与考核：根据基本内涵，自由发挥。

第二，抽签，决定承担的角色。抽签后，根据角色贴上①、②、③、④、⑤、⑥。

在角色演练中，可以凭借自己的经验进行发挥，使相关角色具有一定的挑战性。

第三，发牌。一共有六种牌，分别标记如图3-4所示。每人发三张牌。第四，翻牌。发起人，选择一张适合自己职位的活动，作为演练的起点。

第五，信息传递。按照控制依权、监督依势、确认依规、协调依情、考核依约的原则传递。演练起点的选择顺序是⑥→⑤→④→③→②→①→②→③→④→⑤→⑥。

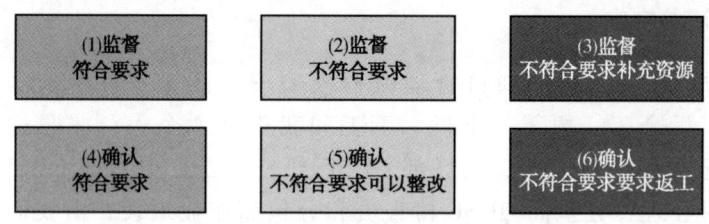

图3-4 监督与确认结合标识牌

（三）项目过程管理演练

小王："下面我们抽签，决定承担的角色。"

1. EPC项目部项目经理——付工①；
2. EPC项目部QHSE部长——唐工②；
3. EPC项目部QHSE工程师——丁工③；
4. 分包商项目经理——小王④；
5. 分包商QHSE检查员——小肖⑤；
6. 分包商作业班长——余工⑥。

每人根据角色贴号。

小王现在给每人手中发三张牌。

小王说："现在每一个人都可以翻牌。"

小王把牌号记录在表3-1中。

表3-1 角色与监督、确认结果登记表

序号	余工⑥	小肖⑤	小王④	丁工③	唐工②	付工①
1	(3)	(3)	(6)	(2)	(1)	(1)
2	(5)	(5)	(2)	(4)	(6)	(5)
3	(4)	(2)	(5)	(1)	(5)	(2)

下面我们按照管理规律开始传递管理信息,并将相关信息填入表3-2中。

表3-2 推演信息登记表

序号	⑥	⑤	④	③	②	①	②	③	④	⑤	⑥	√×	备注
1	⑥(5)										⑥(5)	√	能够落实
2		⑤(3)	⑤(3)							⑤(3)		×	不和谐
3			④(2)							④(2)	④(2)	√	能够落实
4			③(4)	③(4)	③(4)			③(4)	③(4)	③(4)		√	能够落实
5				②(6)			②(6)	②(6)	②(6)	②(6)		√	能够落实
6						①(1)	①(1)	①(1)	①(1)	①(1)	①(1)	√	增加影响

解释:

演练过程之一:

分包商作业班长——余工⑥选择(5)"确认——不符合要求,可以整改"为起点。

分包商作业班长——余工⑥自行组织整改。

分包商作业班长——余工⑥报告:演练完毕。

(四) 为什么管理过程中会有不和谐?

演练过程之二:

分包商QHSE检查员——小肖⑤选择(3)"监督——不符合要求,补充资源"为起点。

分包商QHSE检查员——小肖⑤将(3)"监督——不符合要求,补充资源"传递给分包商项目经理——小王④。

分包商项目经理——小王④说:"你在现场看到这么严重的问题,还不赶快

告诉他们,让他们立即组织整改,非得报告到我这儿吗?"

分包商 QHSE 检查员——小肖⑤说:"就是因为问题很严重,我们不敢隐瞒,所以才报告给你。"

分包商项目经理——小王④说:"你告诉他们,让他们马上组织整改。"

分包商 QHSE 检查员——小肖⑤说:"好。"

分包商 QHSE 检查员——小肖⑤将(3)"监督——不符合要求,补充资源"传递给分包商作业班长——余工⑥,并转达分包商项目经理——小王④让马上组织整改。

分包商作业班长——余工⑥对分包商 QHSE 检查员——小肖⑤大骂道:"有问题告诉我一声不就得了,非到领导面前,告黑状,你是故意同我过不去,我什么时候得罪过你?"

分包商作业班长——余工⑥报告:演练完毕。

小王拿出模型图,讲道:"为什么管理会出现不和谐?我们可以看一下信息的流动情况。"小王在模型图上标出信息的流动箭线,如图3-5所示。

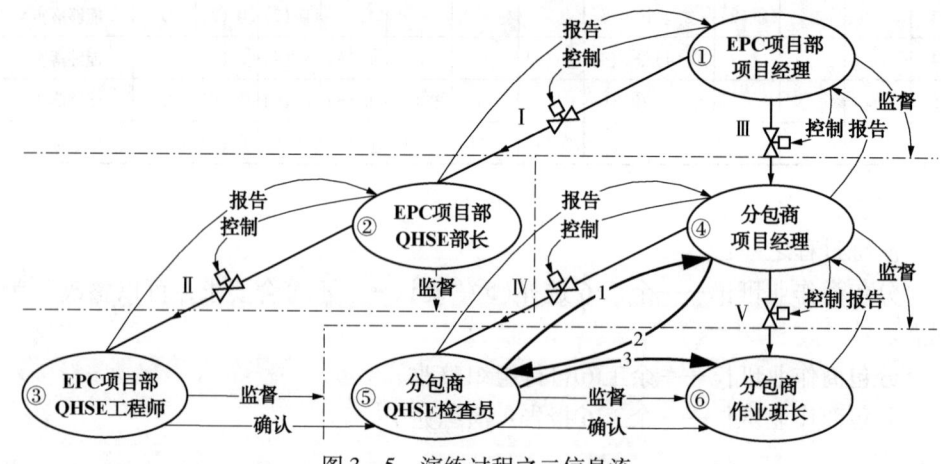

图 3-5 演练过程之二信息流

小王继续说:"我们从图3-5中可以看出,信息第1次从⑤流到④没有问题(图中标注为1),第2次从④流到⑤也不会有问题(图中标注为2),第3次从⑤流到⑥,离开了控制线(图中标注为3),就出了问题。因此,在项目管理过程中,不符合项信息,只要离开控制线传递,就可能出问题。"

(五)为什么领导总是有感慨,而不是有感领导?

演练过程之三:

第三章 迷局重重

分包商项目经理——小王④选择（2）"监督——不符合要求"为起点。

分包商项目经理——小王④将（2）"监督——不符合要求"传递给分包商QHSE检查员——小肖⑤，并说："现场检查应认真点，多在现场盯一盯。"

分包商QHSE检查员——小肖⑤说："我同班长说了，班长就是还没有来得及整改。"

分包商项目经理——小王④说："我让你在现场多盯一盯，发现问题及时督促他们整改，你就帮助班长开脱，你这种思想，能管好现场质量安全吗？"

分包商QHSE检查员——小肖⑤说："对不起，今后一定按领导要求干。"

分包商项目经理——小王④说："看你这个样子，也很难把工程管好，真让人操心。你去把班长给我叫来。"

分包商QHSE检查员——小肖⑤找到分包商作业班长——余工⑥说："领导找你，让你过去一趟。"

分包商作业班长——余工⑥说："你没有在领导面前说我坏话吧？"

分包商QHSE检查员——小肖⑤说："我说'现场问题班长还没来得及整改'，领导就批评我，帮你开脱。你说这话是好话还是坏话？"

分包商作业班长——余工⑥说："我队伍素质在这个水平上，大家都不容易。"

分包商作业班长——余工⑥找到分包商项目经理——小王④。

分包商项目经理——小王④将（2）"监督——不符合要求"传递给分包商作业班长——余工⑥，并说"现场应加强组织，应一次就把工程做到合格，避免返工，并要求马上组织整改。"

分包商作业班长——余工⑥说："好，我马上按领导要求组织整改。"

分包商作业班长——余工⑥报告：演练完毕。

小王拿出模型图，进行了标识，形成图3-6然后解释道：1—表示分包商的项目经理向分包商的QHSE检查员发出指令，2—表示分包商的项目经理向分包商的作业班长发出指令；演练过程有两次信息传递，都是沿着控制线进行，所以过程管理有效。但是，分包商项目经理也想图省事，让分包商的QHSE检查员代替他对分包商的作业班长实施控制。

小王说："我们需要思考的一个问题是：什么是有感领导？"

施工部的付工说："在这个案例中，如果分包商的项目经理只让QHSE检查员去落实他发现问题的整改，会是什么情况？整改肯定会有难度，领导肯定会有感慨。如果领导找作业班长，就能很快落实，这说明了什么？说明领导是有感领

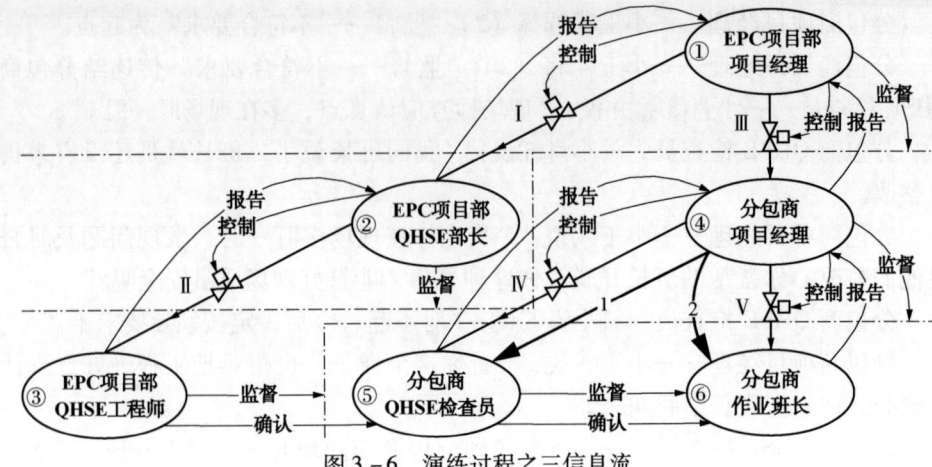

图3-6 演练过程之三信息流

导。我理解有感领导就是正确行使手中控制权,把问题落到实处的领导;领导有感慨就是不正确行使手中控制权,问题难以落实,领导发出的感慨。"

小王说:"对。"

(六) 为什么 EPC 总承包商难以控制分包商?

演练过程之四:

EPC 项目部 QHSE 工程师——丁工③选择(4)"确认——符合要求"为起点。

EPC 项目部 QHSE 工程师——丁工③到现场检查,发现现场质量符合要求。

EPC 项目部 QHSE 工程师——丁工③发现分包商的 QHSE 检查员——小肖⑤根本就没有进行现场检查,就通知报验。

EPC 项目部 QHSE 工程师——丁工③问分包商的 QHSE 检查员——小肖⑤:"报验表是谁填的?"

分包商的 QHSE 检查员——小肖⑤说:"是我填的。"

EPC 项目部 QHSE 工程师——丁工③问分包商的 QHSE 检查员——小肖⑤:"现场质量合格吗?"

分包商的 QHSE 检查员——小肖⑤说:"当然合格,不合格,我们也不会报验。"

EPC 项目部 QHSE 工程师——丁工③说:"你们检查的最大偏差是多少?"

分包商的 QHSE 检查员——小肖⑤说:"都填在表里,谁还天天记这些数字!"

EPC 项目部 QHSE 工程师——丁工③说:"今天我就没有看到你到现场检查,你这表中的检查数字全是假的。"

分包商的 QHSE 检查员——小肖⑤说:"不可能,我没有到现场,并不等于我没有检查。"

EPC 项目部 QHSE 工程师——丁工③说:"你没有到现场凭什么说你检查了?"

分包商的 QHSE 检查员——小肖⑤说:"我们有秘密武器,现场肯定合格。走,我陪你到现场检查。"

EPC 项目部 QHSE 工程师——丁工③说:"好,如果检查不合格,我就按照程序通知你们领导,狠狠对你们进行处罚。"

分包商的 QHSE 检查员——小肖⑤说:"没有问题,你们凭什么处罚?"

EPC 项目部 QHSE 工程师——丁工③对现场进行了再一次的检查,没有发现问题。

分包商的 QHSE 检查员——小肖⑤说:"怎么样?"

EPC 项目部 QHSE 工程师——丁工③说:"好,符合要求。"

分包商的 QHSE 检查员——小肖⑤说:"检查符合要求,就请签字确认。"

EPC 项目部 QHSE 工程师——丁工③签字确认。

分包商作业班长——余工⑥报告:演练完毕。

EPC 项目部 QHSE 工程师——丁工③选择(4)"确认——符合要求",本想按照这样的流程转递,即发现分包商的 QHSE 检查员——小肖⑤根本就没有进行现场检查,就通知报验;分包商的 QHSE 检查员——小肖⑤的工作不合格,将信息传递给 EPC 项目部 QHSE 部长——唐工②,EPC 项目部 QHSE 部长——唐工②将信息传递给 EPC 项目部项目经理——付工①,EPC 项目部项目经理——付工①向分包商项目经理——小王④下达控制指令,分包商项目经理——小王④把分包商的 QHSE 检查员——小肖⑤叫来批评一顿,要求工作得认真负责,以后不允许出现自己未检查就报验。

EPC 项目部 QHSE 工程师——丁工③说:"演练还没有完毕,你们不说出你们的秘密武器,我就不承认这个结果。"

分包商作业班长——余工⑥说:"手机和相机呀!"

分包商的 QHSE 检查员——小肖⑤说:"他们把现场检查的数据用手机发给我,我再填在表上,还有现场的照片,我当然就理直气壮。"

EPC 项目部 QHSE 工程师——丁工③问大家:"演练完毕了吗?"

分包商的QHSE检查员——小肖⑤说:"都签完字了,完了!"

分包商项目经理——小王说:"没有完。"

分包商的QHSE检查员——小肖⑤说:"为什么?"

分包商项目经理——小王说:"确认的成果应转化为控制,即确认结果应报告给相应的控制权人。即报告给EPC项目部QHSE部长——唐工②,EPC项目部项目经理——付工①和分包商项目经理——小王④。"

EPC项目部QHSE工程师——丁工③向EPC项目部QHSE部长——唐工②报告:确认完毕,确认合格。

EPC项目部QHSE部长——唐工②向EPC项目部项目经理——付工①报告:确认完毕,确认合格。

分包商的QHSE检查员——小肖⑤向分包商项目经理——小王④报告:确认完毕,确认合格。

分包商项目经理——小王④通知分包商作业班长——余工⑥可以开展下步工作,并提供相应资源。

分包商作业班长——余工⑥报告:演练完毕。

小王最后解释说:"大家看了以上确认信息的报告过程有些不理解,我们现在的管理最大的问题除了确认过程以外,就是确认成果的应用。信息化会简化确认报告过程,我们现在要做的就是转变传统的确认管理观念,即确认工作完成后,要向授权确认的控制者报告。"

(七)为了成功,我们应该怎么办?

演练过程之五:

EPC项目部QHSE部长——唐工②选择(6)"确认——不符合要求,要求返工"为起点。

EPC项目部QHSE部长——唐工②到现场检查,发现地下管道防腐层质量不符合要求,而现场的工人已开始回填,就问现场的工人:"为什么没有验收就进行回填?"

工人说:"我们也感到奇怪,我们的工作就是没有人管,如果我们的工作干得不合格怎办?"

EPC项目部QHSE部长——唐工②说:"你们的确干得不合格。"

工人说:"那怎么办?"

EPC项目部QHSE部长——唐工②把EPC项目部QHSE工程师——丁工③叫

过来狠狠批评了一顿，要求以后要加强管理。

EPC 项目部 QHSE 部长——唐工②把（6）"确认——不符合要求，要求返工"向 EPC 项目部项目经理——付工①进行了报告，并向 EPC 项目部项目经理——付工①示表，我们以后要加强管理，避免类似问题出现。

EPC 项目部项目经理——付工①将（6）"确认——不符合要求，要求返工"的问题通知了分包商项目经理——小王④。

分包商项目经理——小王④把分包商 QHSE 检查员——小肖⑤和分包商作业班长——余工⑥叫来说，工作得认真负责，要加强现场管理，并表示扣发分包商 QHSE 检查员——小肖⑤和分包商作业班长——余工⑥的本月奖金，以后不允许出现这种情况，并要求分包商 QHSE 检查员——小肖⑤做好监督工作，分包商作业班长——余工⑥组织好整改工作。

分包商作业班长——余工⑥报告：演练完毕。

小王点评道："这个演练选择的主题很好，贴近我们的工作实际，EPC 项目部 QHSE 工程师受到狠狠的一顿批评，这说明了什么问题？"

施工部的付工回答道："EPC 项目部 QHSE 工程师受到批评的原因有两个方面，一是项目部没有建立有效的确认管理台账，以致于出现确认混乱的局面，这是我们目前确认管理环节存在的普遍问题；二是我们普遍缺乏将确认的成果转化为控制的意识，以致于确认过程流于形式。另外，利用上级的监督结果，实施自己的处罚，是否也不妥当？"

合同部的余工回答道："这种处罚方式肯定不妥，一是易于引起分包商的管理人员对 EPC 总承包商的管理人员的仇视；二是不利于 EPC 总承包商的管理人员开展工作。但是，为什么这种处罚方式普遍盛行？"

施工部的付工回答道："分包商的领导图省事，借势对分包商的管理人员进行管理，这种恐吓式的管理对分包商的领导有用，这就是为什么不妥还盛行的原因。我们的监督结果应处罚分包商的领导，分包商领导的监督结果处罚分包商的管理人员才对，只有这样分包商的领导才会真正加强管理。如果分包商的领导利用我们的监督结果对其管理人员进行处罚，由于分包商的领导管理水平没有改善，这种处罚只会造成矛盾，不会使管理状况得到根本改善。"

QHSE 部的丁工说："这种处罚，还会激发分包商的 QHSE 检查员和作业班长打出悲情牌。"

文控部的小肖问道："什么是悲情牌？"

QHSE 部的丁工说："人都有同情心吧。"

 理顺

文控部的小肖说:"没有同情心,那还是人吗?"

QHSE 部的丁工说:"如一个人无可奈何地对着你说一句'求求你',你有什么反应?"

文控部的小肖说:"肯定会把我的悲情勾引起来。"

QHSE 部的丁工说:"再加一句'别打我!',你还下得了手吗?"

文控部的小肖说:"别人都求我了,我再打别人,我这个人做人是否就有问题?"

QHSE 部的丁工说:"你承认你不是一个有问题的人,对吧?"

文控部的小肖说:"对呀,我是一个正常人呀!"

QHSE 部的丁工说:"现在我是 EPC 总承包商的 QHSE 检查员——丁工,你是分包商的 QHSE 检查员——肖工,下面我们做一个演练,王组长,可以吗?"

小王回答道:"好哇,让大家提高认识,当然可以。"

QHSE 部的丁工说:"谁先说?"

文控部的小肖说:"谁先说,谁先赢。"

QHSE 部的丁工说:"不一定吧。"

文控部的小肖说:"如果你不相信,我们可以试一试。"

QHSE 部的丁工说:"好,你先说。"

分包商的 QHSE 检查员——肖工:"丁工,我这个月的工资又被扣了,我都快没法活了。"

EPC 总承包商的 QHSE 检查员——丁工:"怎么回事?"

分包商的 QHSE 检查员——肖工:"我们单位的领导,只要见到 EPC 总承包商下发的不符合项,每条给我们 QHSE 检查员处罚 150 元钱。如果你们每天给我发两条不符合项,一个月就是 60 条,累计处罚就是 9000 元,丁工,你说,我们怎么活?"

EPC 总承包商的 QHSE 检查员——丁工:"你们领导也太狠心了,你就不能同你们领导讲讲情?"

分包商的 QHSE 检查员——肖工:"找了,我们领导说'像你们这种人,只有得挨处罚,才能长见识。'"

EPC 总承包商的 QHSE 检查员——丁工:"处罚里只有倒霉,哪有什么见识?"

分包商的 QHSE 检查员——肖工:"丁工,你说得对,处罚只有倒霉。我们领导还说我协调能力太差,不适合干项目管理,工资扣了,工作又快没了,你们

要是再给我下发'不符合项',我就可能真的没法活了。"

EPC 总承包商的 QHSE 检查员——丁工:"你们领导也真狠心,不就是个'不符合项'吗?又没有出质量安全事故。"

分包商的 QHSE 检查员——肖工:"对,我们领导要是像丁工你这样就好了。"

EPC 总承包商的 QHSE 检查员——丁工:"你们领导的做法太不合理。"

分包商的 QHSE 检查员——肖工:"我也知道不合理,但是,别人是领导,我一个小小的兵,我们能够怎样?我们领导还说'别人怎么没有不符合项,就是你管的地方,EPC 总承包商下得最多'。丁工,你说我该怎么办?"

EPC 总承包商的 QHSE 检查员——丁工:"是吗?不会吧!"

分包商的 QHSE 检查员——肖工:"丁工,你看,你给我下发的不符合项都是小问题,别人都是口头通知,谁不想有个好人缘?"

EPC 总承包商的 QHSE 检查员——丁工:"是吗?"

分包商的 QHSE 检查员——肖工:"丁工,求求你,以后少给我下发点'不符合项'好吗?我发了奖金还可以请一请你。"

EPC 总承包商的 QHSE 检查员——丁工:"现场有问题,我不说可不行。"

分包商的 QHSE 检查员——肖工:"我工资扣了,我每天心情都不好,你每天同一个心情不好的人打交道是什么感受?"

EPC 总承包商的 QHSE 检查员——丁工:"肯定会被感染。"

分包商的 QHSE 检查员——肖工:"你心情是否也会不好。"

EPC 总承包商的 QHSE 检查员——丁工:"那当然。"

分包商的 QHSE 检查员——肖工:"你不希望每天有个好心情?"

EPC 总承包商的 QHSE 检查员——丁工:"谁不想有个好心情。可是,你们现场每天都是一堆问题。"

分包商的 QHSE 检查员——肖工:"你得辩证地去看这些问题,正因为有问题,你才有存在的价值。如果没有问题,你们领导对你的工作还重视吗?"

EPC 总承包商的 QHSE 检查员——丁工:"肯定就不会重视。"

分包商的 QHSE 检查员——肖工:"韩信在临刑前说了一句话,你还记得吧?"

EPC 总承包商的 QHSE 检查员——丁工:"这么经典的话,谁不记得。'狡兔尽,走狗烹;飞鸟尽,良弓藏;敌国破,谋臣亡'。"

分包商的 QHSE 检查员——肖工:"如果你把我们这儿弄得没有不符合项,

到时候肯定是你的心情不好。我也不希望你心情不好。"

EPC 总承包商的 QHSE 检查员——丁工:"那怎么办?"

分包商的 QHSE 检查员——肖工:"口头多,书面少,不就得了。"

EPC 总承包商的 QHSE 检查员——丁工:"这行吗?"

分包商的 QHSE 检查员——肖工:"当然行!书面多了,你们领导表面上会支持你,时间长了,会觉得你水平太差。"

EPC 总承包商的 QHSE 检查员——丁工:"问题是,你们现场这么多问题,到时候,我们领导问你们,你们说我没有说怎么办?"

分包商的 QHSE 检查员——肖工:"你们是 EPC 总承包商,我们是分包商,我敢在你们面前说你没说?"

EPC 总承包商的 QHSE 检查员——丁工:"这个不太可能。"

分包商的 QHSE 检查员——肖工:"你还有什么不放心?不管你说了还是没有说,你都可以在你领导面前说你说了,谁敢与你对证。"

EPC 总承包商的 QHSE 检查员——丁工:"怪不得我们领导天天强调不符合项应以书面形式,大家都没有认真执行,原来道理在此。以后就按我们今天说的办。"

分包商的 QHSE 检查员——肖工:"谢谢丁工对我的支持!"

小王说:"报告流程一改,管理还会有效吗?"

施工部的付工说:"不符合项信息,一旦离开控制线传递,管理就出问题。改改流程,改看似是一个小问题,这一改就成了无效管理。"

小王在模型图中,从③EPC 项目部的 QHSE 工程师向⑤分包商 QHSE 检查员划了一条箭线,如图 3-7 所示。

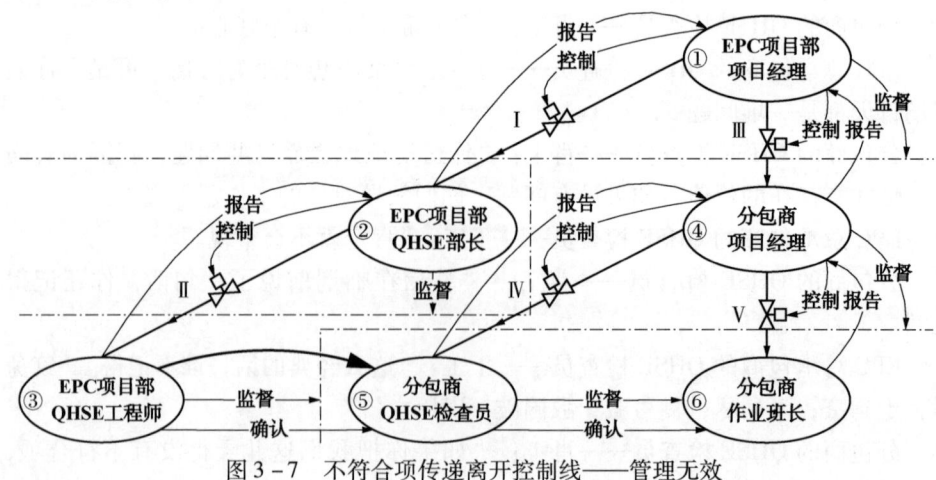

图 3-7 不符合项传递离开控制线——管理无效

小王说："安全管理有一条重要规则就是，无论在什么情况下，首先应保护好自己，然后才是救别人，管理也应该是一样，如果我们的管理没有问题，别人的管理有问题，是谁该修改规则？"

文控部的小肖说："应该是谁的规则有问题，谁就应修改自己的规则。"

QHSE 部的丁工说："人都逃不过人情关。"

文控制的小肖说："丁工，我要是当 EPC 总承包商的 QHSE 工程师，就不会有问题。"

QHSE 部的丁工说："王组长，我们再换一个角色表演一次，行吗？"

小王说："好！"

QHSE 部的丁工说："谁先说？"

文控部的小肖说："谁先说，谁先输。"

QHSE 部的丁工说："不一定吧。"

文控部的小肖说："如果你不相信，我们可以试一试。"

QHSE 部的丁工说："好，我先说。"

分包商的 QHSE 检查员——丁工："肖工，我这个月的工资又被扣了，我都快没法活了。"

EPC 总承包商的 QHSE 检查员——肖工："怎么回事？"

分包商的 QHSE 检查员——丁工："我们单位的领导，只要见到 EPC 总承包商下发的不符合项，每条就给我们 QHSE 检查员处罚 150 元钱。如果你们每天给我发两条不符合项，一个月就是 60 条，一个月的处罚就是 9000 元，肖工，你说，我们怎么活？"

EPC 总承包商的 QHSE 检查员——肖工："你们领导怎么对你这么好？"

分包商的 QHSE 检查员——丁工："罚我款，还说对好，你是否脑子有毛病。"

EPC 总承包商的 QHSE 检查员——肖工："丁工，你看，我说的是否有道理。"

分包商的 QHSE 检查员——丁工："你说我听一听。"

EPC 总承包商的 QHSE 检查员——肖工："罚了你款，你才有机会同你们领导谈奖励条件，如果不罚款，你怎么同你们领导谈条件？"

分包商的 QHSE 检查员——丁工："你说的也是！我们领导凭什么罚我们款，要考核也得奖罚对等才行。"

EPC 总承包商的 QHSE 检查员——肖工："你看，挣钱的机会是不是来了？"

分包商的 QHSE 检查员——丁工："问题是你天天给我下不符合项,我哪有机会得奖金呀!"

EPC 总承包商的 QHSE 检查员——肖工："这叫做放长线,钩大鱼,只有把你工资罚没了,你才会有胆量找你们领导,你们领导才会同你谈奖励条件。"

分包商的 QHSE 检查员——丁工："现在找我们领导,我们领导也不一定会同我谈。"

EPC 总承包商的 QHSE 检查员——肖工："在同你们领导谈之前,你还得做一些准备工作。"

分包商的 QHSE 检查员——丁工："还需要哪些准备?"

EPC 总承包商的 QHSE 检查员——肖工："你把我们下发的不符合项,同你下发的不符合项做一个对比表,看哪些是你首先发现的。"

分包商的 QHSE 检查员——丁工："我是分包商的 QHSE 检查员,肯定比 EPC 总承包商的 QHSE 工程师先发现,这个好办,我能做好。"

EPC 总承包商的 QHSE 检查员——肖工："你拿着对比表找你们领导。"

分包商的 QHSE 检查员——丁工："我怎么同我们领导说呢?"

EPC 总承包商的 QHSE 检查员——肖工："领导,罚我款没有道理,现场的问题是先发现的,为什么 EPC 总承包商的工程师又给我们下了不符合项,是因为作业班长没有及时整改,你不能罚我,你应该罚作业班长。"

分包商的 QHSE 检查员——丁工："你说得对呀,有了这张表,我们领导再罚,我就有道理,要罚也得罚作业班长,是作业班长在组织生产,我只是个监督,我已经尽到了监督的职责,我没有错,凭什么罚我。我比你们先发现问题,我们领导奖励我才对。"

EPC 总承包商的 QHSE 检查员——肖工："这叫做舍不得孩子,套不上狼。我给你下不符合项,是为了你好。"

分包商的 QHSE 检查员——丁工："好,给我下,我不怕。为了让我们领导服气,你们下的不符合项最好别给我,让我们领导把我下发的不符合项同你们下发的不符合项对比,才更有说服力。"

EPC 总承包商的 QHSE 检查员——肖工："那你得发书面的才成。"

分包商的 QHSE 检查员——丁工："这个没问题,罚了我款,我有胆量向我们领导报告现场不符合项,让我们领导看一看,我在现场管了没管。"

EPC 总承包商的 QHSE 检查员——肖工："对,这才叫干得理直气壮。"

分包商的 QHSE 检查员——丁工："我们按今天说的办。"

文控部的小肖想，我把不符合项报告发给 EPC 的 QHSE 部长，QHSE 部确认后发给 EPC 的项目经理，项目经理将不符合下发给分包商的项目经理，分包商的项目经理指令分包商的 QHSE 检查员加强管理，要求作业班长组织落实不符合项的整改，整个管理流程就通了；我们又采取了措施，即我们发现的不符合项与分包商发现的不符合项进行对比，提高了分包商 QHSE 检查员的工作积极性，分包商的管理流程也通了。于是小肖说："我又赢了。"

小王说："这次才是你真正赢了。"

文控部的小肖说："我们这次赢是一种双赢，每一个人都履行了自己的职责。"

施工部的付工说："只有履行了自己的职责，才会取得成功。"

小王说："人生的目标是什么？"

施工部的付工说："是追求成功。那我们怎样才能实现成功？"

小王说："信息离开了控制线，就是失败，信息沿着控制线传递，才能有可能取得成功。"

施工部的付工说："我们 EPC 总承包商管理分包商应有智慧，只有知道怎样做是对的，才会引导分包商去做正确的事，而不是让分包商把我们引到歧途。"

小王在模型图上，画了 7 条箭线，如图 3-8 所示。

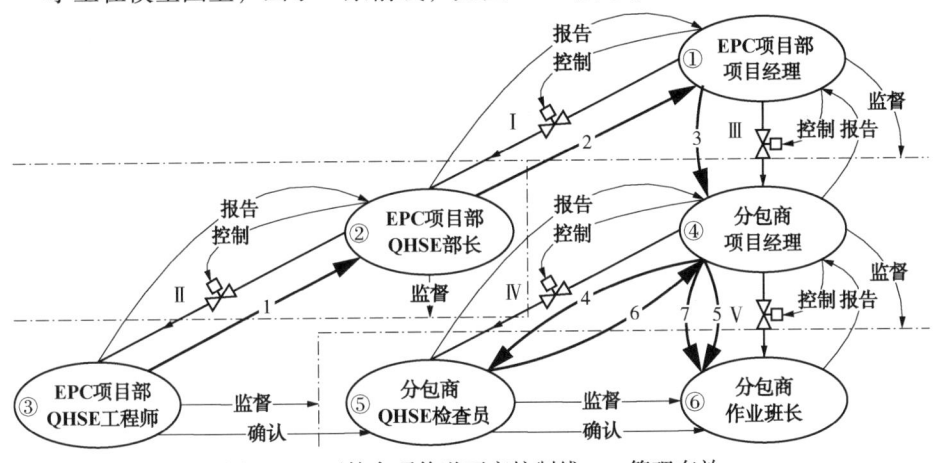

图 3-8　不符合项传递不离控制线——管理有效

1—EPC 的 QHSE 工程师→EPC 的 QHSE 部长，监督→控制（监督报告过程）

2—EPC 的 QHSE 部长→EPC 的 项目经理，监督→控制（监督报告过程）

3—EPC 的 项目经理→分包商的项目经理，控制→控制（指令发布过程）

4—EPC 的检查，分包商的项目经理→分包商的 QHSE 检查员，控制→监督

（指令发布过程）

5—EPC的检查，分包商的项目经理→分包商的作业班长，控制→控制（指令发布过程）

6—分包商的检查，分包商的QHSE检查员→分包商的项目经理，监督→控制（监督报告过程）

7—分包商的检查，分包商的项目经理→分包商的作业班长，控制→控制（指令发布过程）

小王说："从图3-8中可以看出，信息流沿控制线流转，因此管理有效。"

施工部的付工说："我们从小肖与丁工的两段推演中，能够得到什么启示？"

合同部的余工说："根据这两段推演，我想，启示有三点：一是在EPC总承包项目管理过程中，谁占优势，谁起主导作用，也就是如果EPC总承包商的管理人员如果没有优势，就很有可能被分包商管理，EPC总承包商的管理人员要在EPC总承包商项目管理过程中起主导作用，就得加强项目管理知识的学习；二是在第一段推演中，小肖虽然赢了，但由于不符合管理规律，小肖和丁工都将成为一个不负责任的管理者，最终都将成为失败的管理者；三是在第二段推演中，小肖赢了，因为符合管理规律，最后，小肖和丁工都将取得成功。"

计划部的唐工说："这两段推演给了我们一个很好的警示，EPC总承包商的管理人员在项目管理过程中不一定起主导作用。正确认清角色，并履行角色分配的任务很重要。我们应该加强规律的学习，按规律办事。"

小王说："好，我们抓紧进行第六项推演。"

演练过程之六：

EPC项目部项目经理——付工①选择（1）"监督——符合要求"为起点。

EPC项目部项目经理——付工①把EPC项目部QHSE部长——唐工②、EPC项目部QHSE工程师——丁工③、分包商项目经理——小王④、分包商QHSE检查员——小肖⑤、分包商作业班长——余工⑥叫来，开了一个会，最近大家工作都干得不错，现场规范整洁，如果我们一直能够保持下去，我们这个项目就会成为公司的示范项目，大家一定要共同努力，并对这一阶段大家付出的努力表示感谢！

分包商作业班长——余工⑥报告：演练完毕。

小王宣布推演过程圆满结束。

（八）推演总结

小王说："现在我们对上述推演过程进行一个总结，通过推演，发现我们的项目过程管理模型图有三个特点：一是项目过程管理是客观的，控制节点之间的资源流通渠道形成了项目过程管理的骨架，监督、确认、协调和考核形成的信息流，推动着控制节点调节资源，实现项目管理的目标；二是项目过程管理模型图把抽象的管理形象化，有利于快速理解项目过程管理的机理；三是项目过程管理流程是否正确，可以通过项目管理模型图来验证。看大家还有什么好的建议和意见？"

计划部的唐工说："这次组织推演，对提高项目管理认识很有帮助，也为我们开展项目管理实践与探索提供了新思路。但是，我们也应该意识到模型的局限性，一是我们的管理模型限于QHSE部与分包商之间的QHSE管理，我们计划部的计划管理工作是否适用，还需要进一步研究；二是我们自古以来都在强调兵对兵，将对将，我们现在把兵都当侦察兵的做法，大家是否能够接受？三是什么事都经过项目经理，项目经理是否能够接受这种管理方式？不妥之处，请大家批评指正。"

合同部的余工说："王组长提出的项目过程管理模型，我认为非常好，非常超前，通过演练发现了我们目前项目过程管理中的很多问题，如果用其他管理方式方法同大家沟通，会产生很大的障碍，用模型图就能快速克服这种障碍。当然，用项目管理模型图我们还是第一次，难免还有不完善的地方，例如，我们现在设置了合同部、控制部、QHSE部、施工部等部门，这些部门都是平级关系，而这些部门同时对一个分包商，用模型图怎么表示？这个问题，我还没有想好，大家有好的想法，也希望大家在一起沟通沟通。"

QHSE部的丁工说："我们现在设计的项目管理模型是以我们QHSE工作为基础，在理论上应是可行的，实践上是否可行，还有待于实践检验。"

施工部的付工说："项目过程管理模型对我的启发很大，对分包商的施工计划也可以采用过程监督、成果确认的方法来管理。通过今天的推演，加深了对项目管理架构的认识，如果我们能提出管理要素与管理架构的一般关系，再根据一般关系反推我们的管理架构，也许就能够提出管理新思路。下来，我们应结合当前工作实际，认真加以研究。"

文控部的小肖说："通过推演，我最大的体会是项目过程管理是客观的，我们的行动只有符合客观规律，项目过程管理就顺当，否则，就不顺。当我们的项目过程管理不顺时，就应该学会思考我们的管理是否符合客观规律，只有进行这样的反思，才有利于我们不断改进我们的管理。我们参与这个推演有几个人？"

QHSE部的丁工说："六个，这不是明摆着吗？怎么问这么简单的问题？"

文控部的小肖说:"这个问题不简单。"

小王说:"说给大家听一听。"

文控部的小肖说:"是真想听,还是假想听,如果是真想听,就别说我是乌鸦嘴。"

小王说:"搞推演,就是为了发现问题,解决问题,能提出不同意见,就说明在思考问题。"

文控部的小肖说:"好,我说说。盲人摸象是几人?"

QHSE 部的丁工说:"棍子、扇子、柱子、绳子,四个人。"

文控部的小肖说:"同一个工程项目,我们六个人,看到了六种不同情况,为什么会出现盲人摸象这种情况呢?"

小王说:"小肖问的这个问题非常好,在下一步工作中,我们每一个人要对这个问题认真思考。"

文控部的小肖说:"我还有问题,可以继续提问吗?"

小王说:"当然可以。"

文控部的小肖说:"为什么作业班长发现的都是小问题,分包商的 QHSE 检查员往往受分包商作业班长的节制,分包商的项目经理天天对大家说要加强管理,EPC 的 QHSE 工程师总在与分包商斗智斗勇,EPC 的 QHSE 部长总是无可奈何,EPC 的项目经理总是说'干得不错、再加努力、感谢感谢'?为什么我们现实中是这么个管理?"

小王说:"小肖的这几个问题提得非常好,值得大家深思,有谁想挑战一下?"

小王等了一会,大家还沉浸在演练的气氛中,都没有做好思想准备,没有人挑战这些问题。

小王最后说:"感谢大家积极参与演练和讨论。管理创新是一个持续不断的过程,公司这几年来,一直在开展'业主+PMC+EPC 管理'模式的试点及其推进工作,我们应积极吸取管理创新成果,突破已有观念,干出特色,干出水平。好,今天的演练和讨论到此结束。"

会后,如何从全局、系统的角度看管理?小王认为有必要从 EPC 总承包商的分包商开始分析,为此,选取了吴总所在分包商,对其管理进行了反思。

二、项目经理左右难 ▶▶▶

如果分包商的项目经理——吴总、QHSE 管理员——赵工和作业班长——小高都有管理的五个基本要素,如图3-9、图3-10、图3-11所示。

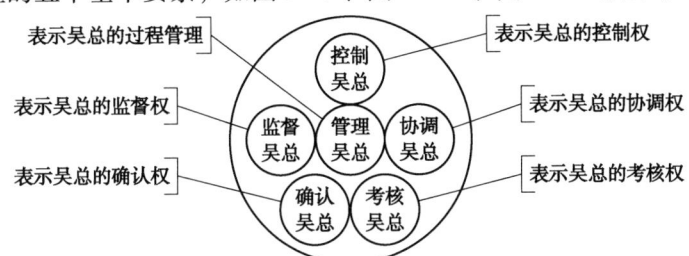

图3-9　分包商的项目经理——吴总的过程管理五要素

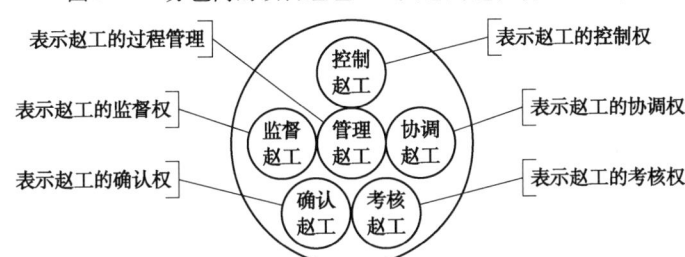

图3-10　分包商的QHSE管理员——赵工的过程管理五要素

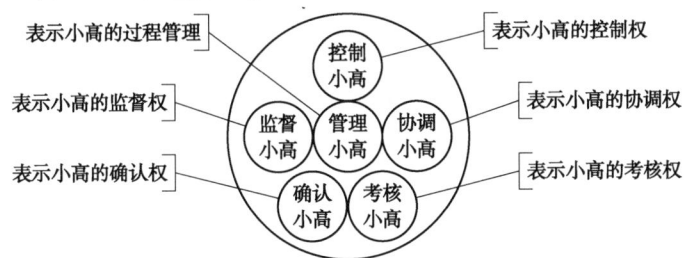

图3-11　分包商的作业班长——小高的过程管理五要素

下面考察在这些管理基本要素之间如何建立分包商的项目过程管理体系?

(一)为什么说没有资源,就没有控制权?

小王首先从 管理吴总, 管理赵工, 管理小高 中分别取出 控制吴总, 控制赵工, 控制小高, 对前一段时间的管理进行梳理。

分包商刚刚进场,分包商的管理人员——吴总、赵工和小高看到工人,就想起事来,就开始安排工作,第一天,还算顺当。但随着工作越来越多,吴总、赵工和小高都对工人进行调遣和安排工作,工人也不知道执行谁的指令,致使有些

工作不能按时完成,招来 EPC 总承包商的批评。吴总本想说赵工和小高,但是,自己对前期准备工作的管理缺乏经验,没有赵工和小高的积极主动协调,自己把工人的工作也安排不到位,全部交由自己,吴总觉得难度实在太大,在有些环节还得依靠赵工和小高。尽管目前还有很多矛盾,但是,作为一个项目经理,必须面对现实,必须发挥赵工和小高的积极性和主动性。

　　EPC 总承包商开会也越来越多,每次开会都要求吴总必须亲自到场,而现场一旦有涉及进一步补充资源的事,赵工和小高都做不了主,工作也就安排不下去。

　　一天,EPC 总承包商的丁工发现赵工和小高越来越不听调遣,计划今天完成的工作,都快下班了,材料、设备还没有到达现场,就对赵工说:"都快下班了,你们材料、设备什么时候到?"

　　赵工说:"材料、设备已经在路上,很快就要到了。不行你先走,我们在这儿等着。"

　　第二天一上班,QHSE 部的丁工就找赵工,说:"你们的材料、设备在哪儿?"

　　赵工说:"昨天,吴总在你们 EPC 项目部开了一整天会,没有给别人付款,别人对我还不熟悉,不愿意送。"

　　QHSE 部的丁工说:"你们的计划还有准吗?"

　　赵工说:"今天肯定能够落实。"

　　QHSE 部的丁工说:"你说了能算数吗?"

　　赵工说:"刚开工,我们也不知道你们 EPC 总承包商有这么多规矩,搞得我们吴总顾得了会场,顾不了现场,顾得了现场,顾不了会场,还请丁工谅解。该我管的事,我说了肯定算数。"

　　QHSE 部的丁工说:"我是可以谅解,问题是你们任务完不成,我管你们,EPC 总承包商项目部的人谁会谅解我?你们吴总不在现场,资源配置不到位,你们工作开展不了。你们任务完不成,我就得替你们挨批评。"

　　赵工说:"涉及到外部资源的事,还得吴总才能办,如果你们 EPC 总承包商项目部的事少了,我们吴总就自然到现场了。"

　　QHSE 部的丁工说:"如果你们吴总把权下放给你们,现场这些事不就好管了?"

　　赵工说:"这事只有你才能给吴总说,我们哪能说这种话?"

　　快下班了,QHSE 部的丁工看到还是没有太大的动静,于是对赵工说道:

"让你们吴总赶快到现场!今天的事不落实,谁也别下班,我也不走了。"

于是,赵工赶紧同吴总联系。

(二) 为什么作业现场只能一个人说了算?

吴总开完会匆匆赶到现场。QHSE 部的丁工看到吴总,对吴总狠狠地臭骂了一顿。

吴总觉得:我这个项目经理当得怎么就这么难?

公司安排的赵工到这个项目,也是考虑到赵工比自己岁长,经验比自己丰富,能够助自己一臂之力。于是,找赵工商量对策。

赵工安慰吴总说道:"万事开头难,现在管理没理顺,有点乱也正常,等各项任务都理清楚了,大家知道干啥,也就自然顺畅了。"

赵工看到吴总犯难,就继续说道:"只有分清责任,才能安定。不行先这样,吴总你在现场时,就由你来安排工作,我和小高提供支持,你不在现场时,由我来安排工作,小高提供支持。然后,我协助你逐步理顺管理。"

吴总看到有赵工的支持,心里也就踏实多了。吴总对赵工说道:"赵工,就按你的思路办。"

通过赵工的建议,吴总的调整,当吴总在场时,工人优先完成吴总交待的任务,然后完成赵工和小高交待的任务。即吴总的控制指令处于优先地位,赵工和小高的控制指令处于从属地位,赵工和小高的控制指令是对吴总控制指令的补充,并受吴总的控制。管理组合变化及管理模型图,如图 3-12 所示。

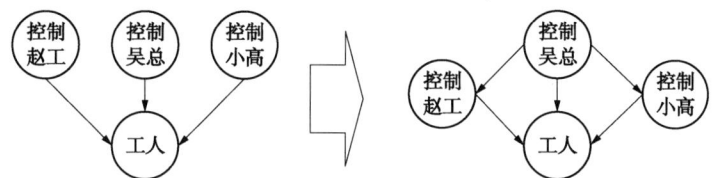

图 3-12 三人同时控制转变为以吴总为主的控制管理方式

小王把上述过程画出管理流程模型图,如图 3-13 所示。

从图 3-13 可知,由于赵工和小高的现场经验比吴总丰富,吴总在现场管理过程中没有对赵工和小高实施控制——即控制Ⅰ阀门和Ⅱ阀门,而吴总、赵工和小高三人同时控制一个阀门——Ⅲ阀,由于经验不同,认识不一致,造成合力不一致,就会出现管理矛盾。

经过赵工的调整后,管理流程模型由①变为②,吴总在现场管理过程中可以对赵工和小高实施控制——即控制Ⅰ和Ⅱ阀门,并且通过控制Ⅰ阀门和Ⅱ阀门,

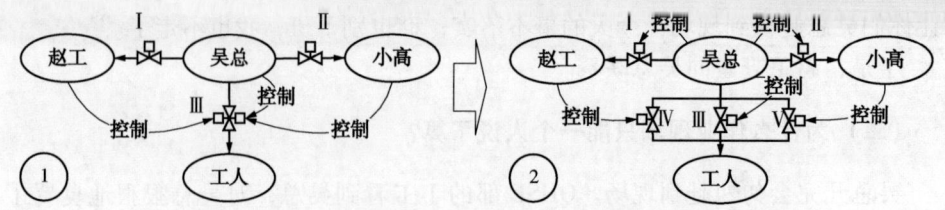

图3-13 三人同时控制转变为以吴总为主的控制管理方式模型

调节赵工和小高控制Ⅳ阀门和Ⅴ阀门,避免了三人同时控制一个Ⅲ阀门。通过对管理流程的调整,吴总逐步对赵工和小高实施控制。

三、控制之下控制难 ▶▶▶

(一)为什么授予了控制权,而在实际管理中却很难?

吴总离开现场后,由于赵工的年岁比小高长,经验比小高丰富,赵工就开始主动调遣工人,优先完成赵工认为关键的工作,小高觉得赵工有时不执行吴总的指令,造成有些进度完不成。

但赵工也有赵工的难处,EPC总承包商的丁工,整天盯在现场,发现不符合项,就要求立即组织整改。赵工为了满足QHSE部的丁工的要求,有时就得打乱事先安排的计划。即赵工处于控制指令的优先地位,小高处于控制指令的从属地位,小高服从赵工的安排,接受了赵工的控制,如图3-14①所示。

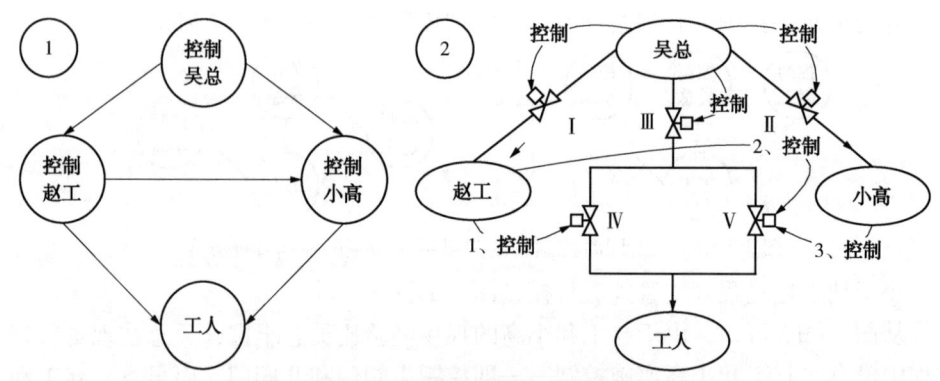

图3-14 分层控制过程管理模型

小王把管理要素组合图转换为项目过程管理模型图,吴总分配给项目的资源,首先由赵工控制,即赵工控制Ⅳ阀门。小高需要控制资源时,受赵工的约束,即小高控制的Ⅴ阀门,同时也受赵工控制,管理组合变成如图3-14②所示的过程管理模型。

每次 EPC 总承包商对吴总由于未完成施工计划任务进行批评后，吴总碍于赵工的年岁，就对小高进行批评。小高经过多次批评后，开始与赵工抢工人干活，这些工人看到赵工盯得紧，就干赵工安排的任务，看到小高盯得紧，就干小高安排的任务，造成赵工与小高之间，赵工、小高与工人之间产生了很多矛盾。进度计划完不成，质量安全管理差，原因一是工人素质差，二是工人调动不顺畅，工作效率低下。管理组合变成如图 3-15①所示。

小王把上述管理要素的调整，画成如图 3-15②所示的过程管理模型图。从管理流程模型图上来看，赵工控制Ⅳ阀门，在吴总的授权下，控制Ⅴ阀门。小高控制Ⅴ阀门，在吴总的授意下，开始对Ⅳ阀门进行控制。这样，Ⅳ阀门和Ⅴ阀门变成了赵工和小高相互控制。当现场资源发生冲突时，Ⅳ阀门和Ⅴ阀门的控制就必然产生冲突。如果赵工和小高发生冲突，管理又进入了不顺状态。彼得·德鲁克在《管理：任务、责任、实践》中有一句话：一个坏主人要比两个好主人更好。也就是没有冲突的管理，要优于矛盾重重的管理。

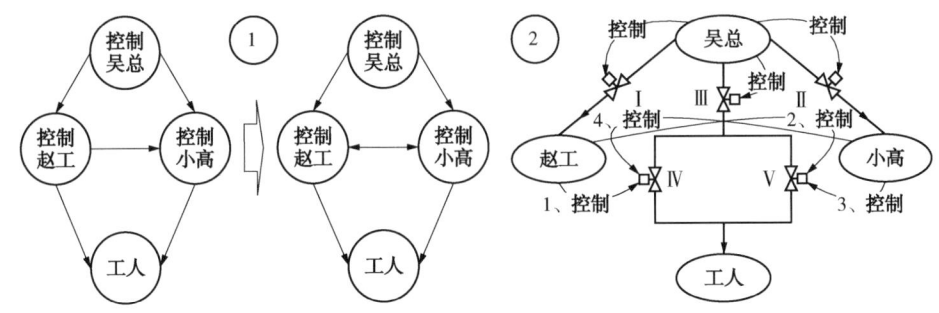

图 3-15 分层控制、相互控制过程管理模型

（二）为什么只有分层管理，才能避免混乱？

赵工发现谁的势大，谁的指令优先，看到这样管下去不是办法，就找吴总，谈了自己的想法。

赵工说，在现场只能有一个人调遣工人和安排任务比较合适，如果自己和小高同时负责调遣工人和安排任务，难免会产生矛盾，有矛盾就会有纷争，有纷争就难有安定。拿破仑说过，一名笨蛋将军的表现要好过两名优秀将军的合作。进度、质量、安全都是工作任务，本质是一样，只是表现形式不一样，在管理过程中，都得靠工人去完成各项任务，如果把进度、质量、安全分开来管，就必然会产生资源调动的冲突；如果把工人的动用，由一个人来统一起来管，冲突自然就化解了。

赵工看到吴总有些犯难，继续谈了自己的想法。赵工认为自己负责计划的制定和调整，以及技术、质量、安全等方面的管理方案制定；吴总负责计划和各种方案的审批，并组织外部资源到项目上；小高总体上素质不错，工作积极向上，值得培养，让小高负责现场工人的调遣，进场机械设备和材料的使用控制，按照审批的施工计划和各种方案去组织实施。

吴总觉得目前混乱状况就是没有抓事前管理，总是事到临头再想办法，自然就有很多问题没有考虑到，执行过程中就必然漏洞百出，批评当然就接踵而来。这一段时间，只强调了赵工要盯在现场，没有真正发挥好赵工的优势，赵工的建议有助于改善目前的管理，但是，对小高仍然不放心。吴总向赵工谈了自己管理经验不足，小高现场经验有限，还需赵工多多指教，并希望赵工对小高和现场工人的工作加强监督，自己也会根据赵工的意见，加强对小高的控制。经过一番协商，吴总就同意了赵工的建议。

由于吴总的管理一直不顺，也引起了EPC总承包商项目部的张部长的注意，张部长觉得与吴总配合的QHSE部的丁工对吴总的管理干预得太多，以致吴总没法进行有效管理。张部长找到吴总，经过一番交流，吴总觉得QHSE部的丁工本是好意，但是，QHSE部的丁工管了，赵工就有难度。最后，张部长决定，让小王负责与赵工对接，QHSE部的丁工继续做好现场监督工作。

吴总把小高叫到现场办公室，谈到赵工对小高的评价，希望小高在工程管理上发挥更大的作用，把赵工对管理调整的想法，与小高进行了仔细交谈。小高觉得赵工毕竟干了这么多年的工程，经验的确很丰富，我们的管理应该按过程管理划分职责，不能按进度、质量、安全等方面划分职责。赵工的建议可行，只是自己的压力一下子就大了很多，但是，为了管理更加顺畅，自己年轻，也该多担当一点责任，就同意了吴总的调整意见。

吴总想应该把调整情况同EPC总承包商的刘总汇报一下，于是，又找到赵工拿主意。赵工觉得EPC总承包商的管理也在调整之中，各种观念也不尽一致，现在汇报也不一定得到认可，还不如先行调整，等到有管理效果，出了成绩，再汇报也不迟；至于与我们对接的EPC总承包商的小王，很有开拓精神，我同小王交流一下，应该没有问题。

通过吴总的调整，赵工由原来的管理者，变成了管理者加上被管理者。赵工作为一个管理者，完成的职能是对小高和工人的监督；作为一个被管理者，完成的职能是制定计划和编制各种方案；还有重要的一点变化是赵工放弃了控制职能。小高作为一个管理者，行使对工人的调遣职能、机械设备和材料的动用控制职能,即调遣现场工人并安排机械设备、材料,完成工作任务。吴总作为一个管理者,直接控制的对象是赵工和小高,并对赵工和小高行使监督权,而对工人只能行使监督权,不能行使控制权。管理要素的组合变成如图3-16①所示。

小王把变化后的管理要素画成如图3-16②所示的过程管理模型图,并对管理流程模型进行了剖析。

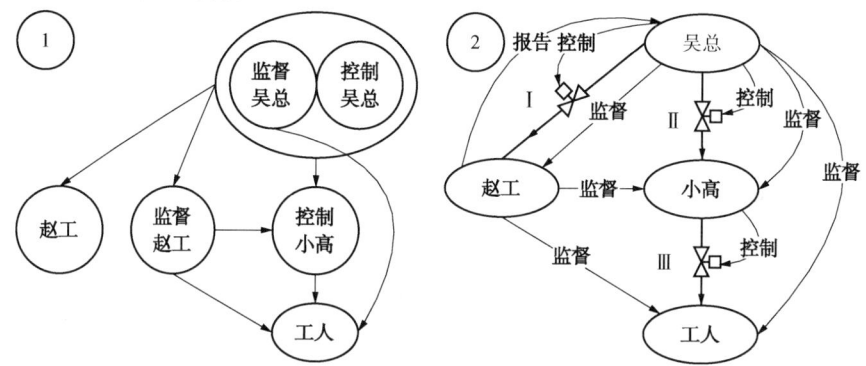

图3-16 监督与控制分离、控制分层过程管理模型

一是吴总负责控制流向小高的资源。为了确保小高对吴总提供的资源实施有效利用,一是吴总自己对小高和工人进行巡视监督,二是派遣赵工对小高和工人进行监督,从而实现了吴总对小高、小高对工人控制的唯一性,避免了多头指令产生的管理矛盾。

二是小高负责控制流向工人的资源。小高负责对工人发布控制指令,完成吴总安排的各项任务。

三是吴总负责控制流向赵工的资源。赵工负责完成各种方案的编制并报吴总审批。

通过以上调整,管理出现了分层,管理职责出现了分工。吴总只能控制赵工和小高。赵工只能监督小高和工人。而工人只接受小高的控制。吴总只能监督工人,而不能直接去控制工人。通过分层与分工,实现了管理过程中的控制指令的唯一性,同时避免了监督越权控制,使监督与控制产生矛盾。

四、没有控制怎么管 ▶▶▶

(一)为什么管理分层,控制就变得不方便?

管理方案调整后,由于惯性,吴总有时看到现场存在的问题,就想叫工人,

赶快来整改。赵工看到后，就劝导吴总："既然工人交由小高调遣，我们就不能越过小高，否则，就让小高没法管，也打消了小高的积极性，现场存在的问题，我都一一进行了记录，请吴总你看一下，签个字，交由小高，小高组织整改后，我再确认，我们现场工人的素质提高还需要一个过程，不能不急，但也不能急过头，只有理性应对，才有利于问题的解决。"

吴总觉得管理也太难了，内心思忖着：直接控制，我能够自己做到得心应手，想叫工人干啥，工人就干啥，可是别人不顺手，管理不顺畅，产生各种矛盾，EPC总承包商的QHSE部的丁工也跟着穷追猛打，使劲地批，非得让我手中的控制权交给他去管。而EPC总承包商的张部长又不允许QHSE部的丁工管，QHSE部的丁工又只好找到代理人——小高去管。可现在，小高倒是顺手了，我却是隔靴搔痒，不能直接指挥。看到现场问题，我还得找小高，本想把小高叫过来批评一顿，但碍于赵工的情面，也只好克制自己的脾气。

（二）为什么转换思路，控制就变得更简单？

赵工看到吴总着急的样子，就催吴总先看检查记录，以转移视线。吴总看到赵工检查报告，不仅有问题记录，还有整改建议，于是，就安下心来认真地看赵工的检查记录和整改建议。现场问题可真不少，吴总觉得自己看到的只是赵工看到的一部分，看到赵工的确在加强管理，也就从心眼里对赵工表示敬佩和尊重。心想，一竿子插到底也不一定是好的管理方法，通过赵工，自己可以实现对小高进行有效控制，现场的问题和矛盾让小高去处理，也给自己处理相关问题增加了灵活性。直接控制，问题能够及时处理，但矛盾都集中在自己的身上；分层控制，可以实现分层化解矛盾。处理现场问题时，都涉及到资源，吴总看了一下问题清单，真正能够做到及时处理的事项很有限，而大部分问题，都无法做到及时处理。吴总觉得在紧急情况下，应直接控制，在非紧急情况下，宜分层控制。

吴总看完赵工的检查报告，签完字后，叫来文控小韩，让文控复印了两份，并吩咐原件存档，复印件一份交给赵工，一份交给小高。

吴总还是有些不放心，就叫来小高说道："现场问题可真不少，一定要按照赵工提出的要求进行认真整改，在落实过程中要做到举一反三，避免问题再次出现。"

小高说："现场问题的确很多，我一定会按照赵工的要求认真整改，同赵工配合好，尽快把现场理顺，请吴总放心。"

吴总确认赵工的检查记录和吴总的监督信息转换成吴总对小高的控制指令，这样就形成了吴总对赵工检查成果进行确认，小高组织工人整改，然后，赵工对工人整改的成果进行确认，吴总和赵工都增加确认要素，吴总对现场的检查，也是吴总对赵工、小高和工人的监督。管理要素的组合变成如图3-17所示。

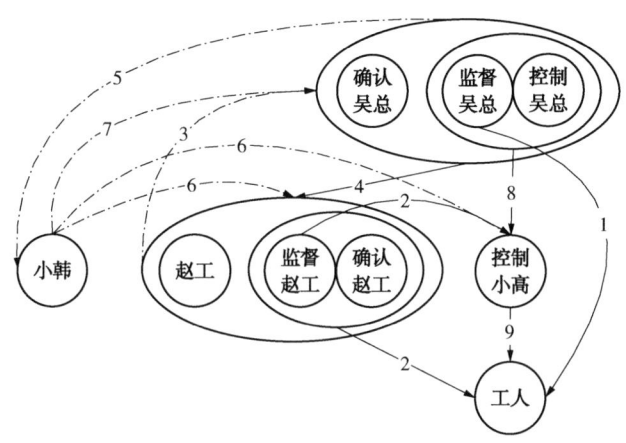

图3-17 吴总、赵工增加确认权，确认与控制分离的过程管理架构

小王对上述管理流程进行了剖析：

第一步，吴总对作业现场进行检查——监督赵工、小高和工人。

第二步，赵工现场进行检查——监督小高和工人，确认工人工作成果（包括整改项目的整改结果）。

第三步，赵工把现场监督检查和确认信息，递交给吴总。

第四步，吴总通过赵工的检查报告，对赵工的工作进行检查和确认。

第五步，吴总将确认后的文件交给小韩，并吩咐小韩，复印后，原件归档，复印件一份交给赵工，一份交给小高。

第六步，小韩复印文件，并且把原件归档，复印件一份交给赵工，一份交给小高。

第七步，小韩向吴总报告，按照吴总的吩咐完成文件的归档和传递。

第八步，吴总找小高谈话，要求小高加强管理——对小高实施控制。

第九步，小高表示准备针对出现的问题，开展有针对性的管理措施——对工人实施控制。

理顺

(三) 为什么过程管理会出现信息流？

小王觉得，吴总的管理团队，由开始的全口头式的管理，逐步进入到有书面流程式管理，书面的文件传递也出现媒介——小韩。

赵工忙于现场办公室、施工现场和EPC总承包商的各种技术方案讨论会之间，有时赵工向吴总递交检查报告时间与吴总的时间安排不凑巧，吴总到现场办公室，没有见到赵工，就着急。

赵工看到吴总着急的样子，就向吴总建议，能否今后所有的文件让项目文控小韩来传递，这样就省了大家相互等待的时间。吴总觉得这个办法很好，就同意了赵工的意见。

吴总叫来小韩，对小韩说："最近大家工作都非常忙，我、赵工和小高有时不凑巧，如果文件传递不及时可能会影响我们的工作和EPC总承包商对我们的满意度。赵工觉得，上次你承担文件传递的角色很好，如果现场检查报告直接由赵工传递给小高，小高在面子上过不去，赵工的工作也难以开展。小韩能否把我、赵工和小高之间的文件传递工作担任起来？"

小韩觉得既然来到这个项目，就得为这个项目做点贡献，于是，说道："好哇，但是，文件怎么传递，也就是文件传递的流程是否让赵工给我讲一讲，避免在工作中出差错。"

赵工觉得应该有一个文件管理手册，把文件及其传递流程说清楚，以便大家共同遵守并认真执行，于是，赵工说道："下来我编制一个文控作业指导书，经吴总批准后，我们按照批准的文控作业指导书进行操作。等到文控作业指导书吴总批准后，我再同大家交个底。"

吴总说："规范化管理非常必要，这是我们努力的方向，赵工能否把近期的文件传递流程同小韩交个底，这样，我们尽快把文件传递机制建立起来。只有把文件传递机制建立起来了，监督与确认才能发挥作用；有监督与确认信息，控制才能有效实施。如果没有有效的文件传递机制，我们的控制过程就要饿肚子，肚子饿了就会闹革命。"

赵工说："我理一理思路，今天下午，我就与小韩商定这件事。"

下午，赵工把文件流转信息同小韩交了底。

小韩对赵工说道："赵工，你看我对文件流转信息的理解还有什么不对的地方，我复述一遍。"

一是小高对工人发出的信息都是口头的，不需要小韩传递。

二是赵工对小高的监督与确认信息、赵工对工人的监督信息，赵工会形成书面文件，提交给吴总，吴总阅示后，需要传递给赵工和小高。

三是赵工编制的各种文件，需要提交给吴总审批，吴总审批后，需要提交给赵工、小高、小韩去执行。

四是吴总的指令需要传递给赵工、小高、小韩去执行。

赵工对小韩说："对，目前，就是这几种情况，小韩，你们年轻，理解快，我想很快就会把文件流转理顺。"

小韩说："以后工作中，还希望赵工多加指点。"

小韩根据赵工的要求，对文件的流转进行了进一步的规范，画出文件流转流程图后，找赵工确认。

小韩提出了两种情况：

第一种：赵工→小韩→吴总→小韩→赵工、小高。

第二种：吴总→小韩→赵工、小高。

赵工看后，觉得以后小高也可以书面反映工作情况，因此，还应有第三种情况。于是小韩按照赵工的要求，补充了第三种情况。

第三种：小高→小韩→吴总→小韩→赵工、小高。

赵工说："信息流应是双向的，具体流转还得根据实际情况。例如，EPC总承包商开始要求我们提交日报表，以后日报表就有可能就由小韩你来做，这样，又会增加流转种类。如果我们把文件流转的通道建立起来，至于道路上走什么车，就可以根据具体情况来确定。"

小韩说："明白了，我就是文件流转中心，连接着赵工你、吴总和小高。这样表达就简明扼要。"

赵工说："对，原来认为复杂的事，小韩你这一说，就简单多了。"

经过一周的磨合，吴总发现人还是原来的人，采用流程管理，一下子就顺畅多了。原来文控小韩整天上网玩游戏，现在文控变成了一个重要的岗位，通过文控小韩传递管理信息，每一个人都发挥了各自的作用。原来搞质量安全环境体系认证，讲了很多要素，编写了管理手册、程序文件和作业文件，也经过了认证单位的认证，没有感觉管理体系的存在，就是这几天，经过赵工的改革，把不同的责任，通过流程，形成了一个有机管理的整体，这才算明白了什么叫做管理体系。

吴总觉得管理也是一门学问，管理越复杂，学问越高深。原来干小项目，都是自己直接管理工人，现在在EPC总承包商的管理之下，自己也开始学会管理

赵工和小高这些管理人员,管理管理人员,就是对自己管理的延伸。

小王觉得,分层控制之所以能够实现,就是因为有了监督和确认。

小王认为有必要对上述管理过程中涉及的管理要素,采用管理流程模型作进一步的剖析,其管理流程模型,如图3-18所示。

一是吴总通过赵工对工人的工作成果以及整改结果进行确认,决定对小高实施控制,小高根据吴总的控制指令,对工人实施控制。

二是吴总通过对赵工的工作成果(赵工开展的监督、确认以及赵工编制的方案等)进行确认,并对赵工实施控制。

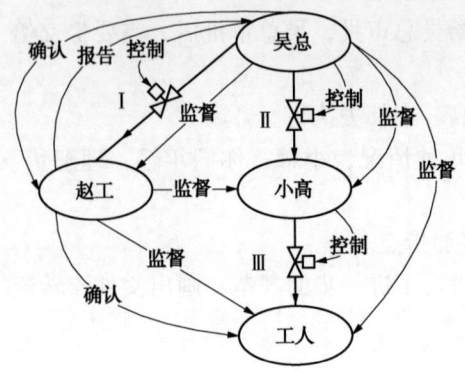

图3-18 控制分层,控制、监督、确认关系模型

通过监督和确认,使吴总由原来的直接控制变为分层控制,从而达到提升吴总管理的目的。

五、资源不足怎么办▶▶▶

(一)为什么没有控制权,协调工作启动难?

赵工觉得,通过一系列的调整,内部管理比开始顺当多了。赵工也有时间参加EPC总承包商项目部组织召开的相关方案讨论会。

赵工觉得,内部管理流程改了,施工方案的报审流程也得更改。目前的施工方案审批管理流程是:施工部收到赵工的施工方案后,转发给各部门初步审查。施工部收集各部门的意见和建议,进行整理后下发赵工。赵工按照施工部的要求进行修改。赵工修改后再报施工部,施工部核实修改情况后,再由施工部李部长审批。问题是现在资源都由吴总控制,如果没有资源支持,赵工编制的方案就难于落实。如果施工部的李部长审批为同意,而吴总另有想法,小高执行赵工的方案就可能处于两难的局面。

赵工认为,目前的管理流程,如果有现成的资源,可能问题不大;如果没有现成的资源,施工部的李部长审批了我们的施工方案,小高拿着施工方案到现场执行就很可能出问题。问题是,要改变流程,赵工在施工部的李部长面前说自己现在说了不算,觉得自己大权旁落,很没有面子。目前的局面,赵工觉得只有走着看。

一天，施工部的李部长把吴总叫到办公室，对吴总说："压缩机安装方案改了，知道吗？"

吴总说："不知道，什么时候改的？"

施工部的李部长说："你这个项目经理是怎么当的，啥都不清楚，为了节约安装时间，已由预留螺栓孔，改为预埋螺栓。本来是为了节约时间，你们倒好，啥准备没有做，你说这基础什么时候能完成？"

吴总说："我下来马上落实。"

施工部的李部长说："为这件事，专门召集你们赵工来讨论了好几次，你就没有听说过？"

吴总说："赵工没有说这件事呀！"

施工部的李部长说："我们千方百计地想办法，抓进度，调工期，最后都被你们这些不负责任的人给耽误了。"施工部的李部长看到这吴总真糊涂，这么重要的事，也不当一回事，忍不住脾气，对吴总大骂一顿。

吴总从施工部的李部长办公室出来，就思忖着"预留螺栓"与"预埋螺栓"有啥区别，值得让施工部的李部长大发脾气？

吴总把赵工叫来问了个究竟。通过赵工的一番讲解，吴总意识到问题的严重性，原来只是说什么时候完成压缩机基础施工，现在改为"预埋螺栓方案"，如果与预埋螺栓相关的材料没有到场，压缩机基础就不能施工，关键工期就需要向后延。

吴总认为每天坚持看赵工和小高的报告，指挥赵工和小高开展各项工作，管理就能理顺，正在庆幸自己管理水平提高的时候，却换来了严厉批评。看来，只有控制、监督和确认三个管理要素，管理还有很大的局限性。

吴总觉得，我有资源，我就有控制权，如果不能正确地行使控制权，管理就可能出问题，如果再加上监督不当、确认不当，批评就会不请自来。现在，只有借助赵工和小高的力量，正确地开展控制、监督和确认工作，才能使管理发生根本性的转变。困难就是对人生的磨炼，克服一个困难，就为人生增加一道光环。

吴总觉得自己的工程经验不如赵工，而赵工却在自己的管理之下，如何协调自己与赵工之间的矛盾，充分发挥赵工的作用，就是考验自己的智慧。吴总想到，神农拜悉诸为师，黄帝拜大挠为师，颛顼拜伯夷父为师，帝喾拜伯招为师，尧帝拜子州支父为师，舜帝拜许由为师，五帝皆拜师。协调自己与赵工之间的矛

理顺

盾，最适宜的办法就是拜师，通过拜师弥补自己的资源不足。

吴总想到这里，就与赵工交换了想法。

赵工认为自己的水平有限，达不到做吴总老师的水平，另外，自己是吴总的下属，下属绝对不能做上司的老师，否则，就会祸到临头。赵工检讨自己是否有做得过分的地方，希望吴总指出来，自己一定认真改正。

吴总说："我们项目干到目前这个程度，全靠赵工你出谋划策，我应该给你一个名分才对。"

赵工说："这些都是我应该做的事，老师这个名分太重，我受用不起，你有这个心意，我就知足了。吴总，你把控制、监督、确认三个管理要素做得很好，只是目前还缺乏灵活性，如果再加上协调要素，就更好了。"

（二）如何实施协调权？

吴总说："协调要素在管理过程中又如何实施呢？"

赵工说："项目管理过程是一个不断调整的过程，比如，设计不完善，发现问题后，我们就得立即组织设计人员进行论证，如果确有必要，就出设计变更。所以，我们一定要尊重设计，当设计有错误或者不合理时，我们不能直接就去追究责任，让设计人员不敢出变更，否则，设计人员就会把问题隐藏起来，最后导致出问题，出事故。再如，我们开车，没有一条笔直的路，让我们从起点到终点，就是因为有了方向盘、油门和刹车的调节，我们才可以顺利到达目的地。协调就是在项目管理过程中根据实际情况做出适当调整。现在我们内部关系进行了一系列的调整，外部关系也应适时作出调整。比如，施工方案审批，现在是由我直接报到EPC的施工部，由施工部审批。我觉得这个流程应该调整为施工方案编制完成后，先由吴总你审批，你批准以后，我们再报到施工部去审批。"

吴总说："有些事我不清楚，我签完字，我就得承担责任。"

赵工说："编制是我签字，我应该承担相应的责任。在吴总你签字之前，我得向你汇报，如果你不清楚，你就可以不签字，直到我汇报清楚为止，这是项目经理的权力。"

吴总说："好，就按赵工你的意思办。"

赵工在参加EPC总承包商的各种技术方案讨论会后，就向吴总汇报，并按照EPC总承包商的要求，编制各种技术方案。有些涉及动用分包商的资源的事宜，赵工认为此类技术方案应由吴总确认，避免方案在执行过程中，由于资源动用与吴总的想法相矛盾,造成方案执行困难。因此,每次方案编制完成后,赵工主动找吴总,同吴总交流,与吴总达成一致后,请吴总批准。赵工与吴总的工作配合也越来越默契,吴总对赵工也越来越尊重。通过赵工的调整,吴总对赵工的工作管理要素变为控制、监督、确认和协调,即赵工主动接受吴总的控制,按时提交方案;主动找吴总汇报,接受吴总的监督;方案编制完成后,主动要求吴总确认;方案编制过程中,主动与吴总协调。

赵工认为不仅自己同吴总之间存在协调关系,小高同吴总之间也存在协调关系,为了加强项目协调,赵工建议每周定期召开一次三人协调会,及时沟通和处理项目执行过程中存在的问题。经过赵工的调整,管理要素的组合变成如图3-19所示。

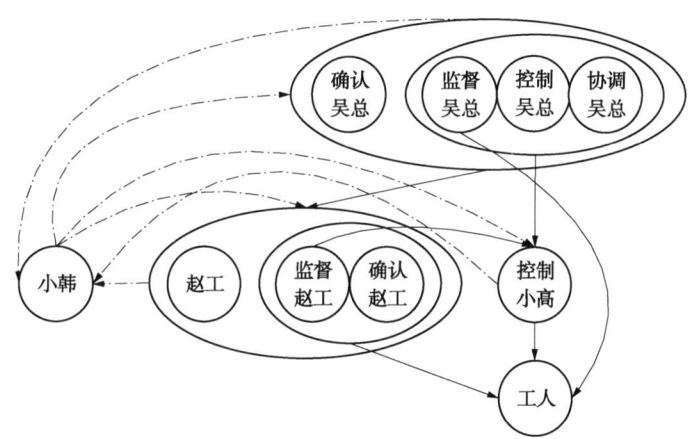

图3-19　吴总增加协调要素时的过程管理架构

六、怎么不能主动管

小高每天收到吴总签署的文件,压力着实不小,开始收到意见后就马上安排,这种随时调整,对已安排的工作计划造成了很大的影响。小高觉得计划安排不好,就会影响工作效率,通过对问题分析,发现有些是要紧的事,有些是不要紧的事,把要紧的事优先安排,把不要紧的事同第二天的计划一起安排,这也便于对工人的管理。为了取得吴总的支持,小高收到文件后,就对文件中需要落实的工作,逐一安排,并落实完成日期后,向吴总报告,以便吴总知道各项工作安排。

（一）为什么要调整确认权？

小高看到赵工通过小韩传递文件，能够提高工作效率，于是把每天的工作计划和完成情况以及应急工作安排形成报告，由文控小韩递交给吴总和赵工。小高由原来只是被动执行计划，现在是把存在的问题整改纳入日计划，使日计划内容更加接近现场实际，原来只是完成工作了事，现在变成对工人完成的工作确认后，再报赵工和吴总确认。在这一调整过程中，小高的角色也发生了变化，编制日工作计划，是一个执行者，也是一个被管理者。小高把编制的日工作计划提交给赵工和吴总确认，并把日工作计划转化为控制目标。小高的工作也由被动接受监督，转化为主动请求确认。通过小高的调整，赵工的监督与确认工作也变得轻松多了，赵工不再对工人的成果进行确认，而是让小高先对工人的成果确认之后，再对小高确认后的成果进行确认。这样施工现场出现的很多问题，小高在检查确认时就发现了，就提前让工人整改，避免问题向赵工检查确认环节传递，既减少了问题发生，又节约了整改成本。经过小高的调整，管理要素的组合变成如图3-20所示。

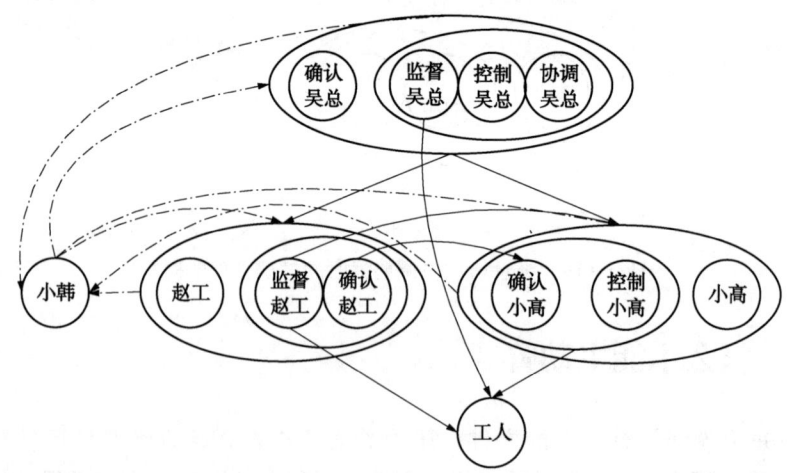

图3-20 小高增加确认要素后，赵工、小高和工人之间确认的过程管理架构

吴总看到小高提交的文件后，对小高也大加表扬，原来对现场存在的问题不清楚，计划安排不清楚，通过文件一流转，大家对问题和计划一下子就清楚了，这样大家有力气就可以往一起使，吴总对赵工理顺管理的思路也就更加佩服。

为了进一步分析管理要素在流程运行过程中的关系，小王把上述过程用图3-21所示管理流程模型图表示。

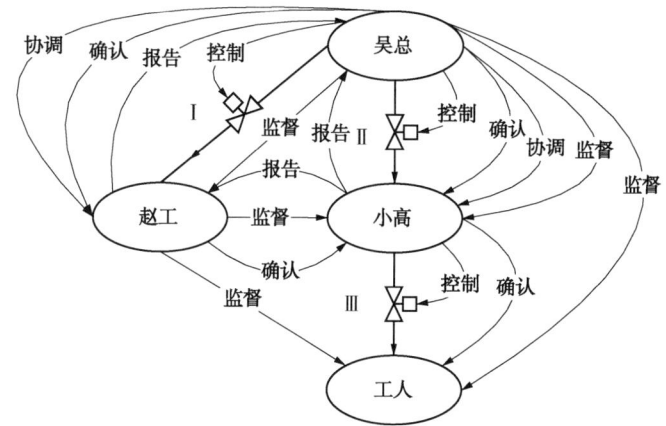

图3-21 小高增加确认要素时,赵工、小高和工人之间确认过程管理模型

从流程模型图上可以看出,工人的工作完成后,检查验收的确认工作原来由赵工负责,调整为小高负责。工人的工作存在的问题,首先由小高检查并处理,从而,增加了小高对工人管理的主动性和积极性。小高的各项管理工作又处在赵工和吴总的监督之下,从而,使小高的各项管理工作处于吴总的控制之中,有效地防范了管理风险。

(二)为什么有了管理流程,监督工作就不难?

有一次早上,吴总到现场办公室,没有看到日工作计划,就找来小韩,问怎么回事。小韩说:"昨天小高来了个同学,晚上出去了,还没来得及提交日工作计划。"

吴总觉得小高这段时间的确很努力,现场管理也越来越顺,大家配合也越来越默契,就没有追究小高未按时提交日工作计划的事。但看到小高经常加班,就琢磨着如果再有个人给小高帮下忙,管理的灵活度就大多了。

于是,吴总叫来小韩,问:"公司派到我们项目上实习的小秦表现怎样?"

小韩把自己对小秦的了解情况,一五一十地向吴总进行了汇报。吴总觉得可以让小高带着小秦,参与一些管理工作。

于是,吴总让小韩把小高叫来。

吴总看到小高走进现场办公室,不敢抬头,也就没有对小高进行批评,只是对小高说道:"日工作计划很重要,一定要坚持,这是例行工作,不能因为现在管理有点起色,就中断日工作计划。"

小高向吴总表示了歉意,并说:"昨天晚上来了个同学,应酬了一下,所以没有按时提交,我马上补上。"

吴总顺便问道:"最近工作还有什么困难?"

小高说道:"最近要做的工作的确比较多,把工作理顺后,原来临时性的工作比较多,现在倒是临时性的工作少了,例行的工作却多了起来,想要把现场管顺,就得自己事前下点功夫,这样搞得自己很忙乱,整天加班。"

吴总见势说道:"能否让小秦给你帮下忙?"

小高回答道:"好!可以让小秦在例行工作方面给我帮帮忙,感谢吴总的体谅和支持。"

吴总通过检查小高的日工作计划报告,也加强了对日工作计划确认过程的监督,这样吴总不仅监督小高的控制过程,也监督小高的确认过程。通过吴总的调整,小高不仅要管工人,还要管好自己工作的支持成员小秦。按照监督依势的要求,吴总和赵工也有权监督小秦的工作。管理要素的组合变成如图3-22所示。

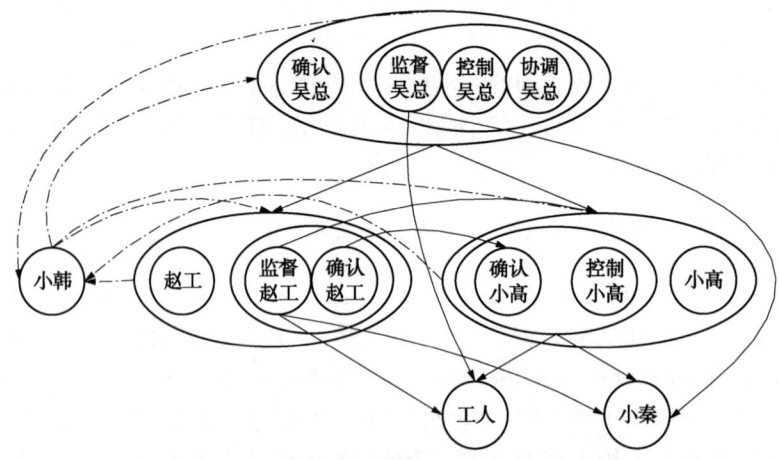

图3-22 小高增加助手小秦后,过程管理架构

(三)怎样才能避免确认过程中的管理矛盾?

如何正确行使控制权,最近发生的一件事,让吴总不得不认真思考。

一天,吴总收到小高提交一个施工方案,根据自己的经验,对小高采用的施工方法提出了要求。小高按照吴总的指令组织施工。赵工到现场后,发现小高的做法不符合标准规范要求,责令小高返工。

小高觉得不执行吴总的指令,吴总会认为小高不听指挥,吴总有意见。执行吴总的指令,赵工又指出不符合标准规范要求,不执行标准规范要求,赵工有意见。而赵工和小高作为吴总的下属,又不能说吴总的指令有错误。

小高觉得,赵工是对的,应该按照标准规范施工,但是,又该怎样面对吴总的指令?

小高正在犹豫不决之时,EPC 总承包商的 QHSE 部的丁工来到现场,看到现场两个标准,就问小高怎么回事。

小高说:"我们开始对标准规范没有弄清楚,赵工给我们交底后,知道了标准规范要求,后面干的符合要求,前面干的我们还没有来得及返工。"

QHSE 部的丁工说:"不符合要求的,一定要返工,如果有问题,我找你们吴总。"

QHSE 部的丁工同吴总通了电话,要求吴总一定要加强技术交底的管理工作,不能把工程干成个阴阳脸,一边不符合要求,一边符合要求。

吴总向 QHSE 部的丁工表示,以后一定要加强技术交底,避免出现类似问题。

QHSE 部的丁工对吴总说:"小高还不错,知错就改,没有造成全部返工。如果分包商都能做到知错就改,我们 EPC 总承包商的管理工作就轻松多了。现场不符合要求的,一定要让小高他们改过来。"

吴总对 QHSE 部的丁工说:"好,我们一定按丁工的要求办。"

QHSE 部的丁工挂断电话后,吴总就把电话给小高打过来,向小高了解了情况。

小高说:"我对标准规范理解有误,后来赵工指出来了,前面施工的还没有来得及整改,正好丁工看到了。"

吴总说:"我们一定要按照标准规范施工,不符合要求的,一定要抓紧时间改过来。能否把计划调整一下,先整改不符合项。"

小高说:"好,按吴总指令办。"

后来,吴总了解到"阴阳脸"工程缘自自己的管理失误。现场不符合项是管理的表象,根本问题还是在管理环节,只有不断完善管理,才能有效地避免现场不符合项的出现。

吴总把小韩叫到现场办公室,与小韩协商能否把确认管理流程调整一下。

小韩说:"根据以往的经验,小高的报告先由赵工看,由赵工提出处理意见后,再由吴总审核,这样才能避免赵工意见与吴总你的想法相悖。现在的管理流程应随着我们管理水平提高,适时调整。"

吴总说:"以后小高提交需要确认的文件,就先由赵工处理,赵工签署意见后,交我审核确认。"

管理流程调整后，吴总不再直接确认小高的报告。吴总要求小韩按照今天协商的意见，对文件的传递流程进行调整。按照调整后的流程运行，管理要素的组合变成如图3-23所示。

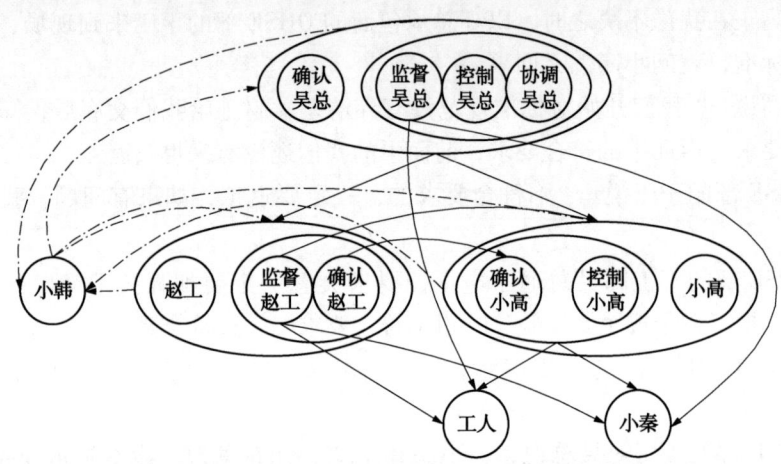

图3-23 吴总、赵工、小高之间确认过程管理架构

小王认为吴总的调整过程是顺应了确认的管理规律，即确认必须按顺序进行。赵工关注施工技术，而吴总的工作重点是项目管理，只有按顺序确认，才能让赵工和吴总各自发挥各自的作用。

管理有规律，只有遵循确认的管理规律，才能避免矛盾，才能有效推进确认管理活动。小王画出调整后的过程管理模型图，如图3-24所示。

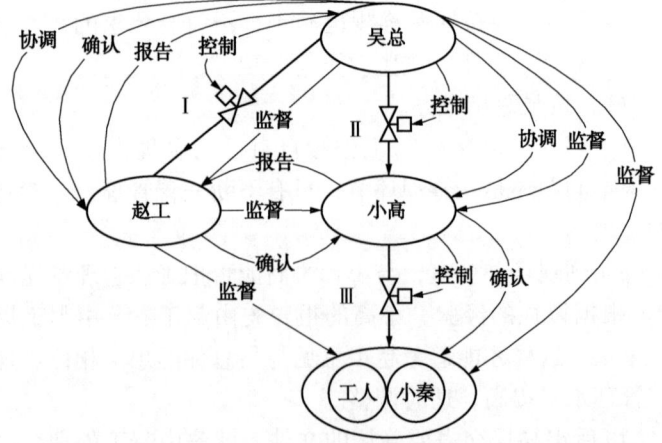

图3-24 吴总、赵工、小高之间确认调整后的过程管理模型

从流程模型图上可以看出，通过调整，吴总放弃了对小高工作的直接确认，转变为经过赵工确认之后，再确认，避免了吴总、赵工和小高之间由于确认过程顺序不正确产生的矛盾，同加也加强对赵工确认的管理。

（四）为什么要增加监督权？

小高觉得与吴总、赵工的沟通算是顺畅了，但与工人的沟通却是疲于应付，总是对工人宣读皇帝诏书——吴总的批示，没有主动与工人进行认真沟通。现场检查意见主要来自于赵工和吴总，自己没有主动对工人进行监督，没有把现场问题，转化为自己对工人的控制，这也是自己对工人控制不力的一个重要原因。通过这一段时间工作，发现赵工的检查报告中，现场很多问题都是重复出现，小高觉得自己有监督工人的能力，为此，小高决定今后要加强对工人的监督，并把对工人的监督成果转化为自己对工人的控制。通过小高的调整，小高增加了对工人的监督，小高认为对工人的管理，也应同样适用于对小秦的管理，管理要素的组合变成如图3-25所示。

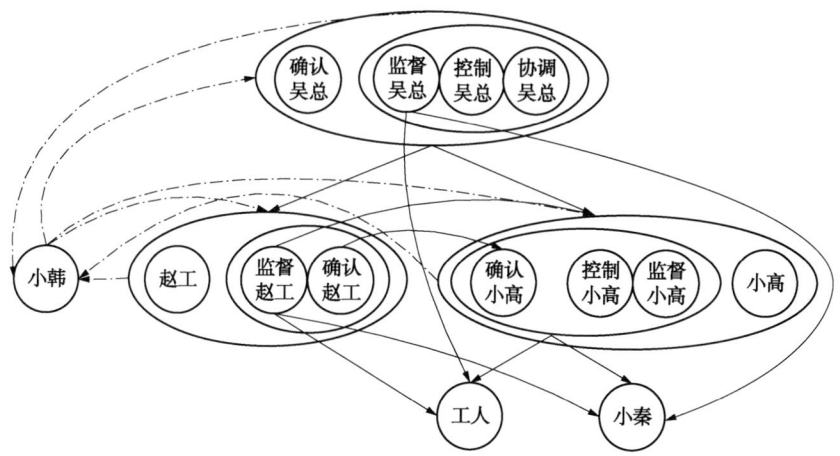

图3-25　小高增加监督要素后的过程管理架构

（五）为什么要增加协调权？

吴总每天都收到赵工关于现场情况的报告，有些问题是反复出现，如果第一次就把工作做对，不仅可以提高效率，还可以降低成本，更可以提高我们的信誉。为此，吴总把赵工叫到现场办公室，协商如何进一步提高管理水平，降低成本。

赵工谈了自己的想法，认为最好的管理措施就是激发自为式的管理，只要每一

个人努力提高自己的水平,努力第一次就把事情做对,成本就自然降低了,返工整改都是成本,把降低返工成本与个人的利益相连,工人的积极性就自然开发出来了。

吴总觉得现在找到有水平的工人已经很难了,再要是对工人因为返工而进行处罚,很多工人就可能不干了,在目前的关口上,稳定队伍也十分关键。

赵工认为返工就是浪费,返工也是成本,不如以现在的成本为基础,拿出一部分因减少返工而节约的成本,作物质奖励,这对公司、对工人都有益处。

吴总觉得赵工的想法很正确,但工人的工资公司有标准,不能随意变动,发奖金还得回去请示公司的崔总,这事请示下来还需要一段时间,提高大家的工作热情,提升公司的信誉,这是我们现场管理者应尽自己的一份责任,这事不能等。吴总谈到在奖金申请未到位之前,能否先开展一些正面的表彰活动,如操作能手、质量之星、安全之星等活动,如果这些活动搞得很好,也有利于申请奖金事宜,赵工看能否先拿一个方案?

赵工也只好按照吴总的想法,回到办公室着手编制操作能手、质量之星、安全之星活动方案。

小高对工人的日工作计划安排得越来越细,每天每个工人的工作目标也越来越清晰,以致于再有临时工作任务穿插进来时,工人有些不乐意。针对这种情况,小高只得与工人协商,对工人的日工作内容进行调整,避免造成EPC总承包商不满意。

小高觉得通过调整,管理显得既有刚性又有弹性,缓和了与各方之间的矛盾。这样小高的管理又增加了协调要素,管理要素的组合变成如图3-26所示。

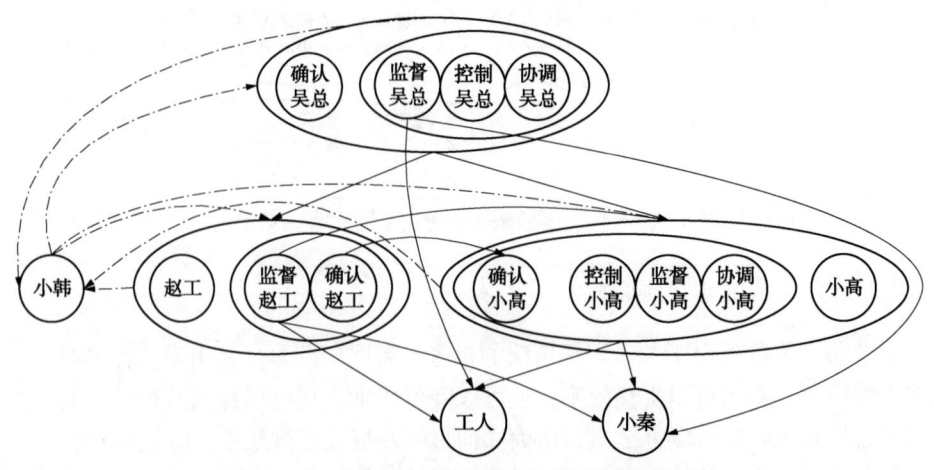

图3-26 小高增加协调要素后的过程管理架构

（六）为什么说计划是控制的目标，资源是控制的基础？

小高有了小秦的支持，一部分例行工作由小秦完成，自己也有时间看看图纸，计算工程量，琢磨施工方案。小高发现有些工作之所以返工，就是因为技术交底不够，工人对技术要求没有充分理解，就付诸于实施。小高认为这里面还有些文章可做，于是同小秦协商，能否对工人开展一些有针对性的培训或者搞一些示范样板，工人水平和自为管理能力提高了，我们的管理强度就下降了，既对工人有利，也对我们有利。小秦认为小高的想法很好，自己今年还要考注册建造师，也得抽空看看书，准备考试，不可能一直这样白天在现场盯着，晚上忙着作计划，出报表。

小高与小秦在做培训资料的过程中，重点对近期检查中发现的问题进行了梳理，发现有些是设备、设施方面的问题，这些问题不是工人能解决的，需要请吴总出面解决；有些是对设计数据关注不够，设计数据变更时，工人没有及时调整，这类问题，需要做好工作前交底，加强提示；有些是为了方便，没有遵循标准规范，这类问题，需要加强标准规范培训，逐步养成工作习惯；有些是工作安排不细或者工作安排缺失造成漏项，这类问题，需要加强前期工作计划管理，配置资源；有些是工人技术水平不够，这类问题，需要对工人加强培训，加强考核，促进水平不断提高。通过梳理，小高和小秦发现，质量安全控制的源头在于质量安全工作计划，如果质量安全工作计划做好了，问题就会在掌控之中，难怪孙悟空有七十二变，都逃脱不了如来佛的手掌心。原来现场检查出来的问题，只是看到了工人，没有看到产生问题的根本原因就对现场工人无端批评，也是缺乏理性的表现。

小高想，源头控制应从计划开始，有了计划，有了目标，有了资源配置方案，有了具体落实措施，问题就自然会逐步得以解决。那么，进度计划与质量安全计划有何相同，又有何不同之处？计划的本质就是策划和设计资源的动用方案，以及动用后应达到的效果，从这一点上，进度计划与质量安全计划是相同的，不同之处是进度计划的测量是时间和对应时间完成的工程量，质量安全计划的测量是标准和对应标准产生的实际偏差。

源头控制的对象是输入项目的资源。小高画了一张输入项目主要资源的结构图，如图3-27所示。

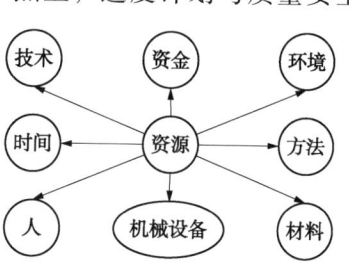

图3-27 输入项目的主要资源

◆ 理顺

从这张图上可以看出,输入一个项目的资源,主要有人、机械设备、材料、技术、资金、方法、环境和时间。机械设备、材料、技术、资金、方法、环境和时间又通过人转化为工程实体,在机械设备、材料、技术、资金、方法、环境和时间一定的情况下,人就成为工程管理的一个核心因素,人的能力及其发挥水平高,转化的质量与效率就高,人的能力及其发挥水平低,转化的质量与效率就差。在项目的实施过程中,人的能力及其发挥水平也是个可变因素,管理越好,积极性调动越高,人力资源就会持续改进,机械设备、材料、技术、资金、方法、环境和时间通过人转化工程实体就会越来越好或者效率越来越高。管理不好,人与人之间矛盾重重,积极性不能调动起来,人力资源就难以改进,机械设备、材料、技术、资金、方法、环境和时间通过人转化工程实体就不好或者无效。EPC总承包商倡导的"一样的尊重、一样的制度、一样的管理、一样的培训",就是通过对人的尊重,通过制度、管理和培训提升人力资源的质量。对人的管理,既要看到现在,更应看到未来,既要面对现实,又要有所作为,EPC总承包商强调自身的人才、技术、管理和文化四大优势,就是通过人力资源表达出来的优势。

小高觉得,我们分包商应借助EPC总承包商的理念,提升自身的优势,才是明智的选择。加强人的管理是管理的第一要务,在项目上,加强人的管理主要措施是:交流、培训、交底、竞赛、考核,所有这些工作,只是以活动的形式出现,缺乏系统的人力资源开发与培育计划,看来,在下步工作中,对人的管理下大功夫才行。

(七)为什么通过资源调查分析,也能够完善管理?

小高认为要想做好源头控制,首先得分析资源现状,然后是针对现状采取措施。为此,小高与小秦交流了开展资源现状调查的重要意义,只有摸清了资源现状,才会找到管理提升的方向。于是,小高安排小秦做资源状况调查。

小秦做了几张资源现状调查表,给小高审查。小高看了小秦做的调查表格,总体上能够满足要求,如果能够作一点简要分析就更好,于是,同小秦商量,增加了一栏分析,并把表格名称改为资源现状调查统计分析表。

小秦拿着表格,对现场的工人、机械设备、材料、技术、资金、方法、环境和时间等进行了认真调查。为确保数据的可靠性,小秦找到小韩,对相关资料又进行了核对。完成调查工作后,小秦发现一个问题,即投入到项目的资源,有些被完全消耗,有些只消耗了一部分,有些进场后,就一直没有动用,有些属于周转性的临时设施或材料由于保管不善或使用不当而自耗掉。没有调查,没有统计分析,就不清楚资源和如何管理资源,通过调查发现资源管理不善,也会造成很大浪费,浪费资源就是提高了成本,小秦认为源头控制从资源管理开始,小高算是找对了方向。

小高看了小秦做的资源现状调查统计分析表,发现设备、设施缺乏主动维护维修,存在带病作业现象;现场临时性材料缺乏定期和不定期的检查与维护,损坏的材料未能及时得到修复或更换;临时性的材料管理缺乏领用登记和退回确认制度,以致于只有用,没有还,现场到处都是临时性的材料,浪费严重;有些安全措施,只有书面文件,现场根本就没有落实;拿到图纸就开始抢工期,没有分析对总体、相关单位以及后续工作的影响,造成窝工、返工;工人对技术要求不清楚,质量安全风险意识不强,质量安全措施不能落实到位,存在风险和事故隐患。小高认为要做好资源管理,首先必须作好资源管理计划。

通过资源现状调查统计分析表来看,小高认为有些是工人操作不当、水平不高所致,有些则是管理方面的问题。如果没有管理程序,工人就缺乏与管理人员沟通的渠道,问题就会留在工人手中,工人就会干出不符合标准规范的事,而把危险就推给了管理人员。小高觉得要一步推进管理工作,就得取得吴总的支持,于是,把近期完成的工作和下步工作打算进行了梳理,并准备正式向吴总汇报一次。

由于有赵工和小高的鼎力支持,吴总才有时间认真地学习EPC总承包商下发的各种管理文件。原来一些易于混用或者界线不清晰的概念,如管理、控制、监督,通过学习EPC总承包商的各种管理文件,就变得越来越清晰,与各方交流也变得更加顺畅,更加理性,更加包容,更加尊重,更加和谐。在这个EPC总承包项目上,吴总觉得不仅是在干工作,更像是在一所学校里,不断学习进步,不断探索实践,不断更新观念,不断提高效率,不断提升人的素质。人的素质提高了,自然就会彼此尊重,相互尊重就创造了幸福的工作氛围,有了幸福的工作氛围,工作就变成享受生活。吴总觉得只有在这个EPC总承包项目上,才算真正体会到什么是以人为本,才算真正领会到学习为什么也能产生管理优势。

七、信息化变流水线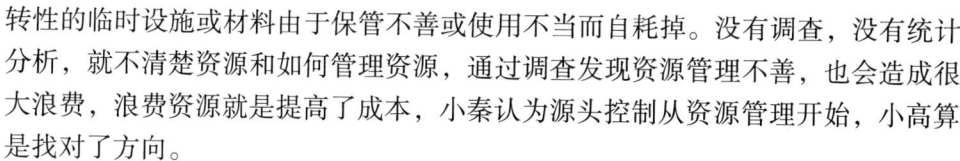

随着管理越来越精细,吴总、赵工、小高之间交流的信息也就越来越多,小韩整天穿行在吴总、越工、小高之间,EPC总承包商也要求使用项目管理公司开发的项目管理信息系统上报各种报表,小韩每天忙到深夜。开始,看到管理越来

理顺

越顺，觉得自己吃点苦，换得大家的顺心，也算是为项目尽了一份力，做了一份贡献，但随着工作量越来越大，小韩实在吃不消，只好求助吴总。

（一）为什么信息化能够推动管理流程化？

小韩看到吴总走进现场办公室，就将装满文件的文件夹送给吴总阅签，顺便说最近纸、墨用量比较大，请示吴总能否把EPC总承包商开发的项目管理信息系统用于我们的管理之中，这样大家在网上办公，方便了信息的发布和获取，节约了纸、墨的用量，减少了办公成本。吴总原来只是看到EPC总承包商下发的文件，说要推进项目管理信息化，并明确信息化工作的主要任务是：充分运用信息化这一高端工具，整合资源，共享资源，高效利用资源，全面提高资源产出率，尤其是看到"机械化相当于延伸了人类的双手，信息化则是延伸了人类大脑"，就想，如果我们这个项目上有项目管理信息系统，各方不就沟通就更加便利，更加快捷？没有想到项目管理信息系统就在我们身边。

小韩给吴总演示了EPC总承包项目管理信息系统。信息系统上有大量的工程管理信息，吴总可以在信息网上审批文件，还可以看到文件的处理过程，查阅以前的文件，了解信息网上发布的相关单位信息，使自己的视野一下开阔了很多。小韩给吴总演示可视化系统。吴总没有想到在办公室也能对现场情况一目了然，看到小高与小秦拿着图纸在现场认真检查的样子，也由衷高兴。吴总觉得眼勤、腿勤，勤不过摄像头，口勤、手勤、脑勤，勤不过信息管理系统，过去"五勤"式的管理在信息化时代已成为过去，现在是转变观念的时候了。小韩看到吴总对EPC总承包项目管理信息系统很感兴趣，进一步说道："吴总不在现场，也可以审批文件，了解现场情况，发布控制指令。"吴总觉得当项目经理也有解放的时候。

吴总当即表示："以后这些文件不是必须签字，就不用打印了，网上处理就行了，只是我不知道什么候有文件需要处理。"小韩说道："如果有文件，需要您处理，我就给您发短信提示。"吴总说："好！以后我们的管理就信息化。赵工、小高、小秦是否也可以上EPC总承包项目管理信息系统？"小韩说："当然可以，按照EPC总承包项目管理信息系统给定的权限，赵工、小高、小秦都可以在项目管理信息系统上发布信息和获取信息，这样也有助于明确责任，加强管理。同时，也可以分享其他单位的管理经验，改进我们的管理。"

吴总从可视化系统中看到小高、小秦还在现场忙碌，于是，就让小韩通知赵工、小高、小秦，一个小时后，到现场办公室，协商项目管理信息化。在赵工、小高、小秦到现场办公室之前的间隙，吴总把EPC总承包商下发的关于信息系统的各种文件认真地又读了一遍。

一个小时后，吴总、赵工、小高、小秦、小韩在现场会议室，召开了项目信息工作推进会，大家一致认为信息化有助于明确职责，加强沟通，便于统计分析，控制风险，加强管理。原来吴总认为赵工会反对，没想到赵工也积极支持信息化，看来项目管理信息化已深入人心，"天与弗取，反受其咎；时至不行，反受其殃"，积极开展项目管理信息化，推进项目管理信息系统的应用势在必行。

赵工认为通过信息化系统，实施流程化管理，可以检查工作效率和管理力度，吴总可以通过信息系统，随时了解现场情况，及时决策，及时处理。

小高认为我们的管理缺乏流程，问题反映渠道不畅通，反应措施不及时，影响了工作效率。通过信息管理系统，也有助于吴总决策，方便管理。另外，小高把资源调查统计分析情况向吴总作了汇报，希望通过信息管理系统，加强程序化管理，推进资源管理标准化、信息化。

小韩认为要在项目管理信息系统上实现我们的管理流程，可以同EPC总承包商文控部的尹部长协调解决。

最后，吴总对信息化推进的具体工作做了安排，并强调："涉及现场流程，由小高提出，赵工审查，提交给我审批，小韩负责与EPC总承包商文控部对接。"

（二）为什么考核有助于推进管理标准化？

信息系统推动了管理者责任的透明化，小秦认为现场有个别工人很难管，如果不加强考核，将影响其他工人的积极性。

吴总看了小秦做的统计表，对考核工作有了自己的想法，即对工人的考核采取"工作任务包干＋质量安全不符合项＋星级服务"考核方案，对赵工、小高、小秦、小韩的考核采取"星级服务"考核方案。将考核结果通过项目管理信息系统予以明示，有利于吴总加强对考核工作的监督和协调。为了更利于对工人考核工作的推进，吴总决定暂缓对赵工、小高、小秦、小韩的考核。

吴总把赵工叫到办公室，详细讨论了考核方案。最后，赵工提出："对工人的考核，应由小高组织，这样有利于小高对工人的管理；吴总和我做好小高对工人考核工作的监督，小高提交的考核报告，由我审查，最终由吴总你签发。"

对工人考核方案完成后，吴总为了谨慎起见，让小高组织工人学习，征求工人意见。小高把收集的意见和建议提交给吴总，吴总让赵工修改后正式实施。

至此，小高手中又多一张对工人管理的考核牌，小高把考核的结果用于对工人

的控制。这样小高的管理又增加了考核要素,管理要素的组合变成如图 3-28 所示。

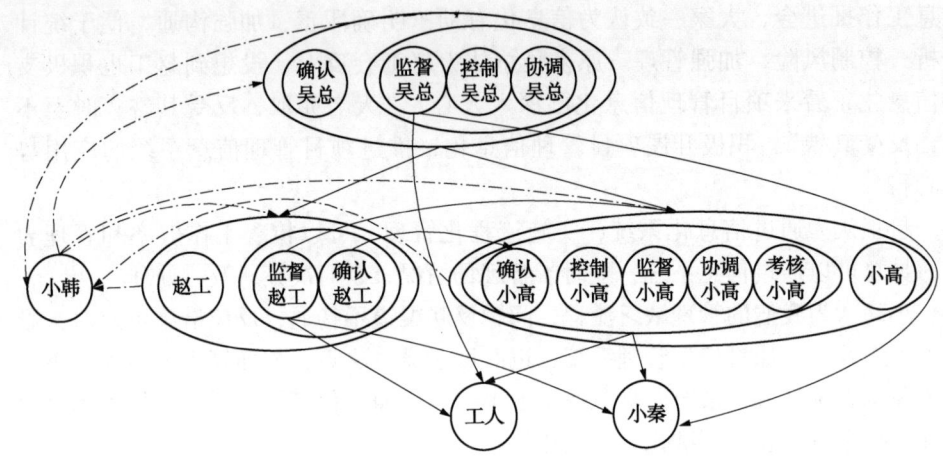

图 3-28 小高增加考核要素后的管理架构

通过考核,小高加强了对工人的控制,原来几个调皮捣蛋的工人,通过考核明示,也加强了自律。

(三) 为什么项目管理信息系统会成为项目管理的支持中心?

小韩拿到吴总审批的管理程序后,就去找到 EPC 总承包商的尹部长。尹部长也正在为推进项目管理信息系统发愁,EPC 总承包商的管理人员把项目管理信息系统应用起来了,向分包商推广却很难。正好分包商的小韩找来了,尹部长立即放下手头上的工作,就与小韩讨论工程项目管理信息系统。尹部长弄清楚小韩的需求后,就与项目管理公司信息开发部联系,落实了程序调整计划,就对小韩说道:"信息开发部的钱工说,你们的需求,不需要开发新程序,但对原有程序需要进一步调整,计划需要两天的时间,程序调整完后,我就及时通知你。"

项目管理信息系统开通后,吴总到办公室后的第一件事,就是打开电脑,查看小高日报表和日工作计划、赵工的监督报告、EPC 总承包商下发的不符合项,以及其他相关信息情况。

有了项目管理信息系统的支持,吴总不仅可以通过赵工、小高的报告,还可以通过 EPC 总承包商发布的检查信息来对现场管理进行监督,从而更加全面审视自身的管理。

在 EPC 总承包项目管理信息系统中,吴总看到了 EPC 总承包商针对分包商下发的不符合项,主要集中在机械设备和技术要求上。吴总想,这些涉及资源调动方面的不符合项,赵工和小高碍于我的情面,没有向我报告。要不是项目管理信息系统的支持,只来自赵工和小高的管理信息,我可能仍然得不到全面真实的信息,我们仍然是一个不负责的分包商,仍然不可能得到 EPC 总承包商的认可和满意。

吴总想到《贞观政要》中的一段话:"人欲自照,必须明镜;主欲知过,必借忠臣。主若自贤,臣不匡正,欲不危败,岂可得乎?故君失其国,臣亦不能独全其家。至于隋炀帝暴虐,臣下钳口,卒令不闻其过,遂至灭亡,虞世基等,寻亦诛死。前事不远,公等每看事有不利于人,必须极言规谏。"现在有一块明镜,就是 EPC 总承包商开发的项目管理信息系统,要做好我们承包范围内的管理,就必须依靠项目管理信息系统。只有用好项目管理信息系统,才算是"人欲自照"。吴总想到这里,从内心深处做出决定:把项目管理信息系统作为我们项目管理体系运行的管理工具。

有了项目管理信息系统,小韩的工作量就减轻了,原来文件由小韩传递,现在变为由信息系统进行传递。小韩的角色也由文件处理中心变为信息系统的管理者。项目管理信息系统成为管理的重要组成部分,管理要素组合如图 3-29 所示。

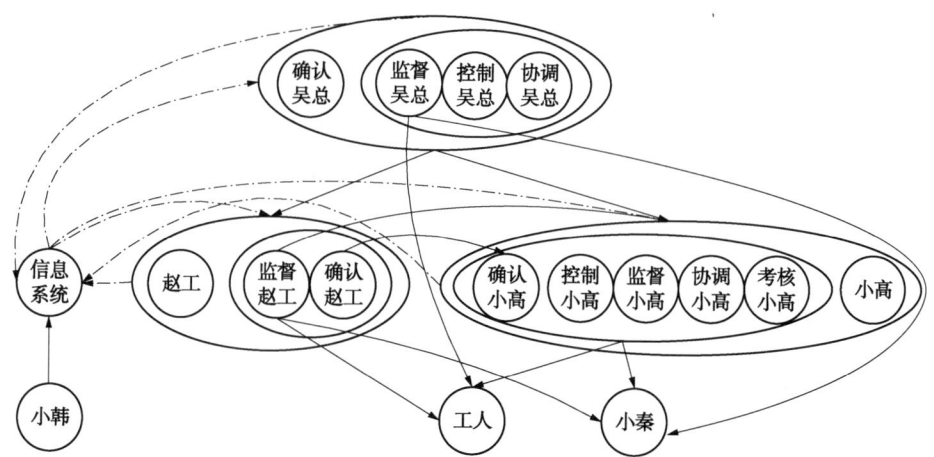

图 3-29　信息系统的出现使得小韩由文件传递者变成信息系统的管理者

小韩觉得,有了 EPC 总承包商的支持,我们的项目管理过程就变为以信息化为基础的自动化管理流水线。

理顺

八、项目经理没人管

（一）为什么涉及项目经理的事，就没有人愿意管？

自从用上项目管理信息系统，吴总觉得自己与赵工、小高就产生了距离感。原来认为赵工、小高会把项目上的所有情况都向自己汇报，有了信息系统这个明镜，才发现赵工、小高只是报告了他们自己的管理情况，对自己调入项目的资源——机械设备等没有进行检查，或者检查了，但对存在的问题没有报告，以致于EPC总承包商下发了不符合项。吴总觉得赵工、小高也真不负责，非让EPC总承包商找上门来，造成管理极其被动。吴总静下心来，仔细一想，如果换位思考，自己也可能不报告，赵工和小高的用心是：避免与自己的上司产生矛盾。

监督只能从上向下监督。按照设定的管理方案，吴总可以对项目所有人员实施监督，赵工可以对小高、小秦和工人实施监督，小高可以对小秦和工人实施监督。因此，从监督原理上看，赵工和小高不应该对吴总监督，吴总不对之处，赵工和小高不报告也没有错。

确认是上对下确认，吴总调动的资源，当然，赵工和小高就没法再确认，从确认环节上，让赵工和小高加强对吴总调入的资源进行管理，也行不通。

而协调是双向的，是控制者与被控制者之间的一种妥协，吴总觉得，协调是一个突破口。但进一步考虑后发现：控制者找被控制者协调，被控制者易于妥协，协调容易成功；如果被控制者找控制者协调，被控制者不知道控制者是否会妥协，不知道协调成功有多大的可能性，也就不会主动开展协调工作，况且，下级——被控制者要求上级——控制者妥协，若是协调不成，就易于被上级扣以"犯上作难"的帽子，打入死牢，永不起用。对被控制者来说，协调控制者是一件有风险的行动。一旦控制者对存在的问题没有真心采取妥协措施，导致自身的不足难以克服，就会招致危险。吴总认为"主欲知过"，想借助"忠臣"，实施"极言规谏"，如果没有相应的管理措施，就是好说难行。中国历史上的盛世，屈指可数，只有"明主"和"忠臣"才能形成盛世；没有"明主"、"忠臣"的协调，就可能是"犯上"而获"作难"之名。唐太宗说："明主思短而益善，暗主护短而永愚"、"身不闻过，恶积祸盈，灭亡斯及！若人主所行不当，臣下又无匡谏，苟在阿顺，事皆称美，则君为暗主，臣为谀臣，君暗臣谀，危亡不远。"吴总思忖着，如果臣子说话直话，主人就发怒，臣子就面临危险。如果不知道主人是否贤明，谁肯去冒险直谏呢？如果没有人直谏，主人的言路就闭塞不通，言路不通就会生乱，乱极必亡。所以，不肖的主人身边没有直谏之人。

（二）项目经理如何让自己的下属管？

主人为了彰显其贤，让人进谏，就必须有一定的措施。尧有欲谏之鼓，舜有诽谤之木，汤有司过之士，武王有戒慎之鼗。吴总想，我有什么办法，让赵工和小高把我在管理过程中的不足，提供资源中的问题，检查出来，并报告给我呢？

吴总想，当一国之主难，当一个好的项目经理也不容易。上司管部下易，部下管上司难，上司让部下管上司就更难。

对工人的管理好办，对赵工和小高的管理看来还得动点脑筋。面对管理迷局，吴总静下心来，翻阅《贞观政要》。马周就是因为唐太宗下令让百官上疏指出政务得失时发现的，如果不是唐太宗对百官进行考核，就难以发现马周这个人才，唐太宗通过考核增加了与百官之间的沟通。吴总想，只有采取考核措施，赵工、小高才有可能积极与自己沟通管理中存在的问题，只有把现场所有问题都反映出来，并积极采取措施，才不会让EPC总承包商说我们不负责任。原来总认为考核是一种约束力，是不得已而为之。在开展考核之前，考核人员总是表现出无可奈何的样子，而领导总是在放狠话，如果再不转变思想、改变作风就要被淘汰。没想到在转弯的时候，考核就是约束力，为转弯提供向心力。唐太宗的实践和牛顿的原理都说明了考核工作的必要性，于是，吴总下定决心对赵工和小高的管理工作实施考核，只有这样，才能让赵工和小高转过弯来。

对赵工和小高的考核方案，吴总只好自己下手编制。吴总认为对赵工和小高的考核越简单越好执行，赵工的职责是监督与确认，把所的问题报告出来，提出整改意见，并确认小高是否按要求整改完毕就算尽到了责任；小高的职责是提出资源需求，对进场的资源进行检查，如果存在问题，积极主动协调解决，对赵工发现的问题，主动应对，落实整改，避免被动应对EPC总承包商的检查。吴总编制完成后，就同赵工和小高协商。赵工认为有些资源问题是由吴总决定，于是说道："有些问题涉及到吴总您的决定，我们提是否合适？"吴总说道："我也得执行工程管理的各种规定，如果我在管理方面存在的问题，你们就得提出来，这是为了我，为了大家，为了工程，不提出来才是害我，害了大家，不利于工程呀！有问题你们就得提出来，这才是正确的选择，只有提出来，才会想办法解

决，如果不提出来，只会让隐患发展得越来越大，让大家越来越危险。为了确保赵工和小高你们认真履行职责，特制定考核办法。"另外吴总安排赵工协助制定文控管理办法，安排小高制定对小秦的考核办法，完善考核体系。最后吴总增加考核要素后的过程管理架构如图 3-30 所示。

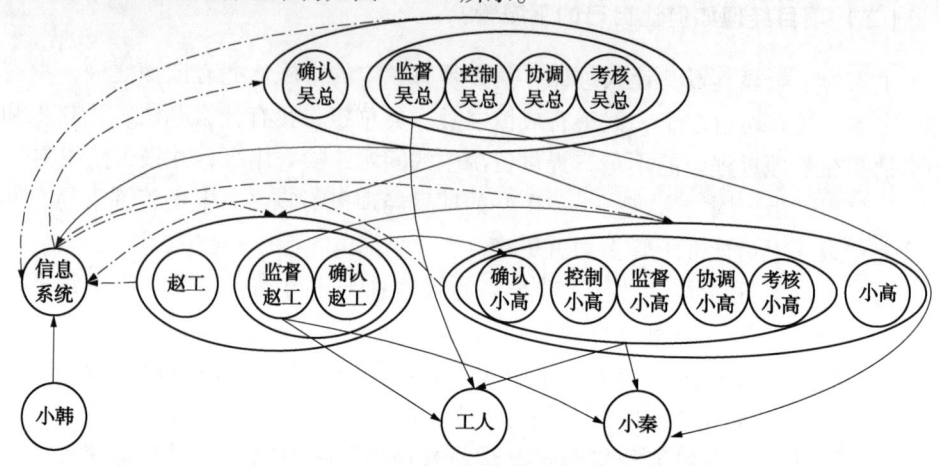

图 3-30　吴总增加考核要素后的过程管理架构

通过调整，吴总发现，EPC 总承包商提出的问题越来越少了，批评也就越来越少了，而我们自己提出的问题却多了。吴总越来越关注赵工的报告，而小高一旦在资源上遇到问题，就及时找吴总协调解决。

（三）为什么质量可以赢得市场，市场可以开发人才？

由于吴总领导的分包商团队工作态度认真负责，越来越赢得 EPC 总承包商的信任，随着工程的进展，越来越多的任务，交由吴总领导的分包商团队负责。小高的工作量也越来越大，小秦通过这段时间的锻炼，也基本上能够完成现场的监督和确认检查工作。小高找到吴总说道："能否让小秦完成现场的监督和确认检查后，直接交由赵工确认，避免工序完成后，等我再去确认，影响了工程进度。我对小秦的管理，重点放在对小秦的监督、协调和考核上。"

吴总觉得小高的想法，有助于小秦的进一步发展和工程的顺利进行，于是找赵工协商此事。

吴总找到赵工，说了小高的想法，想征求一下赵工的意见。

赵工对吴总说道："现在对现场的监督信息——不符合项报告和确认信息——现场检查确认记录，都上传到项目管理信息系统中，对现场监督和确认工作，可以利用项目管理信息系统，进行监督和考核。小高的想法可行，这也给小秦一个锻炼的机会。对 EPC 总承包商确认的接口是我，在今后的工作中，我再给小秦多加指点就是了。"另外赵工还与吴总谈了进一步优化管理的建议。赵工继续说道："涉及我们内部资源调配的事，吴总你与小高协商后，由你确认就行了，没有必要让小高再找我确认，这样也有助于加快处理进程。小秦检查确认工人的施工成果，然后由我确认小秦的检查结果，确认过程，基本上不涉及资源动用问题，我确认后，直接交由 EPC 总承包商确认，吴总重点放在涉及资源动用环节的管理上，非资源动用环节，监督我们开展工作就行了。"吴总觉得赵工的建议既管得住、又管得顺、还管得省，再加上有项目管理信息系统的支持，该简化的程序就应该简化，就同意了赵工的建议。

通过吴总、赵工和小高对管理要素的调整，管理要素组合变成如图 3-31 所示。

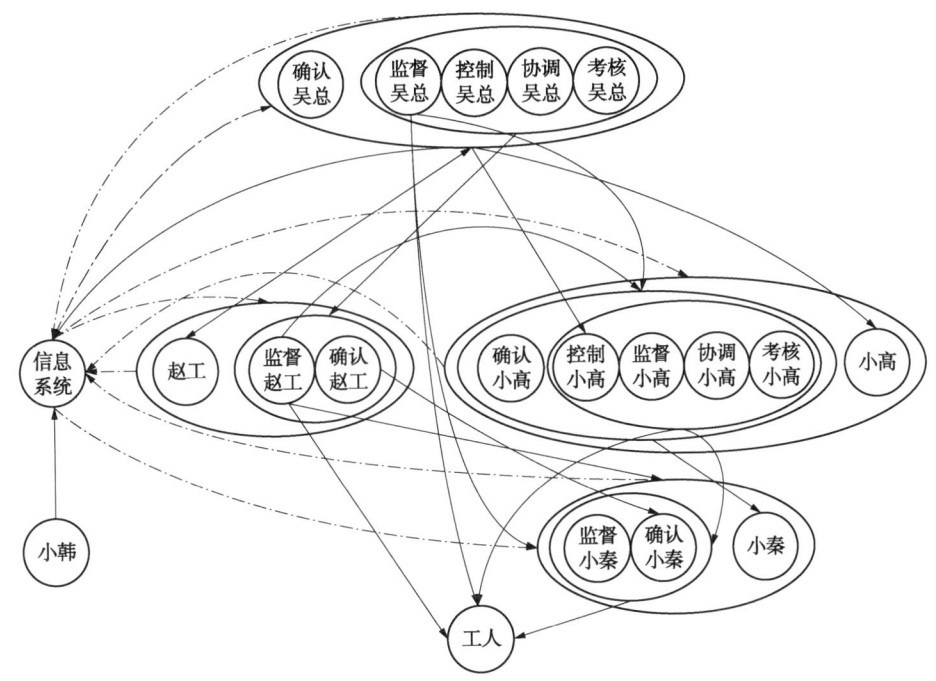

图 3-31　小秦由小高的助手变成一个监督者和确认者

吴总所在的分包商经历了由一个管理层、一个作业层，发展到两个管理层、一个作业层。越是层级多，就越需要开展管理标准化和流程化，只有这样才能提高系统效率。小王把上述管理过程用管理流程模型图表示（图 3-32）。

163

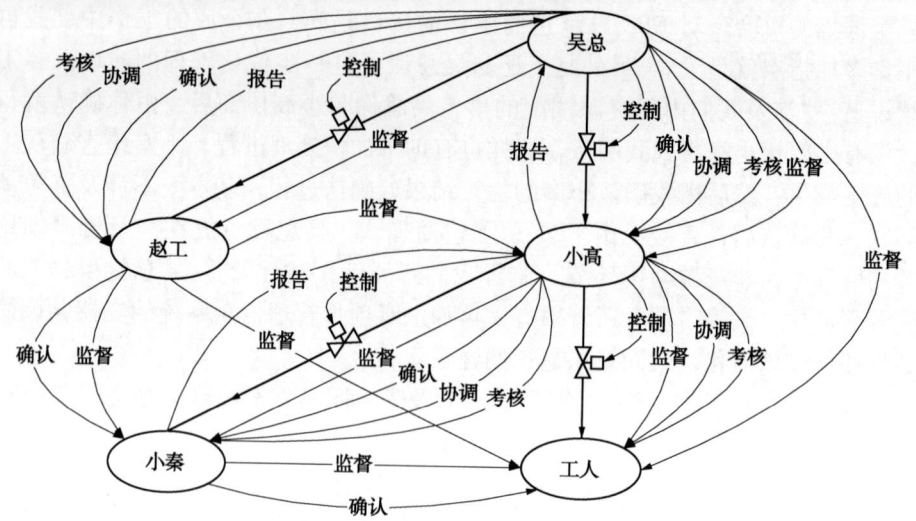

图 3-32 小高的监督、确认职责发生分离,变为小秦管理职责

为了进一步剖析吴总、赵工、小高、小秦和工人之间的管理关系,小王将吴总领导的分包商管理过程分解为:控制过程如图 3-33 所示;控制——监督过程如图 3-34 所示;控制——确认过程如图 3-35 所示;控制——协调过程如图 3-36 所示;控制——考核过程如图 3-37 所示。

1. 控制过程。

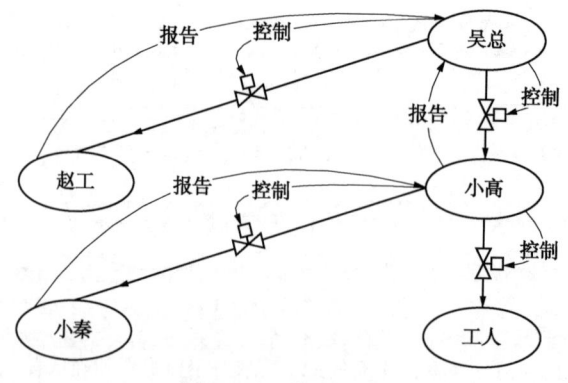

图 3-33 控制过程

吴总对赵工和小高实施过程进行控制。

小高对小秦和工人实施过程进行控制。

2. 控制—监督过程。

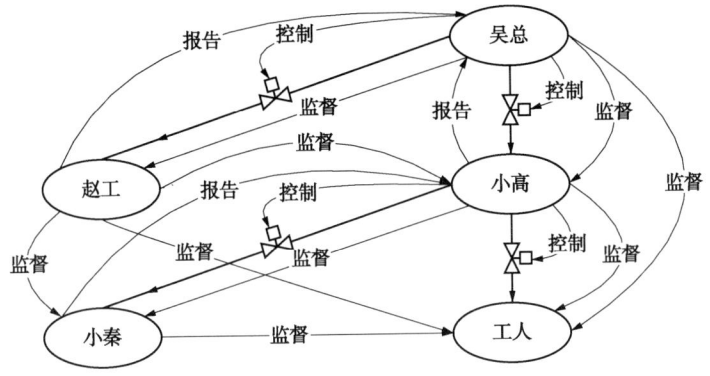

图 3-34 控制—监督过程

根据监督依势的原理，吴总、赵工、小高、小秦和工人的监督关系如下：

吴总对赵工、小高、小秦和工人的实施过程进行监督。

赵工根据吴总的授权，对小高、小秦和工人的实施过程进行监督。

小高对小秦和工人的实施过程进行监督。

小秦根据小高的授权对工人的实施过程进行监督。

3. 控制—确认过程。

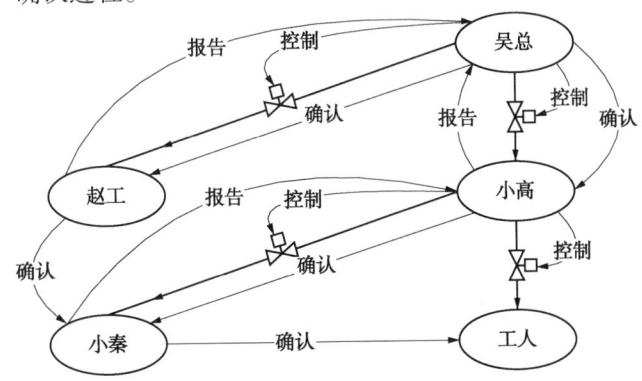

图 3-35 控制—确认过程

吴总、赵工、小高、小秦和工人的确认关系如下：

小秦对工人完成的工作成果进行确认后，提交给赵工确认，赵工确认后应向吴总报告。

小高对分配给小秦的工作，待小秦完成工作后，对其成果进行确认。

吴总对分配给赵工和小高的工作，待赵工和小高完成后，对其成果进行

确认。

4. 控制—协调过程。

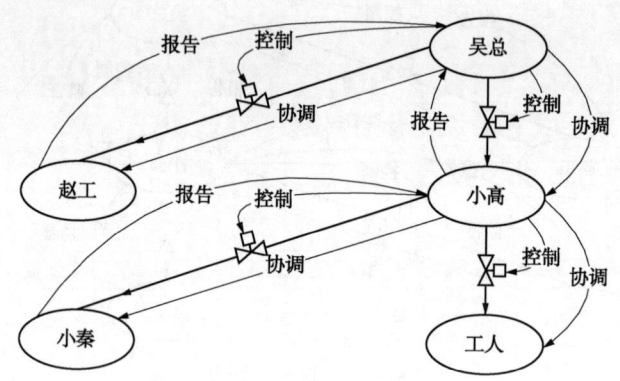

图 3-36 控制—协调过程

协调涉及到资源的动用和调整，有控制权才有协调权。

吴总可以对赵工和小高开展协调工作。

小高可以对小秦和工人开展协调工作。

如果吴总越过小高对小秦和工人开展协调工作，就会影响小高的工作积极性，不利于理顺项目管理。

如果赵工对小秦和工人开展协调工作，如果小高不提供相应的资源，赵工的协调就是无效的协调。

如果小秦未经小高授权，对工人进行协调，就会与小高的管理产生矛盾。

5. 控制—考核过程。

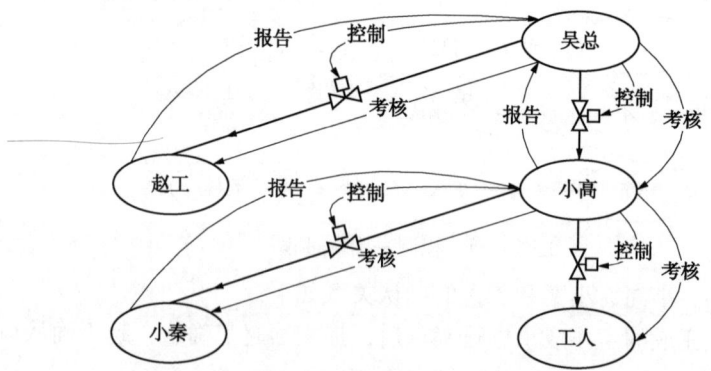

图 3-37 控制—考核过程

有控制权，才能实施考核权。

吴总可以对赵工和小高实施考核。

小高可以对小秦和工人实施考核。

如果吴总越过小高对小秦和工人实施考核，小高就没法管理小秦和工人。

如果赵工对小秦和工人实施考核，小高就难指挥小秦和工人。

如果小秦对工人实施考核，小高的控制指令就难以贯彻执行。

通过以上梳理，理清了控制与监督、控制与确认、控制与协调、控制与考核之间的关系。

小王想，有了这些关系，就可以理清流程管理过程中的对接关系，为推进项目管理信息化打下基础。

（四）为什么理顺管理，项目管理信息化系统很关键？

按照调整后的管理要素组合，吴总让小韩对文件处理程序进行调整。小韩提出程序调整方案后，交由吴总审查。吴总确认后，小韩再次找到尹部长，问，能否对项目管理信息系统中的程序进行修改。

尹部长见到小韩后，就问："项目管理信息系统应用还有什么问题吗？看是否还有不方便的地方？"小韩对尹部长谈了吴总对项目管理信息系统的支持和重视，采用项目管理信息系统后，吴总、赵工和小高的管理方式方法都发生了改变，吴总现在上班的第一件事就是打开电脑，上网了解项目情况，处理各种文件，赵工、小高每天下班最后一件事就是把当天所有的项目管理信息全部上网处理完毕。小韩也谈到自己的变化，为适应信息化管理的要求，开始按照吴总的要求画管理程序图，原来只是做文件收发，没有仔细研究管理过程中的控制、监督、确认、协调和考核，更没想到文件收发还有管理学问。在画管理程序图时，通过控制、监督、确认、协调和考核关系，把责任人和工作任务串起来，小韩发现根据不同的管理方式，会画出不同的管理程序图，通过识别责任人和工作任务的管理关系，自己的管理知识有了很大的提高，同时，还发现不同的管理程序，还会产生不同的管理效果。小韩继续对尹部长说道："吴总提出了利用项目管理信息系统加强对项目管理体系运行的管理，项目管理体系运行的日常管理就交由我负责，希望尹部长多加支持。"

尹部长来自项目管理公司，以前在一个大型监理项目上做文控，自己也是因为项目管理信息系统应用工作成绩突出，才被优选到这个项目上当文控部部长，看到小韩现在的进步，也由衷的高兴，就对小韩说："我会全力支持，不管有多大的困难。"

小韩继续说道:"我还怕给尹部长添麻烦,刚把项目管理信息系统程序改完,没多长时间,又要改程序。"

尹部长说道:"这很正常,原来纸面文件只能发给有限的人员,在有限的时间内处理完毕,也只有有限的人员能够看到文件,并且受办公范围的限制,权限管理不能太严格,文件处理过程不完全符合管理规律,这是受纸面文件所处的环境条件影响。因此,项目管理信息系统用一段时间以后,都会对程序进行修改。"

小韩听到尹部长这样说,也就放心了。

于是,小韩与尹部长讨论如何修改程序。在讨论程序修改的过程中,小韩发现,尹部长画程序图的水平很高,一个复杂的关系,通过尹部长的梳理,很快就简单明了,看来自己回去还得下功夫。尹部长理解小韩的信息开发需求,就与信息开发部的钱工联系,并把开发需求发给了钱工。钱工收到文件后,说过十五分钟给答复。

在等待回复的间隙,尹部长与小韩谈起了项目管理信息系统的推广应用经验。项目管理信息系统的推广应用难点在于系统所设置的管理水平不能太超前,太超前了,由于大家的管理水平不够,思想观念转变不到位,脱离实际而没有人愿意用;也不能太落后,太落后了,信息系统只能是给大家添麻烦,而没有人真正地去用。这就是引进国外先进的软件用不起来,自己找软件公司开发的软件,随着自身管理水平提高,不能及时更新,而没有用的原因。很多单位的信息化工作都是虎头蛇尾,开始软件公司的介绍,让领导看到眼前一亮,无比激动,软件开发完成,到应用环节,就开始犯难,看实际应用效果,就是无可奈何。现在项目上有很多信息系统,真正好的,有生命力的,还是数我们的项目管理信息系统。我们的项目管理信息系统具有五大优势,一是管理优势,我们是项目管理公司,对项目管理开展了持续的研究,并把研究成果,应用到项目管理信息系统软件的开发中,这是保持我们项目管理信息系统先进性的一个重要原因;二是开发优势,我们项目管理公司有信息开发组,能够根据项目的管理需求开发信息系统,使项目上的管理人员应用我们开发的项目管理信息系统没有距离感;三是交流培训优势,在项目上,推行我们项目管理公司的管理方式方法,大家在理解我们的项目管理同时,也适用了我们的项目管理信息系统;四是服务支持优势,我们公司这些年来,一直大力鼓励和推广应用公司项目管理信息系统,为业主提供优质服务,由于监理服务有要求,不能收取承包商任何费用,对承包商而言,公司提供的都是免费服务;五是信息支持优势,我们项目管理公司积累了大量的项目管理经验,有些经验已经形成了知识库,通过应用我们项目管理公司的项目管理信息系统，可以共享这些经验知识，提高管理水平。

小韩觉得平时只顾忙工作，听尹部长这一讲，对项目管理信息系统的了解还只是井底之蛙。尹部长也顺便把公司提供的经验知识库给小韩演示了一下。小韩觉得这个经验知识库太重要，各种文件都有模板和案例，只要肯学习，这不是现成的老师吗？原来老师也可以信息化。应小韩的要求，尹部长把小韩的权限给开通了。

尹部长看到钱工的回信，两天之内完成。

小韩知道完成时间后，就离开尹部长，回到办公室。小韩看到吴总，把项目管理信息系统程序修改的事宜向吴总进行了汇报，顺便说了一下项目管理信息系统中的经验知识库。

吴总让小韩演示看一看。

小韩一演示，吴总就叫好，并说道："这就是给我们请了一个网上老师呀！以后大家有问题，都可以到经验知识库查一查。项目管理信息系统太好了，程序修改后，就通知赵工、小高、小秦按照调整后的管理程序在信息系统上进行文件的传递与处理。"

有了项目管理信息系统的支持，吴总就把控制、监督、确认、协调和考核管理搬到了信息网上。当现场资源不能满足工程需要，小高就在网上编制计划；计划批准后，吴总决定是请EPC总承包商配置，还是从公司调用，还是从市场采购；进场的资源，首先由小高协调小秦进行检查，没有问题，按程序报验或者投放使用，如果存在问题，小秦向小高报告，小高复检后，认为问题确实存在，由小高向吴总报告，交由吴总协调处理。现场动用的资源使用情况，在信息系统中都有记录，吴总也随时能够了解现场资源储备情况，确保工程的顺利实施。

吴总通过EPC总承包商的可视化系统和EPC总承包商的监督检查信息开展自己应履行的监督职责，小高、小秦以及工人总觉得吴总就在身边，由于监督方式的改变，侥幸心理得到了极大的抑制，违规违章少了，质量安全管理水平也提升了。

对现场的确认管理，吴总由原来的确认变为监督。赵工压力一下子就大下来，因为，如果赵工再确认有错误，吴总就可以按照考核办法，对赵工进行处理。

协调有考核办法的制约，小高也不能再装老好人，如果小高不积极反映现场存在的问题，EPC总承包商从项目管理信息系统中发布了不符合项，吴总就知道了小高是否知而不报，就可以依据考核办法，对小高进行处理。

借助项目管理信息系统，吴总的工作效率一下子就倍增。信息通了，管理顺了，人与人之间也和气了。吴总也有了富余时间，于是开始琢磨项目管理风险分析。

九、梳理流程公式现▶▶▶

（一）项目过程管理责任分析

分包商是 EPC 总承包商发展的基础，小王认为只有分包商的管理水平提高，EPC 总承包商管理才能理顺。转变观念，就像开车在道路上转弯，曲率半径越大，弧线越长，需要的约束力就越小，转弯就越舒适，就不容易发生危险。小王与赵工一直在协商，如何才能让吴总舒适地转过弯来，适应 EPC 总承包商的管理要求，看来现在达到了基本目标。

为了更简洁地表述上述管理要素的组合，小王以控制为主线画了一张简图，如图 3-38 所示。

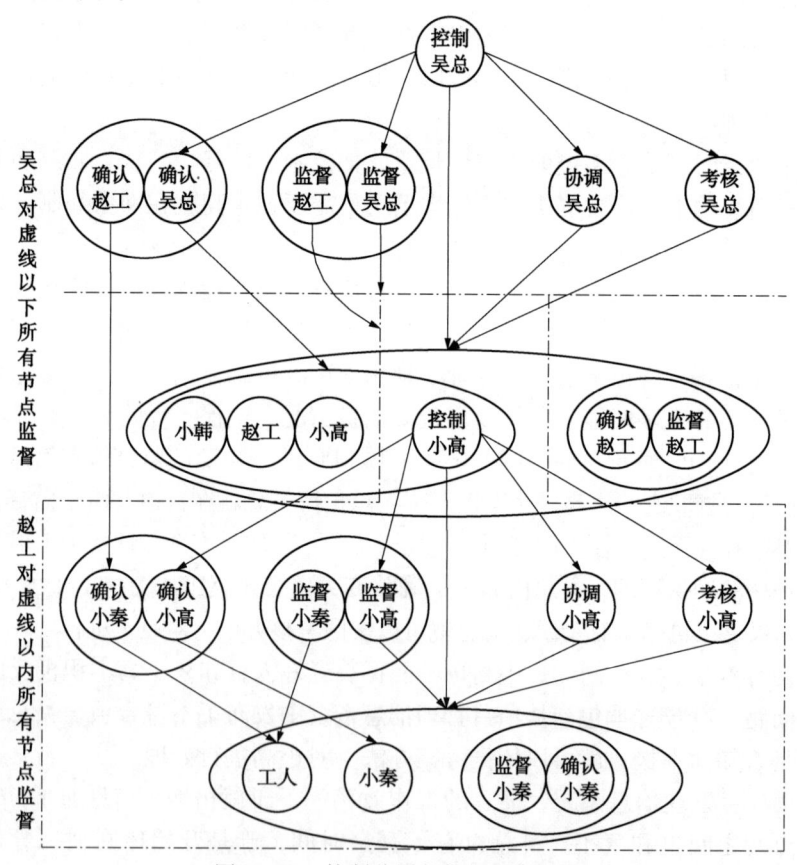

图 3-38 控制分层与管理要素组合

吴总的管理职责：

1. 控制职责：赵工、小高、小韩完成的非管理工作任务进行控制，对小高负责的控制工作，和赵工负责的确认和监督工作进行控制。

2. 监督职责：有权对赵工、小高、小秦、小韩以及工人的所有工作进行监督。

3. 确认职责：对赵工、小高、小韩完成的非管理工作任务成果进行确认，对小高的阶段性控制工作成果进行确认。

4. 协调与考核职责：对赵工、小高、小韩完成的非管理工作任务进行协调和考核；对小高负责的控制工作，和赵工负责的确认和监督工作进行协调和考核。

赵工的监督与确认管理职责：

1. 监督职责：有权对小高管理职责、小秦和工人的所有工作进行监督。

2. 确认职责：对小秦完成的确认工作成果进行确认。

小高的管理职责：

1. 控制职责：对小秦和工人完成的工作任务进行控制。

2. 监督职责：有权对小秦和工人的所有工作进行监督。

3. 确认职责：对小秦完成的非管理工作任务成果进行确认。

4. 协调与考核职责：对小秦和工人完成的工作任务进行协调和考核。

小秦的监督与确认管理职责：

1. 监督职责：有权对工人的所有工作进行监督。

2. 确认职责：对工人完成的工作成果进行确认。

简图描述的管理职责简明扼要，便于操作。

（二）多层级项目管理原理

为了便于分析，小王去掉赵工、小高、小秦和小韩的执行节点，对管理过程进行了进一步的简化，形成了分包商的二层级管理。二层级管理架构如图 3-39 所示。

如果把上述简图用如图 3-40 表示，我们就发现了随着控制权分解，管理出现了分层与分工，形成了多层级管理架构，因此，多层级管理架构的基本原理是：随着控制权的分解，会伴随产生监督、确认、协调和考核；监督可以对分解后的所有控制权及其伴生权实施监督；确认根据控制层的授权，可以对下一层的确认成果进行确认。

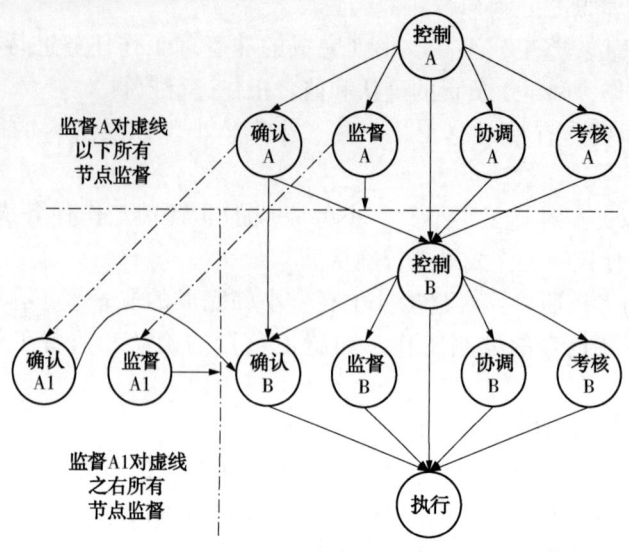

图 3-39 二层级管理架构

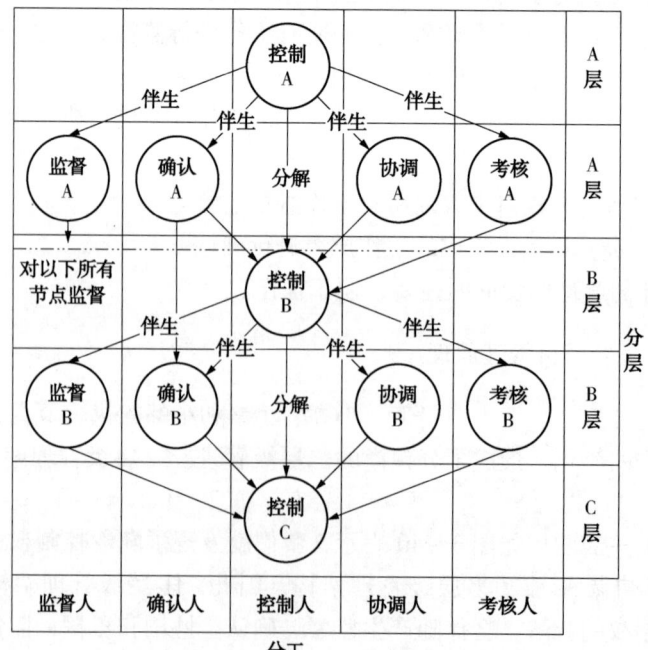

图 3-40 项目管理分层与分工原理

第三章 迷局重重

我们把EPC总承包商对分包商的管理表示为：
$$y = f(x)$$
式中　y——EPC总承包商；
　　　x——分包商；
　　　f——EPC总承包商与分包商管理对应关系。

通过管理的分层与分工，EPC总承包商对分包商的管理变为：
$$y = Y(y_1, y_2, y_3, y_4, y_5) = f(x)$$
式中　y_1——控制；
　　　y_2——监督；
　　　y_3——确认；
　　　y_4——协调；
　　　y_5——考核；

即EPC总承包商的管理——y，通过Y转换为控制、监督、确认、协调和考核为要素的管理。

$y \to x$，直接管理。

$y \to f \to x$，间接管理。

$y \to Y \to f \to x$，分别分工管理。

通过上述变换，就把一个管理变成五个管理要素之间的管理，就实现了EPC总承包商与分包商管理之间、EPC总承包商内部管理之间、分包商内部管理之间的有效对接，把抽象管理变成了控制、监督、确认、协调和考核等实际行动。

我们以安全管理人人有责为例，吴总、赵工和小高都是管理人员，三个人都有安全管理责任，而吴总、赵工和小高各自的安全管理责任是什么就难以区分，如果不能区分，就不能分清责任，如果责任不能分清，就可能出现大家争着管、大家都想管，或者大家都不管等情况。如果我们把安全管理人人有责，转换成控制、监督、确认、协调和考核，就可以对吴总、赵工和小高的安全管理责任进行合理的划分，从而把吴总、赵工和小高的安全管理责任真正落到实处。根据管理的五个要素——控制、监督、确认、协调和考核，吴总对分包项目的安全负全部控制、监督、协调和考核责任，赵工负安全监督责任，而小高负现场安全的控制、监督、确认、协调与考核责任。因此，安全管理人人有责，不是安全管理人人都有控制责任，而是处在不同的位置有不同的管理责任。

小王认为，这就是五个基本要素构成的管理体系，即管理体系架构的基本关

理顺

系图,简单、和谐、美丽。以全新的视角看管理,以新的要素建立体系,管理创新,让吴总找对规律,用对规律,一路走来,突破了计划、组织、领导和控制的约束,抓住了本质,破解了矩阵式管理迷局,理顺了管理。

我们常说安全管理人人有责,根据管理架构公式,就可以看出,不同的人员,在不同的位置上,有不同的安全管理职责。小王把多层级项目管理架构理论总结为顺口溜:

控制垂直线,一级一级传。
监督向下看,报告向上传,
为了管理便,同层监督现,
监督向右看,放下控制权,
报告给上级,不可乱发言。
成果确认链,顺序不能反,
责任签字联,不可一起看。
协调需资源,有权说才算,
通过基本关,领导才出现。
考核两头看,引导是关键,
表扬应在前,落后自己看。

但是,新的管理理论能为大众所接受吗?

现在管理实践中,"控制论"和"协调论"就正如托勒密时代的"地心说",尽管有均轮与本轮的困惑,但是,计划、组织、领导和控制式的管理与现实生活很贴切。例如,要开展工作,就得从计划开始,计划是管理的一项职能;要实施计划,就得组织人力、财力、物力,组织也是管理的一项职能;要做好计划和组织工作,不能没有领导,领导也是管理的一项职能;做计划,强化组织和领导目的就是为了更好地控制,以实现计划目标,控制也是管理的一项职能;控制是计划、组织和领导的落脚点,管理的"控制论"就理所当然是正确的。就像我们每天看到日起日落,太阳围绕地球转,很自然,但事实上,地球就是围绕太阳转。一天的视觉是错觉,一年的感觉才正确,一天看到的是现象,一年体会的才是本质。

监理的美丽彩虹,为什么没有出现,小王认为,原因就在于没有找到和应用正确的管理规律。监理行业如果不走出"控制论"和"协调论"的怪圈,只盯住管理的现象——要管住,没有抓住管理的本质——要管好,要迎来新的春天,就还得等待。

第三章 迷局重重

现在我们搞 EPC 总承包项目管理，仍然沿用的是计划、组织、领导和控制式的职能管理思路，如果不转换观念，我们就会再次落入到传统的管理套路中去，到时，就会与监理现在的处境一样，思路决定出路，推进新的管理理念，自己责任重大。

（三）五个管理要素在管理体系中的主要功能是什么？

小王觉得五个管理要素的相互作用和相互关联，构成了项目管理体系，有必须要对其在项目管理过程中的功能进行梳理，为深刻理解项目管理体系的成因发挥积极作用。

控制的主要功能：

1. 管理体系的系统策划：根据自身企业的资源状况和发展远景，设计自身的项目管理组织架构，分析外部资源状况，设计获取外部资源的渠道和管理要求。

2. 计划和资源的获取与配置：获取计划和资源，利用现有资源，平衡计划和资源，分配计划和资源。

3. 计划与资源的评价：对输入的计划与资源和正在实施的计划与资源进行评价，以证实计划和资源能够满足项目实施要求或者提出应采取的风险管理措施。

4. 计划与资源的动态控制：控制计划和资源的变化速度，确保管理体系运行的适应性、充分性和有效性。

5. 指令与信息的动态控制：一是控制者应及时获取、处置和发布信息，二是控制者评审体系内部指令与信息运行的有效性，适时采取风险管理措施，确保体系内部指令与信息的有效运行。

6. 资源的可持续发展：培育和发展自身的资源（开展人力资源的培训、提升人的能力、补充设备设施、改善工作条件、提高工作效率），培育和发展外部资源（实施战略合作），努力创新和开发新型资源，实施人才战略和对外合作战略。

7. 关注需求，积极影响，实现共赢：关注上一级控制者的需求，并产生影响，关注下一级控制者的需求，并产生影响，关注控制内部的需求，并产生影响。协调矛盾，统一思想，实现共赢。

监督的主要功能：

1. 向控制者报告体系运行过程中的实体不符合现状和管理不符合现状，并

提供改进建议。

2. 向控制者报告体系运行过程中的计划与资源现状,并提供改进建议。

3. 向控制者报告体系运行过程中的指令与信息现状,并提供改进建议。

4. 协助控制者实施资源的可持续发展战略,并提供支持建议。

5. 协调控制者采集关注者(业主、社会和员工)的需求信息,并提供支持建议。

确认的主要功能:

1. 按照控制者的要求,建立确认链接关系。

2. 按照程序完成确认工作,向控制者报告确认成果信息。

协调的主要功能:

1. 按照控制者的要求,为控制者实施协调提供信息。

2. 为控制者实施协调提供建议。

考核的主要功能:

1. 按照控制者的要求,为控制者实施考核提供信息。

2. 为控制者实施考核提供建议。

十、多层级管理实践

(一)讨论有感领导、直线责任、属地管理与多层级项目管理原理之间的关系探讨

1. 根据多层级项目管理原理,如果一个项目有 A、B、C 三个层级管理,可以用图 3-41 表示。

如果 A 层级代表 EPC,B 层级代表分包商,C 层级代表作业工人。EPC 总承包商的项目经理应对 EPC 工作范围内的管理职责进行分工,EPC 分包商的项目经理应对 EPC 分包工作范围的管理职责进行分工,执行层——工人,按照 EPC 分包商的指令完成职责范围内的工作。

2. 有感领导:如果 EPC 总承包商项目经理履行了分工范围内的控制、监督、确认、协调和考核职责,使项目顺利、有序进行,该项目经理就是一个具有有感领导的项目经理。

如果 EPC 总承包商项目经理没有履行分工范围内的控制、监督、确认、协调和考核职责,致使项目出现质量安全事故,该项目经理就是一个不具有感领导的项目经理。

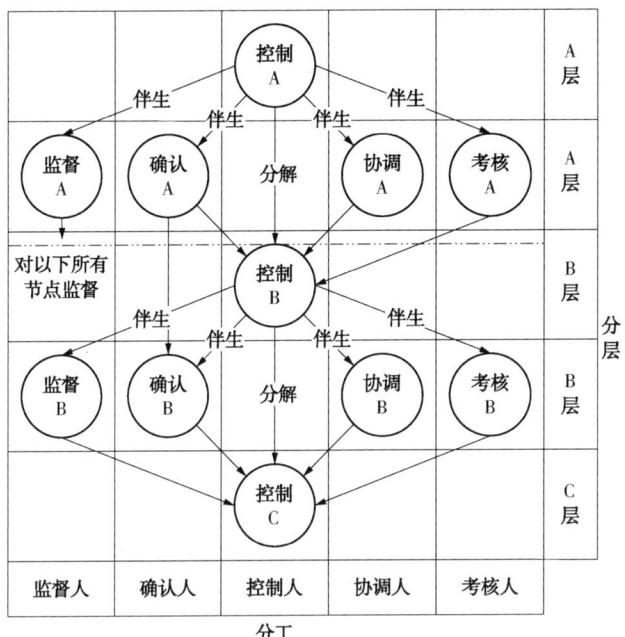
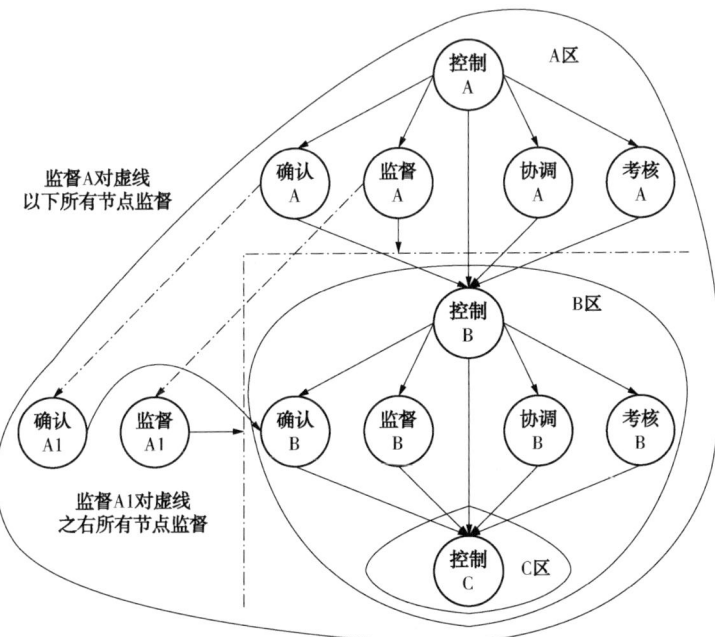

图3-41 多层级项目管理原理与有感领导、直线责任、属地管理

3. 直线责任：EPC 项目经理到 EPC 分包商项目经理到执行层——工人的控制责任，就是直线责任。直线责任就是管理过程中由于控制关系形成的管理责任。

4. 属地管理：根据管理分工，EPC 总承包商 A 区范围责任范围内的控制、监督、确认、协调与考核管理工作就是 EPC 总承包商的管理属地。

根据管理分工，EPC 分包商 B 区范围责任范围内的控制、监督、确认、协调与考核管理工作就是 EPC 分包商的管理属地。

根据管理分工，执行层——工人 B 区范围责任范内管理工作就是工人的管理属地。

（二）业主＋PMC＋EPC 模式下，管理属地与多层级项目管原理之间的关系探讨

1. 属地管理与地域管理：

属地管理与地域管理是两个不同的概念。

属地管理是以控制权和控制权分解为基础构成的管理范围。

地域管理是区域范围的管理。

属地管理≠地域管理

2. 属地管理应包含的内容：

按照过程管理的要求，属地管理主要体现在三个方面：

一是未分解的控制权管理。

二是分解后的控制权衔接管理。

三是控制权分解后的伴生权履行管理。

3. 业主的管理属地：

一是对自身安全工作的管理。

二是对 PMC 或监理的控制、确认、协调和考核。

三是对 PMC 或监理、EPC 和分包商的监督管理。

即对自身安全承担全部责任，对 PMC 或监理管理承担控制、监督、确认、协调和考核等责任，对 EPC 及其分包商安全管理承担监督责任。

4. PMC 或监理的管理属地：

一是对自身安全工作的管理。

二是对 PMC 现场代表或监理、EPC 的控制、确认、协调和考核。

三是对 PMC 现场代表或监理、EPC、EPC 现场代表和分包商的监督管理。

即对自身安全承担全部责任，对 EPC 安全管理承担控制、监督、确认、协调和考核等责任，对分包商安全管理承担监督责任。

如果监理包含施工监理职能，现场监理的管理属地是：

一是对自身工作的管理。

二是对 EPC 的现场代表确认成果的确认。

三是对 EPC 现场代表和分包商的监督管理。

5. EPC 的管理属地：

一是对自身工作的管理。

二是对 EPC 现场代表、分包商的控制、确认、协调和考核。

三是对 EPC 现场代表、分包商的监督管理。

即对自身安全承担全部责任，对分包商安全管理承担控制、监督、确认、协调和考核等责任。

EPC 现场代表的管理属地是：

一是对自身工作的管理。

二是对分包商成果的确认。

三是对分包商的监督管理。

分包商的管理属地是：对自身安全承担全部责任。

（三）行为安全观察、沟通与多层项目管理原理之间的关系探讨

行为安全观察、沟通管理与多层级项目管理之间成对应关系，其对应关系解释如图 3-42 所示。

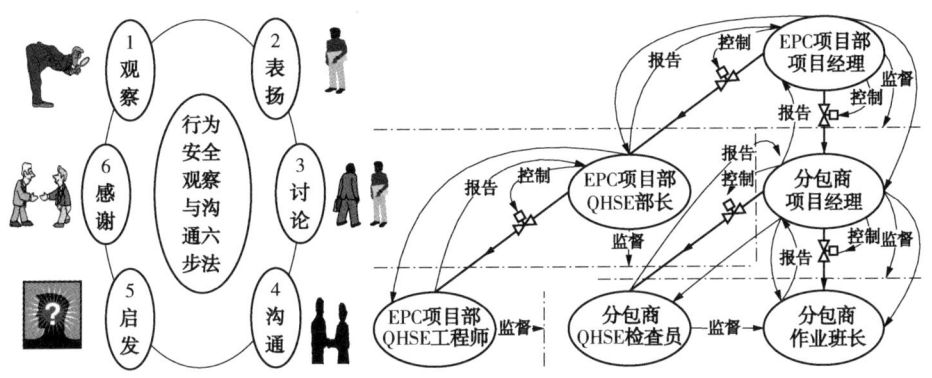

图 3-42　行为安全观察与沟通管理与多层级项目管理原理

在行为安全观察与沟通过程中，观察与监督对应，这里的观察是指有控制权的人对下级以及其下层级的监督，其他五个步骤是在控制链之间进行。

例如：EPC 项目部的 QHSE 部长与 EPC 项目部的 QHSE 工程师进行沟通。

EPC 项目部的 QHSE 部长给予 EPC 项目部的 QHSE 工程师表扬，与 EPC 项目部的 QHSE 工程师进行讨论、沟通，使 EPC 项目部的 QHSE 工程师得到启发，EPC 项目部的 QHSE 工程师通过改进方法，努力把工作做到让 EPC 项目部的 QHSE 部长满意，EPC 项目部的 QHSE 部长感谢 EPC 项目部的 QHSE 工程师对其工作的支持。

安全行为观察与沟通是上一级控制权人对其下一级控制链上的责任人的主动管理。在上图中，EPC 项目部的 QHSE 部长可以与 QHSE 工程师进行沟通，EPC 项目部的项目经理可以与 EPC 项目部的 QHSE 部长、分包商项目经理进行沟通；分包商项目经理可以与分包商的 QHSE 检查员和分包商的作业班长进行沟通。

EPC 项目部的 QHSE 工程师与分包商的 QHSE 检查员、分包商作业班长之间不存控制关系，因此他们之间的沟通就是一种无效沟通。

由此可见，安全行为观察与沟通成功的实践的前提条件就是项目管理控制链。

（四）安全管理的情、理、法与多层级项目管理原理探讨

情——上级对下级必须有情，用"情"字才能吸引人才，凝聚合力，培育未来。在"情"字上，有近情关系和远情关系，控制与被控制之间的"情"，是近情关系，控制与非控制之间的"情"，是远情关系。发展近情关系靠机会，发展远情关系靠统一战线。

理——只有控制与被控制之间才能讲理，监督人员与被监督人员之间当有利益冲突时，永远讲不清楚理。我们目前普遍存在监督人员对被监督人员讲理，被监督人员为了取得更大的优势，其结果是我们就永远陷入到严格监督阶段。

法——项目管理体系的运行必须依靠法，这样才能使各项工作有序进行。

法是底线，是强制力；近情关系，讲理可以依靠控制力，远情关系，讲理只能依靠影响力；情是凝聚力。多层级项目管理原理融情、理、法为一体。安全管理的底线是"法"，即依法办事。推动安全管理良性发展靠的是文化，即影响力。推动安全团队互助管理靠的是情，即凝聚力。因此，安全管理不仅要靠"法"，更应该用"理"，用"情"，以促进管理更加和谐。

（五）健康、安全与环境管理体系（HSE）与多层级项目管理原理探讨

健康、安全、环境管理体系（HSE）与多层级项目管理原理如图 3-43 所示。

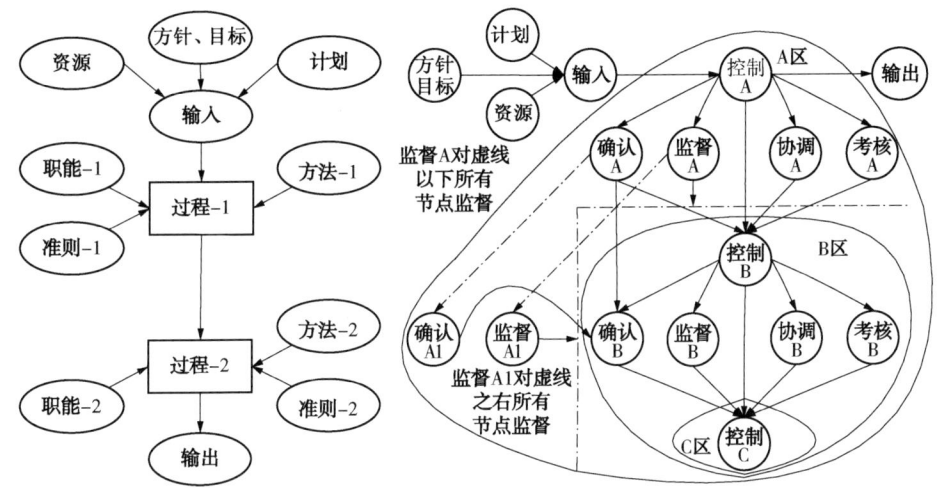

图3-43 HSE管理体系与多层级项目管理原理

质量管理体系建设的八项原则，即：以顾客为关注焦点、领导作用、全员参与、过程方法、管理的系统方法、持续改进、基于事实的决策方法和与供方的互利关系。

通过多层级项目管理原理，能够得到充分的体现。以顾客关注为焦点，是控制 A 必须履行的职责，控制 A 把对顾客的关注通过控制指令传递到整个组织；领导作用就是各层级的控制者，发挥控制职能；全员参与就是管理体系中的每一个人员，按照各自的位置，履行各自己的职责，确保体系有效运行；过程方法就是管理过程中的资源、信息按照规定进行流转，最终实现组织目标；管理的系统方法就是过程管理是一个系统，管理过程必须确保体系的有效运行；持续改进就是根据考核结果对体系运行状态进行不断调整，不断提升管理水平。基于事实的决策方法就是组织体系虽然设定，过程管理由于计划、资源等可能存在偏差，在管理过程必须基于实际情况进行调整。与供方的互利关系就是供方是整个体系的一部分，要想体系有效运行，必须有符合要求的供方，只有做到与供方互利，才能促进供方提升管理水平，满足我们管理的需要。

多层级项目管理原理与质量管理体系、环境管理体系、职业安全健康管理体系或健康、安全与环境管理体系（HSE）的要求是一致的。

质量管理体系、环境管理体系、职业安全健康管理体系或健康、安全与环境管理体系（HSE）的局限性在于输入、职能、方法和准则指向过程，过程内部如何运行，例如，输入由谁接收、职能由谁分配、方法如何实施、准则如何运行，

体系只介绍了 PDCA 循环,没有理清过程内部运行的规律。多层级管理原理的优势在于理清了要素与要素之间的相互关联和相互作用的关系,能够利用管理要素设置管理体系架构,说明资源和信息的流动关系,判别设定资源与计划的输入、职能、方法、准则以及输出的衔接正误。多层级管理原理是质量管理体系、环境管理体系、职业安全健康管理体系,或者,健康、安全与环境管理体系(HSE)建立的基础。

第四章 步步推进

一、考核被体系控制 ▶▶▶

（一）为什么说项目管理体系是考核的基础？

周二上午九点，小王主持召开了质量安全管理星级服务编写小组成员第四次工作会议。

会议一开始，施工部的付工谈了自己对质量安全管理星级服务的看法。现在的工程管理同以往的工程管理有很大的不同，工程管理已进入信息化时代。工作忙的人，水平不一定高；水平高的人，不一定工作忙。信息化时代工程管理的特征是系统化、网络化、节点化、标准化、程序化和信息化，是信息化流水线式的管理，每一个人按照各自节点工作完成任务。现在，项目管理信息系统应用水平高的人都不忙；没有应用项目管理信息系统的人，成天跑现场，还说不清现场情况；项目管理信息系统应用水平一般的人，是我们应积极争取的对象，星级服务主要是针对这些人，通过考核，为这些人提供向心力，促进加快转变观念，适应形式，提升水平。这几天，我也一直在研究"考核"问题，星级服务实际上是"考核"的一部分，我们现在面临的最大问题还是管理体系问题，如果管理体系不理顺，"考核"措施实施后，考核与管理体系冲突，实际操作过程中就会产生较大的矛盾，最后，要么是管理体系不运行，要么是考核不运行。只有管理体系和考核都符合管理规律，才能做到考核促进管理体系运行，管理体系保障考核工作的顺利开展。公司推行的"控制依权、监督依势、确认依规、协调依情、考核依约"的二十字方针，也同样适用于EPC总承包项目管理。我们施工部现在只管施工计划与调度，没有想好我们现在的工作如何与管理体系对接，如果环节不弄清楚，考核工作就无从下手。我们考核的目的就是为了让管理体系更好、更有效地运行，而不是培养英雄，通过英雄的事迹破坏管理体系，让管理体系没法运行，现在的工程项目管理已经进入了没有英雄的时代。我参加过公司组织的PMC项目，对控制、监督、确认、协调、考核这些基本概念认知上没啥偏差，只是没有参与PMC管理策划与设计，对这些概念的深入应用，确实还需要学习。当时，

PMC 项目部反复强调控制与监督分离,希望通过这一措施改善现场监理与 PMC 项目部、PMC 项目部与业主、EPC 项目部的沟通,应该说起到了一定的效果,当时有些现场监理思想比较保守,还被 PMC 项目部召回学习。由于时间紧,对项目组织架构与管理基本要素的关系及其运行规律还没有深入研究,没有具体意见,只是觉得我们这个项目好像控制与监督就没有分离,管理体系运行好像一直有点不顺。希望与王组长一起交流学习,真正把我们 EPC 总承包项目干出水平、干出特色,让业主、PMC 和分包商满意。

施工部的付工的一席话说到小王的心坎上。分包商的吴总,原来很忙,水平不高,现在观念转变了,跟上了项目管理信息化的步伐,水平提高了,工作量大了,反而不忙。小王认为有两点推动了吴总的进步,一是正确地利用了项目管理的规律,理清了控制、监督、确认、协调和考核之间的关系,通过控制、监督、确认、协调和考核,整合了赵工、小高、小秦、小韩等管理资源;二是利用了项目管理信息系统,创新了管理手段,提高了管理资源的利用效率,使吴总的管理能力迅速提升。考核就是针对体系,是为了维护体系更好运行,不是为了创造英雄,小王很赞同施工部的付工的意见。创新需要英雄,维护体系运行,就不能有英雄,创新考核与维护体系运行考核,不能统一。问题是我们现在的管理体系架构是什么,似乎难以说清楚。现在的施工现场,施工部和 QHSE 部都在负责资源调遣,如果资源调遣的责任不是唯一,就必然造成多头管理,如果多头管理的方向不统一,就必然降低管理效率。如果管理体系架构说不清楚,又如何开展考核工作呢?看来要开展考核工作,管理体系架构是基础。

小王觉得施工部的付工肚子里还很多话没有说,因为现在的管理体系是按照设计、采办、施工、QHSE、合同、计划等职能划分,条块负责,未形成系统的管理体系,就对施工部的付工说道:"施工部的付工经验比我丰富,经历的项目比我多,管理研究比我深,对施工部的付工的支持表示感谢!我之所以召开第四次协调会,就是因为我觉得管理架构是考核的基础,如果管理架构不搞清楚,考核工作也就难以进行,我们是在开研讨会,希望大家各抒己见。"

计划部的唐工也参与过公司的 PMC 项目管理实践。唐工谈了"业主 + PMC + EPC 模式"的管理架构,并说道:"我们的 EPC 总承包项目要在管理架构上有所突破,要适应信息化管理时代的要求,不能再落入到传统的管理套路中。PMC 与 EPC 项目管理都是管理,其管理原理都是一样,PMC 项目管理的跨度比 EPC 更大,做过 PMC 的人员,做 EPC 总承包项目的管理工作,在管理上应该不是问题,只要在深度上,再下些工夫,就能够完全适应 EPC 总承包项目的管理需要,我们要把PMC项目管理成熟的东西，应用到EPC总承包项目的管理过程中。具体来说，EPC总包商的管理应以资源为核心，资源的控制应分为二级，一级是项目经理和各部门负责人总体资源控制层，项目经理是总体资源的控制人，具体办事机构是计划部；二级是设计、采办、施工部资源控制层，各部门负责人是资源的控制人。我们计划部与施工部一样，好像定位也不太明确，考核工作的进一步推进可能会碰到困难。质量安全星级服务如果没有资源保证就很难实现。同样的工作，如果甲单位比乙单位提前十天拿到图纸，甲单位比乙单位更早做好物资供应准备，甲单位与乙单位同样的水平，甲单位不抢工期，乙单位必须抢工期，甲单位的质量安全就要比乙单位的要好，甲单位可以评为明星，乙单位就难以获得明星。"

　　计划部的唐工还举了以往工程项目上的一个例子。长输管道工程管材供应和土地协调是保证工程进度的关键环节，EPC的一个分包商的马总善于沟通协调，与EPC的物资采购部、施工部和外协部保持了良好的关系，及时了解管材供应信息，并通过施工部及时调拨管材，满足其工程进展需要；土地问题也及时找外协部，协助开展协调工作，由于外协政策到位、补偿及时，各项工作顺利开展；在现场管理问题上，也积极主动与现场监理协调，检查验收及时，存在的问题也及时整改。EPC的另一分包商的金总善于合同管理，对分包合同研究得很仔细，文章写得也不错，对EPC总承包商未能提供的条件，及时书面报告EPC项目部，希望能够得到EPC总承包商的支持，并要求EPC总承包商严格履行合同规定的责任。在EPC的工程例会上，马总总是受表扬，金总则因未能完成任务、现场监理下发的不符合项多且整改不及时等事项而挨批评。马总管理水平一般，但是帮助EPC总承包商开展了相关协调工作，获得了EPC总承包商应该提供的外部资源，保证了工程进度；金总在国外项目上，一直是优秀项目经理，但是，他认为外部资源提供不及时，协调不到位，是由EPC总承包商造成的，由于EPC总承包商协调所需的外部资源不到位，耽误了工程进度，影响了质量安全。如果按照EPC项目部的管理规范，挨批评的应是马总，得表扬的应是金总，而事实上，出现了相反的结果。马总得表扬是因为与时俱进，帮助EPC总承包商干工作，适应形势，金总挨批评，是因为刻舟求剑，认为EPC总承包商的工作应该由EPC总承包商来完成，EPC总承包商未能及时有效地帮助金总获取相应的外部资源。

　　计划部的唐工继续说道："资源是质量安全星级服务的基础，管理架构也是一种资源，这种资源只有项目经理才能提供，没有管理架构作保障，考核也难以

有效进行。是革命,还是等待,请王组长定夺。"

小王也觉得要认真开展质量安全管理星级服务活动,就得对现有管理架构进行创新,这一点张部长肯定不同意。如何编制质量安全管理星级服务活动方案,小王也没主意了。让投机取巧的人得表扬,让执行程序标准的人挨批评,这不是鼓励大家不讲规矩吗?计划部的唐工的话、金总的处境让小王有点兔死狐悲的感觉。开展质量安全管理星级服务是鼓励大家讲规矩,不是投机取巧,如果管理体系问题不解决,星级服务就有可能向投机取巧的方向转化,星级服务就会起到反作用。自古成败论英雄,理顺管理,太难了。

QHSE部的丁工也是火上浇油,大声说道:"我们质量安全管理人员没有资源控制权,质量安全管理人员要获得质量安全管理明星,就得给施工部认真打工,施工部满意了,资源协调到位,质量安全管理人员才能获得明星。在我们这个EPC总承包项目上,是施工部让我们得表扬就得表扬,让我们挨批评就挨批评,对我们搞QHSE的人员来说,这跟以前的监理没有什么区别。搞星级服务,施工部又多了一个控制QHSE部的工具。公司开展的PMC项目都在推行监督与控制分离,有资源控制权的人承担控制责任,没有资源控制权的人承担监督责任,而我们这个项目好像大家都有控制权,好解决的问题,大家跟着扎堆,难解决的问题,大家都绕着走。星级服务是好事,就是别拿我们QHSE部的人当反革命批。"

会议讨论得越来越激烈,话题也越扯越远,只听着大家在讨论我们的EPC总承包项目是EPC总承包的孵化器,还是EPC总承包的革命发源地。

(二) 机遇

文控部的小肖是个快嘴,会议结束后,就把会议的情况向尹部长做了汇报。尹部长觉得管理体系是调整的时候了,如果不调整,我们组织实施的EPC总承包就没有优势,如果没有优势,就没有存在的价值,如果没有存在的价值,我们的EPC总承包之路还能走多远?现在时代不同了,如果我们自己不创新,不拼打出我们的管理优势,以后业主就会"革我们的命",到时候,想创新也就没有机会。

尹部长听了文控部的小肖的汇报,对管理创新也是心急如焚。理了理思路,就找刘总谈了自己的想法。

尹部长走后,刘总叫来QHSE部的张部长,问质量安全管理星级服务方案编得怎样了?

第四章　步步推进

QHSE 部的张部长回答道："不是说一个月以后拿结果吗？怎么，刘总您着急了？"

刘总把上午小王他们开会的情况同张部长进行了交流，最后刘总说道："我们要支持和鼓励小王他们开展项目管理创新，只有他们的创新，才会给我们的管理带来出路，带来活力，带来优势，带来 EPC 总承包业务的可持续发展。我们要打造与其他单位不同的 EPC 总承包业务，就必须有自己的特色和优势，否则，就没有办法让业主对我们的服务感兴趣，我们就没有生存和发展的机会。"

QHSE 部的张部长建议道："能否召开一个座谈会，让刘总您给他们定个调，从正面引导他们实施 EPC 总承包管理创新。"

刘总回答道："好哇！就定在明天下午三点钟。"

QHSE 部的张部长回到办公室，叫来小王，问质量安全管理星级服务方案编得怎样了？

小王说："上周的工作还算比较顺利，这周的工作完成还有点难度。"

QHSE 部的张部长说道："难点在什么地方，还需要我做点什么？"

小王把上午开会的情况简单地同 QHSE 部的张部长汇报了一下，并顺便说道："以计划、组织、领导和控制为基础的职能式管理，就相当于'地心说'；以控制、监督、确认、协调和考核为基础的资源式管理，就相当于'日心说'；其实'地心说'与'日心说'没有什么不同，只是参考系不一样，对问题描述的繁简程度不一样。职能式管理和资源式管理都能解释现实管理的问题，只是资源式管理解释得更加简明扼要，方便实际操作。原想把这些问题研究透了再向张部长您汇报，没想到编制质量安全管理星级服务方案，还得先选参考系，否则，工作就难以进行下去。"

于是，QHSE 部的张部长就与小王一起研究起了小王的"日心说"。小王把如何利用"日心说"理顺吴总的管理一一道来。等小王讲解完毕，已是夜色时分。早已过了饭点，张部长请小王吃夜宵。

正喝着啤酒时，QHSE 部的张部长对小王说："明天下午三点，刘总召开编写小组座谈会，明天上午，你们再准备一下，刘总对你们的工作很支持。"

小王觉得："山重水复疑无路，柳暗花明又一村"，积极向上的力量，总会得到领导的认可和支持，自己更有责任组织编好质量安全管理星级服务方案，努力开发现有人力资源，为创造尊重与和谐的管理贡献力量。

周三上午一上班，小王就把刘总召集编写小组成员开座谈会的消息告诉了编

187

写小组成员,并让每一个人认真准备一下需要刘总解答的问题,以便更好地推进编写工作。

文控部的小肖得知刘总要召开编写小组成员座谈会,就把这个消息告诉了尹部长。尹部长与文控部的小肖对管理创新进行了认真交流,尤其是项目管理信息系统对程序化、标准化管理的推动作用。尹部长要求文控部的小肖在座谈会上,代表我们文控部,一定要表明现代工程项目管理已进入了管理信息化流水线时代,工业自动化流水线提高了制造业生产效率,而管理信息化流水线必将提高项目管理效率,只有看到未来,努力做好今天,明天的生活才会更加灿烂。尹部长强调我们文控部一定要做管理创新的支持者和推动者。文控部的小肖有了尹部长的支持,对座谈会需要交流的问题进行了认真准备。

(三) 考核推动试点

下午三点,编写小组成员准时到达会议室。为了解除大家的顾虑,刘总首先进行了讲话。刘总说道:"今天上午张部长与我谈了你们提出'日心说',你们年轻人敢于打破传统思维方式,寻求管理新突破,很有创意。我担任这个EPC总承包项目的总经理压力很大呀!我们不仅要把项目干好,还要把队伍带好,更要干出我们EPC总承包的管理特色,代表EPC总承包未来的发展方向,只有这样,才会有未来的市场,未来的发展,才能把握未来的机会,你们才会更有前途,公司才会更有向心力,更有凝聚力,这就要求我们必须实施管理创新。编写小组成员都是张部长精心挑选的,是我们未来EPC总承包项目管理的中坚力量,管理创新就寄托在你们的身上,我们这个EPC总承包项目就是你们的摇篮,用现代一点的词语,就叫做EPC总承包项目管理创新的孵化器。前一段时间,小王在管理创新上做了大量的工作,这些有利于项目管理水平提升的创新,我们都支持,都鼓励,也希望有更多的年轻人,像小王这样投入到EPC总承包项目管理的创新上来,为EPC总承包项目管理的发展贡献自己的聪明才智。"

小王简单把质量安全管理星级服务方案的编制情况向刘总作了汇报,并谈到下步工作进展取决于参考系的选择。根据前一段工作情况看,觉得以计划为目标,以资源为基础,以控制、监督、确认、协调和考核为参考系,更有利于提高管理水平,更有利于管理创新,但是,这个参考系与我们现在以职能管理为基础的参考系不完全相符,究竟如何协调两个参考系之间的矛盾,我们还正在研究。

第四章 步步推进

　　文控部的小肖抢着发言,"我是文控部的小肖,这段时间,我们文控部对管理创新也进行了认真研究,通过梳理文件处理流程,我们发现职能管理是以领导为核心的管理,计划、组织和控制,实际上是为领导服务,对小型项目来说,是可行的。对大型项目来说,项目上有很多领导,以服务领导为基础的管理,就很难把管理体系理清楚,没有管理体系的支持,大型项目就难以有效运行。以计划为目标,以资源为基础的管理,通过以控制为主线,以监督、确认、协调和考核为支撑,以项目管理信息系统为媒介的方式,把项目上的所有资源有机协同起来,实现项目管理目标。上级公司强调要突破资源的瓶颈,转变项目管理观念,改变现有管理方式,把现有的资源充分调动起来,充分利用起来,就是突破资源瓶颈最直接、最有效的管理措施。"文控部的小肖一口气说完要表达的想法,刘总想,管理创新是人心所向,我们得因势利导才行。

　　施工部的付工接着发言。施工部的付工谈到,项目管理公司已开展过多个PMC项目的管理工作,对多层项目管理体系架构进行过认真研究,这些研究成果也同样适用于EPC总承包项目管理。EPC总承包商实际上就是代替业主开展项目管理,只有站在业主的角度开展项目管理,才能做一个负责任的EPC总承包商,才能让业主放心。监理、PMC项目管理和EPC总承包项目管理都是项目管理,项目管理的规律都是一样的。项目管理公司开展的PMC项目管理强调的是监督与控制分离,确保现场控制指令的唯一性,提高监督与控制管理效率,已经取得了很好的效果,尤其是近几年来,项目管理公司推行项目管理信息化,把监督、确认和控制管理过程信息化了,进一步提高了管理透明度和管理效率,使管理责任更加明确,管理界面更加清晰,利用项目管理信息系统的可追溯性,强化了责任履行过程中的监督与控制。我们的EPC总承包项目的项目管理信息系统利用率比较低,最主要的原因就是我们的工作按条块划分责任,具体来说,施工部只管进度,当然就不会主动调动资源去保证工程质量与安全;QHSE部只负责QHSE,为了保证工程质量与安全,不管是否有权调动资源,也会想尽办法调动资源实施工程质量与安全管理。这样施工部不需要QHSE部的管理信息,QHSE部也不需要施工部的管理信息,没有项目管理信息交流,项目管理信息系统自然就没有用。就是因为缺乏项目管理信息交流,施工部和QHSE部在现场经常打架,打架的本质就是没有找到规律,没有用好规律。项目管理不能只看现象,更应看本质,只有抓住本质规律,项目管理才能理顺,效率才能提高,资源的瓶颈才能突破。

　　刘总想,这些年轻人很有想法,EPC总承包项目管理创新,还得靠这帮年轻

人。原来项目管理信息系统为什么就用不起来，施工部的付工的话说到了点子上，大家不在项目管理信息系统上做文章，就在现场打架上做文章。项目管理信息系统是很好的项目管理工具，由于管理体系架构有问题，而没有充分利用起来，看来有管理体系架构深层次的问题必须解决。

计划部的唐工接着发了言，谈到计划部的管理界面与施工部、文控部的管理界面不清晰，条块化管理，造成只要是进度计划的事，都归我们部门管，可是现场施工进度计划又归施工部负责，日报表又归文控部负责，领导要的工程进度信息都很细，这些信息又不直接由我们部门掌握，我们工作有时很被动，能否对资源实施分级管理，信息共享，这样责任界面清楚，利于项目管理。

QHSE部的丁工接着发了言，谈到资源与控制之间的关系，有资源动用权，才有控制权，现场施工资源由施工部控制，施工部应对质量安全管理负有控制责任，我们QHSE部没有资源调动权，不应对质量安全管理负控制责任，只有这样才能理清施工部与QHSE部之间的关系。现在施工部与QHSE部之间的关系不顺，就是因为施工部和QHSE部都在协调现场资源，我们应该以计划为目标，以资源为基础，以控制为主线，理顺我们的管理。质量安全管理星级服务的考核范围不应只是质量安全管理人员，还应包括负有控制责任的施工部及其相关单位的资源控制人员。

合同部的余工接着发了言，谈到内控管理制度。从内控管理角度看质量安全管理主要有五个方面：一是系统性，二是制衡性，三是关联性，四是效益效率性，五是时效性。以计划为目标，以资源为基础，以控制为主轴，以监督、确认、协调和考核为支撑的管理方式，也符合内控的管理原则。具体来说，以计划为目标，以资源为基础，以控制为主轴就是强调管理的系统性；控制权分解后，伴随产生监督、确认、协调、考核权，就是对分解后的控制权进行制衡，确保分解后的控制权符合上级控制权人的要求，因此，监督、确认、协调、考核就是强调管理的制衡性；以资源为纽带，以控制为主轴，把管理节点连成一体，就是强调管理的关联性；监督与确认分为上层监督与确认和同层监督与确认，具体采用哪种方式，根据效益与效率来决定，监督与确认机构的设置就是强调管理的效益与效率；信息化与同层监督与确认都可以提高时效性，信息化水平高就可以削减同层监督与确认强度，信息化水平差，就应加强同层监督与确认。以计划为目标，以资源为基础，以控制为主轴，以监督、确认、协调和考核为支撑的管理方式，必须加强项目管理信息系统的应用管理，只有这样，管理创新才会有效率，才会有效益，才会得到大家的支持。

刘总听了这几位年轻同志的发言后说道:"唐太宗李世民有句名言:'以铜为镜,可以正衣冠;以古为镜,可以见兴替;以人为镜,可以知得失'。在唐太宗那个年代,对科学规律的探索有限,只找到了铜镜、古镜和人镜,在今天这个充满科学规律的时代,我们还应加一句'以规律为镜,可以知对错',古人的名言也需要发展,也要与时俱进,不能僵化,否则,就不能满足时代发展的需求。原来没有找到管理的规律,所以就不知道管理的对错。现在你们找到了管理的规律,条块式、抓堆式的管理已经成为过去,采用符合规律的管理方式方法也势在必行。创新为改革指明方向,并提供动力,改革为创新创造效率与效益,只有创新与改革共同推进,我们的事业才会有更好的发展。但是,改革也需要相对稳定的环境条件,改革就是给管理前进的速度再加上了一个加速度,加速度太大,会摔跤,会碰上后脑袋,减速太快,也会摔跤,会碰上前额头,一部分人受伤了,管理就不和谐,就会影响我们前进的速度,甚至会造成倒退,历史上,这样的例子比比皆是。王安石变法、戊戌变法,开始因为加速度太大,让一部分人,碰了后脑袋,后来因为减速太快,又让一部分人碰上了前额头,最后造成改革中断。加速的希望和减速的绝望结合在一起,就产生了动荡时代,内部发展停滞,外部矛盾激化,造成发展减速,最终导致朝代更替。现有的管理方式有问题,但是一部分人已经习惯了,如果改变了常规,他们就会觉得不舒服,不舒服就会反对,反对就会成为改革的阻力,甚至成为改革的障碍,如果破除阻力,清除障碍就得革命,就会出现不和谐,本来希望通过改革,日子能够过得更好,由于革命花费巨大,最后日子过得更不好,这不是我们追求的改革方式。一个学生,做一道题目,在没有弄懂规律之前,做出的答案,错误率极大;在弄懂规律之后,做出的答案,正确率就很高。每一个人都希望把题目做对,但是,并不是每一个人都弄懂了规律,所以做出的答案有正确,有错误。做对答案的同志,我们要鼓励,没有做对的同志,我们要帮助他们认清规律,利用规律,他们做对答案的机率就会迅速提高。我们要鼓励所有同志进步,不轻易放弃落后的同志,这样就能减小我们改革的阻力,改革的阻力减小了,改革的成本自然就降低了,改革的收益自然就大了。改革创新就是为了创造更加美好的生活,美好的生活吸引更多的人参与改革,吸引更多的人愿意给自己增加一个加速度,改革的动力自然就强了,改革的步伐自然就顺了。创造美好幸福的生活,既是我们改革与创新的目标,也是我们改革与创新的动力,我们一定要走一条低成本、尊重与和谐改革的路子。推行以计划为目标,以资源为基础,以控制为主轴,以监督、确认、协调和考核为支撑的管理方式,我们要遵循试点、总结、宣传、交流、培训和推广的原则,夯实

理顺

群众基础,扩大改革动力,推动创新成果的应用,采用合适的加速度推进改革创新。质量安全管理星级服务是个风向标和指挥棒,必须具有先进性和示范性,我同意你们的'日心说',按照以计划为目标,以资源为基础,以控制为主轴,以监督、确认、协调和考核为支撑的参考系,编制质量安全管理星级服务方案。在方案推行前和推行过程中,我们还要干一件事,就是开展 EPC 总承包项目管理创新活动,为保证活动的顺利进行,把活动分为试点、总结、提炼、宣传、交流、培训和推广几个阶段,并成立 EPC 总承包项目管理创新领导小组、EPC 总承包项目管理创新实施小组和 EPC 总承包项目管理创新宣传小组。"

刘总喝了一口茶,最后说道:"实施小组的主要成员就由你们编写小组和参加试点单位的核心成员组成,实施小组的组长就由小王担任,大家同意吗?"

施工部的付工首先表示同意,其他人也一致表示同意,随后响起了一阵掌声。

编写小组人员听了刘总的讲话,昨天上午每个人脸上的乌云一下子就开了,个个都情绪激昂,表示一定要抓住机会,锐意创新,干出特色,促进和谐。

(四)管理创新,燃起希望

晚上,文控部的小肖忍不住激动的心情,非要王组长组织大家庆贺一下。小王觉得下一步试点工作离不开小高的支持,就顺便邀请了小高参加庆贺。

浩瀚的夜空,美丽的月亮,闪烁的星星,无限的畅想,几个年轻人都沉浸在满怀的喜悦中。

回到宿舍,小王难以入睡。项目经理的确是一个伟大的职业,既要创新,又要包容;既要激起群情斗志,又要妥善避免矛盾;既要善于发现人才,又要安抚一般百姓。每一个人,对项目经理来说都是一个值得开发的资源,只是资源的品质不同,生产的价值大小有差异。物尽其用,人尽其才,就是项目经理的最高追求。项目经理要做到光芒四射,普照八方,就必须具有强大的影响力,这种影响力就是靠自我修炼,靠以情感人,靠不断分解的控制力和监督、确认、协调、考核产生的向心力。张部长、刘总就是表率,名师出高徒,我们一定要抓住机遇,不辜负张部长、刘总的希望。

在这几次的会议中,小王发现施工部的付工就是一个难得的人才,如果施工部的付工能助一臂之力,管理创新就多添了一份力量。

周四一上班,小王找张部长谈了能否让施工部的付工担任 EPC 总承包项目管理创新小组的副组长,因为下一步总结、提炼、宣传、交流、培训和推广的组织工作量很大,有施工部的付工的支持,推进工作可能会更加顺利。"

QHSE部的张部长对小王说道:"你提得很及时,今天上午,刘总召集各部门负责人讨论EPC总承包项目管理创新的事,要成立EPC总承包项目管理创新小组,把我们这个EPC总承包项目干成一个EPC总承包示范工程,施工部的付工的确不错,经验也丰富,我给刘总说一下。"

周四下午,QHSE部的张部长叫小王到办公室,把EPC总承包项目部的文件给小王复印了一份,小王拿到文件一看,就是成立EPC总承包项目管理创新小组的文件,刘总是领导小组组长,张部长是领导小组副组长,小王是实施小组组长,施工部的付工是实施小组的副组长,文控部的尹部长是宣传小组的组长,吴总领导的分包商被列为试点对象。

二、创新受惯性控制 ▶▶▶

(一) 创新

小王从张部长办公室出来,就通知EPC总承包项目管理创新实施小组成员于下午四点参加首次会议。计划部的唐工和QHSE部的丁工看到EPC总承包项目管理创新要动起真格,就开始认真起来。

下午四点钟,创新实施小组成员准时到达会议室,小王宣读了EPC总承包项目部下发的《关于开展EPC总承包项目管理创新的通知》,小王画了一张项目管理体系架构图,如图4-1所示,并对每一个人的分工进行了说明。

施工部的付工看了小王画的项目管理体系架构图,觉得还是局限于现有管理体系上,于是,施工部的付工说道:"王组长,我们应该胆子更大一点,改革更彻底一点,以前是我们施工部没有认真履行自己的监督与确认职责,让QHSE部干了我们施工部的活,我们施工部专业配套齐全,完全有能力把施工现场的监督和确认工作开展起来。QHSE部作为EPC总承包项目部的监督管理部门,从资源管理角度来看,应代表刘总对项目进行监督管理,也就是刘总把资源控制权通过计划部,下达计划指令,分解到设计部、采办部和施工部,刘总就应该派遣监督管理人员对设计部、采办部和施工部进行监督、确认、协调和考核。QHSE部不是施工部的下属,QHSE部发现的问题,应向计划部汇报,通过计划部传递到施工部,由施工部负责落实并将信息反馈给计划部,由计划部反馈给QHSE部,重大问题应向刘总汇报,由刘总通过计划部发出控制指令,这是问题处理的正常流程。而现在的管理流程是,我们EPC总承包商的QHSE部发现的问题,直接由

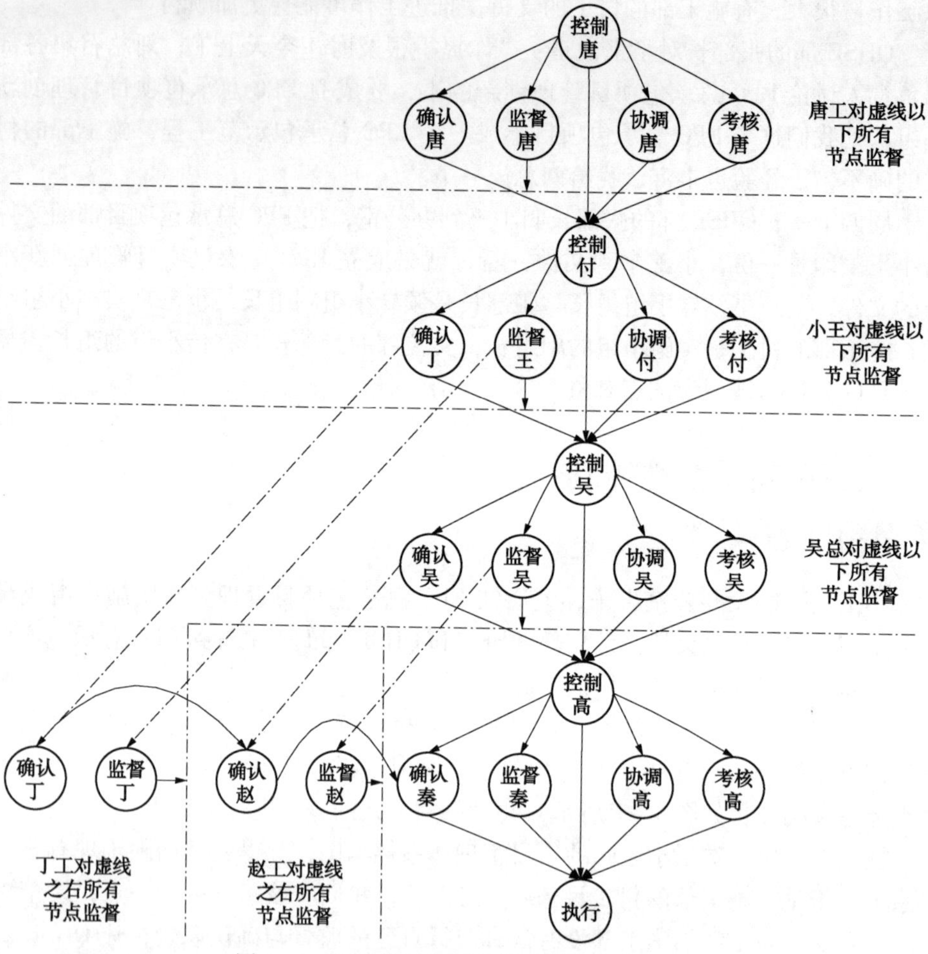

图 4-1 EPC 总承包项目管理创新体系架构

QHSE 部与分包商协调，分包商整改后，也直接找 QHSE 部确认，形成 QHSE 部抓施工质量安全，施工部只抓施工进度的局面。从矩阵式的职能管理分析应该说没有问题，但关键问题是谁在控制资源，如果从资源分析角度上看，这种矩阵式的管理就存在问题。也就是施工部控制主要资源，却不管理施工质量安全，而控制有限资源的 QHSE 部却担负全部的质量安全管理责任。如果不抓住资源这条主线实施 EPC 总承包项目管理创新，我们就难以走出现有的管理模式。反正是让我们开展 EPC 总承包管理创新，不行，先试一试，如果以计划为目标，以资源为基础的管理创新有问题，我们再改回来，如果没有问题，我们的创新就成功了。"

第四章 步步推进

小王根据施工部的付工的意见，对管理体系架构图中的人员分工重新进行了调整。管理体系架构中缺位的人员，经施工部的付工与施工部的李部长协调，决定让施工部的小叶和蒋工配合试点工作，小叶负责现场的监督与确认工作，蒋工负责施工部的监督与确认工作。通过调整，QHSE部与施工部之间的矛盾就避免了，QHSE部是代表刘总对施工部实施监督，QHSE部的监督信息就自然会向刘总报告，刘总对施工部自然就有控制力度，施工部补上了自身缺失的管理节点，责任心自然就加强了，管理就自然理顺了。修改后的管理体系架构，如图4-2所示。

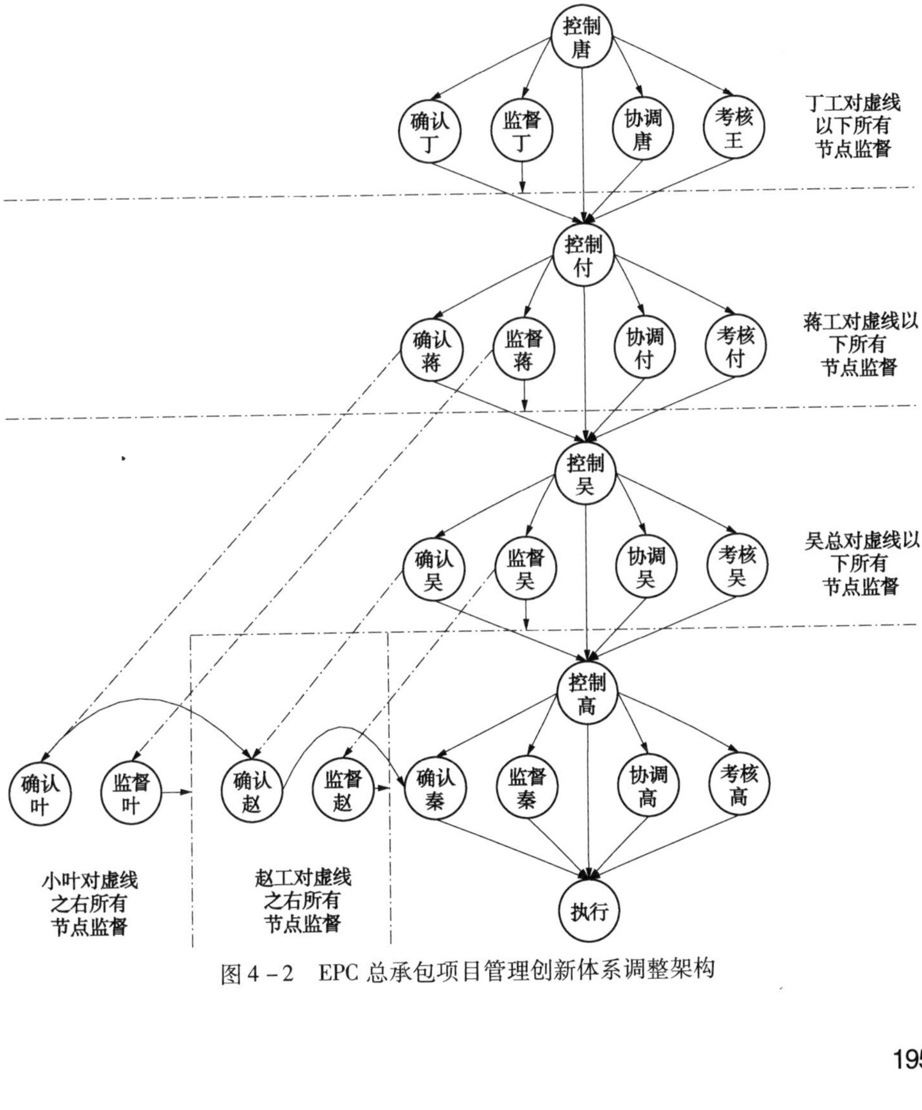

图4-2 EPC总承包项目管理创新体系调整架构

理顺

(二) 惯性

小高看了调整后的管理体系架构图,心里有些不是滋味,好不容易把管理关系理清楚了,现在就是因为 EPC 总承包项目管理创新,来了个管理人员大变动,不知道我们的团队是否能够适应新形势。

小王看到小高脸色阴沉,目光迷茫,就马上解释道:"小高,我们是搞试点,在试点成功之前,原来的管理方式继续运行,别担心,我和付组长会协调好,不会影响你们的管理。刘总在座谈会上强调我们要以适当的加速度改革,不改革我们就没有前途,但改革也不能让我们大家摔跤呀!我们会把加速度控制到大家都能接受的水平。"

小高说道:"我理解,可我们吴总已进入匀速运动状态了,再给他一个加速度,不知是什么反应,我得给吴总先加点力,让他有个准备。"

施工部的付工接着说道:"刘总说得对呀,改变了常规,就会觉得不舒服,不舒服就会反对,反对就会成为改革的阻力。王组长,我们不能因为 EPC 总承包项目管理创新就让吴总、小高他们不舒服呀!小高,看这样行吗?在这一阶段,我们施工部就算跟着 QHSE 部学习,当实习生,以 QHSE 部为主,我们施工部就在旁边看着,看 QHSE 部是怎么管理的,等我们熟悉了 QHSE 部的管理方式方法,再逐步过渡,看怎么样?"

小高回答道:"这样还行!"

(三) 创新是带来希望,还是带来噩梦?

QHSE 部的丁工看了管理体系架构图中的人员分工,也坐不住了,就说道:"我们 QHSE 部干得好好的,就是因为 EPC 总承包项目管理创新,施工部就把我们的工作给抢了,我们 QHSE 部的人都去干什么呀?王组长,你得想想,我们还有那么多兄弟呀!不能让他们没有饭碗呀!不能让他们都下岗呀!王组长,你是上去了,我们还有那么多兄弟上不去呀!这些兄弟们怎么办?不能因为他们不能满足 EPC 总承包项目管理创新的需要,请他们离岗呀!"

小王看着管理体系架构图,也充满了无限的惆怅,QHSE 部的丁工说得对呀,EPC 总承包项目管理创新成功,就意味着用不了这么多的 QHSE 管理人员,就意味着一部分人要离岗呀!我们只想到通过管理创新理顺管理,没想到管理创新就会革一部分人的命呀!尤其是弱势群体的命呀!刘总强调我们要鼓励所有同志进步,不轻易放弃落后的同志,这样就能减少我们改革的阻力。这些话充满深情厚意和睿智呀！小王觉得在推进 EPC 总承包项目管理创新的同时，也得为 QHSE 部的这些兄弟们找出路呀！

于是，小王对 QHSE 部的丁工安抚道："丁工，我们这不是搞试点吗，又没有说要解雇谁呀！况且，刘总不是说我们要把所有的人带出这条改革之道，一个也不能少呀！"

QHSE 部的丁工回答道："王组长，你画的这张管理体系架构图是对的，施工部的付工说的也是对的，试点肯定能够成功，我画不出这张管理体系架构图，但是，我能看明白呀！"

文控部的小肖看了这张管理体系架构图，心想，如果试点成功，推广就意味着减员，QHSE 部的丁工的话传出去，就可能对我们的 EPC 总承包项目管理创新带来负面影响。但一时也想不出什么话来安慰 QHSE 部的丁工。

施工部的付工看到这样僵持下去，QHSE 部的丁工的情绪难以稳定，于是，就打圆场："丁工，没事，我们施工部人手不够，到时把 QHSE 部一部分人转到我们施工部来不就得了，况且，随着我们 EPC 总承包项目管理创新的深入进行，我们会赢得更多业主的信赖，就会有更多的 EPC 总承包项目，创新意味着有更大的发展呀，我们不能静止地看问题，不是有句话'所有的问题，只有通过发展才能解决'，我们只有更好的发展，才能给兄弟们带来更多的机会、更好的前途呀！"

小王也见势收兵，说道，"今天的会，就开到这儿。"

三、改革被希望控制 ▶▶▶

（一）不创新没有前途，而创新又面临险阻

会后，小高直接来到吴总办公室，吴总已经下班。小高觉得在电话里同吴总报告不妥，只有等到明天再当面向吴总报告。

文控部的小肖见到尹部长，就绘声绘色地把开会的情况向尹部长进行了报告。尹部长内心想道："这个付工还真有两下子！"

文控部的小肖看到尹部长不说话，就催道："下一步，我们怎么办？"

尹部长回答道："你得让我想想，到开饭点了，走，吃饭去。"

小王回到宿舍，心事也重了起来，躺在床上想：改革不是革命，是给每一个人身上加了一个加速度，而不是让木板上站着一个人，然后，我们以最大的加速度去拉木板，让木板走了，人却摔倒留下来了。人掉下来了，拉木板更省力，改

革更轻松，但这种革命性的变革，必然会引起原来在木板上的人不满呀！这也是对原来站在木板上的人不负责任呀！如果所有的人都掉下来，这种改革还有意义吗？改革者也得认真学习一下牛顿定律，不能蛮干呀！如果把木板换成一条在水上航行的船，改变一下思路，是否会有新的出路。

文控部的小肖在食堂吃饭，没有看到小王，心想，这个王组长又在琢磨 EPC 总承包项目管理创新对 QHSE 部人员冲击的事，但也不能不吃饭呀！

文控部的小肖敲小王宿舍的门，并大声叫道："王组长，吃饭啦！"

敲门声打断了小王的思绪，小王叹一口气，想：吃饭比 EPC 总承包项目管理创新更重要，不然就要饿肚子了，改革就是为了吃饭更有保障，能够过上更好的生活。于是回答道："好，马上就去。"

晚上，计划部的唐工找到小王，谈了自己对项目开工以来的管理体会。现场质量安全风险比较大，大家对质量安全管理关注度很高，QHSE 部把全部精力用在施工现场的监督与确认管理上，今天通过施工部的付工的解释，这些现场监督与确认工作应由施工部完成，如果这种思路成立，那么我们现在对设计和采办就没有设定专门的监督机制，同样对设计与采办之间、设计与施工之间、采办与施工之间的衔接管理就也没有设定专门的监督机制，我们计划部的工作总是很被动。设计、采办到完不成工作任务才说存在的问题，等到设计、采办说存在问题，工程进度就面临巨大的风险，就给刘总带来巨大的压力，刘总就得大发脾气。其实，刘总的压力，就是因为缺乏对设计、采办的有效监督。另外，施工部对设计图纸确认也是问题，施工部总是等到现场干不下去了，才说出设计图纸有问题，其实，这些问题本可以早发现，早解决，但是施工部对设计图纸只确认数量，不确认质量，造成设计问题到处出现，给总体计划目标的实现带来很多不确定的风险。进场设备材料的质量由 QHSE 部确认，而进场物资现场管理的主要责任又在施工部，如果施工部不组织开箱检验，QHSE 部就只有等待。施工部往往是等到安装前才组织检验，安装后如发现问题，就得处理，处理就需要时间，这就造成采办部的协调工作极其被动。QHSE 部手中只有施工蓝图，材料与设备技术规格书往往只用于采办环节，也就是 QHSE 部只能作通用材料、设备的检验，专用材料、设备由于缺乏技术规格书的支持，只能检查外观是否破损，数量是否符合供应清单要求。如果材料、设备与技术规格书有偏差，往往在安装完成后的某一环节才被发现，如果这个阶段发现问题，采办部就几乎没有协调时间。这些环节成为项目管理的通病，就是因为监督体系不完善，管理体系架构不符合项目管理的规律。

计划部的唐工还举了一个项目进口成套压缩机进场检验的例子。为了确保冬季调峰供气，在两个压气站各增加一台压缩机，两台压缩机同时到达现场，一个站先安装，另一个站后安装。合同规定开箱验货时必须有外方人员参加，中方人员害怕开箱后材料、设备保管不善丢失，施工部决定让安装的压气站先开箱检验，后安装的压气站后开箱检验。先安装的压气站，开箱后，按照供货清单——进行了清点，没有发现问题，第一个压气站安装完成后，第二个压气站的压缩机开箱检验，中方人员与外方人员一起，按照供货清单——进行了清点，没有发现问题。两个压气站的压缩机安装完成后，业主组织了联合检查，承包商的郑工发现两台一样的压缩机，同一个部位的阀门却不一样，就提出了疑问，最后，进行了认真地检查核实，发现第一台压缩机上的阀门压力等级搞错了。保障冬季供气是一项政治使命，业主沈经理忍不住巨大的压力，大为火光，把所有单位点名批评了一次。采办部紧急协调供货方加急采购，并采取空运措施。

计划部的唐工认为，目前我们项目上管理还有很多监督盲点，这些监督盲点就必然导致问题信息不反馈或者反馈不及时，信息不通或者不及时，就会影响决策，决策不到位，就必然出现管理不善。QHSE部作为本项目的监督管理部门，应该与计划部联合起来，不仅应开展对施工环节的监督，还应开展对设计、采办以及这些衔接界面交接确认环节的监督工作，只有这样才能及时发现问题，及时处理问题，避免矛盾扩大化。

小王觉得QHSE部的工作好像进入了一个全新的领域，既然已经找到了建立项目管理体系架构的规律，我们就得按规律办事，不能再走原来的老路，不能继续对错不分。施工部的付工和计划部的唐工都希望变革，余工支持内控管理制度，也希望变革。文控部的小肖背后是尹部长拿主意，前一段时间，理顺吴总的管理，尹部长给予了很多支持，文控部的小肖肯定支持变革。我们QHSE部作为EPC总承包项目管理创新的组织领导者，不能不支持变革。QHSE部现在面临的最大矛盾就是工作需求与人员素质之间的矛盾。一方面，项目上对监督管理工作需求旺盛；另一方面，人员素质不能满足监督管理工作需求。向前走，面临巨大的困难，停滞不前，就会面临更大的困难。

为探求管理出路，小王与计划部的唐工一直交流至深夜。

（二）希望成为创新的动力

周五一上班，小高就把昨天EPC总承包项目管理创新小组开会的情况向吴

理顺

总进行了汇报。小高原想吴总会反对,没想到吴总说:"好哇,EPC总承包项目管理创新推进越快,我们的优势就越大,我们一定要扩大优势,占领先机。小高,这次我们一定要认真配合EPC总承包项目部搞好EPC总承包项目管理创新,通过EPC总承包项目管理创新把我们的信誉打出去。"

小高说道:"吴总,您就不怕EPC总承包项目管理创新给我们的加速度太大,让我们摔倒了?"

吴总说道:"小高啊,你说的对,EPC总承包项目管理创新,我们会面临更大的加速度,只有现在就蹲下来,降低重心,加强学习,努力更新观念,才不至于摔倒哇!等到我们打好基础,我们再站起来,我们就成功了。小高,你们EPC总承包项目管理创新小组的王工、施工部的付工、计划部的唐工都是管理创新的高手呀,还有EPC总承包项目部文控部的尹部长也是管理创新的高手。看这样行不行,你跟着王工和施工部的付工学,小秦跟着计划部的唐工和丁工学,小韩跟着尹部长和文控部的小肖学,每天晚上,再由赵工组织你们集体学习一个小时,我有时间,也参加晚上的学习。在雨天和施工间歇期,我们还要对工人进行培训。通过持续的学习和培训,提升全员素质;通过全员素质的提升,提高我们对加速度的适应能力,适应EPC总承包项目管理创新,把我们变成EPC总承包项目管理创新的推动者和受益者。这样我们与EPC总承包项目管理创新绑定在一起,有再大的加速度,对我们来说,只要EPC总承包项目部能够适应,我们就能够适应。这叫做'早行动、早适应、早发展、早收获'。为适应形势的需要,我决定成立EPC总承包项目管理创新分包商推进小组,我任组长,小高你和赵工任副组长,小秦和小韩、工长小严和小陶为成员。小高,你负责起草一个报告,向EPC总承包项目部报告一下,表示我们积极响应EPC总承包项目部的号召。"

有了吴总的支持,小高昨天沉重的心情一扫而光,如释重负。

小韩通过项目管理信息系统把成立分包商推进小组的报告上传至EPC总承包项目部,并同尹部长通了电话。尹部长说:"太好了,我一会就向刘总汇报。"

小高完成《关于成立EPC总承包项目管理创新分包商推进小组》的报告后,就来找小王,与小王谈了吴总对EPC总承包项目管理创新的支持。小王原来担心吴总由于不适应会提出反对意见,现在看来,这些领导对EPC总承包项目管理创新的承压能力比我们大得多,对新生事物的渴望比我们更加迫切。原来的担心,现在变成了多余。

小王觉得有了吴总的支持,EPC总承包项目管理创新的试点工作应该没有问题。总结和提炼，有施工部的付工和计划部的唐工的支持，也不会有问题。宣传由文控部的尹部长负责，交流、培训和推广是试点成功之后的事，推进速度根据试点工作进展而定。

（三）创新不懈怠，改革不折腾

施工部的付工一上班，就把EPC总承包项目管理创新的想法同施工部的李部长进行了认真研究。施工部的李部长说道："EPC总承包项目管理创新是好事，有利于理顺管理，提高效率；你们推行的管理方法与现在执行的管理方法，在管理体系架构上有很大的不同，这涉及人员的岗位职责和工作范围的调整。有些人原来熟悉的工作，按照调整后的岗位职责，可能不需要；有些人岗位职责需要增加；有些人还需要进入自己根本就不熟悉的领域，熟悉的工作调整起来容易，不熟悉的工作调整起来就难了；还有把熟悉的工作放弃掉，去开展不熟悉的工作，对创新适应能力差的人来说，就更难。你们推行的管理方法——'日心说'，从原理上是对的，管理创新应该不成问题；我们有充分的资源保障试点成功，试点也不是问题；最大的难题是如何让那些不熟悉调整后的工作的人放弃原来的工作，去适应新的工作岗位，去推行新的EPC总承包项目管理模式。转变观念说起来容易，真正转变起来，还会出现很多人不适应，不适应就自然会产生矛盾；矛盾协调不好，就会有斗争；斗争就会伤人心，人心伤就会产生逆反心理；具有逆反心理的人，就不管对错一律反对；这无形中就给创新带来阻力，延缓创新的推进，增加创新成本。因此，注意处理好与各方的关系，尽可能避免在试点和推广工作中出现的矛盾，也是开展EPC总承包项目管理创新的一项重要工作。"

施工部的付工只是一心想推进新的管理方式，理顺EPC总承包项目管理，其实，推进创新工作还有很多基础工作要做，只有做好了基础工作，才能增加转弯的曲率半径，曲率半径增大了，转弯的阻力自然就小了。施工部的付工认为增加转弯曲率半径最有效的方法一是开展有针对性的培训，通过培训去化解矛盾；二是通过试点形成管理标准化，减小适应创新工作的难度；三是把试点成功的管理流程，通过项目管理信息系统固化，通过深入推进项目管理信息系统，利用程序导向，增加适应创新工作的信心；通过以上三点措施，突破EPC总承包项目管理创新瓶颈。然而，以上三点，每项工作都不可能是一蹴而就，都需要一个较长的过程。施工部的李部长的告诫，提醒我们创新推进，采取适当节奏十分关键，不能因为EPC总承包项目管理创新有成绩，就招致人们怨声载道。

施工部的李部长强调："家和万事兴，创新工作也必须以'和'为基础，没

有'和',任何创新都不可能顺利推进,也不能够成功。我们要做到创新不懈怠,改革不折腾。"

最后施工部的李部长承诺,作为施工部全力保障试点工作所需的资源,包括EPC总承包项目部从施工部分配给施工分包商的资源,施工部的蒋工和小叶今天就可以到位。

施工部的付工有了施工部的李部长的支持,对试点工作就信心十足。于是,找小王汇报施工部的准备情况。

计划部的唐工一上班,就找计划部的郭部长汇报了EPC总承包项目管理创新的打算。计划部的郭部长谈了对EPC总承包项目管理创新的看法,说道:"EPC总承包项目管理的难点就在我们计划部,我们计划部应该是项目资源的总体管理部门,而现在只是根据业主、PMC提供的三级进度计划,编制设计、采办和施工的四级进度计划,协调和审批设计部、采办部和施工部编制的作业进度计划,并对设计、采办、施工进度计划执行情况进行跟踪报告,没有对项目资源真正起到总体管理作用。另外各部门的工作计划由各部门自行管理,没有统一纳入计划部管理。条块式的管理,使整个项目管理缺乏系统性,因此,最需要实施EPC总承包项目管理创新的是我们计划部。我对你们推行的以计划为目标,以资源为基础,以控制为主轴,以监督、确认、协调和考核为支撑的管理方式进行了研究,你们提出的管理原理的确是一个创举。该原理明确指出了项目管理体系的运行取决于资源和资源的科学利用,找到了解决EPC总承包项目管理创新的突破口,有利于推进EPC总承包项目管理系统化、程序化、标准化和信息化。现在的管理方式与你们提出的管理原理相比较,职能式的管理就是以领导为主的项目管理,不同的领导,有不同的项目管理方式,由于项目领导对项目管理有自由裁量权,造成了项目管理过程的不确定性,这也是难以推行EPC总承包项目管理标准化、程序化和信息化的一个重要原因。如果编制EPC总承包项目管理体系文件的思路不改变,EPC总承包项目管理标准化就成为幻影;如果现有的管理方式不改变,项目管理信息系统的应用就难以推进。你们推进EPC总承包项目管理创新,对推进EPC总承包项目管理的发展太重要了,计划部全力支持你们开展EPC总承包项目管理创新的试点和推广工作。"

计划部的唐工没有想到计划部的郭部长对EPC总承包项目管理创新还有深入地研究,今天与计划部的郭部长交流,受益匪浅。改变EPC总承包项目管理的现状,采取符合项目管理规律的管理方式也是人心所向,刘总适时启动EPC总承包项目管理创新,是顺应了时代的发展要求。

第四章 步步推进

计划部的郭部长继续说："刘总现在启动的 EPC 总承包项目管理创新只是施工管理部分，随着 EPC 总承包项目管理创新的推进，会逐步向上提升，我们要提前作好思想准备。目前，创新实施小组还没有设计部和采办部的人员参加，我们要发挥我们的优势，负责协调好设计和采办资源，保障试点工作的需要。"

计划部的唐工得到计划部的郭部长尚方宝剑后，就找小王汇报计划部对 EPC 总承包项目管理创新的支持。

合同部的胡部长，看到合同部的余工，就叫进自己办公室交流了关于推进 EPC 总承包项目管理创新的看法。胡部长认为，创新一是要有理论指导，二是要有群众基础，三是要有试验条件，四是要有社会需要，五是要有经济效益。

合同部的余工认为胡部长所说的 EPC 总承包项目管理创新条件，我们现在 EPC 总承包项目都具备。首先有"以计划为目标，以资源为基础，以控制为主轴，以监督、确认、协调和考核为支撑，并按照控制依权、监督依势、确认依规、协调依情、考核依约为原则建立的多层项目管理体系理论"的指导；二是参与 EPC 总承包项目的一部分人员参加过项目管理公司组织的 PMC 项目，对多层项目管理体系理论有一定的认知度；三是现在干的 EPC 总承包项目有一定规模和时间跨度，有开展 EPC 总承包项目管理创新试点的条件；四是 EPC 总承包项目面临人力资源不足的瓶颈，需要通过创新提高人力资源的利用率和提升人员素质；五是只有通过 EPC 总承包项目管理创新，提高人员的工作效率，充分发挥人力资源作用，才能让有限的人员承担更多的 EPC 总承包项目工作任务，只有这样，才会有更好的经济效益。

合同部的胡部长说："既然条件已经具备，我们合同部要积极主动配合搞好 EPC 总承包项目管理创新工作，原来合同条款与创新活动不相适应的地方，我们应该找出来，主动与各方交流，争取各方的谅解和支持，避免合同条款的限制，影响创新工作的推进。"

合同部的余工说："我是否应该把我们合同部关于 EPC 总承包项目管理创新的工作向王组长汇报一下？"

合同部的胡部长说："当然应该，否则，遇到合同条款问题就不知怎么处理了。"

于是，合同部的余工找小王报告了合同部关于推进 EPC 总承包项目管理创新需要开展的工作。

小王得到小高、付工、唐工和合同部的余工的消息，觉得是"忽如一夜春风

来,千树万树梨花开",推进 EPC 总承包项目管理创新的条件已经成熟,只有抓住时机,才能赢得 EPC 总承包更好发展。

四、过渡受调整控制

(一)调整

小王与施工部的付工商量后决定召开 EPC 总承包项目管理创新实施小组会议,启动试点工作。由于试点工作涉及蒋工、小叶、赵工、小秦和小韩,小王与施工部的付工商量后决定邀请他们也参加。

文控部的小肖接到通知后,就去找尹部长,看着尹部长眼睛盯着电脑屏幕写材料,就问:"尹部长,我们又开会啦!让我过去说啥呀?"

尹部长转过头,眼睛瞪着文控部的小肖说道:"说啥呀!你自己的事,还不知道说啥?想想我们文控部能为 EPC 总承包项目管理创新做点啥?协调项目管理信息化呀!"

文控部的小肖看到尹部长不耐烦的样子,就不好再打搅,说道:"好了好了,知道了,不打搅了,不浪费尹部长的宝贵时间"。文控部的小肖拿了笔记本,就去开会。

小王根据大家的意见,理出了过渡时期的项目管理体系架构和人员分工图,如图 4-3 所示,并依据项目管理体系架构,对控制、监督、确认管理流程进行了讲解,对协调和考核进行了说明,对人员的分工作了安排,并同大家协商交接过渡所需的时间。

小高看了调整后的项目管理体系架构图和人员分工,提出:"项目管理信息系统中的权限怎么办?"

文控部的小肖想,多亏尹部长的提醒,自己做了一下准备,不然就只能听他们说了,于是回答道:"项目管理信息系统中人员权限的调整需要时间,在调整之前,用现在的人员权限,调整后,用新的人员权限。这个交接期也是过渡期,让大家彼此能够适应。"文控部的小肖觉得自从参加了质量安全管理星级服务活动方案编制小组和 EPC 总承包项目管理创新实施小组后,自己也有了很大的进步,开始主动思考问题、研究问题和解决问题。真是改革创新立壮志,不等扬鞭自奋蹄。

小王问文控部的小肖:"项目管理信息系统中的人员权限调整能否在一周内完成?"

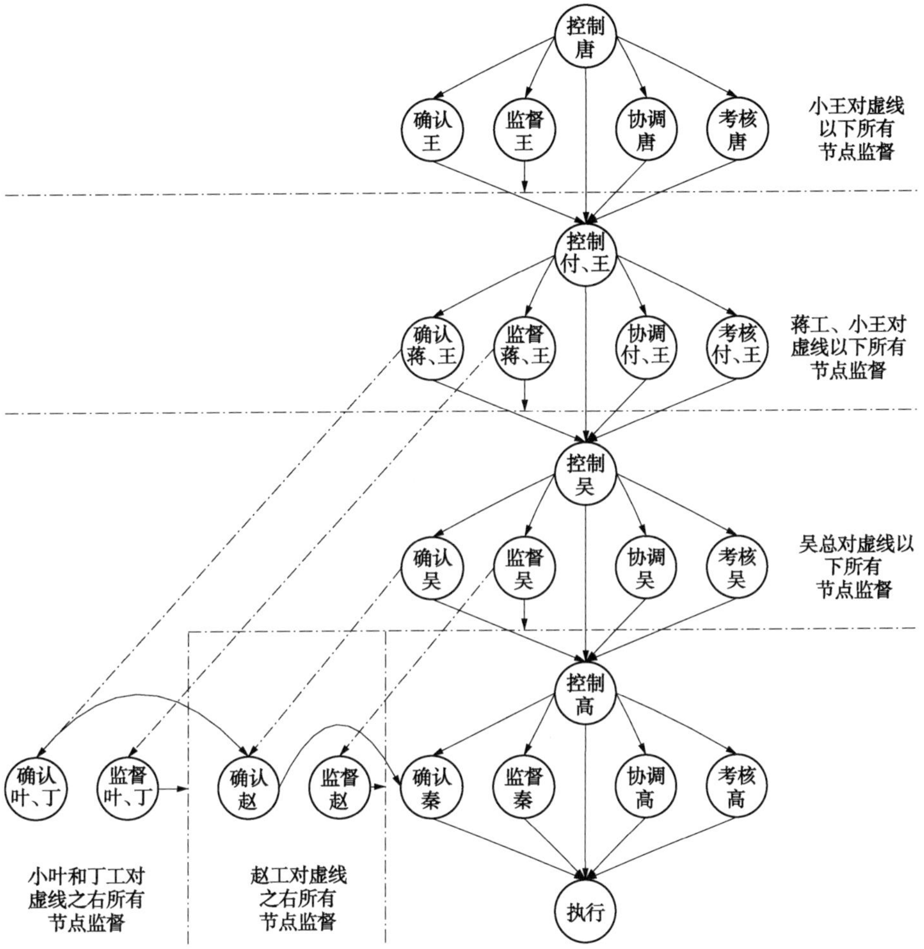

图 4-3 EPC 总承包项目管理创新体系调整过渡期架构

小韩觉得有两天就能调整完，再加上大家熟悉时间，一周之内肯定能够完成，就替文控部的小肖回答道："根据我们前一段时间项目管理信息系统的调整情况，在一周之内完成应该没有问题。"

小王同施工部的付工商量了一下，就说道："好，这阶段的工作就定一周内完成，看大家还有什么意见。"

文控部的小肖看了一眼 QHSE 部的丁工，没想到 QHSE 部的丁工也说没有意见。

时间过得真快，散了会，就到了午饭时间。

205

理顺

下午，小王看到大家分头行动起来，就静下心来清理了一下本周应该完成的工作，发现质量安全管理星级服务活动方案编制计划中的第四、五步工作未按期完成，忙中出错。

小王梳理了一下思路，决定把本周质量安全管理星级服务中未完成的工作、EPC总承包项目管理创新实施情况和以后QHSE部工作的发展趋势同张部长汇报，以争取工作的主动权。没想到，刘总召集部门负责人开会，只好作罢。

文控部的小肖根据小王提出的项目管理体系架构图，提出了人员权限调整方案，并按照尹部长的要求与信息开发部的钱工联系，落实调整时间。文控部的小肖与钱工进行了交流，由于没有新的程序需要开发，钱工认为文控部的小肖就可以完成人员权限的调整。文控部的小肖觉得这太好了，于是，钱工告诉文控部的小肖如何调整，并给文控部的小肖发了培训材料和系统账号。有了人员权限调整的主动权，文控部的小肖觉得人员权限调整也不能太快，否则，施工部对现场QHSE工作还没有来得及熟悉，项目管理信息系统已经调整完毕，施工部和QHSE部都会不适应。

（二）如何辨识确认管理流程？

通过这段时间对控制、监督、确认、协调和考核概念的学习，文控部的小肖认为人员权限调整方案应由小王和尹部长确认，避免自己理解出了差错，影响项目的管理工作。确认要按管理程序进行，项目管理信息系统中人员权限的调整一直是尹部长负责，好像项目上没有书面的管理程序。是让小王先确认，还是让尹部长先确认，文控部的小肖也一时没有了主意。尹部长在开会，文控部的小肖就带着人员权限调整方案找小王。

文控部的小肖见到小王，就问今天上午QHSE部的丁工为什么没有提出反对意见？

小王说："昨天晚上，副组长找了QHSE部的丁工，QHSE部的丁工的思想就转变了。你不是为这事来找我吧？"

文控部的小肖说："当然不是！不过，我同QHSE部的丁工一样，有件事没有转过弯来，看王组长怎么帮助我把弯转过来。"

小王说："什么事？"

文控部的小肖说："比如施工部的付工提出方案，是由你王组长先确认，还是由施工部的李部长先确认？"

小王说："我们不是提出'以计划为目标，以资源为基础，以控制为主轴，以监督、确认、协调、考核为支撑'的管理原理吗?资源由谁先控制,就由谁先确认,离开了资源与控制来谈确认,好像就分不了先后。你提出的这个问题,好像没有标明谁先控制资源,所以就不知道由谁先确认。"

文控部的小肖说:"如果施工部的付工提出的创新方案,就由你先确认?"

小王说:"这个也不一定,如果不涉及新增资源,只是利用现有的资源,开展管理创新,就由我先确认;如果需要施工部的李部长增加新的资源,就得施工部的李部长先确认。比如需要施工部增加现场 QHSE 管理人员,施工部的李部长不确认,蒋工和小叶就不能到位。"

文控部的小肖说:"好,我明白了。我这儿有项目管理信息系统实施创新人员权限调整方案,请王组长确认。"

小王觉得目前的试点工作仅限于施工部和 QHSE 部之间的人员及其权限调整,还没有涉及到计划部和合同部的人员及其权限调整。小王同文控部的小肖进一步沟通后,文控部的小肖对人员权限调整进行了修改,最后小王同意了文控部的小肖的人员权限调整方案。

(三) 没有书面程序,怎么办?

通过人员权限调整确认过程的实践,文控部的小肖明白了为什么要对 EPC 总承包项目管理进行"创新"。这里的"创新"并不是一个新生事物的诞生,而是以前的项目管理没有找到项目管理的内在规律,只是根据项目管理表现出来的现象采取措施,加强管理;而现在我们找到了项目管理的规律,把原来不符合规律的项目管理调整到符合项目管理规律,采用符合项目管理规律的方式开展项目管理。文控部的小肖通过小王的指点茅塞顿开。

文控部的小肖觉得没有书面的管理程序就得用内在的管理规律,才能把事情办对;如果没有书面的管理程序,又不懂内在的管理规律,管理就存在风险;有符合内在管理规律的书面管理程序,只要按照书面程序就能把事情办对。如果把符合内在管理规律的书面管理程序进行信息化,通过项目管理信息系统固化管理程序,通过推行项目管理信息系统,就可以推进 EPC 总承包项目管理创新,文控部必将在推进 EPC 总承包项目管理创新方面发挥重要的作用。看来,只有通过项目管理创新,通过项目管理信息系统使原来的矩阵式的节点管理变成了网络式的节点管理,让每一个人在网络式的节点岗位发挥作用。矩阵式的节点管理理论被网络式的节点管理理论代替是信息化发展的必然结果,也是未来项目管理发展的必然趋势。项目管理信息系统的开发必须有项目管理理论的支持,只有这

样，才能把握项目管理信息系统的开发方向，文控部能够在 EPC 总承包项目管理创新实施小组和信息开发部之间起到沟通的桥梁作用，通过今天的梳理，文控部的小肖觉得自己也找到了工作的方向。

（四）包容是顺利推进调整的基础

文控部的小肖走后，小王继续开展本周未完成的质量安全管理星级服务活动方案编制计划中的第四、五步工作。小王觉得管理体系架构的调整，人员职责的重新分配，都处于变革之中，质量安全管理星级服务活动方案是否应该放在试点之后再启动，这还得征求张部长的意见。

小王认为 EPC 总承包项目管理创新也面临着很多新课题。EPC 总承包项目管理创新第一步工作是把施工现场的原属 QHSE 部的 QHSE 同层监督与确认交由施工部，充分利用施工部的专业技术力量，避免了施工部和 QHSE 部专业技术力量的重复配置，提高了人力资源的利用效率。QHSE 部由原来的前置管理——确认和后置管理——监督并行，变为以后置管理——监督为主。从 QHSE 部和施工部层面来说，实现了监督与控制的分离。QHSE 部的监督报告提交给以刘总为首的 EPC 总承包管理层，由刘总为首的 EPC 总承包管理层对 QHSE 监督报告中提出的问题做出决策；涉及施工管理的事项，由施工部负责具体落实，实现 QHSE 部和施工部共同对以刘总为首的 EPC 总承包管理层负责，解决了 QHSE 部与施工部之间界面不清，职责不明的问题。问题是如何让盯惯了施工现场的 QHSE 管理人员以报告的形式向以刘总为首的 EPC 总承包管理层反映问题？以刘总为首的 EPC 总承包管理层如何以包容之心理性地对待 QHSE 部反映的问题？如何以计划为目标，以资源为基础，理性对待施工部组织对现场问题的处理？如何协调和强化资源的管理，为施工部开展现场管理提供强有力的资源支持？提高 QHSE 部人员的工作能力和以刘总为首的 EPC 总承包管理层对反映问题的心理承受能力，是迈出 EPC 总承包项目管理创新的第一步。只有迈出第一步，以刘总为首的 EPC 总承包管理层才有机会认识到 QHSE 管理自选动作带来的风险，标准化、程序化的管理才会呼之而出，才有决心启动 QHSE 标准化、程序化和信息化的第二步。

根据管理体系架构，小王认为 QHSE 第一阶段的工作标准化分为：

一是 QHSE 部的监督管理标准化。

二是施工部的控制、监督、确认、考核标准化。

三是计划部对 QHSE 部和施工部的 QHSE 工作考核标准化。

多部门、多渠道协同管理就必须程序化和信息化,因此,标准化是程序化和信息化的基础,程序化和信息化是标准化运行的保障。

至于第二阶段及以后的工作标准化,只有根据 EPC 总承包项目管理创新及其推广情况而定。

为确保质量安全和试点工作的平稳推进,小王觉得应尽快启动三级不符合项管理制度,形成分包商、施工部和 QHSE 部三级日常 QHSE 监督管理机制,全面识别现场 QHSE 风险,并把识别出的不符合项和潜在风险纳入计划部、施工部和分包商的日常管理计划之中,使 QHSE 不符合项和潜在风险处理计划管理状态,实施源头控制风险。为确保监督管理工作的透明化,必须建立三级监督管理信息化系统,使监督工作处于信息化监督状态,确保监督工作处在以刘总为首的 EPC 总承包管理层的监督管理之下。

通过梳理,小王对当前、近期和远期工作有了基本打算。质量安全管理星级服务活动就是提高 QHSE 部对质量安全的监督管理水平、施工部对质量安全的控制、监督、确认、协调和考核管理水平、施工分包商对质量安全的控制、监督、确认、协调和考核管理水平,因此,小王对质量安全管理星级服务活动也有了基本思路。

正确对待不符合项的管理,是转变观念、推动 EPC 总承包项目管理创新最为关键的一步。小王重温了菲利浦·克劳士比的《质量免费:确定质量的艺术》、《永续成功的组织:企业健康的艺术》、《完整性:21 世纪的质量》等著作。零缺陷管理不是没有缺陷的管理,而是承认开始有缺陷,通过努力最终实现零缺陷。承认缺陷是个非常痛苦和无奈的过程,是一个必须面对管理现实的过程,只有经过缺陷的磨炼,才能走向零缺陷的标准化、程序化和信息化管理。

(五)影响力——让观念成为创新动力

小王想,转变观念,首先得有人去宣传正确的观念,没有人去宣传正确的观念,没有用正确观念去影响人们,不正确的观念就自然大行其道。想到这里,小王觉得搞好 EPC 总承包项目管理创新,宣传工作也很重要。刘总为推进 EPC 总承包项目管理创新成立了三个小组,其中有一个就是宣传小组,的确是远见卓识。

周一,文控部的小肖把 EPC 总承包项目管理创新实施小组的工作进展情况及时与尹部长进行了沟通,尹部长开始着急宣传小组的工作。尹部长觉得,刘总在上周四、周五连着开了两天的领导小会议,通过交流学习,统一思想,提高认

识,坚定了EPC总承包项目管理创新的决心;实施小组的工作有序推进,试点工作说是从上周开始,实际上小王的现场管理创新工作已经开展了好几个月时间,现在只不过是把项目管理创新的成果按照新的管理体系架构,把属于现场施工部的QHSE工作,由QHSE部移交给施工部;宣传小组的工作到现在只是刚启动。

尹部长认为要做好宣传工作首先得有宣传平台,这个宣传平台就是项目管理创新专刊,于是,给专刊起了几个名称:"开拓"、"创新"、"交流"、"交流与创新"、"新管理"、"管理创新",供刘总选定。草拟了宣传小组人员名单和征文通知,把稳定队伍、转换思想、扩大影响、提升共识、推进创新作为宣传工作的主要方向,减少创新带来的不利影响。尹部长理好思路后就去向刘总汇报。

刘总听了尹部长的汇报后说:"专刊这个想法很好,能够把我们EPC总承包项目管理创新的足迹记录下来,也为我们今后的总结打一个基础。专刊的名字要体现我们的创新是从原来职能式的管理向以计划为目标,以资源为基础的管理转变,由矩阵式节点管理向网络式节点管理的转变,由传统管理方式向系统化、标准化、程序化、信息化管理方式的转变,这些转变就是由旧的管理方式向新的管理方式转变,因此,叫'新管理'比较合适。"

刘总看了宣传小组人员名单后说道:"宣传小组应根据投稿人员来定,把有写作能力、愿意为EPC总承包项目管理创新谈点积极感想和建设性意见的人员选到宣传小组来,避免只有人名,没有文名的情况出现。EPC总承包项目管理创新宣传工作就由你们文控部负责组织,其他领导都是创新领导小组人员,没有必要列入宣传小组之中,创新实施小组成员也不应列入宣传小组,就按这个原则确认宣传小组人员名单。"

尹部长说:"那这个名单就没法事先确定!"

刘总说:"把你和文控部参与宣传工作的人员列两位,再把除领导和实施小组人员之外的文章前三名列入,这样能调动宣传写作人员的积极性。因此,宣传小组有一半人员是动态的。"

尹部长说:"我明白了。"

刘总继续说道:"宣传的主要方向没有问题,再开辟一个栏目,叫做新管理之窗,介绍新的管理知识或者出一点新管理知识竞赛题,促进大家对新管理知识的学习。"

尹部长说道:"好,下来我们文控部按照刘总您的要求把征文通知修改后,就下发执行。另外,邀请刘总您在首刊上发表一篇文章,以确定EPC总承包项目管理创新的方向。"

刘总回答道："好，我写好了就给你们。"

施工部的付工和小高沟通良好，现场工作交接顺利，吴总也对施工部的付工的服务质量很满意。文控部的小肖也及时调整了项目管理信息系统中的人员权限。

小王根据分包商、施工部和 QHSE 部三级日常 QHSE 监督管理，对管理体系架构作了进一步的调整，如图 4-4 所示。

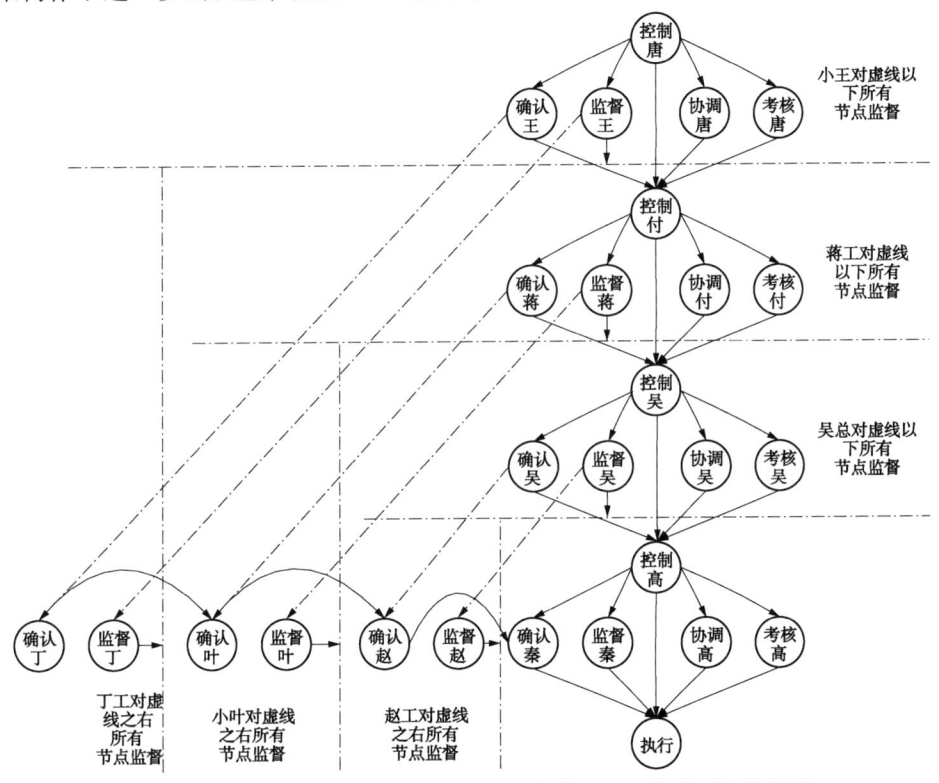

图 4-4　EPC 总承包项目管理创新施工部与 QHSE 部体系架构调整

QHSE 部的丁工由原来的监督与报验的确认转换为以监督为主，并对 QHSE 部发布现场不符合项整改的确认，由于没有报验确认工作，就摆脱了报验确认过程时限对监督工作的制约。小王要求 QHSE 部的丁工开始写日监督检查报告，自己则根据 QHSE 部的丁工的监督报告开展有针对性的监督工作。由于有 QHSE 部的丁工的支持，小王自己就有更多的时间思考进一步的 EPC 总承包项目管理创新问题。

理顺

（六）创新改变了惯性

小王觉得要使分包商、施工部和 QHSE 部三级日常 QHSE 监督管理发挥作用，就必须启动分包商、施工部和计划部三级日常控制。小王觉得自己现在是与施工部的付工处在同一个管理节点上，实施控制；如果 QHSE 部与施工部的工作完全交接完毕，自己就不能再干预施工部的付工的工作；QHSE 部在现场检查出的问题就不能直接交由施工部的付工，而是要通过计划部的唐工传递给施工部。鉴于涉及到计划部的工作职责，小王叫来计划部的唐工，与计划部的唐工进行了交流。

计划部的唐工认为按照管理体系架构应由计划部向施工部发出控制指令，现在问题是计划部的人员对 QHSE 工作不熟悉，施工部管理计划的人员也对 QHSE 工作不熟悉，要求我们搞计划的人员既熟悉进度计划管理，又熟悉 QHSE 管理太难了。计划部的唐工认为变革后的管理体系架构从原理上分析是对的，但实际操作中必须有相应资源的支持才行，否则，由于没有资源支撑，变革后的管理体系架构就成了空中楼阁。

小王认为如果控制指令不从计划部发出，QHSE 监督检查报告中，需要落实资源进行整改的问题，就得由 QHSE 部去落实资源，最后 QHSE 部就成了控制部门。而资源却又在计划部控制，QHSE 部发现的问题，没有人去落实资源，问题的整改又成了难题。如果 QHSE 部把问题直接发给施工部，施工部就会要求 QHSE 部按照矩阵式管理要求，QHSE 部的管理人员与施工部的 QHSE 管理人员对接，由不控制资源的管理人员去落实问题的整改，最后又落入到原来的管理套路之中。

小王觉得计划部之所以不管 QHSE 工作，就是原来职能式矩阵化管理的惯性。无论是考注册监理工程师，还是考注册建造师，没有说搞计划的人员不考质量、安全管理，搞 QHSE 的人员不考进度、合同管理，要想通过考试，质量、安全、进度、合同、投资就必须都学习。实际上，计划部的人员不熟悉 QHSE 管理工作这是现实，QHSE 部的人员不熟悉进度计划管理工作是原有管理体制造成的。"不想当将军的士兵，不是好士兵"，不想当项目经理的工程项目管理人员，就不是好的工程项目管理人员。现在要改革创新，就得想办法去适应新体制，适应新的工作范围，有作为的工程管理人员最后都要走到项目经理的职位上，不能说项目经理只懂进度计划管理，不懂 QHSE 管理，或者说只懂 QHSE 管理，不懂进度计划管理。因此，计划部的唐工的想法站不住脚，看来，在现有矩阵式的职能化管理条件下，在下一步推广工作中，推行信息化条件下的网络式系统化管理，还会遇到更大的阻力。

由于涉及部门之间工作范围的调整，计划部的唐工说："王组长，这件事我还得征求我们计划部郭部长的意见，现在不好答复你。"计划部的唐工没有想到EPC总承包项目管理创新推进速度这么快，自己还没有作好思想准备，改革创新就改到自己头上来了，王组长今天简直是给自己当头一棒。计划部的唐工想了自己回答的问题，从计划部当前的工作范围来说，也没有错，自己也给了王组长当头一棒。王组长是创新实施小组的组长，不涉及计划部的郭部长的事宜，当然就有权直接与创新实施小组成员协商EPC总承包项目管理创新事宜，计划部的唐工觉得今天与王组长的对话，作为创新小组的一员，是不合适的，今后还得主动思考问题，才能避免出现今天难堪的局面。

小王认为所谓创新就是要与原来有所不同，把原来不合理的地方变为合理，如果都与原来一样，那还搞什么EPC总承包项目管理创新。对不合理的地方适应了，就形成了惯性；对合理的地方不适应，就是因为现在要改变原来的惯性。

小王与计划部的唐工的沟通不欢而散。小王觉得分包商的管理好理顺，自己内部的管理反而难理顺。改革创新涉及到自己时，往往就难改！

五、管理创新与实践 ▶▶▶

（一）管理惯性与创新

1. 根据图4-5，探讨管理的便利性与管理的有效性。
（1）现场监理在现场发了一个不符合项，首先想到应该找谁？
（2）如果让现场监理督促问题的整改，现场监理首先想到找谁？
（3）业主项目部的QHSE工程师在现场发了一个不符合项，首先想到应该找谁？
（4）业主项目部的QHSE工程师在现场发了一个不符合项，如果让现场监理落实，现场监理应该如何应对？
（5）EPC项目部的QHSE工程师在作业现场发了一个不符合项，如何方便应对，又如何有效应对？为什么方便应对不符合管理程序？
（6）在流程化管理过程中，如何应对管理的便利性和管理有效性？
2. 如何才能有效避免管理的惯性，有效推进管理创新？

理顺

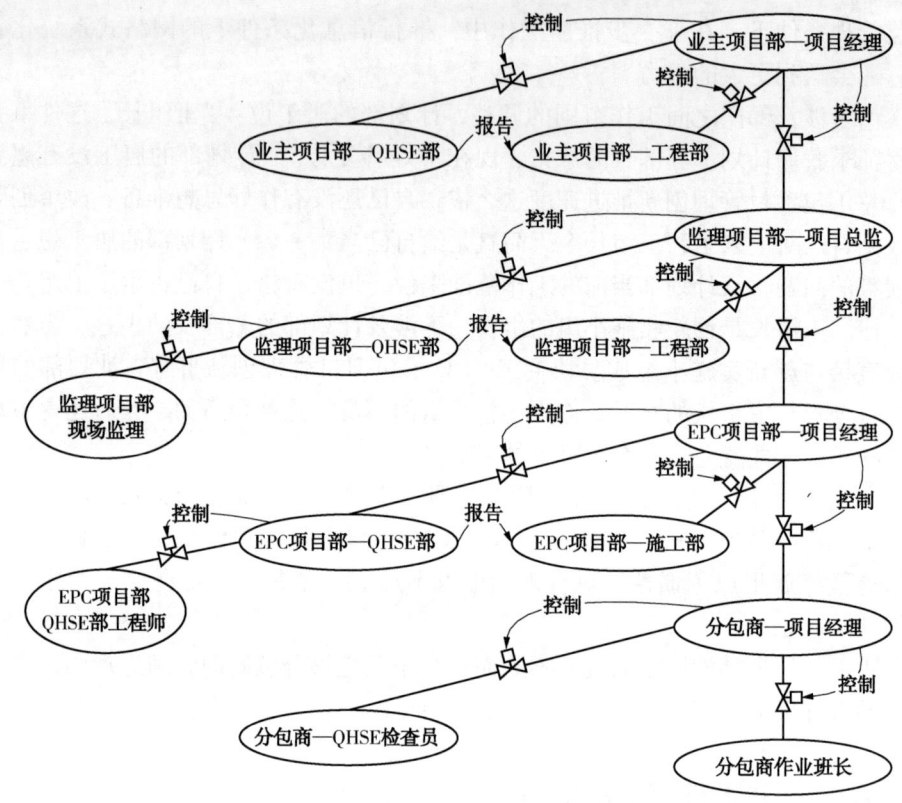

图4-5 业主、监理、EPC、分包商项目管理架构模型

3. 在多层级管理体系中，如何提升管理效率，减弱管理惯性对管理创新的不利影响？

4. 管理扁平化，是管理创新，还是怀旧的惯性？

5. 为什么越强调程序化管理，管理结构就越复杂？

6. 在管理创新活动中，如何有效应对管理的惯性？

7. 随着项目的大型化，项目管理是越来越复杂，为什么只有分级决策，才更有利于管理的简化？

8. 在管理创新活动中，如何平衡方便性与合理性？

9. 能力是创新的基础，提升能力既有利于创新，也有利于减少惯性。我们应重点提升哪些能力？

10. 管理创新必须结合管理实际，这就决定了管理创新必然面临阻力，如何突破管理创新的阻力？

（二）管理创新与 EPC 总承包管理模式

1. EPC 总承包管理模式就是多层级复杂项目管理，EPC 总承包管理模式是否能够顺利推进，取决于我们对多层级复杂项目管理的认识。如何有效推进 EPC 总承包项目管理模式？

2. 浅谈在 EPC 总承包项目中实施监督与控制分离的必要性，如何有效推进监督与控制分离体制的实施？

3. 能否设计一个推行 EPC 总承包管理模式的试点方案，并开展 EPC 总承包管理模式试点工作？开展 EPC 总承包项目管理创新试点的必要性和重要意义是什么？

4. 结合多层级项目管理原理，分析以往监理、PMC 或 EPC 总承包项目管理中存在的问题，探讨在以后的 EPC 总承包项目管理过程中应重点关注的问题。

5. 请画一张我们现在实施的 EPC 总承包项目的质量安全管理架构，如何理顺我们的质量安全管理？

6. 如何引导分包商开展 EPC 总承包项目管理创新？如何培育成功的分包商？

7. 我们开展的 EPC 总承包项目实施了流程化管理吗？如何推进流程化管理？

8. 探讨统计与分析管理过程记录与提升 EPC 总承包项目管理水平之间的联系。

9. 探讨判断 EPC 总承包项目管理是否理顺的标准。

10. 如何总结 EPC 总承包项目管理创新的经验与教训？

（三）管理创新与监督方式的转变

1. 试论监督工作从检查现场隐患向检查管理责任链转变的必要性。

2. 监督工作是依据分包商的管理文件检查管理责任链的完整性与运行的有效性，还是应该根据管理规律检查分包商管理体系的正确性？

3. 已通过 EPC 总承包商审批的分包商管理文件，运行过程中发现不符合管理规律，EPC 总承包商应采取哪些措施？

4. 如何理解监督依势？如何开展有效监督？

5. 在 EPC 总承包项目管理过程中，如何防止监督与控制的冲突？

（四）管理创新与多层级确认管理

1. 请画出分包商、EPC 总承包商、工程监理之间的物资报验流程。

2. 请画出甲供物资不符合项处理流程。
3. 请画出 EPC 采购物资不符合项处理流程。
4. 请画出分包商采购物资不符合项处理流程。
5. 请画出工程试验报验与确认管理流程。
6. 请画出检验批检验、报验与确认管理流程。
7. 请画出质量不符合品处理流程。
8. 请画出分部工程质量检查验收管理流程。
9. 请画出脚用架搭设检查与验收管理流程。
10. 请画出 EPC 总承包商、分包商管理临时用电流程。
11. 请画出临时用电月度检查管理流程。
12. 请画出作业前安全分析管理流程。
13. 请画出施工组织设计报审管理流程。
14. 请画出施工分包商开工管理流程。
15. 请画出 EPC 总承包商开工管理流程。

(五) 管理创新与可持续发展

1. 试论传统方法在大型项目竞争性管理中没有优势，为促进公司进一步发展，采用新的管理方法势在必行。
2. 试论管理创新就是为了获得先机，促进可持续发展。
3. 试论管理创新对提升项目在公司的影响作用。

第五章　管理竞争

一、开发资源看前头

（一）如何开展有效的管理提升活动？

计划部的唐工刚走，文控部的小肖拿着 EPC 总承包项目管理创新宣传小组下发的征文通知，就过来找小王，要求小王积极投稿。

小王正在为下一步工作如何推进发愁。没有计划部的唐工的支持，EPC 总承包项目管理创新只能定位到施工部的付工的控制节点及其以下。如果找 QHSE 部的张部长协调，不知道计划部的郭部长是什么态度，如果郭部长同计划部的唐工的想法一样，张部长的协调也难有成效。如何改变计划部的唐工的观念，小王一时也没有好主意。

文控部的小肖这个时候来催小王表态积极投稿，小王实在是没有心情，于是说道："工作都进行不下去，哪有心情投稿呀！"

文控部的小肖的热心肠，没有想到换来小王的冷淡。文控部的小肖自己觉得没法向尹部长交待。

小王原想与计划部的唐工沟通有了结果，再向 QHSE 部的张部长汇报，没有想到是这样的一个结果。

小王带着郁闷心情，找 QHSE 部的张部长汇报了这几天的质量安全管理星级服务方案编制情况和 EPC 总承包项目管理创新实施小组工作情况。

QHSE 部的张部长看到小王在编制质量安全管理星级服务方案上越来越难，就对小王说道："质量安全管理星级服务方案本质上就是一个考核方案，是希望通过考核，引导大家向着更好的方向发展。表面上，考核是针对被考核对象，本质上，是考核我们领导对人力资源的开发能力，只有不断地提高我们项目上每一个人的管理能力，才能把我们的项目管得更好。"

小王说："也就是开始到我们项目上的管理人员，通过我们的考核措施，使他们变得更加优秀。"

QHSE 部的张部长说道："对，没有考核，就不知道是否优秀，就没有前进

217

的方向。因此,开展质量安全管理星级服务的目的就是为了提高大家的工作热情,发挥每一个人的聪明才智。编制一个科学合理的方案当然很好,如果有一个不完善的方案,能够激发和调动大家的工作积极性,也比没有方案强。调动大家工作热情的事,一刻也不停,一刻也不能等。现在我们又面临EPC总承包项目管理创新的工作任务,我们更需通过质量安全管理星级服务活动来推动EPC总承包项目管理创新。当年,拿破仑分发了15000个十字勋章给士兵们,极大地鼓舞了前线战士。在昌平档案馆留存的十三陵水库竣工的表彰名单上就有先进个人19000多人。水库的建设者回忆起当年忘我工作时的情景都无不惊讶:那时候每天吃窝头、咸菜,从事那么繁重的劳动,怎么从来不觉得累?这其实就是表彰的力量。"

QHSE部的张部长还谈了我们目前考核工作中存在的普遍问题就是"只盯后头,不看前头",在落后分子身上花了很多精力,对先进个人关注不够,以至于花了很大精力去搞考核,结果没有起到应有的效果,反而招致了很多麻烦。一句表扬的话,暖人心,一句批评的话,伤人心。我们搞管理就是想把更多的人吸引到我们的管理思路上来,通过凝聚人心,把项目做得更好;不是为了一时之气,把人心搞散,逼得大家做事小心翼翼,思想僵化,没有创意,没有主动,最后大家把项目做得漏洞百出。给项目上的人员适度增加一点压力是应该的,但一定要有个度,就像我们的管道试压,在一定的压力范围内是安全的,超过了规定的范围,就会出危险。我们要通过积极分子去产生影响力,通过影响力去促进落后分子转换思想,通过转换思想,把各项工作搞上去。这样,一方面把我们的精力用在刀刃上,另一方面还可以化解矛盾。

QHSE部的张部长说:"我觉得你们现在的工作是千头万绪,要拿出一个比较系统完善的东西还有很大困难。表扬有点问题,不碍大事;批评错了,就会产生矛盾。你们先拿出一个只取头,不顾尾的方案,这样能够激发先进,又能避开矛盾。我们要把主要精力放在开发优质人力资源上,通过优质人力资源,进一步提高我们的管理活力,推动管理创新,适应EPC总承包模式发展的需要。通过先进分子去影响后进分子,这样后进分子也被开发出来了。如果我们现在就去关注后头,往往得不偿失。考核是为了增加资源的价值,不是为了找坏蛋。"

小王说道:"有监督职责的人员,按发布的不符合项的数量来进行考核,谁发的数量多,谁就是明星,第一名取一位,第二名取二位,第三名取三位;有控制职责的人员,按问题整改完成数量和未整改数量来进行考核,整改完成数量的比例与未整改数量的比例各占50%,即50分,整改完成数量积分从0分到50

第五章 管理竞争

分，未整改数量积分从50分到0分，谁的积分高，就取谁为明星，第一名取一位，第二名取二位，第三名取三位，这样简化一下质量安全管理星级服务方案。"

QHSE部的张部长说："好，监督可以按人考虑，实行明星制，控制涉及各单位的资源，可以按单位考虑，实行红旗制，这样就把隐患排查和隐患治理纳入考核之中。"

小王觉得通过张部长的指点，复杂的问题就变得简单了，小王说道："那我就按这个要求起草一个质量安全管理星级服务活动的通知？"

QHSE部的张部长说："好！"

QHSE部的张部长对EPC总承包项目管理创新实施小组的工作进展很满意，就说道："计划部的唐工的问题，就是因为你们现场工作推进的速度太快，计划部的唐工还没有来得及反应。现在你给计划部的唐工一个加速度，计划部的唐工失去了平衡，就摔倒了，在摔跤的过程中，又正好碰上了你，把你也撞倒了。计划部的唐工摔倒并把你碰倒，是谁的错？"

小王说："我明白了！"

QHSE部的张部长说："改革创新的目的是为了获得更大的利益，如果成了改革创新的牺牲品，改革创新就没有意义。改革创新就如同我们的质量安全管理，保证自己的安全，是推进改革创新的底线，低于底线，改革创新就会有危险。"

小王说："我们只想到要快速推进，没有想到还有这么多困难。"

QHSE部的张部长说："改革创新是一个漫长而曲折的过程，应采取克制、耐心、谨慎、谦逊、执着的态度去化解一个又一个的矛盾。矛盾化解了，改革创新才能逐步推进。英雄式的改革创新，从来就是失败的改革创新。只有想到保护自己，才能克制自己，磨炼自己的耐心。只有想到化解矛盾，才会有谨慎、谦逊。只有创造美好生活的责任，才会有执着地推进改革创新。"

小王说："改革创新有一个发展过程，如果是拔苗助长，最后就是欲速不达。我们以后推进创新要注意速度。"

从QHSE部的张部长办公室出来，小王就琢磨，监督水平靠个人，控制水平靠集体，张部长真是一语道出了管理的关键环节。总觉得我们年轻人有先进的观念和学习能力，今天与张部长的交流，张部长对新生事物的领悟能力超越了我们的学习能力和创新能力，难怪人们说"姜还是老的辣"。

小王觉得自己是用电脑干活，而张部长是用智慧办事，有了张部长把关，心里踏实多了。在改革创新这条船上，张部长就是我们的舵手。

219

理顺

小王心中疙瘩被张部长的一席话解开了,脸上也露出了笑容。

(二)为什么改革创新,必须要抓稳定?

小王觉得刚才对文控部的小肖说的话有些过分,于是,就去找文控部的小肖道歉。

小王见到文控部的小肖,文控部的小肖满脸不高兴。于是向文控部的小肖表示了道歉,并解释了缘由。文控部的小肖对小王也表示了谅解,并说道:"本来是尹部长要去找你谈《新管理》宣传事宜,我对尹部长说'我们创新实施小组的事就不用劳尹部长你大驾了',没有想到我去碰了一鼻子灰"。

小王对文控部的小肖再次表示道歉,并告诉了张部长对质量安全管理星级服务活动方案编制意见和对EPC总承包项目管理创新实施小组工作进展情况的评价。

文控部的小肖看到了希望,脸上的乌云就散了,于是,对小王说道:"走,找尹部长谈《新管理》撰稿的事"。

尹部长见到文控部的小肖拉着小王过来了。

文控部的小肖对尹部长说:"我把人给你请过来了,撰稿的事,尹部长你就同王组长交待吧。"

尹部长让小王谈一谈改革创新的体会。

小王说道:"改革创新就像刚学完车上路的新手,不是过左,就是过右,使劲地盯着分道线,车却在画龙。要不是张部长坐在旁边,不是撞栏杆,就得撞车,改革创新这辆车,就不敢开了。"

小王给尹部长谈了差一点就撞栏杆和撞车的事。

文控部的小肖觉得尹部长的确是沟通的高手,几句话就引爆了小王的兴奋点。

尹部长对小王说道:"你认为项目管理改革创新的关键点是什么?"

小王回答道:"项目管理改革创新的关键点就是找稳定的平衡点,没有找到稳定的平衡点,项目管理改革创新就会走入歧途,就会走入斗争,这就是为什么讲到项目管理改革创新必谈稳定的原因。"

通过与小王的交流,尹部长找到了宣传工作的重点就是在运动中找平衡——明方向、找偏差、防风险、变惯性,适应加速度,积极主动开展各项工作,实现体系通、职责清、标准明、管理顺的改革创新目标。

小王认为质量安全管理星级服务的明示工作非常重要,只有通过明示,才能

形成比、学、赶、超的局面。尹部长提议在 EPC 总承包项目部的大会议室设置明星榜和红旗谱，激发各单位积极向上的热情。

尹部长看到小王高兴的样子，趁势说道："刘总已同意在项目上启动《新管理》专刊，一是宣传改革创新给大家将来带来的实惠，促进改革创新在稳定中发展；二是给大家提供一个交流学习的平台，探讨改革创新的体会；三是及时发布改革创新成果，及时推广和应用；四是为以后项目总结打一个基础。刘总要在首刊上发表文章，也希望王组长为首刊添光加彩。"

小王当即说道："好。"

文控部的小肖在一旁看了小王与尹部长的对话，觉得管理沟通铺陈是关键。自己是直截了当地要求王组长为《新管理》撰稿，而尹部长首先是激发王组长的兴趣，然后谈了《新管理》的重要性，最后才是邀请撰稿，使王组长欲罢不能。沟通也有技巧，而技巧又来自于实力，文控部的小肖觉得自己今后在这方面还得多加训练。

小王按照张部长的要求编制完成质量安全管理星级服务活动的通知后，征求质量安全管理星级服务活动编写小组意见。由于是一个阶段性、临时性的通知，大家认为先按此要求执行，如果在执行过程中出现问题，再进行修改就是了，因此，大家就没有提过多的意见，通知很快得以通过。

QHSE 部的张部长拿到通知后，认真地阅读了一遍，文字正确，语句通顺，符合刘总说的"日心说"参考系。由于活动涉及多个部门，于是张部长找刘总签发。

文控部收到质量安全管理星级服务活动的通知后，也行动了起来，在会议室入口的墙面上设置了明星榜和红旗谱。刘总对文控部的宣传工作也给予了表扬。

为了有效利用时间，小王与文控部的小肖协商，把分包商、施工部和 QHSE 部的三级监督与分包商、施工部和计划部的三级控制搬到项目管理信息系统上，实现网上监督和网上控制。关于计划部在 QHSE 方面的权限，小王觉得暂由自己来代替，等计划部的唐工适应了新的管理要求后，再移交给计划部的唐工。

二、交流影响打基础 ▶▶▶

（一）建立交流平台，统一认识，化解矛盾

小王安排完文控部的小肖的工作后，就开始琢磨《新管理》撰文、如何让

理顺

计划部的唐工适应新的管理要求和 QHSE 部的出路三件事。

周四下午,施工部的付工已组织大家顺利完成 QHSE 部与施工部关于现场、信息系统和管理资料方面的交接工作。施工部的付工找小王提议设置创新论坛,通过非正式的渠道去影响大家,改变大家,使大家在娱乐中转变思想观念。大家可以通过角色表演,去理解以计划为目标,以资源为基础,以控制为主轴,以监督、确认、协调和考核为支撑的管理体系架构,通过变换角色去辨识管理程序的对错和不同管理程序下的管理效率,把更多年轻人纳入到 EPC 总承包项目管理创新的轨道上来。

小王觉得施工部的付工的想法非常适合目前的现状,会的人可以上台表演,不会人在台下观看,想体验的人还可以体验,避免了培训的压力、交流的拘束和宣传的灌输,生动活泼。角色表演把培训、交流和宣传融为一体,把系统化、网络化、节点化和程序化的思想通过角色表现出来,使人们从传统矩阵式的职能化管理中走出来,实现信息化时代网络式的系统化管理,促进观念转变。涉及到宣传的事,小王建议还是与创新宣传小组的尹部长取得联系,争取尹部长的支持。

尹部长听了施工部的付工的介绍,立即表示支持,表示宣传小组的宣传形式加上角色表现已有三种方式,即《新管理》专刊、明星榜与红旗谱和角色表演,为此,对施工部的付工的提议表示非常感谢!

施工部的付工说:"你们宣传小组对活动的支持也得有具体行动呀!"

尹部长说:"你不就是要我们出节目吗?"

施工部的付工说:"当然是。"

尹部长说:"我想想,出什么节目好?"

施工部的付工说:"没节目就算了吧!"

尹部长说:"怎么没有节目,我出的节目叫做《顶层设计》。"

施工部的付工说:"这个节目好。"

尹部长说:"这个节目得与你们创新实施小组共同表演。"

施工部的付工说:"好,没有问题,什么时候把剧本给我们看一看?"

尹部长说:"写好了就自然会与你们交流。"

施工部的付工说:"这个活动是由你们主办还是由我们主办,谁主办合适?"

尹部长说:"角色表演,交流培训是主题。我们主办就冲淡主题,由你们提议,就由你们主办吧,我们宣传小组全力协办!"

施工部的付工有了尹部长的承诺,就把与尹部长的协调情况同小王进行了汇报。

施工部的付工认为"创新论坛"不定期举办比较合适，只有针对当前突出的问题，开展讨论对话，才可能比较有吸引力，有效果。

小王认为必须与现场工作时间相结合，搞创新论坛，不能影响现场工作，不定期举办更符合实际。小王与施工部的付工达成一致意见后，小王把创新论坛的事同 QHSE 部的张部长进行了汇报。

QHSE 部的张部长听了小王的汇报，认为创新论坛活动很有创意，也可以通过这种活动化解矛盾。

QHSE 部的张部长这一指点，如何让计划部的唐工适应新的管理要求就有了答案，自己和计划部的唐工一起把那段经历再表演一次，计划部的唐工不就心领神会，与计划部的唐工之间的矛盾不就自然消除了？小王想张部长真是贵人，见到张部长，答案就自然而然出来了。

（二）新管理、新认识、新未来

周五，尹部长收到刘总为《新管理》写的文章，读后，觉得刘总的文章情拳拳，意切切，如登高望远、又如临深渊、激越沉雄、绿波绕川，如春风细雨，如雷鸣震耳，对管理创新、对未来发展充满了期望。刘总今天把文章给我们，就是说下周《新管理》首刊必须刊发，刘总是第一个交稿的人，其他文章还没有着落呢！尹部长从刘总的文章情景中走出来，看到专刊未完成的工作，压力剧增。于是，开始张罗《新管理》首刊的事。

尹部长觉得这篇文章应先给小王看一看，否则，还不知道小王的文章开始写了没有呢！如果小王真的没有动笔，自己直接找小王，小王肯定面有难色，于是，就让文控部的小肖去打听消息。

文控部的小肖有了上次的教训，找到小王，不再是直接问题小王为《新管理》撰稿的事，而是拿出刘总的文章，对小王说："王组长，我这儿有篇文章，看对你写文章是否有帮助？"

小王对文控部的小肖说道："你那儿有啥好文章！"

文控部的小肖对小王说道："不信你看看。"

小王接过文控部的小肖拿出的一张纸，上面文章的题目为《新管理　新认识　新未来》，刘总署名，就认真地读了起来。

以计划为目标，以资源为基础，以控制为主轴，以监督、确认、协调和考核为支撑的管理方式，突破了传统大型项目矩阵式的职能管理方式，使大型项目管理进入了系统化、网络化、节点化、标准化、程序化和信息化管理新时代，使传统凭借经验式的管理转变为以项目管理信息系统为基础的信息化流水线式管理。没有程序的管理不是大型化管理，没有标准的管理不是规模化管理，没有信息的管理不是现代化管理。新管理无论是管理理念、管理方式，还是管理工具，都发生了深刻的变化。新管理把资源管理与信息化有机地结合在一起，代表了时代发展方向，引领了管理潮头。有资源就有控制权，有控制权就有话语权，要使资源发挥更大的作用，就须遵循'控制依权、监督依势、确认依规、协调依情、考核依约'的管理规律。管理创新的目的就是改善资源的质量，提升资源的使用效率与效益，创造更多的有利于社会进步与发展的资源，使每一个人有更多的学习机会、有更好的工作条件、有更幸福的生活家园。新管理必将创造一个新时代，在这个变革的时代，我们只有紧跟时代前进的步伐，勇往直前、奋力开拓，才能赢得先机，才能有更好的发展。

管理创新是我们开发人才的重要手段。人才是企业的第一资源，是最为珍贵、最为核心的资源，开发人才宝藏和利用人才的企业，才能称之为优秀的企业，才能称之为以人为本的企业。EPC总承包项目管理创新实施小组已经成立并开始运行。创新实施小组成员，就是人才宝藏的开发者，在开展管理创新的同时，必须把人才开发作为管理创新推动的重要手段，为管理创新打下良好的基础。

我们必须充分地认识到，管理创新不是革命，不是扔包袱，也不存在速成论，而是一个渐进的过程。晁错出《削藩策》，引吴楚七国之乱；主父偃献"推恩令"，得天下和睦太平。改革创新只有通过试点，总结经验，加强宣传，扩大影响，吸引更多的人自愿加入到改革创新的队伍中来，我们的改革创新才能叫做惠及于民。

管理创新必须有开拓者和探路人。我们要以母亲的情怀，对待这些开拓者和探路人，包容、鼓励、支持，使他们不断成长，他们的成长就是我们未来的希望。开拓者和探路人要凭借聪明的才智，敏锐的眼光，认清困难，规避风险，保存精力，不断向前；要有流水穿山般百折不挠的精神，要有雾合青山般培育创新的情怀，要有坚强的意志；要善于登高望远，顺势而行，避免徘徊懈怠；管理创新既要有激情，也不能冒进，推进速度取决于管理资源的积累程度。历史的教训，应认真吸取，没有群众基础的管理创新，最终是失败的创新。

江河之水，源于细流。一个管理者水平的高低，源于管理资源的开发与整合能力，没有管理资源的开发和整合能力，就如同干涸之河，就不是一个真正的管

第五章 管理竞争

理者。以计划为目标,以资源为基础,以控制为主轴,以监督、确认、协调和考核为支撑的管理方式,就是培育我们对管理资源的开发和整合能力,把资源之水引入到我们的管理之河,这样就会突破我们资源瓶颈,一条玉带山间过,苍松翠柏争葱茏,我们的项目管理就会欣欣向荣。我们认识到了管理规律,就要积极主动地学会利用管理规律,增长我们的才干。管理规律与管理经验不同,管理规律是客观的,任何人只要认真地学习,认真地领会,认真地实践,都能做对答案,不同的人,做出的答案是一样;而管理经验有主观性,同样的条件,不同的人做出的答案不一样,答案正确与否,只有通过事后的成败来判断,所以,中国自古就有成败论英雄之说。没有管理规律的日子是靠我们的经验与实践,有了管理规律的日子就得靠学习和使用的管理工具。管理培训和信息化成为提升我们管理能力的一个重要方式,我们在开展EPC总承包项目管理创新的同时,必须大行学习之风,把EPC总承包项目管理创新的成果,及时转化为改进管理资源质量,提升EPC总承包项目管理的动力。

市场竞争方显群星灿烂,市场如战场,现代战争是信息化条件的高科技战争,现代管理也是信息化条件下的高科技管理。随着项目管理信息化步伐的加快,科技将使项目管理发生根本性的转变,我们很快就会发现,项目过程管理将会出现项目管理信息化导航仪,有了导航仪的支持,项目管理网络化、节点化和程序化的时代就会到来,系统化、标准化和信息化的项目管理方式就会出现,项目管理将更加人性化和理性化。过去的经验就会被先进的科技手段取代,复杂的项目管理体系运行将依赖于学习和信息化管理工具而不是经验。管理创新等不来,只有主动开展创新,主动接受创新,才有可能成为一个创新的受益者,头顶上就会阳光万丈;被动适应创新,缺乏优势,就会面临激烈的竞争,就如同云蔽月,霞遮阳,前途得则有希望,失则迷茫;拒绝创新,就会在迷茫中彷徨,被创新淘汰,幸福的生活就化成泡影。

春雷动,万象新,物竞天择,适者生存。观念转变需要时间,项目管理信息化需要探索与实践,外部竞争,如临深渊,前途充满风险。只有今天的努力,才能换得明天在竞争中的成功;只有在竞争中取得成功,才会有真正的自由;唯有自由,才有心灵深处的幸福。《新管理》已经打开了幸福之门,有志者,请进吧!

看了刘总的文章,小王觉得在一个狼烟四起的时代,竞争无时不在,只有把远大的目标与今天的创新实践相结合,不断积累创新资源,夯实创新基础,扩大创新影响,才能推进创新,才能在竞争中取胜。

小王原来认为只是自己在推动EPC总承包项目管理创新,没有想到真正的

EPC总承包项目管理创新的推动者是刘总。前一段时间，EPC总承包项目管理创新工作之所以无声无息，其实，刘总一直在等待时机，如《易经》中所说"潜龙在渊"。我们把吴总负责的分包商理顺了，刘总认为时机已到，EPC总承包项目管理的创新工作可以实施，QHSE部张部长一提，刘总就顺水推舟，这就是《易经》中所说"或跃在渊"。让每一个人觉得自己很伟大，让每一个人觉得自己是人才，让每一个人觉得项目取得的成就有自己的一份功劳。共度时艰，分享成就，这就是刘总的领导艺术。

刘总对创新者既寄予希望，又谆谆告诫，对后进者，既激励，又鞭策，民心于怀，责任于肩。小王想到这里，觉得自己还得努力磨炼。

文控部的小肖看到小王读完刘总的文章，就说："怎么样？"

小王说："刘总写的文章，能不好吗？"

文控部的小肖觉得时机已到，就顺势说道："有志者，请进吧，有志吗？有志就撰稿吧，那你的文章什么时候交稿？"

小王只顾忙质量安全管理星级服务活动方案编制和EPC总承包项目管理创新实施小组的工作，把撰稿的事放在一边了。

文控部的小肖看小王有些为难，继续说道："稿没写完吧，没有关系，你这周太忙了，如果有题目，就把题目给我，我们好安排《新管理》专刊的版面。"

小王觉得给一个题目，打发文控部的小肖走，这是文控部的小肖的最低要求，否则文控部的小肖就不好交差了。小王想到QHSE部张部长给的案例材料中的一句话："理顺体制，完善机制"，于是，就说"我的文章题目叫做《理顺》。"

文控部的小肖觉得对《新管理》专刊来说，《理顺》也是新管理的基本要求，于是，说："好，你写完了，叫我一声，我就来取。"

（三）顶层设计

文控部的小肖把小王撰稿的事向尹部长进行了汇报。

尹部长说："好，小肖，这几天你得多帮着我一点，把《新管理》专刊的事，给我盯着，争取下周出版。我与施工部的付工斗气，要在创新论坛上表演一个节目。"

文控部的小肖迫不及待地问："什么节目？说我听一听。"

尹部长回答道："叫做《顶层设计》，当时想，现在不是时兴搞创新就要顶层设计吗？本想通过这个节目刺激他们一下，所以一时斗气，就随口说出来了，现在这个节目的文稿还没有着落呢！我得抓紧时间把这个节目的文稿写完。再帮我看一看，小高、施工部的付工、计划部的唐工，还有合同部的余工他们写稿了没有？"

文控部的小肖按照尹部长的安排，一一进行了落实。小高写了《画龙》，施工部的付工写了《新管理 新概念》，计划部的唐工写了《不要被创新的加速度摔倒》，合同部的余工写《内控与管理创新》。文控部的小肖觉得小高写的《画龙》很有创意，把管理创新的体会谈得很到位，就把小高的文章简单地同尹部长做了汇报，其他的文章只说了题目。

尹部长由于任务在身，觉得还有明星榜、红旗谱，《新管理》专刊的版面就差不多了，于是，就对文控部的小肖说："好，再帮我盯一下王组长的文章，《新管理》首刊不能没有王组长的文章呀。"

有了文控部的小肖的支持，尹部长也开始抓紧时间琢磨《顶层设计》的事。尹部长自己觉得当时不知从哪儿来的灵感，给自己出了这样一个题目，现在却不知道从何下手。

尹部长觉得管理创新的关键是群众基础，有群众基础，管理创新工作才能顺利推进，没有群众基础，管理创新寸步难行。这与产品创新有很大的不同，产品创新设计经过评审，创新产品只有大家喜欢，实用就可以推广。而管理创新涉及到各阶层利益的平衡，管理创新设计如果没有找到各阶层利益的平衡点，不经试点，就经推广，就易于造成利益阶层对立，社会动荡，最后导致停滞不前。前苏联的改革创新，有顶层设计，但由于改革创新设计的平衡点太高，各阶层的利益难以平衡，快速推进，造成了国家解体。我国的改革创新，没有顶层设计，而是基层群众大胆试验，国家政府层面推广，逐步加速，逐步适应，平衡点不断上移，实现了经济发展，社会稳定。不顾现实条件搞创新，就会被自己打败，不创新最后是被别人打败。百日维新有顶层设计，由于利益平衡点没有把握好，最后创新者被砍头示众；晚清不变革，或者是迟缓的变革，引来八国联军。春秋战国，秦国有顶层设计，励精图治，统一中国；荆轲刺秦王有顶层设计，没有资源支持，只有抛头颅，洒热血。

尹部长越琢磨，《顶层设计》就越没有思路。

尹部长想在管理上成功的改革创新是因为有基础，不成功的改革创新就是因为没有基础，成功的改革创新也不一定有利于社会的可持续发展与进步，只有实现社会可持续发展与进步的改革创新才是真正的成功改革创新，毛泽东的《论持久战》就是最好的管理创新顶层设计。尹部长觉得管理的顶层设计必须是动态的设计，因为静止的设计，不是没有基础，就是被落后。我们这个项目之所以能够

理顺

开展EPC总承包项目管理创新,就是因为一批从事项目管理的人员,适应了以计划为目标,以资源为基础,以控制为主轴,以监督、确认、协调和考核为支撑的管理方式。

尹部长觉得小王组织的EPC总承包项目管理创新只有管理原理,没有顶层设计,这样的好处就是可以避开矛盾,使EPC总承包项目管理创新工作稳步推进;不足之处就是如果没有刘总的授权,项目管理创新实施小组的工作就难以进行。顶层设计也得有度,没有试点成功案例,事先拿出顶层设计方案,由于没有给大家转变观念的时机,好的方案也可能成为批评的对象。由于反对声音,最终顶层设计难于施行。刘总把EPC总承包项目管理创新小组分为领导小组、实施小组和宣传小组,实施小组没有EPC项目部领导参与,也是为了减少阻力,给实施小组更大的发挥空间。这次EPC总承包项目管理创新真正的顶层设计在刘总心中,没有书面的顶层设计,就会在不争论中推进项目管理创新,也显示出刘总对EPC总承包项目管理创新破釜沉舟的坚强决心。藏锋避实,推进创新,为刘总赢得《易经》中的"九五之尊"的地位。

尹部长觉得管理创新顶层设计只是一种形式,符合管理创新要求的形式才是好形式,不符合管理创新要求的形式都不是好形式。比如,旧的势力强大,而新生事物弱小,如果新势力提出顶层设计,旧势力看不到对自身的益处,就会将其扼杀在摇篮中。不争论就是为新生事物的成长提供一个发展空间,在这种情况下,没有书面的顶层设计胜过书面的顶层设计。如果新生事物蓬勃发展,要搞好新生事物之间的协调,就面临顶层设计。随着施工管理、采办管理和设计管理的理顺,施工管理、采办管理和设计管理信息之间的衔接,就面临顶层设计问题。顶层设计也是管理标准化和程序化工作的一个重要方面。

尹部长想,如果不结合项目管理实际,大家就对《顶层设计》没有兴趣,为此,尹部长找施工部的付工交流《顶层设计》的体会。

尹部长见到施工部的付工就问:"创新论坛准备得怎样?"

施工部的付工说:"我们就等你的《顶层设计》。"

尹部长说:"我想就这个题目同你们再交流一下,以便更贴近我的管理实际。施工部的付工,你们在工程项目管理上是怎么搞顶层设计的?"

施工部的付工说:"顶层设计是从建筑物的顶层开始思考设计,最后才到达基础,而实施过程是先做基础,最后做装修。搞工程项目管理也是这样,我们在项目实施前编制项目管理文件就是在做项目的顶层设计。"

施工部的付工讲述了项目管理文件编制的顶层设计过程是:

（1）工程项目竣工验收的两个重要标志是：①已完工程的实体移交，②记录工程实体形成过程及其状态资料的移交。

（2）实物移交的标志是项目通过考核期，并正式接收。

（3）资料移交的标志是竣工档案完成验收，并正式接收。

（4）实物移交要及时、清楚，经得起核验。

（5）移交得及时就得加强进度管理，要加强进度管理就得对工作内容进行分解，然后对分解的工作内容进行管理。

（6）经得起考验就得加强QHSE管理，要加强QHSE管理就得对工作责任进行分解，然后对分解的责任进行管理。

（7）移交得清楚就得加强过程文件管理，就得对工作记录进行分解，然后对分解的工作记录进行管理。

文件编制过程是从项目的结果到开始，而文件的执行是从项目的开始到结果。这就是项目管理的顶层设计过程。

以项目的竣工资料管理为例，在项目策划阶段，我们组织编制：（1）竣工资料管理手册；（2）工程项目划分手册；（3）竣工资料填写说明；（4）竣工资料填写样本；（5）竣工资料工作流程。实现统一表格格式、统一工作流程、统一归档范围、规范表格填写。通过制定竣工资料模板，推动质量管理标准化，规范工程管理行为，防范工程质量风险。

施工部的付工说："有些改革者，把顶层设计说得神乎其神，其实，顶层设计思想存在于我们的每项活动之中。"

尹部长说："我们要开展一项检查，先编制一个检查计划，然后，根据检查计划开展检查，这也算一个小小的顶层设计。"

施工部的付工说："对，所以顶层设计不神秘。"

谈到这里，尹部长又有了思路。

周一，小王完成《理顺》后，把文稿交给文控部的小肖。文控部的小肖把计划部的唐工写的《不要被创新的加速度摔倒》给小王看了，小王觉得这篇文章是计划部的唐工对那天交流的反思，计划部的唐工有这种认识，小王觉得下一步创新工作就好推进了。

三、源头控制在龙头

（一）如何发挥计划部的控制职能？

施工部的付工对施工现场管理工作推进得很顺利，小叶也认真地履行了监督

与确认的职责,现场监督工作量也逐步减少,小王就逐步把QHSE部的工作由现场过程管理转向抓事前QHSE管理计划,事中检查和交流培训,事后考核上来。于是,小王就安排QHSE部的丁工协助自己清理分包商QHSE管理计划。

小王安排完QHSE部的丁工的工作后,就找计划部的唐工协商QHSE管理程序化的事。

计划部的唐工看到小王,就知道小王的来意,计划部的唐工主动说道:"QHSE不符合项指令流程从我们计划部走,这事我已与郭部长沟通过,郭部长说没有问题,计划部全力支持创新工作,并说道:'试点就得认真地去试,成功了就是经验,不成功再改回来,也符合试点的原则,否则,还搞什么试点'"。

计划部的唐工向小王道歉,并说:"那天,王组长找我谈试点的事,我还没有反应过来,本能地说了些过头的话,希望王组长谅解。"

小王说:"不同的项目,管理流程不一样,我们这次也是想通过试点,探索一下不同管理流程下的管理效率与效益,管理流程不仅要合理,还要有效率与效益。空谈合理,没有效率与效益,这样的管理流程在实践上行不通。比如我们项目上,施工部为了管理现场施工的需要,各专业配备了专业工程师,我们QHSE部为了适应各专业管理的需要,也各专业配备了专业工程师从事现场管理工作,我们QHSE部认为这存在资源浪费。我们QHSE部经与施工部协商,对管理流程进行了调整,施工部按各专业配置专业工程师,QHSE部按照管理职能配备人员,经现场试验,不仅理顺了管理,还节约了管理资源。计划部与QHSE部一样,也是一个综合性的职能部门,计划部也不可能按各专业配置专业工程师,但是,可以借施工部、QHSE部的力,从计划部的角度来履行计划部的资源控制职责。"

计划部的唐工说道:"王组长,你看我这样理解是否正确?"

小王说:"你说,我听听。"

计划部的唐工说:"比如,你们QHSE部提交的报告,我们计划部把报告中存在的任务提取出来,安排施工部去落实,如果涉及计划部配置资源,就由计划部负责协调解决,实现了资源的分级管理。而不是拿QHSE报告中提到的问题去质问施工部,替QHSE部去打抱不平。通过这样的管理程序,把问题产生的工作任务,纳入我们的计划管理之中;避免了问题有人检查,没有人落实;也避免了QHSE管理人员由于工作惯性,直接找下一级的QHSE管理人员去落实,最后一级的QHSE管理人员为了落实问题,被迫越权调动资源解决问题。"

小王说:"对,这样有利于缓解矛盾,提高效率,理顺管理。"

计划部的唐工说："开始，我们对 QHSE 报告中的问题转化为工作任务，可能会有些困难，希望 QHSE 部予以支持。"

小王说："这没有问题，不是让你们干 QHSE 部的监督与确认工作，而是干你们计划部关于资源协调、计划制定和落实工作。是让你们替 QHSE 部发现的不符合项去落实计划、去落实资源，工作内容和性质与你们原来的工作一样。"

最后小王与计划部的唐工达成一致意见，关于 QHSE 方面的监督和确认就由小王负责，关于 QHSE 方面的控制、协调和考核就由计划部的唐工负责，并按此权限要求对项目管理信息系统中的人员权限进行了调整。小王与计划部的唐工协商此项试验工作在本周内完成。

有了小王提供的 QHSE 监督与确认信息，计划部的唐工对制定的计划为什么没有完成的原因就清楚多了。原来计划部只是根据业主和 PMC 提供的三级进度计划，编制四级进度计划，并要求各分包商上报具体实施进度计划，进度计划执行情况，只能根据施工日报了解。施工日报往往不说质量安全对进度计划的影响，管理衔接问题对进度计划的影响和相关单位对自身进度计划的影响，计划部的唐工觉得来自施工日报的信息也不完整，例如设计单位出图速度一直比缓慢，各分包商也不愿意提出设计方面的问题，因此，施工日报现场反映的问题也不全面。计划部只有在开会或者领导追问的时候，才发现有些进度计划没有完成或者进度计划编制得不合理，计划部没有发挥对整体资源的协调作用，反而是领导的脾气代替了计划部的协调。其实，如果把进度计划执行过程中存在的问题搞清楚了，计划部的工作就好开展多了，因此，计划部还有很多工作要做。

（二）为什么信息化有助于推动管理创新？

为确保试验成功，小王也加强了对进度管理工作的学习，并每天坚持与计划部的唐工交流管理思路，拉近与计划部的唐工的距离。小王看到张部长给的案例材料中，一个单位的进度管理经验：一是把实体（现场施工）与实物（设计图与采办物资）同项目管理计划融为一体，避免了由于管理工作缺乏计划性，影响项目进展；二是采取"看一月、干一月、收尾还有一个月"的滚动计划，加强项目近期资源的管理，避免把未来说得很好，当前的工作由于安排不具体造成漏项，或者资源落实不充分未能如期完成，或者，已完成的工作，收尾的事没有人管，造成业主不满意；三是编制月度计划执行情况分析报告，分析月进度执行情况对近期和总体进度计划执行情况的影响，避免决策滞后或不当影响总体进度计划；通过梳理，使项目中所有的管理者知晓进度计划执行情况，促进各单位加强

 理顺

管理；从而把领导的压力转化成每一个单位和每一个人前进的动力。

计划部的唐工说："我们现在编制的四级计划和分包商的实施计划只是工程实体完成情况的计划，项目管理还缺乏管理计划，这也是我们项目管理标准化不足，随意性强的一个重要原因。"

小王说："不能说我们缺乏项目管理计划，我们编制的管理手册、程序文件和作业文件，都是我们的项目管理计划，只是针对性还有待提高。另外，没有把我们的管理计划与工程实体进度计划有机地结合在一起，每个管理者的职责往往是各部门自己写成的，自己去执行，没有人去梳理和监督这些职责是否落实，这也是项目管理中矩阵式的职能管理架构造成的。"

计划部的唐工说："项目管理中矩阵式的职能管理架构存在的条件是没有项目管理信息系统的大型项目管理。大型项目人多事多，为了便于对人员的管理，就按照同类项的原则构建矩阵，然后把人员分配到矩阵的各管理节点上，管理信息是靠人工传递，为了管理的效率，不可能把管理的跨度设置得太大，矩阵也不能设置得太复杂。"

小王说："把较为复杂的管理矩阵化，也是多层级管理常用的做法，ISO质量体系文件中就有职责矩阵，矩阵式的职能还在盛行，但随着项目管理信息系统的应用，矩阵式的职能管理必将被网络式的信息化管理所取代。我们现在推进的管理方式是网络式的信息化管理，而我们现在正在执行的管理方式是矩阵式的职能管理，两种管理方式在转换的过程中，肯定有不适应和矛盾之处。矩阵式的职能管理很难理清楚谁控制谁，很难理清楚谁监督谁，很难理清楚谁应该向谁报告，这些关键问题说不清楚，最后只有倡导人人献出一点爱，大家共同把项目干好，结果是有的人付出了很多，成了先进，有的人却在滥竽充数的环境中成了南郭先生。"

计划部的唐工说："我们现在正处在矩阵式的职能管理向网络式的信息化转型时期，只有把握好时机，我们才能赢得先机。"

小王说："所以，这次试点还希望计划部的唐工多多支持。"

计划部的唐工说："原来谈论项目管理信息化总觉得是很遥远的事情，现在信息化已经进入到人们生活的每一个环节，再不前进，就得被动挨打了。"

小王说："刘总他们都很着急，才给我们这么大的支持呀！我们今天不努力改变现实，面对竞争，明天的日子就难了。刘总看到了我们推行的管理方式符合信息化发展的方向，所以，毫不犹豫推进EPC总承包项目管理创新的进程。刘总是站得高，看得远。"

计划部的唐工说:"管理方式的转型,谁能抢到先机,接受新的思想,谁更快地打破旧有观念,谁就会更快地变得富强。"

小王说:"我们现在管理方式转变的最大的特点是:管理理论创新与信息化相结合,管理理论为项目管理信息化提供了方法,反过来,信息化推动了管理理论的应用,因此,这必将使我们的 EPC 总承包项目管理创新显示出强大的生命力。"

计划部的唐工说:"我觉得我们项目也应该写月进度计划执行情况分析报告,这样有助于各级领导理性对待存在的问题,研究问题的解决方案,而不是让问题膨胀,当领导一脚踩上气球,就把气球踩爆而大为火光。"

小王说:"当然应该呀,因为设计不知道采办情况,采办不知道施工情况,施工不知道设计情况,通过计划部的分析报告,大家就可以共享相关信息,主动调节各自工作,矛盾就可以缓解。"

计划部的唐工问小王:"王组长,你那有月计划执行情况分析案例或模板吗?"

小王说:"我们的项目管理信息系统中有个知识库,你需要的案例,知识库中应该都有,找一下尹部长,给你一个授权,就可以到知识库中查找。"

计划部的唐工说:"看来,我对我们的项目管理信息系统了解太少了,今后一定要加强项目管理信息系统的应用,提高项目管理信息化意识。"

小王说:"未来的工程管理工具是项目管理信息系统,没有项目管理信息系统就没有未来的工程管理工具,没有未来的管理优势,就不可能开辟未来的新生活。"

计划部的唐工说:"这次试点工作具有划时代的意义,所以我们得倍加努力、倍加珍惜。"

小王说:"我们以计划为目标,以资源为基础,以控制以主轴,以监督、确认、协调和考核为支撑的项目管理理论,与项目管理信息系统不期而遇,形成了系统化、网络化、节点化、程序化、标准化和信息化的管理方式,这次试点叫做 EPC 总承包项目管理创新,实质是项目管理从传统管理方式向信息化管理方式的转变。因为这次试点涉及的管理节点比较多,只有大家共同努力,才能实现。"

计划部的唐工说:"以后,我们计划部根据项目管理体系架构的要求,要加强对控制环节的管理。"

小王说:"好。"

小王与计划部的唐工在思想认识上达成了一致,关于 QHSE 方面控制指令的

程序化管理，计划部的唐工很快就从小王手中接了过来。QHSE 方面的控制指令从计划部发出，对口施工部的计划管理人员；计划部的进度计划管理工作变成了正常进度计划管理＋风险进度计划管理；施工部把现场不符合项纳入了日工作计划，从此，不符合项的整改就有了资源的支持。

（三）为什么管理创新会推动信息化发展？

计划部的唐工在协助 QHSE 部发布不符合项的过程中，觉得项目上的 QHSE 监督工作做得有条有理，认为进度计划管理也是工作，既然是工作，就应按照控制权分解后，伴随产生监督、确认、协调与考核权来实施管理，王组长设置的 QHSE 管理方式也同样适用于进度计划管理。

计划部的唐工对进度计划的过程管理进行了梳理。进度计划完成情况设置的两种报告制度，一是报表制度，设计和采办，一般是采用周报告制度，现场施工，一般是采用日报告制度；二是周例会制度，在周例会上，由各单位汇报各自进度计划完成情况，并提出需要协调的问题。报表制度就是一个确认的过程，周例会制度则含有控制、监督、确认、协调和考核管理过程，进度计划执行过程中缺乏程序化和标准化的监督，以至于所有问题都集中到周例会上去处理。周例会有时会演变成批斗会，未完成进度计划的单位，由于相关单位的影响，面对批评，就会举报对其进度计划造成影响的单位，被举报单位由于准备不足，面对批评，无言以对，恨不得立即起身逃离会场，这个项目再也不想干了！监督在周例会上，举报成了一种重要方式，举报单位是被迫无奈，被举报单位是措手不及，管理和谐在举报与被举报中化为泡影。

根据小王的指点，计划部的唐工找尹部长开通了项目管理信系统中的知识库计划管理部分的权限，计划部的唐工进入知识库一查，有很多关于进度计划管理方面的经验案例材料。计划部的唐工觉得只有信息化才会让知识信手拈来，不会出现书到用时方恨少的局面。三个案例使计划部的唐工对进度计划管理大开眼界。第一个是"日计划日落实"，就是把明天要执行的各项计划编制成日工作清单，并注明完成清单中的任务所需资源，每天完成情况对照日工作清单进行检查，未完成的说明原因，并列入下期滚动计划，计划部的唐工觉得这个"日计划日落实"，其实，就是每天对进度计划执行情况再进行日监督。第二个是 PMC 提出的"作好会前的协调，促进管理和谐"，就是把例会中提到的决议事项编制成工作清单，由工程部监督责任单位在规定的时间内完成工作清单中所列工作任务，并在下次例会中，通报会议议决事项的落实情况，这就是针对周例会议决事项开展的周监督。第三是开展"月进度计划执行情况分析",就是对一个月进度计划执行过程中存在的问题进行分析,提出下月进度计划中应关注的重点问题和建议解决方案,通过书面报告形式告知所有单位,这就是针对月计划开展的月监督。通过这些监督形式,促进了各单位认清责任并履行责任。

计划部的唐工使用项目管理信息系统中的知识库后,觉得有了知识库的支持,很多项目的经验教训就一览无余,通过查看以往项目的资料,管理思路一下子就开阔多了,原来总是害怕自己干不好,有了知识库中的案例对比,自信心更足了,工作的主动性和积极性一下子就高了。另外有了项目管理信息系统的支持,项目管理过程中形成的经验教训就可以不断地积累,不至于项目一完,人员一散,经验教训就泯灭了。

如果说机械化延长人的四肢,信息化就扩大了人的大脑,不利用机械就显得四肢短小,不利用信息化就显得脑小。以计划为目标,以资源为基础的项目管理,信息系统在资源的整合过程中将会发挥重要的作用,不会利用项目管理信息系统的人,资源整合能力弱,会使用项目管理信息系统的人,资源整合能力强。我们天天说要突破资源的瓶颈,其实,到我们的项目管理信息系统中看一看,突破资源瓶颈的方法自然就有了。

计划部的唐工想起荀子劝学中的一段话:"吾尝跂而望矣,不如登高之博见也。登高而招,臂非加长也,而见者远;顺风而呼,声非加疾也,而闻者彰。假舆马者,非利足也,而致千里。假舟楫者,非能水也,而绝江河。君子生非异也,善假于物也。"凭借新的管理理论,凭借项目管理信息系统的支持,项目进度计划管理也必将进入一个新时代。

(四)对进度计划的执行管理,为什么没有想到监督与确认?

计划部的唐工觉得 QHSE 部的这些工程师懂工程,会看图纸,对现场进度计划执行情况开展监督也应该不成问题。有了 QHSE 部现场进度计划执行情况的监督信息,我们计划部完成"日计划日落实","周例会工作清单管理"和"月进度计划执行情况分析"应该不成问题。计划部的唐工觉得是否应该找小王把我们的进度计划管理也纳入试点工作之中?为了保险起见,计划部的唐工首先请示了计划部的郭部长。郭部长表示我们计划部一定要积极参与试点工作,搭乘试点的快车,使我们计划部的工作适应信息化时代发展的要求。试点本身就是试对错,如果不试就不知道对错。

计划部的唐工害怕工作出现失误,对创新工作总是谨小慎微,工作也一直得

理顺

到计划部的郭部长的认可,没想到今天请示进度计划创新工作,计划部的郭部长觉得自己对创新工作不积极。施工部、QHSE部和文控部对EPC总承包项目管理创新做了大量的工作,我们计划部的确是对创新工作的贡献有限,自己也需要加强对以计划为目标,以资源为基础,以控制为主轴,以监督、确认、协调和考核为支撑的项目管理理论的学习,并努力思考计划部如何开展EPC总承包项目管理创新。

计划部的唐工想,凭借QHSE部的监督和项目管理信息系统的支持,计划管理工作就乘上时代的高铁,春运拥堵的局面就可以彻底缓解。原来计划管理工作不力就是因为没有找到适应时代发展的工具。

认识到这些,计划部的唐工觉得自己应该主导计划部的管理创新才对,才符合EPC总承包项目管理创新实施小组成员的身份,于是找小王商谈在计划部这个管理节点上开展EPC总承包项目管理创新事宜。

计划部的唐工对小王说:"王组长,QHSE部的工程师对工程现场都很熟悉,能否在开展QHSE的监督的同时,对进度计划执行情况进行监督,通过QHSE部监督发现进度计划执行存在的问题,计划部及时处理这些问题,避免周例会集中处理,相互举报,准备不足,造成矛盾,难以协调。"

小王说:"计划部的唐工你说得很对,要把现场QHSE管理好,资源保障是关键;要落实资源,进度计划是关键;因此,进度计划与QHSE之间存在着紧密联系,前一段时间,我们关注的是现场QHSE管理,随着施工部管辖资源与QHSE之间关系的理顺,我们应该开展QHSE与设计、采办资源之间关系的理顺工作。QHSE部的工程师们完全有能力开展进度计划执行情况的监督工作,有了QHSE部提供的监督信息,计划部的工作就自然主动了,QHSE部原来的工作范围也需要根据管理要求进行调整。"

计划部的唐工说:"感谢王组长对计划部的创新工作支持。原来觉得'以计划为目标,以资源为基础,以控制为主轴,以监督、确认、协调和考核为支撑的管理方式'只适合QHSE管理,没想到进度计划管理也适合这一原则;原来觉得这次EPC总承包项目管理创新离我们计划部很遥远,没想到改革创新就在眼前。"

小王看到计划部的唐工有如此之转变,也极为高兴。小王觉得施工部已迈入新管理之门,计划部有了今天的转变,算基本进入新管理之门,文控部一直配合管理创新过程中的项目管理信息系统程序与人员权限调整,也算进入了新管理之门,合同部对EPC总承包项目管理创新没有启动。如何启动合同部的创新工作,小王认为是目前必须考虑的问题，否则，第一阶段的 EPC 总承包项目管理创新试点工作不能说完成。

计划部的唐工的要求，给每一个监督人员增加了一项进度计划执行情况的监督工作，给控制人员增加了进度计划执行情况的信息，这有利于完善进度计划管理体系。计划部的唐工的这项创新涉及所有管理节点的工作范围变动，为了推动计划部的唐工提出的进度计划管理创新，小王召开了 EPC 总承包项目管理创新实施小组协调会。

在协调会上，计划部的唐工首先介绍了对进度计划管理创新的思路及其具体要求。计划部的唐工说道："对进度计划执行情况的监督，以前都是在周例会上进行检查，现在通过 QHSE 部，就把周例会上的监督工作纳入日常监督工作之中，既有操作性，又能避免矛盾，还增强了监督工作的主动性，有利于项目管理。"

小王对计划部的唐工的进度计划管理创新提出了表扬，说道："这是在完善 QHSE 管理体系的基础上，对进度计划管理体系的进一步完善，是'以计划为目标，以资源为基础，以控制为主轴，以监督、确认、协调和考核为支撑的管理方式'在进度计划管理过程中的具体应用，表明了 EPC 总承包项目管理创新已从 QHSE 扩展到进度计划管理领域，是 EPC 总承包项目管理创新又一次突破。"

施工部的付工说道："以前对进度计划的执行情况的监督，主要通过看报表、听汇报，没有更进一步的分析和总结，没有主动开展监督，计划部的唐工的提议是对进度管理体系的完善，我们施工部也要开展这项工作，把监督情况形成书面报告，也便于信息共享，经验共享，教训化为风险警示共享，提高管理效率。"

合同部的余工说道："QHSE 已完成 EPC 总承包项目管理创新工作，今天启动进度管理创新工作，下一步就是投资合同管理创新，今天会后，我们合同部就应该着手投资合同管理创新工作，希望能够得到大家的好建议。"

文控部的小肖说道："合同部管理的是一般等价物——钱，把管理创新的成果转化为一般等价物，合同部的创新思路不就有了？"

合同部的余工说道："资金是一种资源，从合同管理角度来看，一是要保障资金不能出问题；二是利用资金这种资源来改善管理。今天是讨论进度管理创新，等我们合同部按照'以计划为目标，以资源为基础，以控制为主轴，以监督、确认、协调和考核为支撑的管理方式'理出合同管理创新的思路后，再向各位汇报。"

小王看到合同部的余工对合同管理创新准备得不充分，今天讨论的主题是进

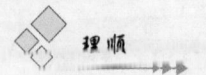

度管理创新，没有必要让合同部的余工下不了台，于是说道："今天的会就开到这儿，下次合同部的余工准备好了，我们就开一个 EPC 总承包项目管理创新实施小组会议，专题讨论 EPC 总承包项目合同管理创新事宜。"

有了 QHSE 部提供了进度计划执行情况信息，计划部的唐工有时间对进度计划执行情况进行分析。通过分析，进度计划未完成的原因主要有：（1）设计图纸不能按时到现场，造成施工现场窝工；（2）设备、材料未能按期进场，影响现场施工及关键工期；（3）图纸会审与设计交底不够，在设备安装时发现基础标高不符合要求，等待设计提交处理方案；（4）已安装的管道间距过小，没有保温施工空间，需进行整改；（5）阀门、法兰、密封垫片未按规定存放，致使密封垫片水纹线出现划痕，重新采购密封垫片，影响安装进度；（6）管件出厂把关不严，椭圆度超标，致使返厂。计划部的唐工觉得资源才是进度计划执行的保障，没有资源的进度计划管理就如同巧妇难为无米之炊，没有符合要求的资源，进度计划必然难以顺利实施。计划部的职能应是资源的控制与协调者，只有合理配置合格的资源，进度计划才能得以顺利实施，编制进度计划很重要，落实进度计划所需的资源更重要。原来计划部的工作之所以不受重视，就是因为没有抓到进度计划管理之本——资源，因而，在项目管理过程中难以发挥应有的作用。通过 QHSE 部提供的监督信息，计划部的唐工觉得不理不知道，一理事还真不少，为此，完成第一期进度计划执行情况分析报告后，把计划部的管理创新思路同计划部的郭部长进行了交流。

计划部的郭部长认为计划部的人员少，工作面宽，必须依靠 QHSE 部、设计部、采办部和施工部提供的信息才能顺利开展工作，目前，施工现场的监督工作总体上能够满足我们的工作要求，设计和采办的监督工作在某种程度上存在一定的缺失，我们的报告不仅要提出问题，还要提出解决问题的方案，才能让刘总满意。进度计划执行情况分析报告拓宽了我们的管理视野，的确是进度计划管理创新的一个重要举措。

计划部的唐工认为对施工的监督大家都习惯了；对采办的监督，目前已开始派遣驻厂监造，驻厂监造由于人员少，培训不足，普遍存在素质低，管理水平不高，派了驻厂监督，设备到场验收时仍有不合格品出现，采办监督还需要进一步完善；设计监督大家都不习惯，如何开展监督也没有总结出一套可行的方案，目前，要开展这项工作难度非常大。

计划部的郭部长说："监督工作都涉及到工程技术，工程技术不是我们计划部的长处，从项目层面来说，对设计、采办方面的安全、质量与进度监督，同施

第五章 管理竞争

工安全、质量与进度监督一样,应依靠 QHSE 部。这样在 EPC 项目部层面上,实现控制与监督的分离。对设计、采办的监督有一个认识过程,随着认识过程的深入,监督工作就会自然而然开展起来,EPC 项目部对设计、采办的管理要积极推进,稳步前进。"

随着施工管理环节越来越顺,影响进度计划的因素越来越集中于设计、采办环节。有了计划部的唐工提供的信息,设计部、采办部及时了解到现场情况,也纷纷加强了管理,计划部的唐工也觉得自己是转变观念及时,否则,现场设计、采办方面的问题只有等到例会上,让大家相互举报,创造不和谐的声音。

计划部的郭部长为了使 EPC 月度例会开得更有成效,提前与刘总沟通了月度计划执行情况,并把计划部的唐工写的月度进度计划执行情况分析报告递交给刘总。

刘总看了月度进度计划执行情况分析报告,认为这样把进度计划执行过程中存在的问题都排查出来了,有利于加强设计、采办和施工之间的协调,把关键资源用在刀刃上。通过计划部的牵头,也避免了设计、采办和施工之间的矛盾,刘总认为这是对 EPC 总承包进度计划管理的重大改进,为此,对计划部的唐工的工作提出了表扬。

刘总对计划部的郭部长说:"我们搞 EPC 总承包,有问题很正常,各部门掩盖问题也很正常,各部门想掩盖问题,说明还有治理的机会,如果不掩盖问题,其内部矛盾就达到了激化状态,说明已病入膏肓。在汉朝,把亲属相隐作为一个法律原则,如果相隐,说明还有亲情,还处于相对稳定状态,如果不隐,就断绝了亲情,就处于不稳定状态。因此,我们应正确对待各部门发现的问题,也要正确对待各部门掩盖的问题。既要认同亲属相隐原则,又要防止隐患积累,造成事故。只要管理分层分级,就必然有控制权分解;有控制权分解,就必须设置监督,只有这样,控制者才能真正行使控制权;否则,控制者只有等待下一层级的控制者互相举报,才能发现问题,这时发现问题,往往会造成不利的影响。计划部用上了 QHSE 部的监督信息,计划部的管理工作就搞活了,设计、采办、施工的衔接工作就有了牵头部门,用不着在例会上相互举报,管理也就自然和谐了,只有和谐的管理,才算是符合规律的管理。希望计划部每个月都能提交月度进度计划执行情况分析报告,把分析报告纳入程序化和标准化管理之中。"

计划部的郭部长说:"好,我们保证按照刘总的要求执行。"

计划部的郭部长回到办公室,叫来计划部的唐工,讲了刘总对月度进度计划执行情况给予肯定,并希望月度进度计划执行情况纳入正常管理程序,对计划部

的唐工的管理创新给予表扬。

（五）如何提高监督工作的有效性？

计划部的郭部长认为理想状态下的管理与现实管理有时也存在矛盾，常言道，家丑不外扬，例如在联合大检查中，被检查单位的相关人员就不会自暴自己存在的隐患，联合大检查的效果与水平主要取决于组织单位，而被检查单位的管理水平越高，往往联合大检查的效果就越差；要提高检查效果，组织单位尽可能独立开展检查，而不是联合大检查。从监督环节来看，联合大检查是检查人员少，陪同人员多，重视程度高，影响范围大，其实质是监督者的势大，而不是人员多，因此，我们的管理架构也应符合儒家的基本原则，否则，儒家思想的影响，就会把我们设置的管理架构变成无效的管理。计划部的郭部长与计划部的唐工重点谈了如何组织监督力量，实施有效的监督管理工作，并说道："我们不要把计划部的监督工作寄托在设计部、采办部和施工部的身上，设计、采办和承包商的隐患，相关单位不会主动报告给设计部、采办部和施工部，设计部、采办部和施工部也不会将其遇到的问题主动报告给计划部。如果我们计划部等设计部、采办部和施工部报告他们存在的问题，这个问题肯定是到了难以解决而不得不报告的时候，这时计划部也肯定解决不了他们报告的问题，计划部的工作就处于极其被动状态，如果不能帮助刘总解决问题，长期下去，计划部就没有影响力，就会失去作用。我们计划部应联合 QHSE 部，开展对设计部、采办部和施工部的监督，利用 QHSE 部的监督信息和对设计部、采办部和施工部工作的确认信息，开展设计部、采办部和施工部之间的协调，我们计划部的工作就主动了，也能为刘总提供更多的支持，计划部的重要性才能真正发挥出来。"

计划部的唐工说："如果再配上计划执行考核方案，我们计划部的工作就更主动了。"

计划部的郭部长说："我们计划部也是 EPC 总承包项目管理创新的受益者，看来按规律办事，就受益，不按规律办事，规律就自然对我们错误的行动给予处罚。EPC 总承包项目管理创新已推进到我们计划部，我们计划部从现在开始要全力推进 EPC 总承包项目管理创新工作。"

（六）如何提高协调工作的有效性？

计划部的唐工说："目前的项目例会的汇报方式也应该进行创新，我从项目管理信息系统的知识库中查看了以往项目的例会多媒体汇报材料。PMC 项目部组织业主和EPC总承包项目部召开的项目例会就是由PMC项目部事先编制成多媒体汇报材料，由PMC项目部进行汇报，然后由业主和EPC总承包项目部补充。在编制多媒体汇报材料之前或者过程中，PMC项目部会与业主、EPC总承包项目部进行沟通，形成一致意见，对于不一致意见，最后由业主、PMC和EPC领导共同协调确定。PMC例会开得简洁顺畅，PMC项目部也通过例会准备和主持例会，把业主和各承包商有机地组织起来。"

计划部的郭部长说："汇报的具体内容有吗？"

计划部的唐工说："有，具体内容主要有：一是各承包商的工程进展和项目管理情况；二是承包商与相关方的沟通协调情况；三是质量安全管理亮点和存在的不足，针对存在的问题，下步工作中应采取的措施；四是需要EPC总承包商关注的问题；五是需要业主解决的问题；六是下步工作计划。"

计划部的郭部长说："如果我们采取这种方式，就能够建立具有特色的EPC总承包项目管理模式——服务型EPC总承包项目管理。"

小王说："PMC项目部先进的管理方法也可以应用于我们的EPC总承包项目上，提高EPC总承包项目管理水平。项目管理例会的汇报方式也是我们计划部在EPC总承包项目管理创新的具体体现，现在的项目例会是由各部门、各分包单位自己汇报自己的工作，一旦管理衔接出现问题，就会产生矛盾。如果会议由我们计划部汇报，其他部门和各分包单位补充，我们就会提前把需要协调的问题理出一个基本结论，呈现在刘总面前的是我们的协调结果，刘总只需对协调结果进行裁定，而不是让各部门、各单位在刘总面前论是非，让刘总在矛盾中论曲直。"

计划部的郭部长说："好，这事就这么推进。"

计划部的郭部长的支持激发了计划部的唐工的创新热情。计划部的唐工把自己的想法和计划部的郭部长的支持同小王进行了汇报。

小王表示项目例会的汇报形式的确需要改变，只有让大家充分准备，会议才会有一个好的结果，开会不是为了斗争，不是为胜负，而是为了更好地推进工作。会前协调就是为项目例会找到了一个平衡点，各部门和各分包商把会议中需要协调的工作转向会前协调，这样，大家就有充分的时间来了解情况，提出解决问题的方案，落实解决问题需要的资源，什么时候加速，什么时候减速，有一个适度的时间和空间，不至于加速太大被摔倒，减速太快也被摔倒。而刘总也由控制会议转向监督会议的开展，并裁定协调结果，这样也减轻了刘总的工作，强化了各部门和各分包商的责任。会议形式决定了会议氛围，决定了会议结果。计划

部的唐工的创新，有利于团结，有利于和谐，有利于扭转各部门、各分包单位在会议中的被动局面，必将得到各部门和各分包单位的支持。小王认为只有正确的管理观念，正确的管理方式，才能理顺管理，才能凝聚人心。

小王想起《贞观政要》中的一段话："以天下之广，四海之众，千端万绪，须合变通，皆委百司商量，宰相筹画，于事稳便，方可奏行。岂得以一日万机，独断一人之虑也。且日断十事，五条不中，中者信善，其如不中者何？以日继月，乃至累年，乖谬既多，不亡何待？岂如广任贤良，高居深视，法令严肃，谁敢为非？"唐太宗强调的是可以把确认、协调权委托给大臣，自己应把握好控制权，行使好监督权，既发挥了大臣的作用，又充分体现了自己的权力。计划部的唐工的创新是《贞观政要》思想的继承和发展，是把刘总从被动的管理局面中解放出来，这样管理创新肯定能够得到刘总的大力支持。

计划部的唐工说道："我们开始做此项工作，肯定有很多不完善的地方，还希望王组长多加支持。"

小王表示为了计划部的唐工的创新，将动员 EPC 总承包项目管理创新实施小组的力量，全力保障计划部的唐工的创新需要。小王向计划部的唐工建议道："第一期项目例会创新的汇报材料，可以先在 EPC 总承包项目管理创新实施小组范围内演练，成功以后，再投入到实际生产中。"

计划部的唐工觉得小王的建议比较稳妥，就说道："好，我就按王组长的安排开展项目例会的创新工作，汇报时间定在哪天合适？"

小王说道："第一期的准备时间可能要长一些，汇报时间就定在下周三。"

计划部的唐工说："好，我就按这个时间进行准备。"

小王与 QHSE 部的丁工、施工部的付工、小高和文控部的小肖协商，全力支持计划部的唐工的创新工作，为计划部的唐工编制项目例会汇报材料提供相关的信息，确保计划部的唐工的创新工作顺利推进。

小王觉得项目例会汇报形式创新涉及面广，如果仅限于 EPC 总承包项目管理创新实施小组范围之内，就难于发挥应有的作用，有必要在 EPC 总承包项目部组织召开的例会上，开展此项创新活动的试验。为此，小王找到 QHSE 部的张部长谈了自己的打算。

QHSE 部的张部长认为 PMC 项目是业主委托项目管理公司代行业主对承包单位实施管理，我们的 EPC 总承包项目是 EPC 项目部对承包商的管理，从管理原理和方式方法上，与 PMC 项目管理基本一致，因此，公司以往 PMC 项目上好的管理方法其实都可以用在 EPC 总承包项目管理上。项目例会的汇报方式，有

PMC 项目管理成功的实例，应用于 EPC 总承包项目管理上，会更有价值。

QHSE 部的张部长说道："在质量安全管理上，把隐患排查用不符合项的形式表现出来，责任在监督部门或者监督人员，把隐患治理用不符合项整改的方式表现出来，责任在控制部门或者控制人员，这样隐患管理就落到了实处，简明、实用、有效；在进度和投资管理上，我们能否提出更有实用价值的管理方法，改变目前的进度与投资管理现状。进度计划执行情况分析报告和项目例会汇报方式的改变，这些创新都很好，我们都支持，但是，这些工作只是集中在计划部，并没有形成进度计划管理体系，只能缓解进度计划管理过程中存在的问题，难于采取有针对性的措施。"

小王原想计划部的创新工作到此为止，没想到张部长提出了更高的要求，看来要推进计划部和合同部的创新工作，自己还得下一番工夫。

四、平衡不当入歧途▶▶▶

（一）为什么旁站，治理不了习惯性违章？

小王琢磨着，质量安全方面的不符合项表现出来的是隐患；进度方面的不符合项的表现出来的是无效工时和未完成计划；投资方面的不符合项的表现出来的是无效费用（即由于工作不符合要求而浪费的资金）。从工程整体上来说，减少不符合项，就是减少无效投入，以节约成本，提高效益。但从业主、监理和承包商各自角度来看，却有不同的结果。

小王分析了这些年来监理的发展历程。

我国监理制度起源于利用世界银行贷款，修建京津塘高速公路、天津港东突堤、陕西省西安至三原一级公路等工程。建设部对监理试点进行了总结，于 1988 年 11 月 12 日制定印发了《关于开展建设监理试点工作的若干意见》，开始在工程建设领域实施建设监理制度。1989 年 7 月 28 日，建设部颁发了《建设监理试行规定》。1995 年 12 月 15 日，建设部和原国家计委印发《工程建设监理规定》的通知，自 1996 年 1 月 1 日起实施。1997 年《中华人民共和国建筑法》规定，国家推行建设工程监理制度，从而使建设工程监理制度进入全面推行阶段。1997 年首次全国监理工程师考试。2001 年建设部编制了《建设工程监理规范》GB 50319—2000，规范首次出现了旁站。监理从最初的高智能服务，发展到低级的旁站监督，是承包商、监理与业主博弈的结果。

承包商想工料省钱，业主就让监理加强监督，监理加强了监督，承包商发现

还可以省管理人员钱，监理派出了旁站监督，承包商的管理人员就难见踪迹，旁站监理派出得越多，项目管理水平就越低，如果旁站监理不负责，工程质量安全就处于极大风险。因此，监理公司派出现场旁站监理，不是改善承包商管理水平的正确方法，而是加速监理和承包商管理走向衰亡。选择低水平的监理和不负责任的承包商，难以打造高水平的业主，更难保障项目的质量和安全。EPC总承包项目管理应从监理的发展历程中吸取教训，不能因为分包商管理水平低，就一味增加EPC总承包商的管理资源，盯住分包商。分包商管理水平低是分包商投入不足导致的结果，只有加强监督、设置许可、强化考核，促进分包商加大投入，才能使管理效果得以改善。在人才和技术可以自由流动的时代，对分包商的帮助和指导，就意味着分包商可以选用更便宜的人才和技术完成任务，就意味着分包商的人才和技术水平会进一步的流失和降低，就意味着EPC总承包需要进一步增加投入，而分包商进一步减少投入，就意味着分包商以更小的代价，获得更好的收益。习惯性违章不是不知，而是明知故犯，因此，治理习惯性违章必须配以惩罚性手段，使惩罚措施高于按规范作业的成本，习惯性违章就自然会得到遏制。

小王觉得只有从成本分析的角度看管理，从成本分析的角度去抓质量、抓安全、抓进度，才能把EPC总承包项目管理打造成质量效益型项目管理；只有质量效益型的项目管理才是可持续的项目管理。只有把质量、安全、进度转换成一般等价物——成本，才有可能看到管理的本质。

小王觉得习惯性违章是多方管理竞争的结果，如果措施不当，强化管理，就会把隐患治理拖入陷阱。监理行业发展到今天的尴尬境地，就是在业主、监理和承包商之间的管理竞争中，节节败退的结果。如果EPC总承包项目管理走上监理行业发展的老路，EPC总承包项目管理就会在业主的批判中误入歧途。总结监理的发展历程，对于开创EPC总承包项目管理新局面太重要了。

（二）如何在竞争环境中加强管理？

什么是加强管理？如何加强管理？过度地强调加强管理是好事还是坏事？小王觉得有必要对"以计划为目标，以资源为基础，以控制为主轴，以监督、确认、协调和考核为支撑"的管理原理作进一步分析。

小王认为控制是一种权力，通过增加资源供给或者限制资源供给，达到调节管理平衡的目的；确认也是一种权力，通过确认许可进行下一步工作，或者不许可进行下一步工作；监督是一种权势，监督报告能起到多大作用，取决于控制人的行动；考核就是对工作的一种度量，通过对工作的度量，不断改进工作，提高水平；管理规则就是在管理方与被管理方之间调节平衡，把管理矛盾控制在双方可以接受的范围之内。小王认为控制、确认、监督、考核和规则都有利于加强管理，同时这些要素或要素组合形成的责任单位之间也存在竞争关系，如图 5-1 所示。

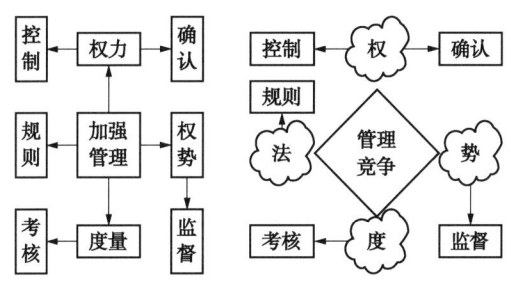

图 5-1 加强管理的途径与管理竞争

一个项目上，参与方的管理竞争，具体体现在权、势、法、度的竞争上。

EPC 总承包商的管理能力可以用如下关系式表示：

$$p_1 = \mu(y_1, y_2)$$

式中 p_1——总承包商的管理能力；

μ——总承包商的管理效率——考核；

y_1——总承包商的权力——控制与确认；

y_2——总承包商的权势——监督。

EPC 总承包商为了获得这些管理能力对应的资源消耗量为 w_1：

$$p_1 \rightarrow w_1$$

分包商的管理能力可以用如下关系式表示：

$$p_2 = \eta(x_1, x_2)$$

式中 p_2——分包商的管理能力；

η——分包商的管理效率——考核；

x_1——分包商的权力——控制与确认；

x_2——分包商的权势——监督。

分包商为了获得这些管理能力对应的资源消耗量为 w_2：

$$p_2 \rightarrow w_2$$

如果 EPC 总承包商的管理与分包商的管理达到平衡状态，就有：

$$p_1 = f(p_2)$$

式中　f——总承包商对应分包商的管理关系——规则。

EPC 总承包商与分包商之间的管理再平衡如图 5-2 所示。

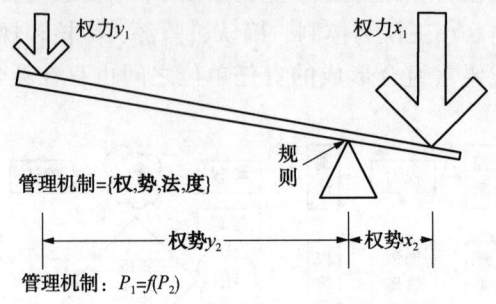

图 5-2　单位之间管理再平衡

EPC 总承包管理总资源消耗量为 w：

$$w = w_1 + w_2 + w_3$$

式中　w_3——EPC 总承包商和分包商管理失效或者管理不足生产的资源消耗量

从上图可知：规则是权势支点，什么样的法则，决定什么样的权势，法则和权势，又决定了权力的效用，因此，加强管理必须根据项目具体情况，采取综合治理措施才能实现管理目标。

针对 EPC 总承包商对分包商的管理，小王认为应注意以下几点：

1. EPC 总承包商的管理与分包商的管理达到平衡状态，管理过程才会趋于稳定。

2. EPC 总承包加强管理可以通过加强权力、权势或者修改规则来达到。

3. 如果 EPC 总承包商加强管理改变了管理的平衡状态，分包商的管理也会随之变化。

4. 如果 EPC 总承包商通过增加人力资源，加强对分包商的控制，分包商就会让出一部分控制权，由 EPC 总承包商承担，即通过放弃权力，来调节自身的权势，实现管理平衡。如果不正确认识管理再平衡，分包商在示弱过程中，实现了自身的经济目标，EPC 总承包商在示强过程中，陷入了违章治理的陷阱。

（三）为什么监理会掉入加强管理的陷阱？

小王认为所有的管理都必须有人力资源支持，如果没有人力资源支持，再先进的管理，再完好的方法，再严格的要求，最后都是束之高阁。小王觉得利用项目管理再平衡原理，进一步剖析旁站监理制度，有助于加深对项目管理再平衡原理的理解，为治理弱势分包商提供更可行的方案。

第五章　管理竞争

小王想起做监理时的一个故事。在一次监理例会上，项目总监理工程师关总监对一周来监理下发的不符合项进行了通报。业主项目经理郝总听到不符合项整改还要走什么程序，就对关总监怒斥道："现场不符合项走什么程序？让现场监理立即告诉承包商整改不就得了，走程序，时间耽误不起，质量安全是天，等不得，现场监理要在现场对质量安全负起责任。"

关总监申辩道："不符合项管理，我们公司有规定。"

郝总听到关总监的申辩，就更气不打一处来，对关总监骂道："我都快干了一辈子工程，没有看到像你这样的总监，成天推三阻四，不负责任。要在我这儿干，就得按我的要求办！要按你公司的要求办，就滚回你公司去干。"

看到郝总怒气冲冲，关总监只好闭嘴。

会后，乔监理问关总监："不符合项还发吗？"

关总监满脸无可奈何地说道："发什么发，今天在例会上，你不听着了吗？"

乔监理说道："关总监，不发不符合项，我们还能管住承包商吗？"

关总监叹气地说道："先等等吧，郝总对新生事物接受还有一个过程，不符合项管理实际上是零距离开展隐患排查，而郝总希望现场监理不仅要排查隐患，而且要帮助承包商去治理隐患。现在僵持下去，会有更大的矛盾。"

乔监理说道："关总监，不坚持下去，我们这些人就没有前途呀！有些监理就会滥竽充数呀！监理这个行当就更没有人看得起，有能力的人就不愿再干监理，如果队伍素质提不高，要向高端发展，岂不是空中楼阁。"

关总监想，越是困难的时候，就越得克制自己的情绪，兄弟们都看着呢！如果自己不表现出坚强的意志，兄弟们感到失落，队伍的稳定就可能出问题，自己也没法向公司交待。于是，强忍着失望，安抚乔监理道："我是说先等等，没有说不坚持。现在业主势力强大，我们势力弱小，我们要想推行好的管理方式方法，就得动脑子呀！我们现在在爬山，我们的管理是在向高端发展，肯定得费点劲。如果是走下坡路，肯定就不会遇到困难。乔工，如果我们天天干没有困难的事，你乐意吗？我想，你肯定不会乐意，没有困难，谁都能干，竞争就激烈，就不会有发展，难道你不想有更好的发展吗？"

乔工说道："我明白了，坚持就是胜利！"

郝总的一番怒吼改变了规则位置，监理由管理承包商变成了支持承包商。监理为了减轻自己的压力，只好缩小自己的权势，扩大自己的支持力，派遣更多的现场监理。

小王将上述变化用图5-3表示。

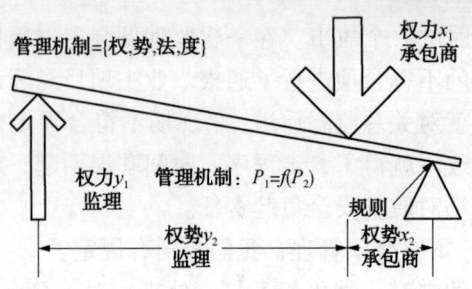

图 5-3 监理与承包商之间的管理再平衡

关总监想,市场经济,谁管钱袋子,谁的势力就大;谁的势力大,就推行谁的管理理念;因此,有什么样的业主,就有什么样的队伍,天天说监理、承包商不行,就是业主这个管理水平,好的队伍,也让管理得没有水平。关总监越想越生气,难怪我们的队伍一出国干活就好,一回国干活就差,同样的队伍,不同的业主,表现两重天,这说明了什么问题?

关总监静下心来,觉得先图存,再求发展。

关总监想,这次推行公司的管理理念,之所以获得批评,是自己没有利用好项目管理再平衡原理。人微言轻,关总监觉得自己的势还很低,要创新,面对阻力就大;如果上级管理部门要求开展不符合项管理,或者,做通承包商的工作,让承包商实施不符合项管理措施,提升员工素质和管理水平,阻力就小,也许郝总还能接受不符合项管理制度。

旁站监理制度有了监理规范的支持,在作业现场没有承包商的管理人员大家觉得很正常,如果没有监理人员,大家就觉得监理服务不到位。项目管理企业为了满足监理规范的要求,只好聘用低素质的监理人员,满足承包商的现场管理需求,形成缺位与越位管理结构,出现监理代替承包商的以管代包现象,从此,监理行业由高端进入了低端。以管代包管理架构如图 5-4 所示。

从图 5-4 可知,承包商出现管理分层,却没有出现管理分工,即控制分解之后,并没有伴随产生监督、确认、协调和考核。监理开展现场监督,发现承包商的问题只有同作业队沟通,结果,作业队就是监理的上级,监理害怕出问题,就派出更多的现场监理。

目前,在一些 EPC 总承包项目上,EPC 总承包商实施分包以后,没有伴随产生监督、确认、协调管理节点,派遣现场管理者对分包商实施管理,而是让监理代替 EPC 总承包商对分包商实施过程监督、成果确认和事中协调工作。如果让不负责任的监理和不负责任的分包商弄出质量安全事故或者造成合同纠纷,EPC 总承包商将负有不可推卸的法律责任,到时,再反思管理失误,已是悔之晚矣。

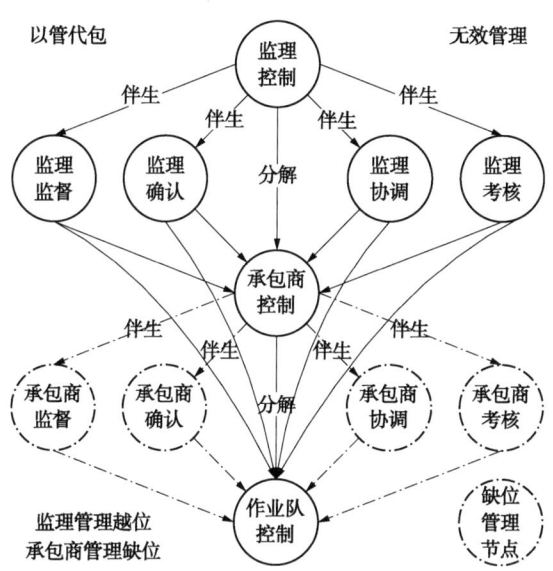

图 5-4 以管代包与以包代管的管理架构

缺位管理和越位管理,让事故责任传递到了上层,让安全意识脱离了基层;让安全氛围充满了各种会场,让血淋淋的教训成了安全分享;让事故隐患充斥了作业现场,隐患治理翻开了新篇章。不正确的管理架构,就会得出不正确的管理结果——事故隐患就是对不正确管理架构的检验。

(四) 监理如何在不利的环境中反败为胜?

关总监想到项目管理再平衡是一个动态平衡。在公司培训时,有一张项目管理再平衡正向发展与反向发展关系示意图。作好监督工作有利于提升权势,作好确认工作有利于提升权力。如果监督不报告,就是降低权势,如果不确认或者确认不报告,就是削弱权力。关总监想,郝总不懂现代管理,我们不能与郝总一般见识,现在是乌云满天,说不定哪天太阳出来,我们的管理又会阳光普照。我们应走正道,而不能因为一个批评,就走上了歪门邪道。

关总监召集项目监理人员,拿出项目管理再平衡动态变化图(图 5-5),并与大家进行了有效沟通。最后,关总监说:"我们手中有规律,有真理,我们就应该坚持,我们把各项工作做好,自然就会得到认可,自古成败论英雄,过程有挫折,成功之日方显英雄本色。"

关总监号召大家坚持就是胜利。

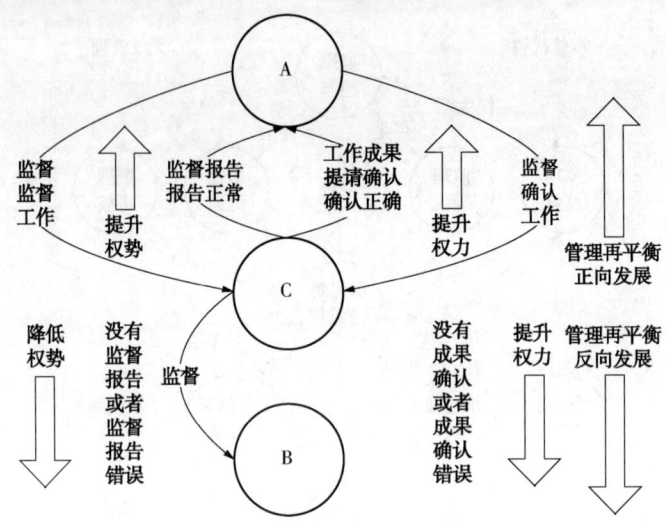

图 5-5 项目管理再平衡正向与反向发展趋势

关总监带领大家一天一天地熬。终于有一天，业主上级公司来到项目检查，上级公司的专家，看到关总监把项目管得别具特色，在讲评时，对业主大加赞赏。

业主郝总也谦虚地说："是关总监他们管得认真，他们带来了好的管理方式方法。我们选择监理单位选对了。"

关总监觉得，坚持正确的规律，按照正确的规律办事，最终就会得到认可。当强者认可我们的规则时，我们就与强者实现了共赢。如果屈从强者制定的不符合规律的规则，最终会被强者打败，最后，强者还要给我们戴上一顶不负责的帽子。

(五) 为什么监理也会取胜？

为了提升项目管理再平衡原理与多层级项目管理原理的认识，小王召集了 EPC 总承包项目管理创新实施小组研讨会，研讨的题目是：为什么监理也会胜？

小王说："为了大家讨论方便，我画了两个项目管理模型，如图 5-6①、②所示，这两个项目管理模型图就是我们某大型项目监理的现状，大家可以结合模型图，也可以自由发表意见。"

QHSE 部的丁工说："图 5-6①，肯定是旁站，图 5-6②，如果能坚持到底，就会把项目理顺，取得最后的成功。"

文控部的小肖说："为什么一眼就能确定一个是旁站，一个是高水平的服务?"

QHSE 部的丁工说:"图 5-6①中,在现场监理和分包商作业班长之间有一条控制线,这条控制线能够提供什么样的资源?"

计划部的唐工说:"旁站监理服务。"

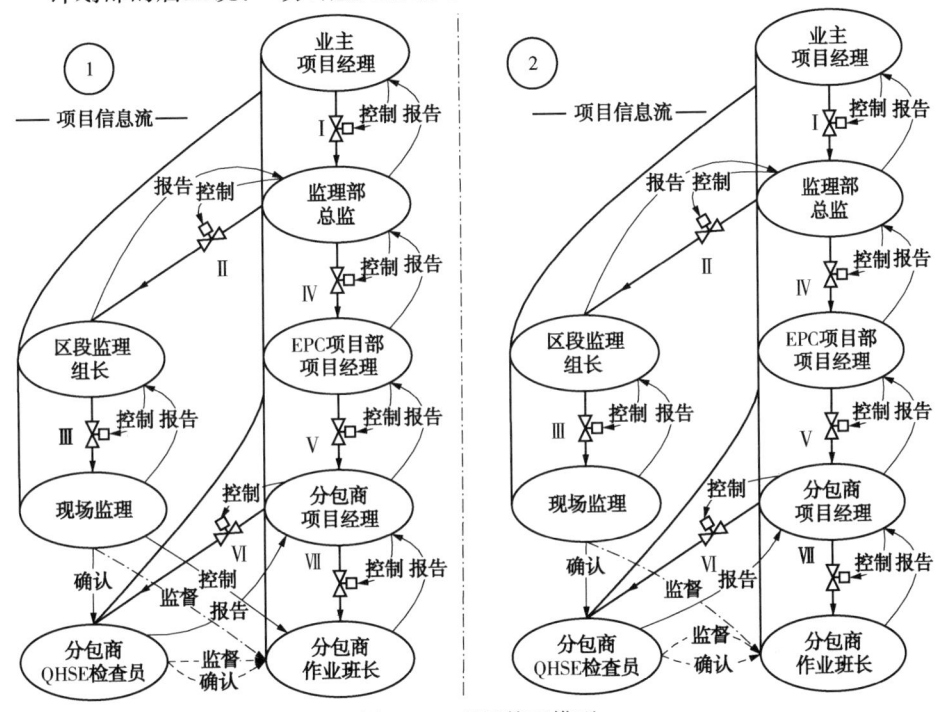

图 5-6 项目管理模型

QHSE 部的丁工说:"对,只能提供旁站监理服务,标注的是控制,实际上是向分包商作业班长报告现场检查情况,分包商的作业班长既可以采纳旁站监理的报告,也可以不采纳,决定权在分包商的作业班长,不在旁站监理。"

合同部的余工说:"有资源才有控制权,旁站监理服务不是分包商的作业班长用于整改现场不符合项的资源,因此,旁站监理服务不能取得对分包商的作业班长的控制权。现场监理没有控制权肯定就无法控制作业现场局面。一旦局面失控,监理工作就宣告失败。"

文控部的小肖说:"现场监理发现不符合项,还可向区段监理组长和监理部总监报告呀!"

QHSE 部的丁工说:"旁站监理成天待在现场,与分包商的作业班长处得比区段监理组长和监理部的总监还要熟,我们可以想象,一个人有事,是求助熟

人,还是求助不太熟悉的人?"

文控部的小肖说:"肯定求助熟人。"

QHSE部的丁工说:"区段监理和监理部管理水平再高,条件再好,总有不到位的时候,当区段监理和监理部的条件不能满足现场监理工作需求时,比如,没有车到现场,旁站监理又不得不到现场,他会求助谁?"

文控部的小肖说:"肯定求助分包商的作业班长。"

QHSE部的丁工说:"我们应怎样对待帮助过我们的人?"

文控部的小肖说:"我们应该感恩呀!应该想办法去报答帮助过我们的人。"

QHSE部的丁工说:"对,作为一个常人,这是起码应具备的道德水平。"

QHSE部的丁工问道:"唐工,你接触过的监理人员都怎么样?"

计划部的唐工回答道:"应该来说都比较正常,没有什么特别的,如果人品很差,监理部也不会用,监理现场管理毕竟同人打交道,性格特别的,难以与人相处的,都干不了监理。"

QHSE部的丁工问道:"也就是说,当监理的人员,一般人际关系还都不错?"

计划部的唐工回答道:"应该是这样。"

QHSE部的丁工问道:"小肖,你同大家关系处理得不错吧!"

文控部的小肖说:"当然,你们看,我同大家关系处理多好哇!"

QHSE部的丁工问道:"小肖,假如我帮助过你,而你又想找一个机会报答我,我现在工作中出了一差错,你的领导又不在,我的领导又不在,你会怎么办?"

文控部的小肖说:"你工作中的一点小差错,我告诉你不就得了,也用不着'上纲上线',用不着报告给你的领导,我的领导。如果什么事都给领导打小报告,这种人的人品也太差了。"

QHSE部的丁工问道:"唐工,旁站监理在现场发现了不符合项,会报告给谁,又会不报告给谁?"

计划部的唐工回答道:"正常情况下,会报告给作业班长,不会报告给监理组长。"

QHSE部的丁工问道:"对,据统计,旁站监理报告的不符合项最少,就是因为我们的旁站监理都是正常人。"

QHSE部的丁工问道:"唐工,一旦出了事故,调查我们旁站监理时,他们说得最多的一句话是什么?"

计划部的唐工回答道："我都告诉他们了，嘴皮子都说破了，他们就是不改？"

QHSE部的丁工问道："旁站监理嘴皮都说破了，为什么分包商的作业班长就不组织整改呢？"

施工部的付工回答道："整改需要资源，分包商向分包商的作业班长提供了正常条件下的资源，一旦现场出现不符合项的事件，分包商的作业班长手中就没有相应资源，监理是说了，可是分包商的作业班长没有资源整改。"

QHSE部的丁工问道："如果现场问题长期得不到治理，那旁站监理还有用吗？"

计划部的唐工回答道："肯定没有用，有好多业主说旁站监理是稻草人。"

QHSE部的丁工问道："当稻草人的旁站监理都属于正常人。从人性的角度来分析，旁站监理对作业现场的管理会有效果吗？"

文控部的小肖说："肯定无效！"

QHSE部的丁工问道："为什么会出现无效管理呢？"

施工部的付工回答道："现场监理和分包商作业班长之间的控制线，实际上是一条报告线，如果报告离开了控制线，就必然是无效管理。"

QHSE部的丁工说："要求现场监理把现场不符合项立即通知承包商进行整改的管理，最终都是无效管理。"

文控部的小肖说："监理加强现场管理的出路在什么地方？"

QHSE部的丁工说："依据项目管理再平衡原理，现场监理可以加强监督与确认管理，及时向区段监理组长报告现场监督与确认情况。"

文控部的小肖说："现场信息报告给区段监理组长也不会有什么用。"

计划部的唐工说："区段监理组长会拿现场监理收集的信息找分包商项目经理，分包商项目经理手中的权力毕竟会比分包商的作业班长权力要大，可以解决部分问题。"

文控部的小肖说："区段监理组长这么干，最后的结果是区段监理无效。"

计划部的唐工说："为什么？"

文控部的小肖说："这个问题刚才付组长回答说'如果报告离开了控制线，就必然是无效管理'，现在区段监理组长与分包商项目经理之间的控制线在哪儿？"

计划部的唐工说："区段监理组长与分包商项目经理之间的确没有控制线，但现在在监理实践中都是这么干。"

文控部的小肖说:"所以,监理就找不到水平高的。"

QHSE部的丁工说:"区段监理组长督促现场监理把信息收集齐全,并及时报告时,优势最大,而不是去找分包商的项目经理。"

计划部的唐工说:"这种情况区段监理组长不会干。"

文控部的小肖问道:"为什么?"

计划部的唐工回答道:"在这种情况下,区段监理组长只有受累,没有权。"

QHSE部的丁工说:"这种情况下,怎么办?"

文控部的小肖回答道:"信息化不就解决了?用不着设置区段监理组长,或者,区段监理组长只负责监理内部事务和对分包商项目部的监督,不负责对分包商的项目经理实施控制。"

施工部的付工说:"只要现场监理信息传到监理部,监理的管理就成功了一大半。"

文控部的小肖问道:"为什么说只成功了一大半?"

施工部的付工说:"总监的胆识和能力非常关键,只有取得业主的支持,控制指令才能顺利向下传。"

计划部的唐工说:"目前能够翻越这个拐点的总监太少了。"

施工部的付工说:"这就需要培养和引导。"

文控部的小肖问道:"什么时候才算基本成功呢?"

施工部的付工说:"只要信息传过的EPC项目部就叫基本成功。"

文控部的小肖说:"图5-6①比图5-6②多了一条线,沿着图5-6①所给的路径,走向失败了,沿着图5-6②所给的路径,就能走向成功。项目管理模型图的确很神奇。"

施工部的付工说:"成功与否,就在一念之间。"

文控部的小肖说:"项目管理模型图确实能够对我们的管理工作起到指导作用。为什么我们的监理没有想到这种方法呢?"

施工部的付工说:"不熟悉多层级项目管理原理和项目管理再平衡原理,怎么会想到这一招?"

文控部的小肖说:"我们要在管理创新方面有所突破,就必须深入研究项目管理的规律性。"

小王最后说:"在设计项目管理再平衡措施时,一定要兼顾多层级项目管理原理设定的管理规则,只有同时考虑两方面的因素,才有利于加强项目管理。"

五、巧用平衡调资源 ▶▶▶

（一）为什么过程监督、成果确认监理模式执行难？

最近，公司召开了一次视频大会，提出了"创想无边界、资源无边界、市场无边界、发展无边界"的新构想。小王想，如何有效地利用项目上已有的各种资源，充分调动各方的积极性和创造性，提升 EPC 总承包商的资源整合能力，是 EPC 总承包项目管理创新的重要议题。为此，小王召集了 EPC 总承包项目管理创新实施小组成员工作会议。

施工部的付工说："目前，项目上可以直接整合利用的资源就是监理。"

文控部的小肖说："对，我们可以把项目上监理的资源有效地利用起来，推动我们 EPC 总承包项目管理创新。"

QHSE 部的丁工说："要有效地利用监理资源，我们就必须正确认识'过程监督、成果确认'监理模式，只有监理的体系与我们的体系有效对接，才能充分利用和发挥监理的正面作用。"

施工部的付工说："要发挥监理对我们 EPC 总承包项目管理体系的推动作用，首先必须认清为什么现在监理推行'过程监督、成果确认'监理模式如此难？"

小王说："付工提出的这个问题非常好。"

QHSE 部的丁工说："我们很多人不知道'过程监督、成果确认'的由来，所以执行难。"

小王说："要把这个问题搞清楚，我们还得从头说起。监理模式起源于 FIDIC 的《施工合同条件》，国际金融组织为了保证在业主不懂的情况下贷款项目能够有效执行，设置了工程师，代表业主实施管理。其管理架构如图 5-7 所示。"

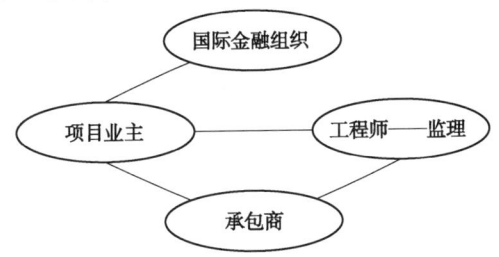

图 5-7　FIDIC 的《施工合同条件》下的组织架构

小王继续说道："国际金融组织把设置'工程师'作为贷款的前提条件。为适应 FIDIC《施工合同条件》设定的管理模式需要，迫使我国设置相应的组织。

在国际金融组织贷款的国内项目上,由于采用该模式,项目取得了成功。八十年代初,我国平均每4天就倒塌一栋房子,工程质量形势十分严峻。专业化管理模式与业主自主管理模式形成了鲜明对照。一经试点,在国内其他投资形式的项目上,也取得了成功。为加强国内工程项目的质量管理,我国把FIDIC的《施工合同条件》中的工程师定义为监理工程师,把咨询单位定义为监理单位,监理模式就产生了。"

文控部的小肖插话道:"国际金融组织把设置'工程师'作为贷款的前提条件,也是巧用平衡调用咨询机构的工程管理资源,协助国际金融组织管好给借贷方的资金。"

施工部的付工说:"我们设置监理模式,一方面,是政府为了引导企业加强质量管理;另一方面,是为了适应国际工程管理发展的需要。"

小王说道:"对,随着我国工程建设规模越来越大,参与国际竞争的机会越来越多,国内大型工程项目也采用了EPC总承包模式。近年来,信息技术的快速发展,也推动了项目管理信息化。工程建设企业专业化重组,快速地推了EPC总承包模式的发展。工程建设企业与金融组织的融合,必将推动工程建设项目产品化。目前,无论是从组织架构上,还是管理工具上,项目管理形势都发生了深刻的变化。请问,我们现在的工程监理项目还有多少与原来FIDIC的《施工合同条件》设定的情况一致?"

施工部的付工说:"越来越少。我们现在承担的监理项目,大部分采用的EPC总承包模式,是EPC总承包合同,不再与FIDIC的《施工合同条件》设定的情况一致。"

QHSE部的丁工说:"可是,现在很多业主就让监理单位在EPC总承包模式下,搞FIDIC的《施工合同条件》下的监理。"

小王问:"应该来说FIDIC的《施工合同条件》与监理模式对应,FIDIC的《EPC交钥匙项目合同条件》与PMC模式对应,在现实条件下,监理企业何去何从?"

施工部的付工说:"目前推进PMC模式,困难重重。原因有三个方面,一是业主没有积极性;二是工程建设企业没有积极性;三是工程建设企业与金融组织正在走向融合,或者,工程建设企业与项目业主签订的工程建设项目合同产品化,必将推动工程建设一体化管理的兴起。"

QHSE部的丁工说:"随着工程建设一体化管理的兴起,在大型项目上,监理必将并入工程建设一体化管理体系之中,成为工程建设管理链条的一部分。监理企业又面临艰难的选择,监理如何并入一体化管理体系之中?"

施工部的付工说："现在，监理已不能对工程实施全面的控制，而是按照一体化管理分工，负责分工范围内的管理。在这种情况下，监理只有慢慢做强工程建设管理链条中的一部分，才有竞争力，才有存在的价值。这也是项目管理再平衡发展的必然结果。"

QHSE 部的丁工说："在目前推行的 EPC 总承包模式下，监理也只能承担工程建设管理链条的一部分作用。"

施工部的付工说："是哪一部分作用？"

文控部的小肖说："我们能否用多层级项目管理原理和项目管理再平衡原理进行分析？"

小王说："只有利用多层级项目管理原理和项目管理再平衡原理，对现有的项目管理架构进行改造，使之符合我们目前的管理要求，这就是项目管理架构重构。"

QHSE 部的丁工说："我来试一试。"

QHSE 部的丁工结合以前从事的项目，并利用多层级项目管理原理，画了一个项目管理模型，如图 5-8 所示。

QHSE 部的丁工说："从 图 5-8 上，我们可以看出，现场监理在管理链条中的主要职责是对承包商的实施过程开展监督，对 EPC 项目部 QHSE 工程师确认后的成果进行确认。并把监督与确认的结果报告给监理部的 QHSE 部。从现场监理所处的节点位置来看，没有控制职能。"

文控部的小肖说："监理对 EPC 肯定得有控制职能，否则，对 EPC 总承包商怎么管？"

QHSE 部的丁工说："现场监理没有控制职能，不等于说监理没有控制职能，项目总监或项目总监授权的工程部看控制职能。"

文控部的小肖说："为什么项目总监不授权现场监理搞控制呢？"

QHSE 部的丁工说："如果授权现场监理搞控制，报告信息流就离开了资源控制线，现场监理的管理就成了无效管理。所以，项目总监不能授权现场监理搞控制。"

文控部的小肖说："项目总监不在作业现场作业现场怎么搞控制？"

QHSE 部的丁工说："我们说谁有资源，谁就有控制权。项目总监的控制权是什么？"

合同部的余工说："项目总监控制着 EPC 总承包商的工程进度款支付权。"

文控部的小肖说："大家总是在讲监理应该负责'进度控制、质量控制、投资控制'，没有说'进度款支付控制'。"

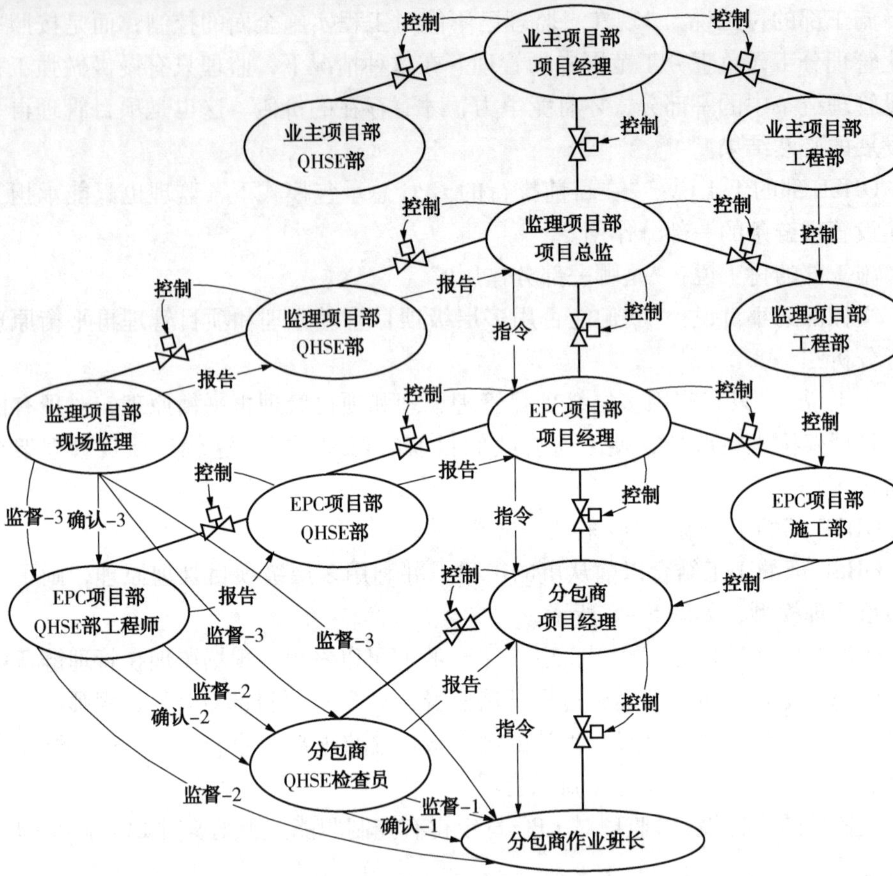

图 5-8 业主、监理、EPC、分包商项目管理体系架构

合同部的余工说:"这就是为什么过程监督、成果确认监理模式执行难的原因。我们监理只会利用直接手段控制进度、质量、投资,不会利用间接手段对工程进度、质量、投资实施控制。因为没有人给我们讲'进度款支付控制'管理措施。"

文控部的小肖说:"在 EPC 总承包模式下,监理的职能是什么?"

小王说:"不同的项目,授予监理的职能不一样。"

施工部的付工说:"问题是由于惯性影响,现场监理把监理的职能理解为一个样。只有控制住现场进度、质量、安全、投资的监理就是好监理,在 EPC 模式下,现场监理越想控制,就越出问题。我们派了一帮旁站监理,说明监理的管理者,仍然没有搞懂,分包商是归 EPC 总承包商管,还是归现场监理管?"

第五章　管理竞争

文控部的小肖说："根据丁工画的项目管理模型图，监理已经分为现场监理和监理部两个层次；现场监理与监理部的职能也完成了分工，监理的职能是现场监理＋监理部的职能。如果把监理的职能直接理解为现场监理，那肯定是错。"

QHSE 部的丁工说："这也是为什么过程监督、成果确认监理模式执行难的原因。"

文控部的小肖说："监理部往往对现场监理的监督与确认结合不重视，看到现场监理发现的问题，就跑到现场要求现场监理加强控制。我曾经经历的一个项目，信息系统上已经设定为：现场监理发布的不符合项要经 QHSE 部长确认后，才能发布；EPC 组织整改完毕后，要经 QHSE 部长确认后，才能关闭。一次检查过程中，发现信息网上有数百条不符合项，QHSE 部长未确认。当问及 QHSE 部长时，QHSE 部长说，工作太忙，还没有来得及确认。"

施工部的付工说："不会利用现场监理的过程监督与成果确认信息实施管理，这也是为什么过程监督、成果确认监理模式执行难的原因。"

计划部的唐工说："我们监理部、现场监理几乎把所有的精力放在了作业现场，很少有人去查一查 EPC 总承包商的管理，如是否建立不符合项台账，是否对报验情况进行统计等，我们不关心 EPC 总承包商项目部的管理，结果，我们往往越过 EPC 总承包商对分包商实施管理。"

施工部的付工说："不会利用 EPC 总承包商的管理对工程实施管理，这也是为什么过程监督、成果确认监理模式执行难的原因。"

小王说："我们可以归纳一下，过程监督、成果确认监理模式执行难的原因主要有四个方面：一是不会利用业主提供的资源来管——进度款；二是不利用现场监理提供的信息来管；三是不会利用 EPC 总承包商的管理体系来管；四是现场监理在现场越位瞎管。也就是我们的总监没有想到巧用平衡调资源，结果，过程监督、成果确认在缺乏控制的情况下，难以有效执行。"

QHSE 部的丁工说："现场监理获取 EPC 总承包商及其分包商的管理信息，监理部将信息转化为控制指令，使 EPC 总承包商及其分包商按照管理要求实施项目管理，因此，只有现场监理与监理部共同作用，过程监督、成果确认监理模式才能有效运行。今天我才算真正明白了，为什么过程监督、成果确认监理模式执行难。"

文控部的小肖说："核心问题是大家不懂多层级项目管理原理和项目管理再平衡原理，没有对现场监理与监理部的职能进行分层与分工管理。"

施工部的付工说："在 EPC 总承包模式下，监理的职能是什么？"

小王说:"现场监理的职能是过程监督、成果确认,并将工作结果及时上报监理部。监理部的职能,一是服务业主;二是制定管理规则;三是审批EPC总承包商制定的管理规则;四是协调现场监理整改发现的问题;五是对EPC总承包商和现场监理实施考核;六是利用进度款支付手段对EPC总承包商实施控制。因此,现场监理与监理部的职能已经发生了根本性的变化,继续采用传统监理模式,必然难以适应EPC总承包模式的发展。"

施工部的付工说:"大部分监理企业在EPC总承包模式下,没有及时调整自己的角色,结果在项目管理再平衡过程中来了个不战自败。"

计划部的唐工说:"在EPC总承包模式下,很多业主仍然要求现场监理在作业现场对工程质量、安全实施控制,现场监理越位控制、EPC总承包商控制缺位的现象普遍存在,不正确的管理,给工程质量、安全带来了严重的隐患。"

(二) 如何让监理成为EPC总承包项目管理的贡献者?

施工部的付工问道:"EPC总承包商控制缺位的情况下,谁的损失最大?"

合同部的余工回答道:"是EPC总承包商。我们现在很多EPC总承包项目投产后,业主不接收,EPC总承包商对收尾项目的整改,往往花费好几年。"

施工部的付工问道:"EPC总承包商管理到位,受益最大的是谁?"

合同部的余工回答道:"还是EPC总承包商。"

施工部的付工问道:"最应该总结项目管理经验的是谁?"

合同部的余工回答道:"当然是EPC总承包商。但问题是现在的EPC总承包项目管理受业主和监理的制约。"

小王说:"监理的体量小,影响力小,EPC总承包商的体量大,影响力大,我们应凭借影响力和管理水平,占据工程管理的领导地位,而不是被动地处于监理的管理之下。"

施工部的付工说:"只有EPC总承包商占据领导地位,最后,才有可能是最大的受益者。否则,遇上水平高的监理人员,我们可能是受益者,如果遇上水平低的监理单位,我们就成为受害者。"

计划部的唐工说:"怎样让监理的管理融入到EPC的管理体系之中?"

小王说:"首先分析一下,我们EPC总承包商是如何加强管理的。"

小王画了一张项目管理再平衡关系图,如图5-9所示。

小王指着项目管理再平衡关系图说:"如果C代表作业者、B代表分包商、A代表EPC总承包商,EPC总承包商——A的管理和分包商——B的管理最后都

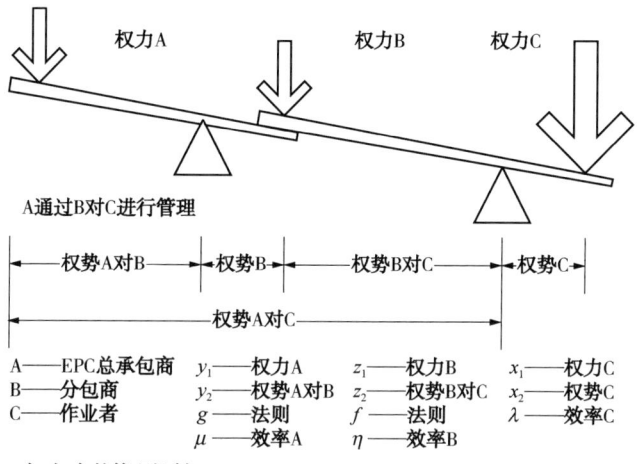

图5-9　EPC总承包商、分包商和作业者之间的管理再平衡

要作用到作业者——C 的身上。监理只是项目管理再平衡杠杆的加长，如果我们主动接纳监理，有助于 EPC 总承包商加强管理。"

QHSE 部的丁工说："原来总是把监理当做向业主告密者，只要正确地处理好与监理的关系，反而有助于我们的项目管理。"

施工部的付工说："监理天天讲控制，我们总是害怕被别人控制，所以，对监理就产生了敌对感。"

文控部的小肖说："只要把监理当做项目管理链条中的一个环节，就可以利用我们的优势，引导监理协助我们开展项目管理。"

施工部的付工说："有效地管理监理，还能把监理从 EPC 总承包项目管理体系的破坏者，变成 EPC 总承包商项目管理体系建设的贡献者。"

QHSE 部的丁工说："原来监理总是说代表业主，其实监理也只是个纸老虎。"

文控部的小肖问道："为什么监理会成为 EPC 总承包项目管理体系的破坏者？"

"现场监理到现场一站，就指挥着我们的工人，让他们这么干。你说，我们的 EPC 总承包项目管理体系还能运转吗？"QHSE 部的丁工边说，边用手比划着。

文控部的小肖问道："不执行现场监理的指令，现场监理会找业主告状，说我们不执行监理指令。执行现场监理的指令，我们的管理体系就没法运行。为了

不受业主的批评,就只有执行现场监理指令,现场监理就会成为我们项目管理体系的破坏者。怎样让监理变成变成 EPC 总承包商项目管理体系建设的贡献者?"

QHSE 部的丁工说:"把我们的项目管理信息系统给监理设置输入接口,让他们在信息系统上发布不符合项,这样就减少了现场监理在现场胡指挥。同时,也可以用此考核监理和我们分包商的管理。"

文控部的小肖问道:"把监理用好了,就是一举两得。"

QHSE 部的丁工说:"把我们确认的成果放在信息系统上,让监理在信息系统上进行审核,减少施工记录的错误,有助于工程完后,竣工资料的快速移交。"

施工部的付工说:"这样利用我们的优势,引导监理发挥积极作用,促进我们 EPC 总承包项目管理体系的有效运行,而不是现在的 EPC 总承包项目管理体系破坏者。"

文控部的小肖说:"这样监理就成了项目管理体系中的重要一环,就成为EPC 总承包项目管理的贡献者。"

施工部的付工说:"任何事物有有利的一面,必然也会产生不利的一面。"

QHSE 部的丁工说:"如果我们 EPC 总承包商不能有效协调分包商按时完成整改,监理可能会制定处罚条款,这样监理给我们带来有利一面的同时,也给我们带来不利的一面。"

施工部的付工说:"有时,我们也要利用不利的一面,加强对分包商的管理。"

小王说:"只要有利于最终结果,只要有利于充分查找过程中质量、安全隐患,我们都应该支持。针对隐患,我们也要采取积极有效的应对措施,只有这样,才能确保项目的安全和最终移交目标的顺利实现。"

文控部的小肖说:"不讨论不知道,一讨论,发现项目上还有这么好的资源,没有充分利用。资源无边界,只有我们认识水平提高了,资源开发和利用能力提高了,才能让资源无边界。"

(三) 为什么要防范代理人风险?

小王说:"我们也必须充分认识到在资源开发和利用过程中出现的风险。目前,管理方式的转变,还需要一个较长的过程,项目上的总监和项目经理们都很忙,不可能负责如此多的日常事务,为了协调处理相关事宜,一般都设置了工程部或者施工部。丁工画的流程,在实际运行过程中,往往会变为如图 5–10 所示流程。"

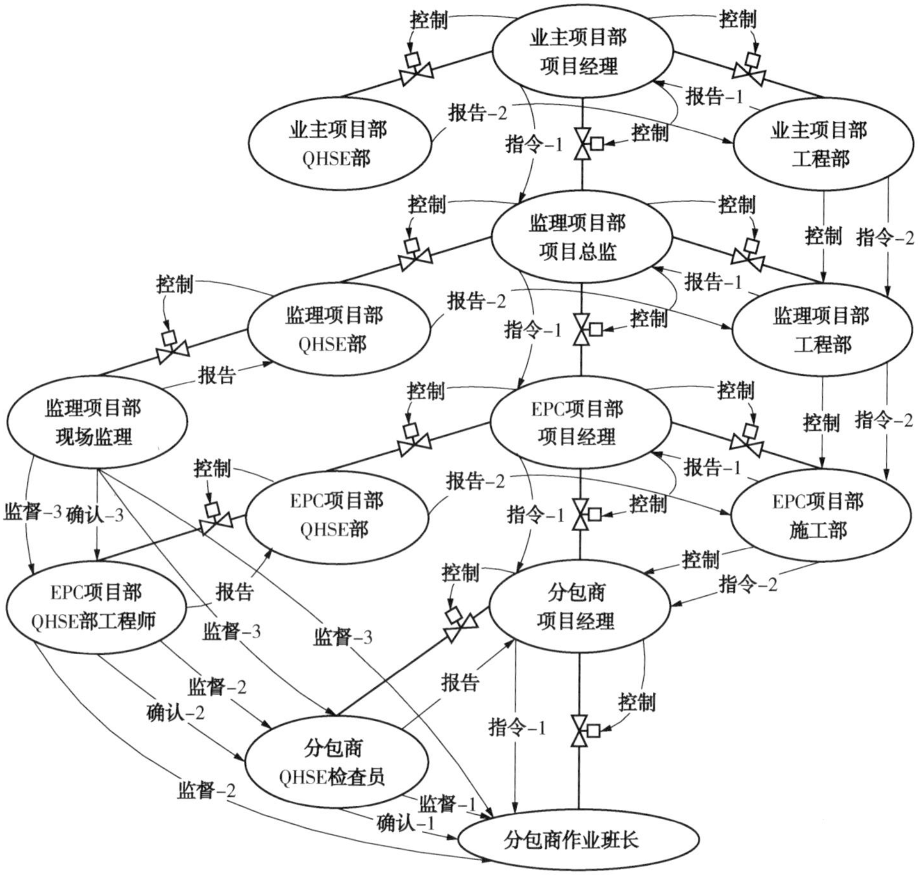

图 5-10 业主、监理、EPC、分包商项目管理体系架构

小王对所画的业主、监理、EPC、分包商项目管理体系架构解释道：

一般情况下，由监理部的 QHSE 部长把现场监理的监督与确认信息报告给工程部，即报告-2，由工程部把控制指令传递到 EPC 项目部的施工部，由施工部向分包商下达控制指令，即指令-2。

在特别情况下，工程部收到监理部的 QHSE 部长的报告后，立即向监理部的总监报告，即报告-1，总监进行分析处理后，向 EPC 项目部的项目经理下达控制指令，由 EPC 项目部的项目经理向分包商项目经理下达控制指令，即指令-1。

如果工程部向 EPC 项目部的施工部下达的指令不能得到有效执行，工程部可以向总监报告，由总监向 EPC 的项目经理下达控制指令，即指令-1。

业主及 EPC 的报告与指令传递过程同监理一致。

理顺

小王说道:"在正常情况下,体系能够有效运行。"

文控部的小肖说:"在非正常情况下,有可能体系不运行。"

小王说:"对,关总监讲了以往项目上的一个案例。"

关总监说:"根据自己的经验,通过过程监督、成果确认,并实施监控分离管理措施,可以把项目管得让业主满意,让EPC总承包商的管理体系有效运行。项目开始时,各方对我们的管理方式方法有些抵触,后来,逐步接受,应该来说项目管得越来越顺。相关机构检查时,对我们的管理方式方法还大加称赞。但是,有段时间,业主和相关管理机构的人员说我们的监理人员不到位,现场问题一堆。为此,监理部加大了现场检查力度,并与EPC的项目经理进行多次交涉,要求加强管理。"

关总监感到奇怪的是,同EPC项目经理交涉多次后,仍不见动静,EPC总承包商依然我行我素,而业主也天天要求监理搞旁站,现场监理下发的不符合项也越来越少。

关总监觉得承包商水平、各方的反应与现场监理下发的不符合项不相适应。为此,关总监多次召开全体现场监理人员协调会,反复强调如实反映现场情况的重要性。每次会后,现场监理下发的不符合项数量有所上升,过几天后,又下降了。

业主对现场监理的表现也越来越不满意。

关总监觉得搞了这么多年的监理,从来没有遇到这种情况。

关总监找到工程部的部长说:"最近,EPC总承包商对现场监理下发的不符合项闭合得怎么样?"

工程部的部长说:"都闭合了,就是现场监理确认得不及时。"

关总监找来QHSE部的部长说:"为什么承包商整改后,现场监理不及时确认?确认不及时,施工完后,整改条件就不存在了,承包商对我们的不符合项管理制度就会不重视,我们的管理就不会有力度,请加强此项工作。"

QHSE部的部长说:"好,我抓紧安排现场监理确认。"

关总监到现场巡视,只看到监理人员在旁站,就没有看到EPC的管理人员。

关总监想,为什么EPC总承包商会出现以包代管?为什么EPC总承包商的管理体系没有运转,这个EPC总承包商也太不负责任了。关总监越想越生气,于是找到业主,要求业主给予监理对EPC总承包商的处罚权。

业主对关总监的工作很支持,要求监理部制定对EPC总承包商的处罚办法。

关总监制定并发布处罚规定后,现场监理下发的不符合项就更少。业主也天

第五章　管理竞争

天拉着关总监到现场指挥，弄得关总监筋疲力尽。

关总监问，我们的管理究竟出什么问题了？为什么我们设定的管理体系不能运行，为什么 EPC 总承包商的管理体系也没有运行？

关总监让工程部统计监理部未确认 EPC 总承包商已闭合的不符合项。

关总监收到工程部的部长把未确认的 EPC 总承包商已闭合的不符合项清单，立即把监理部的 QHSE 部的部长一顿大骂。关总监气急败坏。

QHSE 部的部长解释道，我们现场监理到现场跑了好几趟，EPC 总承包商就是不整改。

关总监感到奇怪，不是让工程部确认整改完毕之后，才让 QHSE 部派监理到现场确认吗？怎么没有整改完毕，就让监理到现场去确认？

关总监叫来工程部的部长问个究竟。

工程部的部长说："EPC 总承包商改了。"

关总监说："工程部说改了，QHSE 部说没有改，怎么回事？"

工程部的部长说："我这儿收到了 EPC 总承包商整改报告，已证明 EPC 总承包商改了。"

QHSE 部的部长说："我们到现场去验证时，就是没有改。"

文控部的小肖插话道："关总监没有检查管理流程是否有问题？"

小王说："关总监干了多年的监理，认为自己设定的管理流程不会有问题。"

文控部的小肖说："如果关总监自己实施控制权，肯定不会有问题，现在关总监是让工程部的部长代行自己履行控制权，如果工程部的部长没有尽到责任，就有可能出现责任风险。"

小王说："关总监认为有信息平台做记录，如果不履行责任，信息平台会记录得一清二楚。"

文控部的小肖说："关总监是否应该查一下信息平台上的记录。"

小王说："关总监也想到了这一点。"

关总监无言以对。

关总监打开信息平台一看，原来工程部的部长把管理程序给改了，把不符合项整改后的图片换成了整改报告，整改报告的内容千篇一律，工程部根本就没有确认 EPC 总承包商的整改完成情况。而 QHSE 部的部长未见到整改的证据，就安排现场监理进行确认，给 EPC 总承包商假闭合提供了条件，即 EPC 总承包商收到工程部下发的不符合项通知，编制一个虚假的回复报告，工程部收到 EPC 总承包商的虚假报告即让 QHSE 部通知现场监理确认，QHSE 部长未对 EPC 总承包

商的整改情况进行确认即安排现场监理进行现场验证。

关总监看了信息平台的记录,无话可说,让工程部的部长和QHSE部的部长全都离开关总监的办公室。质量、安全就在一个个虚假回复报告之间,化为虚无。

为什么EPC总承包商的管理体系没有运行,为什么我们的管理体系难以有效运行?不符合项假闭合就是问题的根源。工程部的部长和QHSE部的部长想当然地把原定的管理流程给改了,这一改变,使原来设定的过程监督与成果确认变得无效,使巡视监理变成了旁站监理。

关总监觉得自己辛辛苦苦培养的工程部的部长、QHSE部的部长监督不到位,造成项目管理的重大失误,而深深自责。

关总监召开了全体监理人员会议,对自己工作失误,表示自责,并进行自我处罚。对工程部的部长、QHSE部的部长取消先进评选资格,扣发奖金,并降为副部长,以观后效。

关总监说:"实施流程管理,当涉及代理人时,必须对其工作实施一定强度的监督,防范代理人风险。现在,工程管理越来越复杂,对高水平的监督需求也越来越迫切。"

小王说:"我们整合监理的资源,一定要防范相应的风险。"

文控部的小肖说:"关总监遇到的问题也出在流程管理上,由于工程部的部长和QHSE部的部长没有起到流程管理的作用,又让现场监理回到了旁站监理时代。"

QHSE部的丁工说:"实施系统化管理,就必须建立防范系统风险的管理措施,体系建立并运行后,必须开展定期的审计,确保体系在规定的范围内运行。"

小王说:"对,内部审计制度是为了防止系统化管理中存在问题而设置的管理制度。因此,我们现在推行系统化的流程管理,必须建立相应的内部审计制度。"

(四)为什么隐患治理左右难?

施工部的付工说:"面对隐患,我们应采取积极有效的应对措施,但应对措施不能失去EPC总承包商的控制权。"

小王说:"付工的提醒很重要,如果隐患治理工作不与隐患治理费用相联系,EPC总承包商加强隐患治理,最终会被分包商控制。在治理隐患过程中如何避免被分包商控制?大家针对这个问题可以讨论一下。"

合同部的余工说道："我们住酒店时，为什么每位客人对酒店里的物品都比较爱护？"

文控部的小肖回答道："每个房间里都有一张物品损坏赔偿清单，住酒店都有押金，这两个条件，促使客人协助酒店对酒店里的物品进行保护。"

合同部的余工问道："我们作业现场的隐患，就如同客人损坏了酒店里的物品，我们对损坏酒店里的物品的人员进行了处罚吗？"

QHSE部的丁工回答道："没有。"

合同部的余工问道："为什么没有处罚？"

施工部的付工回答道："我们现在只有技术标准，没有成本标准。我们的临时设施费是按照工程造价取一个系数，分包商在临时设施上花了多少钱，我们EPC总承包商往往不清楚。"

合同部的余工说："隐患没有技术含量，也不是分包商不知晓，没有成本标准，分包商不投入，我们就无法对其处罚。"

施工部的付工说："分包商投入不足，我们又没有反制措施，隐患自然就会盛行。"

QHSE部的丁工说："这就是为什么我们天天指出了分包商一堆隐患，分包商却是改了再犯。在没有反制措施的情况下EPC总承包商加强治理隐患，最后就被分包商控制。"

合同部的余工说："如果有营地建设有标准图集、作业现场目视化有标准图集、作业现场设备工器具标识有标准图集、作业现场临时用电有标准图集、作业现场安全防护有标准图集、作业现场脚手架搭设有标准图集，分包商在投标报价时，必须按图集要求单独报价，这样就把技术标准与成本标准建立了联系，隐患治理就有了基线。"

施工部的付工说："如果我们再配以运行操作标准，把分包商的自选动作，转化成EPC总承包商的标准化动作。不能达到标准要求，就不允许分包商作业，如果分包商强行作业，按成本清单加倍处罚。这样分包商就会有预防隐患的积极性。"

合同部的余工说："EPC总承包商对分包商作业过程中的违章行为适度处罚，使违章零成本转化成违章作业高于标准化作业成本，提升分包商治理隐患的积极性，因此，在分包商开工之前，EPC总承包商应让分包商确认违章处罚清单，使分包商认清违章的成本，只要分包商认清了违章的成本，隐患治理就水到渠成。"

小王说："通过管理规则，把EPC总承包商的管理强度和分包商的管理强度控制在合理的基线之内，通过提升管理水平，不断减少管理失效造成的资源消

耗，降低总体资源投入水平，提高管理效率与效益。"

讨论到这里，小王觉得 EPC 总承包项目管理创新仿佛才刚刚开始。

下一步 EPC 总承包项目管理创新究竟如何开展？小王觉得有必要向张部长汇报后，再作决断。

六、再平衡原理探讨

（一）现场监理管理效用分析与思考

正确评价现场监理在项目管理中的作用，对促进项目管理向正平衡方向发展具有重要的意义。评价现场监理的工作业绩目前主要有两个方面：一是从工程实体质量、进度、安全等方面评价；二是从服务于监理部的水平与能力方面评价。现场监理作为监理部的派出人员，主要目标是服务监理部的管理，按照监理部的要求开展工作。监理部对现场监理的要求是过程监督和成果确认，现场监理对监理部的利用效率主要体现在过程监督不符合项报告的及时性和准确性，成果确认的及时性和正确性以及确认报告的及时性，如果没有不符合项报告或者没有确认记录，现场监理对于监理部来说，其利用效率就为零。如果现场监理对监理部的效用为零，就必然不利于监理行业的发展。

工程质量、进度、安全等方面是项目的终极目标，是全体单位共同作用的结果，如果把工程实体质量、进度、安全等方面好与坏，作为评价现场监理的标准，现场监理就代替了全体单位开展现场管理工作，按此要求，现场监理在缺乏有效的控制权的情况下，要想调用承包商的资源，只有变成英雄，越权调用承包商资源，才能实现对承包商的管理，此时，现场监理处于越位状态，全体单位的其他管理人员处于缺位状态，管理体系必然难以有效运行，项目管理再平衡处于反向状态，不利于管理水平的提高和管理状态的改善。

（二）项目经理与安全总监的管理再平衡探讨

项目经理与项目安全总监签定安全责任书，授权安全总监全权负责项目安全管理，在安全管理方面对作业层拥有控制权。项目经理、项目安全总监和作业队长之间的管理再平衡如图 5-11 所示。

1. 讨论安全总监在行使控制权的过程中会出现什么哪些问题？
2. 安全总监能够全权处理一些安全事务吗？
3. 当安全总监在使用权力过程中，与项目经理行使权力相矛盾时，安全总监如何处置？

4. 作业队长同时受项目经理与安全总监控制，作业队长往往优先执行项目经理的指令而非安全总监的指令，安全总监的管理对策是什么？

5. 安全管理在项目经理、安全总监和作业队长三者之间博弈，造成安全管理困难的主要原因是什么？如何调整项目经理、安全总监和作业队之间的管理关系？

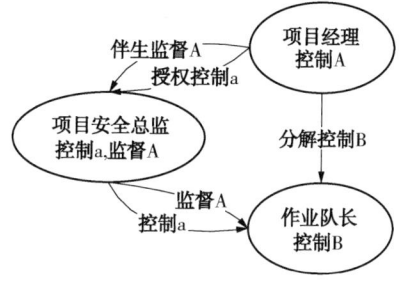

图5-11 项目经理、项目安全总监和作业队长之间的管理再平衡

6. 安全总监为什么不能接受项目经理授予的安全管理控制权？为什么项目经理授权安全总监实施安全管理控制权是一个不正确的选择，而安全总监接受项目经理的控制授权是一个危险决策？

7. 如何正确划分项目经理与安全总监的管理权限？

项目经理与安全总监之间的正确权限设置如图5-12所示。

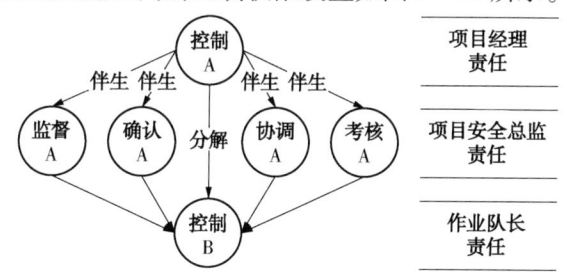

图5-12 安全总监的正确权限

项目经理与安全总监之间的正确关系是：项目经理实施安全控制权，项目安全总监实施安全的监督、确认、协调与考核权。按此种方式设置管理权限，既满足了安全管理工作的独立性，又满足了谁主管生产，谁负责安全的管理需求，分清了项目经理与项目安全总监的安全管理责任，避免管理博弈，有利于理顺安全管理体制。

（三）项目执行过程中的以包代管、有效管理、以管代包的探讨（图5-13）

1. 试论EPC总承包商把工作任务分解后，对分包商放弃管理的行为，就是以包代管。

2. 试论现场监理超越职权代行总承包商对分包商的安全实施控制，就是以管代包。

269

3. 无论是以包代管理，还是以管代包，均会使安全管理体系失去应有的活力，最后往往是小概率，大事故。

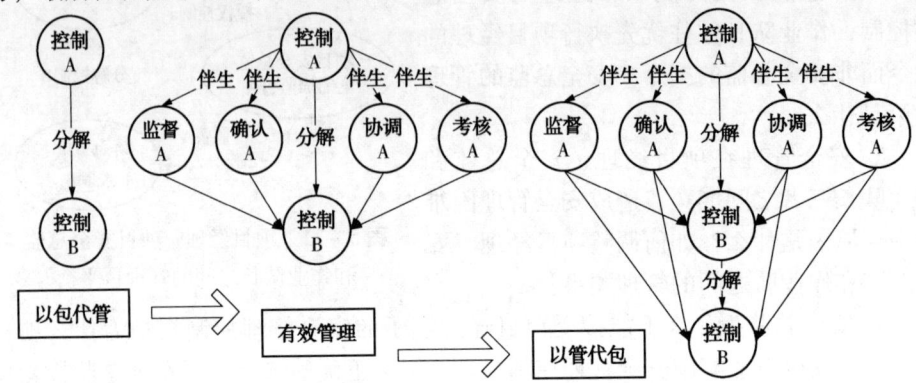

图 5-13 以包代管、有效管理与以管代包管理架构

4. 如何利用总分包管理机制，提升工程项目管理水平？

5. 为什么说安全管理是一个系统工程，自上而下的承诺与考核，奖励与问责即：根据控制依权的管理原则，承诺为下层组织提供安全管理所需的资源，对下层组织进行奖励与问责。根据考核依约的管理原则，与下层组织签订安全管理协议，并对下层组织安全管理工作进行考核。自下而上的保证，即接受上层组织的监督，保证符合安全管理要求，并向上层组织报告安全管理状况。安全管理交接点确认，根据确认依规的原则，对上与下或者下与上安全管理交接点进行确认，实现安全管理全覆盖。

6. 为什么说安全管理重在全员，危在英雄，重在体系，不在一时？为什么路见不平→拔刀相助→替天行道的管理模式，终究会出现逼上梁山→无奈招安→壮烈牺牲的结局？

（四）利用管理再平衡原理，促进观念转变

1. 为什么苦口婆心，却换来事故灾难？

在事故调查时，我们经常听到监理申诉：

（1）我们天天在强调质量安全，发现质量安全问题，立即通知承包商，承包商就是不听，知道违章，就是不改。

（2）承包商管理人员不到位，检查工作不落实，以包代管。

（3）承包商质量安全意识淡薄，技术交底不到位，培训不足，投入不够。

试用项目管理再平衡原理对监理的申诉进行分析，怎样才能改善监理工作？

我们开展 EPC 总承包项目管理，应从监理工作中吸取哪些教训？

2. 利用项目管理再平衡原理，如何加强项目管理才对 EPC 总承包项目管理有利？如何开展宣传工作，才有利于观念的转变？

3. 利用项目管理再平衡原理，谈一谈开展管理责任链管理的意义。

4. 根据图 5-14，试论管理竞争与旁站监理。

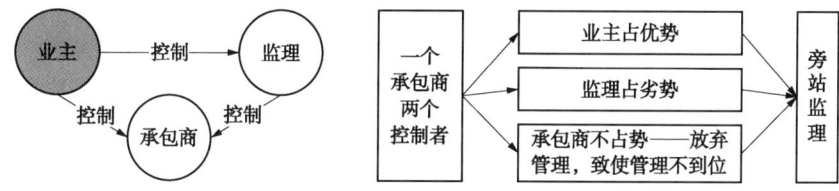

图 5-14　管理竞争与旁站监理

5. 根据图 5-15，试论监理发展新思路。

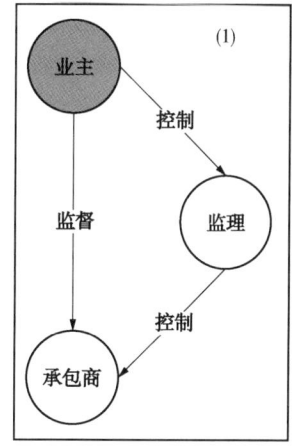
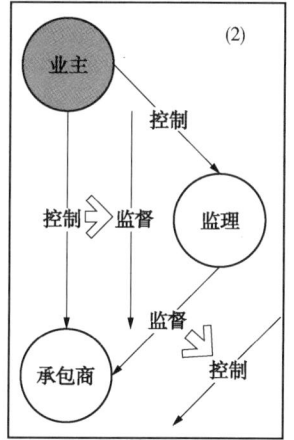
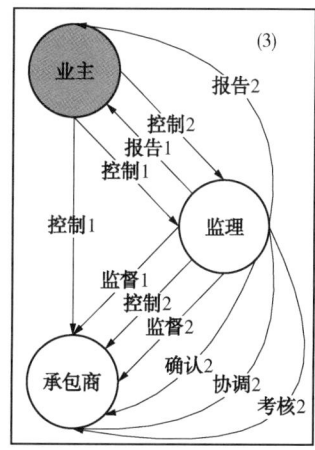

图 5-15　监理走出控制论的途径

（五）管理提升与项目管理再平衡

1. 管理提升的本质是提升管理人员、操作人员的能力。

2. 管理提升需要适当的措施加以引导。

3. 管理提升需要积极选拔积极分子，大力宣传先进典型。

4. 加强管理环节管理，有利于提升管理水平。

5. 浅谈项目管理再平衡的不确定性，如何把握管理平衡点，促进管理水平持续提升。

6. 如何利用项目管理再平衡原理整合外部资源？

7. 试用项目管理再平衡原理论述现场签证的风险
8. EPC总承包项目管理为什么要加强设计变更的管理？
9. 根据图5-16，讨论竞争条件下的安全管理。
   （1）为什么说管理竞争难以避免？
   （2）为什么说管理竞争必然导致风险？
   （3）为什么说管理不平衡，项目实施过程就面临危险？
   （4）如何推动项目管理平衡？
   （5）如何开展动态安全管理？
   （6）如何根据动态安全管理，制定管理对策？

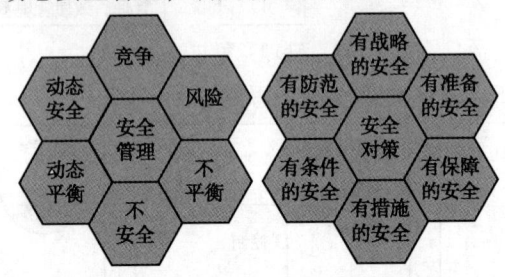

图5-16 动态安全管理与对策

10. 怎样才能获得管理优势？

（六）辩论题

根据项目管理再平衡原理，按表5-1的要求，组织辩论旁站监理的必要性和EPC总承包项目管理应吸取的经验教训。

表5-1 需要旁站监理与避免旁站监理辩论要点

序号	辩论议题	正方（需要旁站监理）	反方（避免旁站监理）
1	旁站监理的起源	为了确保工程质量安全	管理各方博弈的结果
2	旁站监理存在的价值	1. 承包商唯利是图，没有监理在场业主不放心 2. 独立第三方，加强承包商管理 3. 越是大型项目越应加强旁站监理	1. 满足业主心理需求；稻草人 2. 造成管理体系的失效 3. 大型项目应避免旁站监理
3	旁站监理未来的发展	1. 大力推行旁站监理制度	1. 尽量避免旁站监理
4	谁适合当旁站监理	1. 熟练技术工人	1. 技术工人做不了管理，会管理的人员不愿意当旁站监理

第五章 管理竞争

续表

序号	辩论议题	正方（需要旁站监理）	反方（避免旁站监理）
5	旁站监理对监理行业发展的影响	1. 促进了监理行业的发展	1. 大型企业退出低端市场
6	业主投入对监理发展方向的影响	1. 旁站监理制度的市场竞争能力	1. 业主投入不足，有水平的项目管理人员大量流失
7	谁是旁站监理制度的受益者	业主	承包商
8	谁是旁站监理制度的受害者	没有	业主和监理企业
9	EPC总承包项目管理吸取经验和教训	EPC总承包项目管理应推行旁站管理制度，加强对分包商的管理	EPC总承包项目管理应吸取监理发展的教训，完善体系管理

第六章 齐心协力

一、隐患治理急转弯▶▶▶

（一）为什么我们的管理会进入先制造隐患，然后再治理隐患的不良循环？

小王到QHSE部的张部长办公室，向张部长汇报了最近的EPC总承包项目管理创新情况，认为工作如果不与成本相关联，源头治理隐患就很难落实，事后责任追究，对改善工程质量管理、安全管理、进度管理来说，应该能够起到一定的效果，但是，总免不了先制造隐患，然后再治理隐患的不良循环。今年是上级公司下达的隐患歼灭战之年，如果没有进一步的措施，隐患歼灭战就不可能取得胜利。

QHSE部的张部长说："对呀，怎么样能够实现源头治理，才是管理之道。通过这一段时间的程序化管理，现场发现了大量的不符合项，而这些不符合项重现率极高，一个不符合项就意味着一项无效投资。原来要求QHSE监督人员在现场发现问题，让分包商立即整改，没有把不符合项形成书面报告，没有对不符合项进行统计与分析，现场存在的不符合项没有反馈到EPC总承包商的管理层，对不符合项整改产生的无效投资，也没有引起足够的重视。通过实施程序化管理，不符合项反馈到了EPC总承包商的管理层，EPC总承包商的管理层看到不符合项统计分析报告后发现，这些不符合项不仅对工程质量安全造成隐患，更吃掉了EPC总承包商的效益，影响了EPC总承包商的信誉。刘总对不符合项程序化管理给予了充分的肯定，正是因为有不符合项报告，才引起刘总对不符合项的重视，刘总希望能够提出更进一步的管理创新措施，把吃掉的效益拿回来。"

小王说："我们有精细化管理，却没有精细化计算。要改变目前的被动局面，拿回被不符合项整改吃掉的效益，还得从管理架构入手，把精打与细算结合在一起，各级管理层才会权衡是先制造隐患，还是先投入到位避免隐患，有了隐患治理成本清单，对隐患治理才会真正重视。"

QHSE部的张部长说："现在计划部只管进度，合同部只管投资合同，没有把工作与花费的成本联系起来,整个项目在运行过程中,没有形成成本意识。目前,出现的这些不符合项究竟花了多少钱整改,谁也不清楚。设计管理也是难题,设计图纸到位不及时,分包商生产了多少窝工费,目前,也不清楚。进度计划有动态管理,而投资合同由于没有与我们的管理充分融合,仍处于事后算账的状态。最近,刘总在想能否把计划部与合同部进行整合,形成控制部,把工作与投入到工作的成本有机结合,使不符合项整改、工作延误造成的费用损失,统一以无效成本形式表现出来,通过分析有效成本和无效成本,让大家认识到工作失误所花的代价,这样,把成本花销用到过程控制中去,提高大家责任意识和忧患意识,把精打细算式的管理落实到具体工作中,逐步实现源头控制。"

小王说:"通过这一段时间的 EPC 总承包项目管理创新活动,大家对项目管理创新有一定的适应能力,分工是为了明确责任,整合是也为了更进一步地明确系统责任。质量、安全和进度按照控制、监督、确认、协调和考核五个管理要素重组后,原来的 QHSE 部由管理质量、安全转变成了代表 EPC 总承包商项目部负责监督质量、安全和进度,代表 EPC 总承包商项目部确认设计、采办部和施工部工作检验成果。原来的计划部的进度计划管理转变成了对设计部、采办部和施工部总体资源的控制与协调,对 QHSE 部、设计部、采办部和施工部的考核职能。"

QHSE 部的张部长说:"通过前一段时间的管理架构调整,在质量、安全方面的不符合项整改速度提上去了,业主和 PMC 项目部都认为,通过 EPC 总承包项目管理创新,确实提高了队伍的水平和工作的积极性。但计划部也存在重质量管理、安全管理和进度管理,轻成本控制现象,以及不符合项整改,造成返工浪费严重现象。如何从隐患治理中要效益,是刘总想对目前的管理架构进行进一步调整的一个重要原因。"

QHSE 部的张部长这一提醒,小王也认识到问题的严重性。不符合项管理对于 PMC 或监理来说,不失为一个好方法,反正整改的成本由承包商支出,PMC 或监理只管发就行了。但作为 EPC 总承包商来说,应该采取管理措施,防止不符合项重复出现才对。尽管大部分不符合项产生的原因归根于分包商,但是,如果分包商不赚钱,分包商就不会支持 EPC 总承包商的管理,到时,EPC 总承包商就难以有效地管理分包商,如果 EPC 总承包商对分包商不能有效地实施管理,危险就会自然降临。但是,如果反制措施使用不当,又会出现万马齐喑的局面,现场存在不符合项,谁也不报,目前的 EPC 总承包项目管理创新成果就会泯灭在反制措施之中,隐患就会越隐越危险。

(二) 如何从隐患治理中要效益？

管理要素进行了重组，提高了质量管理、安全管理和进度管理水平；要从隐患治理中要效益，就必然要对管理要素进行进一步的重组，把成本纳入过程管理之中。小王没有想到合同部的 EPC 总承包项目管理创新应从计算不符合项的花费开始。

小王向 QHSE 部的张部长提议道："合同部的调整能否分成两个部分，一部分配合计划部开展资金的控制工作，另一部分划给 QHSE 部开展成本的监督工作，以后我们 QHSE 部监督的重点是质量隐患和安全隐患多、进度计划执行慢、工程成本超支高的项目。计划部与合同部整合后，主要履行的是控制、协调与考核职责，为突出重点，故取名为'控制部'；QHSE 部与合同部整合后，主要履行的是监督与确认职责，为突出重点，故取名为'监督部'，通过这样的调整，有利于提高监督和控制工作效率，避免监督人员越位指挥生产活动，生产管理人员缺位不发挥生产指挥调度作用。"

QHSE 部的张部长说："合同部接受这样的管理创新需要一个过程，管理创新应该让大家感到有所成就，避免失落，才有利于创新工作的推进。"

小王说："计算不符合项所花费的成本，有利于让各方认清责任，促进各方履行责任；计算设计图纸迟到造成的窝工损失，能够让领导更加重视设计出图速度，加快设计决策过程；这两项工作应该能够让合同部感到自己的工作成就。"

QHSE 部的张部长说："好，就这么推进。"

小王从 QHSE 部的张部长办公室出来，本想找合同部的余工谈一谈合同部管理创新的事，没有想到施工部的付工来电话，想找小王商量下一步 EPC 总承包项目管理创新的事，于是先回到了办公室。

施工部的付工对小王说道："王组长，我们目前的 EPC 总承包项目管理创新应该来说起到了很好的管理效果，监督这条线重点抓了隐患排查，控制这条线重点抓了隐患治理。通过监督，把原来现场不符合要求的问题都查出来了；通过控制，把原来现场问题不知道处理的方法，通过隐患治理，都总结出来了；明星榜和红旗谱都起到了很好的作用；通过不符合项报告，发现不符合项重现率很高，我们对隐患排查和隐患治理的政策总不能鼓励大家先制造隐患，然后，再去治理隐患呀！"

小王发现新进场单位进入明星榜和红旗谱，就是因为不符合项数量多，整改快；早进入的单位，随着管理水平提高，进入明星榜的人员越来越少，再加上发

第六章 齐心协力

现的不符合项整改难度大，单位进入红旗谱的机会也越来越少；管理不善的单位就是先制造隐患，然后再整改隐患；这就形成差的单位干得好有表扬，好的单位干得好就难有表扬，而管理不善的单位始终榜上有名。小王知道了施工部的付工所指，就不好同施工部的付工辩解。

施工部的付工继续说道："不符合项重复出现，就是分包商管理不善的表现，对管理不善的单位应该采取处罚措施，提升违章成本，促使这些分包商改善管理，提升水平，不敢再犯。"

小王说："采取处罚措施，提升违章成本，从理论上说，应该是正确的，这种方法问题就出在实践上。如果给予处罚，分包商就不会通过我们项目管理信息系统以程序化的方式处理自己发现的不符合项；分包商的管理人员就会做我们现场监督人员的工作，不让发布不符合项；或者分包商的管理人员采取措施，回避不符合项。处罚易于堵塞不符合项的报告渠道，如果没有不符合项报告，就会造成隐患沉在作业层，风险移到领导层。一旦出了责任事故，领导层埋怨作业层不作为，没有执行规定，让领导层替作业层承担事故责任；作业层抱怨领导层没有提供充足或者合适的资源，为了完成任务，不得不违章冒险。为了防止事故出现，我们就只有派出更多的现场监督人员，采取更加强有力的监督措施，防范事故风险。不符合项由现在的显性，转化为实施处罚措施后的隐性，不符合项的成本无法计算，我们还得增加监督成本。因此，对不符合项实施处罚措施，不是减少成本，防范事故的正确方法。"

施工部的付工说道："王组长这么一说，对不符合项实施处罚措施的确要慎重。分包商和我们的监督人员积极主动报告不符合项，就是减少了监督成本。如果分包商和我们的监督人员不报告，为了防止问题出现，我们就得派遣人员到现场实施控制，这又会增加管理成本，不符合项整改成本没有降低，反而又增加管理成本，当然，实施处罚方案就显得不合适。问题是不符合项重现率这么高，我们不能不采取措施呀，不符合项整改也是成本呀！我们好不容易从业主手中争取来的费用，都花在这些毫无意义的地方；分包商好不容易从EPC总承包商手中争取的费用，就这么在不符合项的整改中白白地浪费掉。我们应该想办法，把不符合项重现率降下来，这也是对我们自己、对兄弟们负责呀！"

小王原认为施工部的付工找自己是为了明星榜和红旗谱的事，没有想到施工部的付工说了这一番对兄弟们深情厚谊的话。要让兄弟们过上更好的日子，勤俭节约，减少失误，也是管理创新的一个重要方面。施工部的付工的一席话，指出了管理的目标就是对项目、对大家负责任，而不是谋求某一方的利益最大化。现

理顺

在问题的纠结点就出现在对不负责的人,不能轻易采取处罚措施。如果对不负责任的人不采取处罚措施,那又如何才能让不负责任的人去负起责任呢?

小王想,如果把我们的关注点放在"不负责任的人"的身上,紧盯"不负责任的人"不放,花了大量的精力,可能仍然找不到正确的结果。现场出现的不符合项应该是一道脑筋急转弯题,如果顺着不符合项生产、发展的路径去寻求答案,最后,可能得出错误的结论。既然是一道脑筋急转弯题,我们就应该超出现有的思维方式去考虑这个问题,马上找到解决问题的方法,恐怕不太现实。我们都得冷静下来,认真思考才对。

(三) 为什么监理在隐患治理中被承包商整合?

小王想起公司关总监讲的一个案例。

关总监开始在项目上推行公司的不符合项管理模式,监理人员在现场发现了大量的不符合项,通过报告汇集到关总监手中,关总监按程序向业主相关人员进行了报告,并协调承包商进行整改。第一星期承包商抵触情绪很大,认为现场监理人员不够哥们意思,不管理问题大小都汇报给承包商的项目经理万总,万总对现场管理人员不负责任的行为给予了严厉批评,搞得现场监理人员与承包商的现场管理人员矛盾很大。但万总亲自抓不符合项整改,现场也起到了立竿见影的效果。

关总监为说服业主 QHSE 部的苗部长,把以前的项目上的成功管理案例同苗部长进行了深入交流。苗部长觉得关总监的方案很好,但我们业主项目经理潘总能否接受这种管理思想还是一个问题。苗部长觉得在推行不符合项管理最初阶段,没有必要告诉潘总,等待关总监干得有点成绩再同潘总汇报,潘总支持关总监提出的新管理方式的可能性要大一些。

关总监为了推动万总抓不符合项整改,也同万总进行了充分沟通。只是万总觉得,自己作为承包商的项目经理,没有必要把自己的注意力放在抓现场不符合项的整改上,偶尔抓一两次还可以,长期抓可就不行。

万总对关总监说道:"关总监你的方法很好,也是对我们负责,我也代表兄弟们向你表示感谢,你也看到了我们队伍水平有限,在干活过程中,或多或少地会生产一些失误,我要把这个项目干好,就得靠这些兄弟,我要今后有所发展,还得靠这些兄弟,这些兄弟们的家庭幸福,也得靠我这个项目经理的支持。孟子说:'君之视臣如手足,则臣视君如腹心;君之视臣如犬马,则臣视君如国人;君之视臣如土芥,则臣视君如寇仇'。如何对待我这些兄弟,我有我的原则。团

第六章 齐心协力

结好、维护好这些兄弟是我做一个项目经理的天职。我们公司不养闲人，如果我把这些兄弟中的某一个人退回公司，他就可能失业，或者，在社会重新找工作，他就得从头再来，也有可能给一个家庭带来不幸，我的压力大、责任重呀！你不能天天在我与我这些兄弟之间制造矛盾呀！让我天天批评这些兄弟，让这些兄弟们与我离心离德呀！关总监我同你不一样，你有公司的支持，人手不够就申请向公司要人，人手多了，就让你的部下回公司报到，不合格的人还可以退回公司，你的压力小、责任轻。我同我们项目上的这些管理人员是兄弟般的关系，你同你们项目上的员工是同事关系，今天在这个项目上你是总监，明天在另一个项目上，这些同事中的某一位就有可能成为你的总监，我同你不一样。在项目管理水平上我可能比你差，但我觉得做人比管理水平更重要，中国自古就有得民心者得天下，我作为一个项目经理，得到这些兄弟们的心，才是最重要的工作。"

关总监看到万总越说越激动，自己也开始从心底犯难，万万没想到一个好的管理方法推进起来竟面临如此大的困难。公司一些项目上是采取什么措施把这种管理方法向前推进的，看来自己还得深入交流与研究。

万总滔滔不绝地诉说着自己对员工的情感，关总监也难以抗拒，只好打断万总的话说："抓不符合项管理实际上是零距离识别隐患，并采取措施治理隐患，防止事故发生，不应该拿检查出的不符合项去批评员工。"

万总说："关总监，我与你不一样，我是人呀，我有情呀，我不是神呀，你看到这些不符合项，不生气是因为你没有往里面花钱，产生这些不符合项和不符合项整改都是我们在花钱，这部分钱业主不会给我们，你们也不会给我们。这些兄弟们一方面含辛茹苦，克勤克俭，另一方面却在当败家子，一项不符合项就是一项浪费呀，我不能容忍我们这些兄弟们当败家子。你说我看到这些不符合项，能不生气吗？能不批评他们吗？能克制住自己吗？"

关总监说道："万总，你的这些兄弟成长也需要代价呀，俗话说'失败是成功之母'，你的这些兄弟们也需要从不符合项管理中走出来，成长起来呀！不符合项是成长的代价。"

万总说道："关总监，你说得也有道理，但是，你这种方法，我受不了。你不能让我生一个有病的孩子，然后，再天天花钱去为孩子治病呀！关总监，支持你的工作，是我的本分，我不能说不支持你的工作，但我这个人修养有限，我就安排我们管 QHSE 的石部长与你对接吧，石部长就全权代表我，一般问题就由石部长处理，重大问题由石部长向我汇报，再做定夺。"

关总监看到万总退了一步，自己再坚持，可能就会事与愿违，也只好退一

理顺

步,回答道:"好,就这么定。"

关总监本想找万总谈一谈如何对不符合项实施控制,没想到万总又指定了一个监督人员来实施控制。关总监觉得如果项目经理不提高对项目管理的认识,提高项目管理水平,管理创新就太难了。

世上无难事,只怕有心人。像万总这样的有心人,管理创新能否成功,关总监通过今天的交流,心里也就没有底气。

关总监觉得万总的工作,也只能做到这样,接下来的工作关键是取得业主潘总的支持。为此,关总监又找苗部长商量,如何才能取得潘总对不符合项管理的支持。

苗部长认为潘总对新生事物很支持,想干出成绩,做好统计分析工作,用数据说话,可能会说服潘总。争取在月度例会上,把你们这一个月来的管理成效展现给潘总,让潘总认识到你们管理方式的优势。

关总监对苗部长的支持表示感谢,表示一定抓住机会,让管理水平提升一个台阶。

关总监实施不符合项管理,如履薄冰,如果潘总哪一天来个电话,就很可能得踩急刹车。一天天的日子过去了,既没有听到潘总的支持声,也没有听到潘总的反对声,关总监觉得潘总也在与自己做思想斗争。关总监希望潘总永远不表态,这样就给自己一个实践的机会;也希望潘总立即表态,这样自己马上渡过煎熬期。在希望和煎熬中,关总监终于迎来了考试日——月度例会。

关总监看了月度例会发言顺序改变了以往做法,基本上是按照自己与苗部长协商的顺序进行,也就信心大增。

月度例会上,首先关总监采用多媒体的形式,代表整个项目进行了汇报发言。在汇报过程中,关总监重点对这个月统计周期内发生的不符合项数量变化曲线进行了说明,对危险性较大的隐患提出了治理措施建议。关总监从潘总的眼神中看出,应该对这一个月的工作比较满意。

关总监发言之后是承包商补充发言。

万总在补充发言中表示:"监理提出的不符合项,我们秉承对业主负责任的精神,今天的质量就是业主明天的安全,我们坚决落实整改,决不留死角。另外有三点建议,一个承诺,看潘总、关总监能否采纳。三点建议是:第一点,监理现在发现的问题能否像往常一样,立即告诉我们工人或者现场的管理人员,以便我们立即组织人员整改,现在安全上面抓得紧,进度业主抓得紧,质量是企业的生命,我们自己抓得紧,希望监理本着对业主负责任的精神,不要把简单的问题

第六章 齐心协力

复杂化了,简单问题,简单处理,以避免影响了工程质量、安全和进度;第二点,监理具有服务性、独立性、公正性和科学性,我们现场工作完成之后,是否合格,应由现场监理决定,不能由我们现场管理人员和工人来决定,我们的管理人员和工人水平有限,如果把不合格的工程判定为合格,就是对业主不负责任;第三点,监理能否与我们现场管理人员和工人一同到工地,我们现场管理人员和工人觉得没有监理在场干活心里不踏实。我想没有监理人员在现场,我们工人干活,业主心里也不会踏实。一点承诺就是:我们现场的管理人员和工人坚决尊重业主,服从监理,决不允许发生让业主、监理人员不愉快的事情。"

关总监听了万总的三条建议和一个承诺,如果按照万总的建议和承诺办,我们监理模式的创新又回到了原点。万总这个人也是沟通的高手,在这个充满管理竞争的年代,最后存留下来的适应者——旁站监理,高智能的服务者,由于不适应管理竞争,纷纷离开监理这个行业。是选择旁站式的监理服务,还是选择高智能的项目管理服务,就只等潘总裁决。

承包商补充发言之后,就是业主各部门人员发言。

业主苏工发言指出:"我们业主到现场经常看不到监理在现场,监理应该重心下沉,把眼睛盯在基层,不能坐办公室搞监理,现在监理在办公室坐得比我们业主还舒服,这怎么行呀!没有监理在现场,工程质量、工程安全还能让我们业主放心吗?"

关总监觉得,苏工这个人只会到现场数监理,成天带着个车跑现场,啥也不会,啥也不学,啥也不考,脑子里的一点东西,都是道听途说,成天到现场胡指挥,胡吹牛,把自己搞得比谁都忙。

业主包工发言指出:"这段时间,我一直在统计监理人员的数量,监理公司没有做到有作业面就有监理人员在场的承诺,专业人员配置不足,水平不高,要求监理公司加强管理,派遣足够胜任的监理人员,提供服务,保证工程的质量与安全。"

关总监听了包工的发言,气也不打一处来,觉得包工的话简直是胡说八道,施工现场又不是设计院,哪有施工现场按照设计院的方式配备专业人员的例证?承包商现在技术质量安全管理就一个石部长,我们已经为石部长配了九个监理人员了,还不够。本想顶两句,但觉得自己毕竟是服务方,只好克制自己,只好听着。

业主彭工发言指出:"我们在现场发现隐蔽工程未验收就进入下道工序,就问现场的工人,为什么没有经过监理验收就进行下道工序,现场工人回答道:

理顺

'今天到现在还没有看到监理,时间等不及呀,看天就快要下雨了,再不干就泡汤了'。我问他们:'隐蔽工程为什么不通知监理到现场验收?'工人说道:'我们以前干活都是监理在旁边盯着,如果我们干得有问题,监理就马上让我们改过来。我们万总要求我们坚决服从监理的指挥,我们与监理配合一直都很好,我们干活从来就不用通知监理,监理都是主动与我们一起到现场,一起离开现场,我们也欢迎监理全过程监督,这样我们活干完,监理也就验收完了,大家都省事,从来就没有监理说我们干活不行。现在这批监理只会挑毛病,没有服务意识,我们整天看不到监理在现场,我们也不知道我们干得是否符合要求。你们业主也真放心,如果我们干出不合格的工程来了,监理又没有及时发现,这不给你们以后的生产运行带来了隐患吗?当石部长在电话里告诉我们干得不符合要求时,我们就不知道怎么干才能让这帮监理满意!你说如果我们干得不符合要求,不及时指出,就得返工,这返工,不是浪费吗?监理不是天天讲三控二管一协调,这浪费是否就意味着监理没有认真控制投资呀!还听说监理要求我们石部长验收完了监理才验收,我们石部长哪有时间天天陪监理,我们石部长不请,他们就不来了,这帮监理也真能摆谱。你们业主也真会找监理,找了个大爷来了。'监理公司不是承诺没有现场监理就不允许承包商干活吗,现在怎么在现场就看不到监理了,承包商干的隐蔽工程还有准吗?"

  关总监听了彭工一席发言,尽管有很多不对的地方,但是,利用工人把业主的利益与监理的服务连在一起,工人不说自己不负责,万总也不说自己管理不到位,而是想方设法让业主不放心;如果业主不放心,业主当然就希望派监理在现场盯着;如果有监理在现场盯着,有问题就应采取简化程序处理——直接对工人说;如果监理发现现场问题就直接对工人说,工人能改则改,不能改则没办法,工人成了主人,监理成了保姆,结果是工人永远不会错,有错就错在保姆;不符合项是监理摆脱保姆命运的有效方法,可是这种方法承包商不乐意,承包商不希望免费的保姆在关总监的改革中离去。潘总希望改革创新,但不会容忍有不合格的工程给未来的生产带来不利的影响。自己队伍里的监理人员管理水平也参差不齐,监理在现场履行监督职责时,本应该及时报告现场存在的问题,以便监理部及时处理,防止问题扩大。尽管反复强调现场监理一定要如实反映现场存在的问题,还是有很多监理,不到问题解决不了时就不说,以致于给我们自己改革创新埋下了很多隐患,只要承包商一点火,就把我们的改革创新炸得粉碎。关总监觉得在现在的环境条件下,监理如果不能立即管住承包商,又没有能力让其停工,承包商的管理不到位,就可能导致监理模式创新前功尽弃,可能断送监理创

第六章 齐心协力

新的成果。关总监心想,即使再好的监理,要想让现在这样的承包商提高管理水平也需要一个过程,也不可能做到立竿见影,如果业主不给这样的一个过程,如果承包商不愿意配合,监理创新就难以进行。

业主各部门发言轮到苗部长,苗部长首先站起来向大家检讨,并说道:"监理是由我们部门管理,这段时间我把注意力放在监理管理模式创新上,对现场监理管理有疏忽,向大家道歉,以后,我们QHSE部会加强现场监理管理,为大家提供优质服务。"

听了苗部长的检讨,关总监觉得这一个月紧张的工作,都被一个监理的不作为给泡汤了。

最后会议轮到潘总发言。潘总首先对这一个月来的工作给予了肯定,强调完成这些工作,取得这些成绩,都是大家共同努力的结果,并说道:"关总监、万总,现场有问题这也属正常,不然要我们这些管理人员在这儿干啥?但是我们每一个人,每一个单位应该有压力,只有有压力,才会有动力。关总监,你们公司的郑总在与我们交流时强调,承包商在现场干活,必须有监理在现场,没有监理在场,就不允许承包商开工;监理是作业现场的唯一管理者,业主与承包商之间的协调应通过监理来实施;承包商现场作业必须听从监理指挥,不得拒绝,如果监理指挥错误,承包商也得先执行,再反映,不得拖延;监理应该主动控制,热情服务,帮助业主和承包商把质量、安全和进度搞上去,把工程投资降下来。这些都是你们公司的经验,我都支持,你们在我这儿也应该认真执行。"

关总监对这几条经验进行了剖析。"承包商在现场干活,必须有监理在现场,没有监理在场,就不允许承包商开工",有了这句话,监理就变成了承包商的安全守护者,工程质量的保护神,也是对承包商的极大不信任。"监理是作业现场的唯一管理者,业主与承包商之间的协调应通过监理来实施",这句话监理把现场的控制责任全部归集在自己的身上,实际上,现场管理的主体责任应该是资源的提供者——承包商,指挥权应属于承包商,而不是监理,这不是主体责任错位吗?"承包商现场作业必须听从监理指挥,不得拒绝,如果监理指挥错误,承包商也得先执行,再反映,不得拖延",有了监理的这句承诺,承包商就用不着派遣现场管理人员指挥生产,只派工人就行了,出现任何安全问题,也必然全部由监理承担——谁主管生产,谁负责安全,既然监理主管生产,那监理就应该负责安全,就得承担安全的主体责任。不正确的承诺,不正确的宣传,不正确的管理方法,错位的主体责任,把监理推到了危险的边缘。

关总监想,我们一方面要承包商加强管理,另一方面把本属于承包商的控制

理顺

权弄到自己手中,这种做法,不正是在培养不负责任的承包商吗?如果有不负责的监理再加上监理培养出来的不负责任的承包商,这工程质量、安全还有保障吗?采用这种监理做法,承包商省了事,现场管理是监理,出了事当然由监理顶着。难怪承包商对旁站监理制度念念不忘,一提到采取有别于旁站监理的新做法,承包商就群起而攻之。出了安全问题,承包商还有所顾及,毕竟伤亡的是承包商自己的人,法律上的主体责任是承包商,不是监理。出了质量问题,承包商就开始大谈监理不负责任,承包商在质量问题整改上花的钱越多,就越对监理不满意,这是因为监理没有替承包商把工程质量管理好。承包商为了加强对监理的管理,向业主提出了反制措施,让业主派人员到现场数监理。这不是不负责任的承包商又在培养不负责任的业主吗?

既然公司有承诺,关总监也没有办法拒绝,只好听着。

最后,潘总宣布了几条要求:"第一,监理应提供足够的人力资源,现场有作业面,就必须有监理在场,没有监理在场,不允许承包商开工;第二,现场监理发现问题,必须立即通知承包商整改,承包商不得拒绝;第三,承包商在作业现场必须听从监理指挥,业主对承包商的要求,也必须通过监理去实施,业主人员不得越过监理指挥承包商的生产活动;第四,工程质量必须经过监理检查验收合格后,才能进入下道工序,没有经过监理检查验收,不得进行下道工序施工,尤其是隐蔽工程;第五,承包商要加强现场管理,控制不符合项的数量,每月不得超过五条,如果超过五条,每条罚款一万元。"

关总监本想让这个项目搭上公司管理创新成果的高速快车,没有想到万总上车后就不舒服,就要求停车。潘总的五条要求,管理创新就刹了车,关总监的希望就成了泡影。

关总监回顾这些年来,公司年会上做的经验交流好像没有听到潘总说的这些经验。

(四)为什么治理隐患上下难?

关总监觉得,我们现在开展的不符合项管理,就是从顶层实施,再逐步下沉。关总监想到我们实施的大型沉井施工。

大型沉井施工是一项具有风险的施工技术,在沉井下沉过程中,会遇到复杂的地质条件,处理不当,沉井就沉不下去。项目管理公司推行的不符合项管理方法,就如同沉井下沉一样,处理不当,就落实不下去。关总监想象到业主和承包商可能是一个沙质地层,没有想到,把沉井做完了,在下沉过程中,越过了土

第六章 齐心协力

层，就进入万总这样坚硬岩石地层，遇上像潘总这样的复杂地层，沉井就再也沉不下去了。

小王想到关总监的经历，发现刘总才是改革创新的高手，把 EPC 总承包项目管理创新始终放在基层，由基层取得成功后，再向上不断发展，从而减少改革创新的风险。我们现在很多改革创新，都是从顶层设计，顶层实施，然后再逐步下沉，等到沉不下去了，就开始抱怨改革创新的阻力，其实，这些阻力不是来自基层，而是没有正确认识基层。只有正确认识基层，采取有针对性的措施，我们的管理创新才有可能继续前进。

在安全管理上，上级领导天天强调"重心下沉，面向基层"。其实，这些领导身边的员工，也有难处，学的是高级管理，搞的是顶层设计，推进的是从顶层实施的方案，面对的是糊弄上层的基层，形成上有政策，下有对策。其实无论是上层，还是基层，都没有错，上层制定的政策肯定得超前，否则，基层看不起，上层也没有面子；基层适应上层的管理也肯定需要一个过程，上层看到的东西，基层还没有看到，上层习以为常的观点，基层也许正在开始学习，上层与基层之间，在管理思想、方法和时间阶段上必然有错位，这就必然产生错位的执行力。

只有管理平衡，才能实现齐心协力。关总监认为习以为常的管理方法，在万总和潘总看来，简直在糊弄，能够直截了当地解决问题，还搞什么程序，还走什么流程？关总监的管理创新，要么有潘总的支持，要么有万总的支持，才能实现在关总监这个水平上的平衡，才能促进潘总和万总的改革创新。如果潘总和万总都不认同关总监的管理方式是先进的管理方法，管理就不会出现在关总监这个水平上的平衡，而会出现在潘总和万总这个水平上的再平衡，关总监的创新就注定要失败。只要万总一点火，潘总的部下群起而攻之，潘总用不着太多的话，关总监就得败下阵来。不是关总监不对，也不是潘总、万总不对，而是时间错位，执行力错位，管理不平衡造成。中国菜讲究火候，中国式的管理也讲究火候。刘总领导的 EPC 总承包项目管理创新之所以能够取得成功，就是因为在每次转变过程中，刘总很好地把握好了火候。因此，书面文件写得很好，项目管理策划做得很好，能否执行到位，还要看最后的管理竞争——采取适当的措施后，基层能否顺利接受。在管理实践上，不能没有规矩，也不能只靠规矩，只有适应竞争，有利于发展的规矩，才是实用和好用的规矩。坚持正确的规矩，我们才能找到出路。

小王想，隐患治理，基层的积极性在什么地方，基层领导的积极性在什么地方，只有基层有积极性，隐患治理方案推动起来才能顺利，只有准确把握基层脉

理顺

搏，管理创新才能够成功。关总监的惨遇，小王觉得找合同部的余工，就不会有正确的答案。我们EPC总承包项目管理创新之所以能够顺利进行，得益于吴总领导的分包商。小王于是把目标锁定在小高的身上。

二、隐患治理平衡点 ▶▶▶

为创造一个良好的沟通氛围，小王决定邀请小高和施工部的付工晚上小聚。

小王、小高和施工部的付工到齐后，小王是直奔主题说道："我们目前EPC总承包项目管理创新面临着两个难题，一个是不符合项重现率居高不下；再一个就是设计图纸滞后，影响采办和施工进度，造成现场窝工严重。"

小王对小高说道："今天邀请小高，不是作为分包商的管理人员，而是作为朋友，在朋友之间探讨我们的管理问题。小高作为EPC总承包商项目部的局外人，也许比我们自己更能清楚地看到EPC总承包商项目部的内部管理问题，希望小高不要太多的顾虑。"

小高说："作为分包商的一个管理人员，本不应该评价EPC总承包商的内部管理，但作为EPC总承包项目管理创新实施小组的一员，作为我们之间的朋友之情，也早想谈一点自己的建议。只是怕自己的一些建议不合时宜，所以一直就没有说出口，今天王组长和付组长看得起我这个小兄弟，我就把我所看到的和所想到的，同王组长和付组长汇报一下，可能有些话会冒犯二位，还请多加原谅。"

小王说道："今天请你来，就是让你提建议，还谈什么冒犯，有话直说就是了，千万不要拐弯抹角。"

（一）为什么要强化分包商管理人员的管理？

小高说道："不符合项重现率居高不下，其原因主要有以下几点：一是分包商的管理人员思想观念转变不到位，人员素质差，对EPC总承包商的管理人员存在依赖感；二是EPC总承包商缺乏一套行之有效的标准和管理制度，现在很多管理要求都是由监理或PMC发布，监理或PMC有什么样的水平，我们的EPC总承包商管理就落到啥水平上；三是对不符合项缺乏成本分析，缺乏有效应对不符合项重现率居高不下的应对措施。"

小高继续说道："在我们项目上，在EPC总承包商的强烈要求下，各分包商基本上配齐了现场QHSE检查人员。但是，很多分包商的QHSE人员并没有真正履职，在现场跟工人一样干活，不知道自己应该履行的职责，我们重视了EPC

总承包项目管理创新,轻视了对分包商的 QHSE 人员培训,也没有把好分包商的 QHSE 人员入场关。分包商的管理人员是 EPC 总承包商的管理基础,只有分包商的管理人员水平提高了,EPC 总承包商的管理基础才更牢靠,才能真正发挥和提升 EPC 总承包商整合资源和利用资源的能力。"

小高建议道:"一是对已进场的分包商管理人员进行登记,统一组织轮训,考试合格后,发给上岗证;二是对以后进场的分包商管理人员进行先培训考试,合格后方可进场;三是对分包商管理人员进行考核排队,对考核成绩最好的分包商给予后续项目承包商的优先权,对末位的分包商项目经理进行诫勉谈话。"

小高解释道:"我觉得我们对焊工管理就很好,先考试,合格后方可上岗,而不是等到焊出一堆缺陷来,再让焊工走人。对分包商的管理人员也应该这样,先考试,后上岗,不能等到我们发现了一堆不符合项后,让分包商的管理人员走人。我们现在 EPC 总承包项目管理创新的沉井已经修建好了,现在要开始往下沉,遇到的阻力是基层。这一段时间,大家都在讨论不符合项重现率很高是否应该采取处罚措施,EPC 总承包商项目部没有下发相关文件,说明刘总对处罚措施存在很多顾虑。沉井下沉过程中遇到了阻力,应该想办法改善基层,而不能简单地采取处罚措施。如果采取处罚措施不得当,就会让分包商的管理人员抱团,会让分包商的工人抱团,处罚措施越严厉,抱团就越紧密,分包商就有可能由现在的沙层,变成岩石层,沉井就更难下沉。到目前为止,还没有通过处罚措施把项目管好的例证。读过毛主席大渡桥横铁索寒诗句的人可能会说,那个铁链子上刻的名字不就是例证吗?其实,这不是处罚制度的例证,这是明示制度和责任追究制度的例证。对分包商的管理人员进行培训、考试、考评,对分包商的项目经理进行诫勉谈话,就是从思想上、方式方法上和实际行动上,瓦解分包商已有的痼疾,再通过分包商的管理人员去瓦解工人已有的痼疾,这样沉井最后才能沉到位,隐患治理才能真正落到实处。搞顶层设计,顶层实施,对 EPC 总承包商的管理人员来说,不仅要有素质,更要有智慧。我认为搞 EPC 总承包难就难在这不是一个简单的项目管理,而是一个复杂的项目管理,如果用简单项目管理的方式方法去开展管理,去采取措施,可能会得到一个与希望相反的结果。"

小王想,唐太宗评价隋文帝是:性至察而心不明,心暗则照有不通,至察则多疑于物。搞不符合项管理如果心暗,就照不通,小高的想法,就是如何让大家心明,通过不符合项管理把大家心照通,才不至于把监督分包商看成是不信任分包商,造成 EPC 总承包商与分包商的管理人员之间捉迷藏。

小王想,古今对"救弊"的方案都是选择慎处罚,多教化。

理顺

唐太宗说：古代帝王，以仁义治国，国运久远。以严刑酷法，统领于民，虽救弊于一时，败亡亦促。既然看到前王成事的方法，就可以引以为鉴。今欲专以仁义诚信为治，希望铲除刻薄狡诈的社会风气。朕谓乱离之后，风俗难移，比观百姓渐知廉耻，官民奉法，盗贼日稀，才知道没有一成不变的风俗，关键是看施政是治还是乱。是以为国之道，必须抚之以仁义，示之以威信，因人之心，去其苛刻，不作异端，自然安静。

小王认为隐患治理，执行效果表现在于基层，在于分包商，治理方式方法关键在于 EPC 总承包商。只有选择慎处罚，多教化的方案，才能使 EPC 总承包商与分包商同心服务好业主，才能让 EPC 总承包商与分包商共同努力，实现互为保全。

（二）如何促进分包商与 EPC 总承包商同心治隐患？

小高说："对分包商管理资源投入的评价也很关键。分包商进场后，如果 EPC 总承包商对分包商管理资源不要求，分包商肯定不愿意投入。分包商投入一个优秀的管理人员，除了管理人员本身的工资福利投入外，提高质量安全水平，也需要投入，因此，一个优秀的分包商管理人员花费也很高。进场后，各分包商也在相互比较，这个时候，各分包商相互比较的是谁更聪明——谁投入的最少，谁赚的钱最多，而不是比干得好。比干得好都是表面的，比赚得多才是实实在在的。如果干得好的分包商搞赔了，干得不好的分包商赚得很多，干得好的分包商就成了傻瓜，而干得不好的分包商就成了聪明人，就成了分包商的榜样。因此分包商的内心所想与 EPC 总承包商的内心所想并不一致。通过对分包商管理资源投入进行评价，对分包商管理人员进行考核排队，对考核首位的分包商给予后续项目承包商的优先权，对末位的分包商项目经理进行诫勉谈话。在工程款支付方面，也可以采取一点措施，考核首位的优先支付，考核末位延后支付。通过这些措施，使原来的傻瓜变成聪明人，使原来聪明人变成傻瓜，这样就把分包商的管理方向调整到与 EPC 总承包商的管理方向一致。"

小高继续说："不过，这样对 EPC 总承包商的管理人员要求就高了，知道对分包商管理人员要求啥、培训啥、考试啥、考核啥，知道把我们先进的思想观念、管理方式方法传播到分包商的管理人员，变成分包商管理人员的行动。而不是像监理一样，只会到现场指挥分包商的工人，代替分包商的管理人员，美其名曰：'重心下沉，面向基层'。"

施工部的付工说："看来解决不符合项重现率居高不下的关键在于 EPC 总承

包商，重点在于分包商。我们说的EPC总承包商的项目管理人员要'重心下沉，面向基层'，就是指我们的管理人员要去基层传播我们的思想观念、管理方式方法，不能把文件一编，做完顶层设计就了事。只有基层接受了我们的思想观念、管理方式方法，并落实到具体行动中，我们的顶层设计才会有意义。基层群众理解并接受我们的思想观念、管理方式方法，并在具体工作中应用时，肯定会面临着各种困难，这些困难需要我们去帮助克服。这才是我们的项目管理人员'重心下沉，面向基层'的真正任务。这需要加强我们项目管理人员的沟通能力，否则，'重心下沉，面向基层'，就会跑偏方向。降低不符合项重现率的过程，也是让原来的聪明人变成傻瓜，让原来的傻瓜变成聪明人的过程。在这一转变过程也严防让原来的聪明人，把我们变成更大的傻瓜。"

（三）为什么我们EPC总承包商不能有效整合分包商的资源？

小高说："对，通过这一段时间的EPC总承包项目管理创新，EPC总承包商的现场管理人员排查不符合项的水平都很高，以至于有些分包商为了弥补自身管理能力不足，主动邀请EPC总承包商的现场管理人员帮助分包商到现场排查隐患。"

小王警觉地说道："如果水平低的分包商拉我们EPC总承包商的管理人员去帮助他们搞管理，对分包商来说就更省了钱，同时，也容易产生腐败。水平高的分包商由于管理资源投入高，反而不及水平低的分包商赚得多，这就易于出现劣币驱良币的现象发生。到时，如果我们面对的分包商大部分是低水平的分包商，我们投入再多的管理人员，也装不满低水平的分包商口袋，我们搞EPC总承包就没有优势，我们的EPC总承包就没有前途。我们EPC总承包商的项目管理人员如果不能正确理解'重心下沉，面向基层'的指导原则，就有可能又会回归到旁站监理的局面，分包商又把我们的管理人员变成了傻瓜。如果我们顺应低水平的分包商的发展，我们的EPC总承包项目管理就最终会走向低端。"

小高说道："治理不符合项重现率过高和防止EPC总承包商的管理资源被分包商恶意整合的问题，不能从处罚开始，而应该从提高EPC总承包商项目管理人员的水平开始。只有EPC总承包商的项目管理人员有正确的管理观念和正确的工作方式方法，才能逐步引导分包商的管理人员以正确的管理观念和正确的工作方式方法开展工作。进一步提高EPC总承包商和分包商管理人员的不符合项辨识能力，再通过计算不符合项及其整改花去的成本，提高各单位领导层对不符合项管理的重视；通过各单位领导的重视再去推动各项生产标准化工作；通过推

动生产标准化工作去规范投入成本的管理；通过规范投入成本管理去制定正确的分包商评价和筛选办法；通过分包商筛选制度，把标准化工作落实到源头，把合格的分包商筛选进来，把不合格的分包商筛选出去，使加强管理的分包商得到实惠，不加强管理的分包商面临降级的危险；促使分包商与EPC总承包商的管理方向一致，使EPC总承包商与分包商一起同心同德管理工程，不符合项的重现率自然就会降低。尽管现在的不符合项重现率很高，但远远没有反映现场真实水平，现场真实水平应该比这现在报告的还要高，这就需要我们的EPC总承包商管理层有面对现实、正视现实、包容现实的勇气。只有这样才能推动不符合项成本的计算工作，否则，如果采取不适当的措施，大家开始又不报告不符合项了，不符合项的成本统计工作就进行不下去，后面的相关工作推动起来就缺乏依据，不符合项重现率过高的问题，就难以治理。隐患不能治，隐患歼灭战就遥遥无期。"

（四）如何选择正确的隐患治理方向？

小王说："小高，你说的是治理不符合项重现率过高的整个过程，现在问题就是怕EPC总承包商的项目管理层等不及，不给我们时间，不给我们机会，还有更好的方法吗？"

小高说道："我们现在面临沉井沉不去，现在在沉井上面用大榔头夯，短时间能起到一定的效果，长时间来看，用大榔头夯方法最后起到的是坏效果。隐患治理，如果方法措施得当，会逐步起到效果；如果方法措施不当，就永远不会起到效果，甚至会起到相反的效果。刘总在《新管理　新认识　新未来》中有这样一句话：'晁错出《削藩策》，引吴楚七国之乱；主父偃献"推恩令"，得天下和睦太平'。谁都想治理隐患，但只有选择正确的方式，最后才能成功。在隐患治理方面，我们现在面临三个方面的问题，首先，是EPC总承包商推行标准化工作的决心；其次是分包商合作的意愿；第三是EPC总承包商和分包商管理人员的水平。其实隐患治理，要说快也快，如果我们现在就开始行动，启动标准化工作，启动EPC总承包商和分包商管理人员的培训工作，启动分包商的评价与考核工作，一步一个脚印，很快就会看到效果。只要有效果，推动起来就顺畅了。"

（五）为什么说标准化是隐患治理的基础？

施工部的付工说道："推行生产标准化工作要看我们准备花多大的代价，要知道这个代价是否合适,就需要看我们目前花在不符合项管理及其不符合项整改上的成本,只有知道总成本,才能推动 EPC 总承包商管理层的决心。看来成本统计是推动隐患治理的第一步。例如,我们现在在临时用电方面的管理成本远远大于临时设施本身的成本,如果我们按照统一规划、统一设计、统一配置、统一安装、统一管理的'五统一'原则,开展临时用电标准化工作,前期成本可能会高一些,但后期管理成本就降下来了,隐患治理也就落到了实处。"

小高说:"现在很多现场的临时设施都是由现场工人和现场管理人员组织设计的,现场工人和管理人员掌握的标准规范和各级管理层的要求毕竟有限,水平不高,随意性强,必然造成隐患多,特别是 EPC 总承包商的要求,如果不是长期配合,就更有问题。我们现在的临时设施整个管理过程就形成了现场工人和管理人员现场设计并制造隐患,各级管理人员在现场检查发现隐患,管理层组织各级领导治理隐患。我们的隐患治理工作,没有包含设计环节,始终在检查、治理环节上循环,这样的隐患治理就没有起点,也没有终点。我们应该发挥我们 EPC 总承包商的设计优势,请我们的设计人员到现场进行调查,并开展临时设施的设计,或者,在我们的设计公司专门设置临时设施设计室,通过设计、实施、总结、提高,不断提升我们的临时设施的设计、实施和管理水平。有了临时设施设计,EPC 总承包商也知道临时设施投入的底线,临时设施投入不足的分包商,就不可能入选,分包商进场前就知道相关要求,就不会开始制造隐患,再让 EPC 总承包商去治理隐患;如果分包商进场后,不执行临时设施设计,理亏的是分包商,EPC 总承包商就可以对分包商进行处罚,就可以让分包商停止作业,甚至清理出场。"

小王说:"推行临时设施的设计也需要 EPC 总承包商的管理层下决心,我们项目上很多人搞过设计,可以把这些人召集起来搞试点,试点成功以后,再到 EPC 总承包项目上去推广。"

施工部的付工说:"有了临时设施的设计作为依据,我们就可以处罚不作为的分包商,褒奖有作为的分包商,促使分包商与 EPC 总承包商齐心协力管理好工程项目。对投入不足、标准化工作开展迟缓、项目管理人员派遣不到位、培训不到位的分包商给予处罚;对积极发现问题,积极整改现场存在问题的分包商,给予成长进步的表彰;对标准化工作有突出贡献、项目管理人员水平高、效率高的分包商给予表彰。对目前不符合项重现率过高的问题,我们应该关注,应该从标准化的方向去关注,通过标准化、通过提高项目管理人员素质和水平去解决,而不能从不符合项本身去解决,这才是治理之策。"

小高说:"对,项目管理过程会面临很多矛盾,面对矛盾,各方管理力量也在不断地竞争,协调好各方的矛盾很重要,不能把我们的 EPC 总承包项目搞成各方管理力量为一己之私的竞技场,而应该利用 EPC 总承包商的力量,把大家协调一致,通过精心管理,造就一项优质工程,竖立一座友谊丰碑。"

施工部的付工说:"小高说得对,我们不能把项目搞成各方力量为一己之私的竞技场,对于分包商拉我们 EPC 总承包商的管理人员却帮助他们搞管理的事,我们应采取措施,对我们的现场管理人员应实行轮换制,避免分包商对我们的管理人员产生依赖感,我们的管理人员过度管理分包商。"

小王说:"我们的想法基本上与张部长的想法一致,张部长认为下一步的 EPC 总承包项目管理创新应该从不符合项管理及其整改成本分析入手,推动标准化工作,通过标准化,对分包商提出明确要求,有了明确要求,就可以激励有作为的分包商,处罚不作为的分包商,隐患歼灭战就自然会取得胜利。好了,时间不早了,感谢小高,感谢付组长。"

小高说:"作为项目上的一分子,应该出谋划策,到时评优质工程,王组长就会想到我这个小分子。"

施工部的付工说:"这段时间没有在一起聊天,今天在一起,大家都很痛快。"

(六)为什么治理隐患还需要智慧?

小王回到宿舍,躺在床上,又经过了一个难眠之夜。

为什么有些人开展管理创新会走向成功,为什么有些人实施管理创新却招致了失败?

小王想起关总监讲的案例中,万总说了一句话:"我是人呀,我有情呀,我不是神呀!"晁错出《削藩策》,不近人情,失败了。主父偃献"推恩令",近人情,成功了。我们的管理创新如果不近人情,最后的失败就很可能是我们的管理创新者;如果懂人情,讲原则,就能够聚人心,就能够实现人心齐,泰山移的局面,我们的管理创新通过大家的共同努力,就能够走向成功。

小王想,能够聚人心的管理,才算是好管理。在管理过程中,对各单位自己发现的不符合项不处罚,需要智慧,对 EPC 总承包商 QHSE 部发现的不符合项,对相关单位不处罚,或者,减少处罚,就更需要智慧。在管理上,向前看,会聚人心;向后看,会离人心。向前看,选择的是表扬为主,批评为辅;向后看,选择的是处罚为主,明智的受罚者,会根据处罚的多少在处罚者之间排队,来判断是该自我表扬,还是自我批评。处罚能"救弊于一时",而最终招致的是"败亡亦促"的结果。通过EPC总承包商的管理,让各分包商意识到自己要查自己的不符合项,自己要治理自己存在的隐患,才是上策。如果利用EPC总承包商发现的不符合项,去惩罚分包商的管理人员,就会在EPC总承包商的管理人员与分包商的管理人员之间挑起斗争。如果分包商采取措施,去化解EPC总承包商的管理人员与分包商的管理人员之间斗争,EPC总承包商采取的处罚措施,最终就会换得无效管理,而招致失败。

小王想起在公司年度座谈会上关总监讲的一个故事。

关总监在一个大型项目上担任总监,业主项目部为了加强对业主分部、监理部和施工承包商的管理,委托了第三方开展飞检工作。飞检单位完成首次飞检工作后,将飞检报告提交给业主项目部,业主项目部根据飞检报告对监理部和施工承包商给予了严厉的处罚,对业主分部人员进行了考评,并把考评结果与工资挂钩。业主项目部对业主分部、监理部和各承包商的处罚,起到了立竿见影的震慑作用。各单位根据飞检报告提出的问题,立即组织整改。业主分部也加强了与监理部和施工承包商的沟通与协调。飞检单位开展第二次飞检时,业主分部组织监理部和施工承包商开展了认真的迎检工作,把首次飞检查出的问题,进行了认真地回复与沟通,并向飞检单位诉说了悲情。第二次飞检比首次飞检查出问题显著减少。飞检单位向业主项目部报告,这次飞检检查出的问题与首次飞检相比,显著减少,证明了飞检效果良好。第三次飞检查出的问题就更少,到第四次以后,基本上就没有问题。等到出了质量安全事故以后,业主项目部才发现,除了首次飞检起到作用外,随后的飞检效果越来越差。关总监谈到,业主项目部的处罚,使飞检单位与业主分部、监理部和施工承包商之间产生了矛盾,而飞检工作能否顺利开展取决于业主分部、监理部和施工承包商的配合与支持,飞检单位在与业主项目部、业主分部、监理部和施工承包商的博弈中,倾向于服务业主分部、监理部和施工承包商。关总监认为飞检作为完善业主项目部的监督体系是非常有必要的,但是,如果把飞检报告作为业主项目部的处罚业主分部、监理部和施工承包商的证据,就会使飞检的作用在管理再平衡过程中走向服务业主分部、监理部和施工承包商。项目管理过程始终存在各种管理力量的竞争,只有把握好、利用好各种管理力量,调动各方的积极性,才有利于提升项目管理水平。

小王想,作为EPC总承包商如何赢得各分包商的心,实现战略合作,才是对EPC总承包商的项目管理者最大的考验。我们在各种困难条件下,项目之所以能够顺利推进,是刘总、张部长他们,始终把凝聚人心放在工作首位,顺时而

变,顺势而变;时刻在思考如何防止人心离散,时时刻在思考我们每一个人,每一个分包商对社会变化有多大的承受能力,我们又如何推动 EPC 总承包管理创新,为每一个人,每一个分包商创造新未来,争取更大的凝聚力。

三、成本分析找底线

(一)为什么没有不符合项整改的代价——费用统计与分析?

第二天一上班,小王就把合同部的余工叫来谈关于不符合项管理及其整改成本统计与分析的事。

小王说:"余工,现在不符合项重现率很高,如果我们要采取措施,能估算出所花费的成本吗?"

合同部的余工说:"能估算,但不能准确计算。上次协调会文控部的小肖说了一个思路——把管理创新成果转化成一般等价物——成本,就是合同部的 EPC 总承包项目管理创新的内容,文控部的小肖的想法使我豁然开朗。这段时间,我一直在做相关准备工作。"

小王说:"文控部的小肖说了这句话?我怎么没有注意呀。"

合同部的余工说:"因为那天是讨论进度计划管理创新问题,只是我比较关注我们部门下一步的管理创新工作,所以,对文控部的小肖的这句话很在意。"

小王说:"没有想到文控部的小肖还能说出画龙点睛的话!"

合同部的余工说:"找对规律,谁都能把题做对,找不到规律或者找不对规律,谁都有可能把题做错。"

小王说:"在合同部的管理创新上,小肖没有固有思维定势,根据规律一推就找到了答案。规律意识对于推动管理创新也十分关键。"

合同部的余工说:"规律可以学到,但把规律运用到实际工作中去,往往需要克服很多困难。比喻地球自转,我们可以书本上学到,但是,我们还是认为太阳从东方升起,到西边落山,我们只感觉太阳在绕着我们转,没有感觉地球在自转。我们现场把隐患排查和隐患治理搞得不亦乐乎,其实,根据我这段时间的分析,隐患来自于缺乏标准,或者说,对现场标准化工作缺乏动态管理。我们在临时用电方面,开始做得很好,有规划、有设计、有采办、有安装、有管理。随着众多分包商进场,有些分包商利用已有的配电设施,后面的临时设施的设计也没有跟进,形成后进入的分包商自行设计、自行配置配电设施,再加上分包商临时用电管理没有跟上,造成临时用电不符合项抬头。如果我们作业现场对临时用电不实施动态设计,强化临时设施配置和安装环节的管理,分包商送给我们的很可能是不符合项,临时用电的隐患就难以根治。事实上,不符合项表现在分包商,其根源还在 EPC 总承包商。"

小王说:"我们不能仅根据现象,去解决表面问题,而应该透过现象看本质,从本质上去解决存在的问题才对。"

合同部的余工说:"以前是条块分割管理,条块之间没有流通的管道,就很难从根本上去解决问题。例如,临时设施的设计,设计院不愿做,只有让施工承包商根据自己已有的设施,到现场比划,比划得不合适,就制造出了很多隐患。而我们搞 EPC 总承包,可以发挥我们的优势,在条块之间建立流通的管道,通过加强沟通协调,就可以把问题解决掉。"

小王说:"搞 EPC 总承包的优势和原理大家都知道了,具体实施余工有好的见解吗?"

合同部的余工说:"我们推行'以计划为目标,以资源为基础,以控制为主轴,以监督、确认、协调和考核为支撑的管理方式',在施工管理和进度、质量、安全管理方面已完成了重组,现面投资合同管理方面仍然游离在这种体系之外,设计对 EPC 总承包管理的推动作用也有限,我们应该进一步重组,把现在的计划部重组为控制部或者叫工程部,把 EPC 总承包商的管理分为两层,第一层是总体管理层,第二层是设计、采办、施工管理层,由总体管理层负责整个项目实施过程的管理策划,确保设计、采办与施工之间的有机衔接,设计、采办和施工之间的协调通过控制部组织实施,而不是由现在的设计部、采办部和施工部之间自行协调,这样把设计、采办和施工之间的协调纳入计划管理状态。合同部根据各门部的需要进行重组,这样,我们就真正形成了 EPC 总承包的项目管理结构,我们现在的管理结构很大程度上来自于设计院的专业体系架构,搞 EPC 总承包管理工作强度大于专业工作强度,适应 EPC 总承包管理工作需求,我们必须转变观念。只有这样,我们才能把我们的 EPC 总承包项目干成名副其实的 EPC 总承包项目。"

小王说:"理是这么个理,就像我们推行不符合项管理一样,给大家做交流培训的时候,都没有问题,执行过程中就全出了问题。"

合同部的余工说:"这就是惯性。我们总觉盯得越近,可能产生的偏差就越小,心里就越踏实,就越感觉到安全。其实,在开车的过程中,盯着道路分界线越近,就越画龙,就越不安全,向远看,车反而越稳,越安全。我们在不符合项管理上采取监督与控制分离的措施,其实,也是改变以前不符合项处理惯性的

一个很好做法,如果不是采用这种方法,我们还发现不了不符合项重现率过高的问题。为实施隐患歼灭战,我还有一个小建议,不知是否合适?"

小王说:"管理创新,也许一个建议就会突破了管理的瓶颈。"

合同部的余工说:"在控制部能否设置现场临时设施管理组,QHSE 部能否把体系运行纳入监督环节?对设计进度的管理能否计算由于设计原因造成的现场窝工损失?"

小王说:"余工,你的这三条建议都很关键。我想到现在现场临时设施缺乏设计,应通过 EPC 总承包商完善设计这个环节,今天你提出了更好的想法,只要控制部有现场临时设施管理组,就自然会推动临时设施的设计工作。监督工作也得追根溯源,不能只看到现场问题——不符合项,应根据不符合项,进一步查体系运转存在的不足。只有完善体系,才能从根本上解决问题,目前的监督工作还有不足之处,还得进一步完善和推进。不符合项重现率高的问题,我们可以通过成本分析法,找到更好的对策,对设计计划的管理也得通过成本分析法,找出问题,才能引起领导重视。"

合同部的余工说:"好,我把不符合项重现率高的项目花的管理成本和整改成本说一下吧。"

于是,小王与合同部的余工认真讨论起成本与不符合项管理的事。

(二)为什么隐患治理走不出严格监督阶段?

小王觉得不算账不知道,一算账,就明确了管理的方向。

合同部的余工分析了一个脚手架搭设不规范的案例。

我们 EPC 总承包商对分包商脚手架搭设没有要求。分包商人员边搭脚手架,边开展施工作业。我们 EPC 总承包商 QHSE 部的丁工要求分包商停止施工,并要求分包商提交脚手架搭设方案,经过审查通过后方可现场搭设;现场搭设完成,经过验收后方能使用。

分包商的吴总说:"在以往的项目上干活,没有要求,我们都干得好好的。在这个项目上,今天提这要求,明天提那要求,我们怎么干活?有要求早说呀!"

QHSE 部的丁工说:"我们的《脚手架安装 HSE 指导书》不是早给你们了吗?在我们的 EPC 总承包项目上,就得执行我们的作业指导书。"

分包商的吴总问其技术员赵工:"赵工,EPC 总承包商的《脚手架安装 HSE 指导书》你看了吗?"

赵工说:"看了,现在还在我手上,《脚手架安装 HSE 指导书》中只是说验收,没有说找谁验收,也没有说按什么程序验收,这部分脚手架我验收了,合格了,所以就让工人在上面干活。"

QHSE 部的丁工说:"这不合格呀!脚手板厚度、钢管外观质量都不符合要求。"

赵工说:"我们投标书上就是这么写的,所以现场我们也是这么做的,没有人说我们投标书上写得不对呀。"

QHSE 部的丁工说:"你们得按《脚手架安装 HSE 指导书》的要求配置脚手板和钢管。"

赵工说:"你这作业指导书是我们进场以后才给我们的,我们的投标书在前,要完全执行你们的作业指导书,我这材料差价找谁出呀?"

QHSE 部的丁工说:"你们投标书就不合格。"

赵工说:"要是你参加评标时把这个问题指出来,我们分包商做出承诺就好了。你现在提出来,我们找谁出钱?丁工,如果你们愿意出钱,我们马上组织整改。"

QHSE 部的丁工说:"我们从哪儿出钱?"

赵工说:"根据我的经验,应该没有问题。我这儿都有计算书,你们的《脚手架安装 HSE 指导书》给出了脚手板的厚度,却没有给出脚手板应承受的荷载,按你们的要求太保守,没有必要。如果你觉得有问题,你最好派一个人来盯着。"

QHSE 部的丁工怕出问题就增了检查频次。分包商也根据 QHSE 部的丁工的检查意见,做了力所能及的修改。

合同部的余工说道:"我们对临时设施没有研究,我们编写作业指导书的人员没有说明多大的荷载,需要多厚什么材料的脚手板,只说了一个厚度,显然不科学。后经测算,分包商确实从脚手架上赚了钱,而我们的作业指书所给的标准也确实太费钱。像脚手架这类的临时设施,如果没有设计,就只能听从分包商的安排;如果有了设计,就有了明确的要求,EPC 总承包商就自然好管理,隐患就自然能够减少,管理成本就自然能够降下来。"

小王说:"所以,临时设施的设计很重要,目前现场不符合项主要集中在临时用电、脚手架作业、设备设施、安全防护、文明施工等方面,我们应该发挥以设计为特色的 EPC 总承包管理优势,推动临时设施动态设计,从源头治理事故隐患。重点开展:(1)营地建设标准化设计;(2)作业现场目视化标准化设计;(3)作业现场设备工器具标识标准化设计;(4)作业现场临时用电标准化设计;(5)作业现场安全防护标准化设计;(6)作业现场脚手架搭设标准化设计。通

过标准化设计，为分包商临时设施设置标准底线，强化作业现场标准化管理。"

合同部的余工说："有设计，就有与工程实际相结合的标准，我们再分析成本底线就有依据。分包商如果投标报价底于底线，我们就得慎重决策。避免分包商最低报价，投入不足，产生安全隐患。或者说，临时设施为隐含费用，给了分包商的钱，分包商不投入，给项目带来隐患。"

小王说："把隐性的问题显性化，管理起来可能就会方便多。我们现在很多问题都隐藏在基层，如果不是为了把不符合项重现率过高的问题调查清楚，这些问题就没有人自找麻烦。"

合同部的余工说："为什么我们的管理始终停滞在强制监督阶段？就是因为一方面是多头控制，另一方面是管理链不完整。多头控制造成的结果是：有些问题没有人愿意去管。管理链不完整造成的结果是：有些人控制不了，还要让他去控制，最后，只好选择他能控制的方式去控制——'盯着'。我们现在的现场管理人员始终不够用，如果不从理顺管理的角度入手去解决，这个问题就永远是个难题。"

小王说："凝聚人心，还得有技术与管理知识支持，还得有相关部门协同配合，否则，就是一些人是多一事不如少一事，一些人是责任在身，却孤掌难鸣。"

合同部的余工说："只有控制部才能牵头组织案例分析，通过分析发现不符合项重现率过高产生的环节，根据不符合项产生的环节，再去采取有针对性的措施，把源头控制落到实处，隐患歼灭战才会胜利在望。因此，现在是推动进一步改革的时候了。"

小王说："余工说得对，我们应该再向前走一步。"

四、结构重组促发展 ▶▶▶

（一）位置决定责任，责任推动行动

小王把与施工部的付工、小高和合同部的余工沟通的情况向 QHSE 部的张部长进行了汇报。

QHSE 部的张部长说："我同刘总沟通一下，你们的工作也得加速向前推进。"

QHSE 部的张部长找刘总汇报了这一段时间 EPC 总承包项目管理创新的推进情况和下一步的打算。最后，刘总说道："随着业主管理架构的不断变革，随着 EPC 总承包商工作的深度不断加深，工作范围的不断扩大，EPC 总承包由原来形式上或者有限范围的总承包，越来越变成真正意上的总承包，我们原来的管理架

构是为了适应业主的管理要求，方便与业主的管理对接。而现在，业主也处在一个变革的时代，市场经济，业主也更关注项目的技术与质量水平，技术涉及到项目是否有效益，否是能够保持可持续发展，质量涉及到项目是否有安全，是否能平稳运行。业主工程建设项目的波动性，业主对我们的管理过程干预得越来越少，给我们的管理空间越来越大，越来越要求我们作为一个负责任的 EPC 总承包商，对工程质量、安全、环保、进度、投资全面负责。我们应该按照系统化、网络化、节点化、程序化、标准化和信息化的管理方式，适时重组，使我们的管理适应 EPC 总承包管理模式和信息化时代发展的要求，进一步激发了我们的人才、技术管理和文化优势，夯实我们的发展基础。自组织实施 EPC 总承包项目管理创新以来，创新实施小组对推动 EPC 总承包项目管理创新起到了先导示范作用，影响力越来越大，大家求变的心气也越来越高，顺应发展趋势，大胆实施变革，更能凝聚人心。尽管 EPC 总承包项目管理创新工作还在不断推进，但我认为时机已经成熟，早决策，早受益。张部长，凝聚人心的事，我们得抓紧办，今天是周三，您先拿一个重组方案，下周二我们找时间认真研究一下。"

QHSE 部的张部长说："好，我来准备。"

QHSE 部的张部长回到办公室，叫来小王，谈了刘总的决定。小王也感到无比激动，没想到自己在这个 EPC 总承包项目上居然能成为一个 EPC 总承包项目管理创新的开拓者。小王觉得自己每一步成长都得益于张部长的引导，刘总的支持和同事们的共同努力，得益于公司的人才培养机制，得益于公司提供的发展舞台。刘总的决定，使 EPC 总承包项目管理创新实施小组的工作由后台走向前台，原来的缓冲地带，变成了全面执行的风险地带，创新推进工作必将面临着更大的考验。小王想，只要我们把凝聚人心始终放在首位，只要我们把发展惠民始终放在首位，就能点燃人们心中希望的明灯，就没有什么困难不能克服，我们的 EPC 总承包项目管理创新就必然能够取得成功。

QHSE 部的张部长请小王协助制定 EPC 总承包项目管理创新与管理架构重组实施方案。

小王在协助制定方案的过程中，发现张部长向刘总提出的每一个措施、每一条建议，都体现了一种智慧，既考虑到未来的发展，又立足当前；既考虑到每一个人的利益，每一个人能够承受的加速度，又考虑到个人发展的前途；既考虑稳定，又考虑确保 EPC 总承包项目管理创新快速推进；反复权衡，细致研究，充分评估管理架构重组对 EPC 总承包项目管理创新的影响。

EPC 总承包项目管理重组方案几经修改，周五下班前，终于成稿。张部长对

小王说道:"小王,周六、周日我们认真考虑一下,下周一,我们再碰一次,周二,我再找刘总汇报,在刘总做出决策前,我们一定要做好保密工作。"

小王说:"好,我一定按照张部长的要求办。"

周一下午,QHSE 部的张部长叫小王对方案进行了最后的修改。

周二一上班,刘总就叫张部长协商 EPC 总承包项目管理创新与管理架构重组方案。

周三上午,刘总把小王叫到办公室,对小王说:"王组长,这次 EPC 总承包项目管理创新工作取得今天的成就,得益于我们在以往 PMC 项目管理取得的成就,得益于你带领几位年轻同志的努力,得益于业主的信任和充分授权。这几年,很多单位都在搞 EPC 总承包,但做得令业主满意的项目应该来说不是很多,不是业主授权不足,就是 EPC 总承包商不会用权。我们很多 EPC 总承包商不是从施工承包商就是从设计承包商转型而来,原有的施工管理方式方法或者设计管理方式方法,对我们搞 EPC 总承包管理在思想上有很大的束缚。从施工承包商转型出来的 EPC 总承包商,不知道如何管理设计,不知道主动优化设计方案,不知道有效地管理分包商。对分包商的管理总是按照管理自己队伍的方式方法来管,要么是把分包商当作自己的队伍,对分包商不派遣监督,对分包商的工作成果不行进确认,形成以包代管;要么是觉得分包商啥都不行,派遣管理人员直接管理分包商的工人,形成过度管理;不知道如何适当适度地管理分包商,尽管在搞 EPC 总承包,但始终把自己定位在施工承包商这个环节。从设计承包商转型出来的 EPC 总承包商,不知道如何管理施工分包商,不知道如何把自己的管理方式方法让分包商去贯彻执行;不知道如何通过分批出图措施,加快 EPC 总承包项目进程;施工承包商一个技术员或者质检员干的工作,我们的 EPC 总承包商却要派遣了一批各专业的专业工程师与之对接,设计公司的工程师们始终抛不开'专业'这个概念,没有把专业知识与工作内容相结合,形成工作任务,按工作任务的大小来安排所需的人力资源。引入'以计划为目标,以资源为基础,以控制为主轴,以监督、确认、协调和考核为支撑'的 PMC 项目管理原理以后,就把我们的视角转向从管理方面看 EPC 总承包管理,把设计、采办、施工作为 EPC 总承包管理的几个节点,在设计、采办、施工的基础之上开展 EPC 总承包的控制、监督、确认、协调和考核工作,以系统化、网络化、节点化的方式建立管理体系,以标准化、程序化和信息化的方式来运行管理体系,实现了 EPC 总承包管理的突破。今天的成绩,得感谢的你们努力与实践。"

小王说:"是刘总、张部长您们领导得好,适时作出决策,我们只是干了一点具体事情。"

刘总继续说道:"我们准备对EPC总承包项目部的机构进行重组,把EPC总承包项目部的生产管理分为两个层次五个部门,第一层为总体管理层,设置控制部、监督部,第二层为实施管理层,设置设计部、采办部和施工部,文控部增设信息管理内容,调整为文控信息部,张部长调整为项目副总经理,把合同部的胡部长调整为监督部部长,把你提升为监督部的副部长。合同部的胡部长对管理体系很有研究,合同部的胡部长担任监督部的部长,有利于进一步健全项目管理体系,推动监督工作的深入开展。以后我们EPC总承包项目的体系管理就放在监督部,监督部负责体系的建立和监督,控制部、设计部、采办部和施工部负责体系中涉及各自职责的运行。看王组长还有什么意见?"

小王说:"项目上还有很多比我干得好的老同志还没有提升,我们只是做了一点创新工作,这些老同志是否会有意见?"

刘总说:"老同志的工作,我们去做,EPC总承包项目管理创新的工作一刻也不能等,把你们提拔到领导岗位上来,就是要你们发挥更大的作用,为EPC总承包的发展注入新的活力。"

小王说:"好,感谢刘总的提拔,我会全力配合胡部长做好EPC总承包项目管理的创新工作。"

(二) 为什么管理结构对项目管理起着决定性影响?

周三下午,刘总召开了EPC总承包项目管理创新工作座谈会。

在座谈会上,张部长首先作了发言,谈到EPC总承包项目管理创新在刘总的正确领导下,在实施小组的积极努力下,在相关单位的大力支持下,取得了阶段性的成果,为EPC总承包项目管理架构重组打下了坚实的基础。张部长最后说道:"昨天下午,刘总召开了EPC总承包项目部负责人工作会议,决定启动EPC总承包项目管理创新第二阶段工作,对EPC总承包项目管理架构进行重组,即设置控制部、监督部、设计部、采办部和施工部五个生产管理部门,文控部增设信息管理内容,调整为文控信息部,以适应EPC总承包项目管理和信息化发展的需要。今天召开座谈会,希望大家为EPC总承包项目管理架构重组提出宝贵意见。"

小王接着发了言,说道:"这次EPC总承包项目管理架构重组的决策很及时,我们坚决支持重组的决定。通过重组理清了项目管理各部门之间的关系,明确了各部门的职责,避免了管理过程中不利竞争行为,有利于规范项目管理。为

理顺

了重组工作的顺利推进,提五点建议:(1)推进 EPC 总承包,管理成本会经历一个先增后减的过程,加强成本统计分析,有助于我们优化管理架构,提高管理水平;(2)推进标准化工作,尤其是现场临时设施的标准化工作,为隐患治理设置基准线和底线,为隐患歼灭战打好基础;(3)推进临时设施的动态规划与设计工作,使隐患由事后检查再治理,转向源头控制,防范隐患;(4)深化监督环节管理,根据管理链接关系,查找管理环节的存在的问题,通过加强不符合项管理,完善管理体系;(5)开展管理体系的运行评价工作,使我们每一个人清醒地认识到我们管理现状,努力改进 EPC 总承包项目管理。"

施工部的付工接着发了言,说道:"这次 EPC 总承包项目管理架构重组,是我们适应 EPC 总承包模式发展的一个重要里程碑,是我们向负责任的 EPC 总承包商迈进的一个重要措施,我们坚决支持重组方案。为了重组工作的顺利推进,我们部门将重点做好三点工作:(1)坚持通过不符合项管理辨识风险;(2)坚持通过交流、培训,化解风险;(3)坚持通过推进标准化工作,源头治理风险。目前不符合项重现率很高,一方面,说明我们的监督工作取得了初步成效;另一方面,表明源头治理工作还需要努力推进。在下步检查工作中,不符合项不仅要与施工标准规范和设计文件比对,还要与管理文件比对,从整个项目管理全过程环节查找产生不符合项的原因,逐步达到从不符合项源头治理的目标。"

计划部的唐工接着发了言,说道:"通过 EPC 总承包项目管理创新,才真正理解了控制部的作用。对国际工程 EPC 总承包商项目部设置控制部原来很不理解,施工部管着施工,采办部管着采办,设计部管着设计,为什么还要单独设立一个叫控制部的部门,控制部控制啥?为了学习国际工程的 EPC 总承包商组织模式,我们也设置了控制部,为了便于同我们工作的具体实践相结合,我们把控制部进行了适应性改造,变为进度计划控制部或者计划合同控制部。改造后的控制部,在项目管理的实际运行过程中,发现用不着控制部实施控制,就把项目管理的各环节控制好了。我们的进度计划控制部就是把设计、采办、施工几部门的计划揉在一起,每月做一次汇报就完事,控制部也几乎不管具体控制事宜。我们进度计划控制部就做计划,并检查计划执行情况,总觉得进度计划控制部还不如叫做进度计划部更直接,更贴切。通过创新才发现'控制部'就是控制项目的资源投入,不只是进度计划,不只是投资合同。我们这次 EPC 总承包项目管理架构重组也加深了对国际工程 EPC 总承包商项目管理的理解,也是我们的 EPC 总承包项目管理进入了一个新的发展阶段。因此,我们全力支持这次 EPC 总承包项目管理重组,把控制部的职能充分发挥出来。我们控制部将重点做好三项工

第六章 齐心协力

作：(1) 源头控制抓计划，我们一定要做好各项工作的策划与计划工作，重点关注设计、采办与施工的衔接；(2) 源头控制抓标准，源头控制的结果落入标准线以下就是不符合项，就是隐患，没有标准，就没有办法认定为不符合项或者隐患，管理就容易出现混乱的局面；通过抓临时设施的动态设计，明确源头控制的标准，为治理隐患打下基础；(3) 源头控制抓培训，做好源头控制工作必须有合格的资源做保障，通过培训，提升人力资源质量，夯实管理基础。"

接着 EPC 总承包项目管理创新实施小组的成员陆续发了言，各自谈了对 EPC 总承包项目管理创新的理解和对重组的支持。

最后，刘总作了发言。刘总说道："我们这次 EPC 总承包项目管理架构重组的主题是'抓管理、调结构、聚人心、促发展'。目前，很多 EPC 总承包项目就是因为工程完工后部分工程局部存在缺陷，移交业主后，业主不履行正式接收手续，工程不能结算，给 EPC 总承包商造成巨大的经济和精神压力，也给参与项目过程管理的业主管理人员造成巨大精神压力。随着质量安全责任追究制度的建立，业主为了解脱自身责任风险，把原来多阶段决策，多阶段成果验收，转化成事前一次性决策，事后一次性验收，推行规范化的 EPC 总承包模式，以规范项目管理，明晰工作界面，防范责任风险。零缺陷一次交付已成为业主对 EPC 总承包商的基本要求，业主也逐步从项目过程管理的利益链中超脱出来。过程利益回避，严格事后验收，给 EPC 总承包商的管理提出了严峻的挑战。如何做一个负责任的 EPC 总承包商，成为我们开展 EPC 总承包项目管理活动必须认真思考的问题。通过开展 EPC 总承包项目管理创新活动，我们找到了建立 EPC 总承包项目管理体系的规律，通过试点，初步建立起了适应 EPC 总承包项目管理和信息化发展的项目管理架构。为了推进 EPC 总承包项目管理的进一步发展，决定对我们的 EPC 总承包项目管理架构进行重组，设置控制部、监督部、设计部、采办部和施工部五个生产管理部门，文控部增设信息管理内容，调整为文控信息部。今天听了大家的发言，我对重组取得成功的信心倍增，我认为我们只有重组，才能走出目前的管理困境；只有重组，才能看到未来发展的希望；只有重组，才能打造出一个负责任的 EPC 总承包商。今天大家提了很多很好的建议，接下来，我们将认真研究，并予以落实。感谢大家在 EPC 总承包项目管理创新试点过程所做出的努力，希望我们的 EPC 总承包项目管理创新实施小组成员戒骄戒躁，再接再厉，在重组后能够发挥更大的作用。"

大家鼓掌，表达了激动的心情。

刘总继续说道："我们的 EPC 总承包项目管理创新应该来说取得了阶段性的

> 理顺

成果,但是,听了今天大家的发言,我认为我们的 EPC 总承包项目管理创新还有很多工作没有完成,还需要大家饱含创新热情,积极开拓进取。为确保 EPC 总承包项目管理创新工作的继续推进,决定成立 EPC 总承包项目管理研究小组。研究小组重点开展三方面的工作:一是进一步推进 EPC 总承包项目管理创新工作;二是深入开展 EPC 总承包项目管理创新的总结工作,为交流、培训打基础;三是利用研究小组,吸收更多的员工积极参与 EPC 总承包管理实践,培养更多的 EPC 总承包项目管理人才,为 EPC 总承包项目管理的进一步发展贡献力量。为此,以 EPC 总承包项目管理创新实施小组为基础,组建 EPC 总承包项目管理研究小组,小组组长仍由王工担任,副组长仍由施工部的付工担任,其他成员仍为研究小组成员,负责研究小组日常工作。看大家还有什么意见?"

尹部长说:"如果大家没有意见,就鼓掌通过。"

(三) 为什么要打造负责任的 EPC 总承包商?

周五下午,EPC 总承包商项目部召开了 EPC 总承包商项目管理架构重组实施大会。

尹部长代表刘总宣读了组织架构和人事调整。张部长提升为项目副总经理,合同部撤销,合同部的胡部长调整为监督部部长,小王提升为监督部副部长,施工部的付工提升为施工部副部长,计划部的唐工提升为控制部副部长,余工提升为控制部副部长,小肖提升为文控信息部副部长。为了保持稳定,减少外部对我们管理创新的冲击,监督部对外称为 QHSE 部,负责设计、采办、施工各环节的监督工作;控制部对外称为计划合同控制部,负责设计、采办、施工资源的整体调度工作。

张副总经理宣读了 EPC 总承包项目管理架构重组实施方案。

最后刘总作了讲话。刘总说:"我今天讲话的题目叫做《重组抓培训改革不折腾》。"

刘总讲道:"前一段时间,我们抓了 EPC 总承包项目管理创新试点工作,通过试点,我们总结出了支持 EPC 总承包发展的两大管理理论,一是多层级项目管理架构理论,二是项目管理再平衡理论。试点工作卓有成效,为迎来今天的重组打下了良好的基础,我代表 EPC 项目部向参加试点工作的单位和员工表示衷心的感谢!"

大家一阵掌声,表达了对创新者敬意。

刘总继续讲道:"多层级项目管理架构理论使我们清楚地勾画出了我们开展

EPC项目管理应设置的组织架构;项目管理再平衡理论使我们清楚地认识到要改革创新,必须有群众基础。因此,我们这次重组不是盲目的重组,而是有理论指导的重组。重组是否会折腾,关键在于我们如何构建群众基础。有创新的群众基础,并在群众基础之上开展管理创新,我们的创新就会成功。我们的创新策略是立足现实,着眼未来。发展必须有加速度,没有加速度,就会被时代淘汰。我们要想避免被淘汰,就必须面对发展的加速度。为了使大家能够适应加速度,我们将加大培训力度;为了确保培训工作的顺利开展,我们将把EPC总承包项目管理实施小组的工作转向交流、培训。通过交流、培训,使大家登上一个更高的平衡点。只要我们一步一个台阶,不断向EPC总承包项目管理的高峰攀登,我们就一定能够克服各种困难,把我们的这个项目打造成EPC总承包项目管理的示范工程,为我们每一个人、为公司的业绩增光加彩。"

刘总的讲话赢得了大家一阵掌声。

刘总继续说道:"我们创新管理的目标是什么?是为效益最大化?管理必须有效益,这是根本,没有效益,最后被淘汰了,就谈不上成功的管理。但是,如果我们只把眼光放在效益最大化上,那就是目光短浅的管理。我们更大的目标是要做一个负责任的EPC总承包商,只有做一个负责任的EPC总承包商,我们才能赢得业主的信赖,才会有更大的市场,才会有长远的效益。EPC总承包项目管理创新难,做一个负责任的EPC总承包商就更难。只有在各项行动中高于标准要求约束我们自己行为,只有为适应新的发展需求,不断创新标准,这样的EPC总承包商才算是一个负责任的EPC总承包商。我们现在离负责任的EPC总承包商还有相当长的一段距离,突出表现在不符合项还普遍存在,有些不符合项重现率居高不下,源头控制还没有落到实处。为此,我们必须大力推行现场管理程序标准化,现场设施设备标准化,体系运行评估标准化,培训交流展示标准化。标准化工作需要梳理现行的标准规范,需要理清现行的管理制度,工作量很大,需要发挥每一个人的聪明才智,才能完成此项工作。把标准化的成果贯彻到实际工作之中,需要开展大量的培训工作。我们每一个人必须有充分的准备,把培训作为我们各项工作的重中之重,通过不断的培训,建立标准化意识;通过标准化意识,促进我们的管理再平衡向更高水平发展,不断迈向负责任的EPC总承包商目标。打造一支优秀的EPC总承包项目管理团队,是实现做一个负责的EPC总承包商目标的基础。我们要凭借实施EPC总承包项目的优势,在实践中选拔和培养EPC总承包项目管理人才,使我们培养出的人才经历过EPC总承包项目管理的洗礼,经得住实践的考验。为吸收更多的员工参与,我们将成立EPC总承

包项目管理研究小组,通过不断地总结、交流、培训,以研究小组为媒介,培养出一批EPC总承包项目管理人才。研究小组成员可以自愿报名,希望有志于EPC总承包项目管理的员工,积极主动参与EPC总承包项目管理实践,在实践中表现自己的才华,成就自己的人生。前进的道路尽管困难重重,为了实现做一个负责任的EPC总承包商,为了人生梦想,为了家庭幸福,为了美好生活,让我们携起手来,共同奋斗吧!"

刘总的讲话,再一次赢得了大家的一阵掌声。

五、隐患治理大辩论

(一)隐患起源的辩论

1. 隐患起源于责任风险。自己能力不足,履行责任有风险;未履行或未正确履行责任,履行责任出风险。结合自身实际,以实例谈一谈自己能力不足、未履行或未正确履行责任带来的风险。

2. 隐患来自于自身,也来自于外部环境。例如,遇上一个好的分包商,就像走在平原,我们的风险就小,我们的付出也小;遇上一个差的分包商,我们的风险就大,就像遇上一座山,如果我们有能力,山就在我们的脚下,如果没有能力,这座山就成为我们前进的障碍。

3. 管理环节越多,产生隐患的可能性就越多。流程化管理既带来了工作上的便利,带来了责任界面的清晰,但同时也增加产生隐患的环节。以降低管理效率和各级衔接管理点不满意为题,谈一谈多环节生产隐患的原因。

4. 为什么优越和自满也是隐患?为什么成绩也会变成隐患?

5. 为什么培训不足也是隐患?

6. 为什么与周围环境不相容也会成为隐患?

7. 为什么以强制性措施处置隐患,小隐患会变成大隐患?

8. 为什么差异和不满也会成为隐患?

9. 在什么情况下,隐患难以避免?

10. 为什么越发展,就越有隐患?

11. 为什么企业规模越大,面临的隐患也越大?

12. 隐患为什么越隐越危险?

13. 为什么我们要接受隐患?

14. 为什么越辩论,越能包容隐患?为什么不辩论,就越不能容忍隐患?

15. 为什么隐患随着我们能力越来越强,隐患就越来越受控,为什么随着工作任务越来越重,隐患也变得越来越严重?

（二）隐患治理的辩论

1. 根据隐患的起源,应采取什么样的措施,才能把大型项目的风险控制到可以接受的水平。
2. 对隐患应采取严厉处罚措施,还是采取适度的包容措施,哪种措施更有利于治理隐患?
3. 试论交流培训在隐患治理中的作用。
4. 对隐患零容忍,是有利于隐患治理,还是无助于隐患治理?
5. 试论零缺陷管理的局限性。
6. 隐患治理的根本目标是提升资源水平,如果治理隐患的过程是劣币驱良币的过程,是否就应该反思我们的隐患治理方法。监理由高智能服务逐步变为旁站,是否与隐患治理有关?
7. 如何看待隐患治理的空间。面对低收入人群,如何才能有效治理隐患?对低收入人群的处罚,会造成人员更大的流动性,新进人员水平可能会更低,更不利于隐患的治理。如何把握处罚的度?如果没有处罚空间,如何治理隐患?
8. 如果不追查管理责任链上的漏洞,及时弥补管理漏洞,由于利益的推动,随着管理环节越多,隐患就越严重。
9. 治理隐患看似简单,为什么越治,就越感到困难?
10. 如何评价隐患治理?为什么不越过底线,即未发生质量安全环保事故,隐患治理,看能力提升?越过底线,能力提升归为零。
11. 试论底线思维、隐患治理与可持续发展。
12. 试论技术水平是隐患治理的基础。
13. 试论技术与管理相结合,隐患治理才会有新突破。
14. 如果把握隐患治理的度?讨论隐患治理与成本支出的关系。
15. 试论隐患治理的出路。

（三）隐患治理与监督

1. 试论强制性的监督,对隐患治理的贡献。
2. 试论走出严格监督阶段的管理对策。
3. 如何正确认识隐患治理的长期性和艰巨性,为什么要以管理提升为目标,

开展隐患治理?

4. 如何培育监督资源,促进隐患治理?

5. 专业化监督在隐患治理中的作用?

(四) 隐患治理新思路

1. 试论标准化与信息化对隐患治理的影响。

2. 试论管理提升对隐患治理的影响。

3. 治理隐患为什么必须坚持短期目标与长期目标并举,防范重大质量安全环保等事故隐患作为当前隐患治理的主要目标?

4. 试论风险评估在隐患治理中的作用。

5. 羊群中有狼,羊更健康,不断强化忧患意识,是否更有利于隐患治理?

6. 为什么明智的克制,更有利于治理隐患?

7. 为什么过度治理隐患,隐患会变成更大的隐患?

8. 采取哪些新技术、新手段,就能消除隐患的根源,将作业条件转化为本质安全?

9. 试论持续的发展可以治理隐患,有效的辩论也可能治隐患。

10. 试论巨大波动的发展,极端的言论可能会制造隐患,如何避免这些情况?

(五) 辩论题

序号	辩论议题	正方(隐患就是后患)	反方(隐患就是机遇)
1	隐患是后患,必须根除	隐患必须根除,否则,影响企业发展	隐患难以根除,只能根治
2	隐患是否不利于发展	隐患不利于发展,应采取各种措施,消除隐患	隐患就是发展的机遇,治理隐患,促进发展
3	如何正确认识和管理隐患	治理措施就是加强监管,严防死守,防止隐患产生质量安全环保事故	创新新的生产方式,促使产生隐患的条件不存在,从治理隐患中受益
4	治理隐患必须下到基层	隐患出在基层,要治理隐患必须下到基层,与基层一起劳动	基层出现隐患是管理链条中某一环节出现问题的表现,治理隐患必须找到出问题的环节,有针对性地开展治理

续表

序号	辩论议题	正方（隐患就是后患）	反方（隐患就是机遇）
5	一竿子插到底与隐患治理	有利于隐患治理，隐患治理能够立竿见影	不利于隐患治理，破坏了管理体系，不利于长期治理
6	隐患与冒险	隐患就是冒险，绝对不允许发生	隐患就是冒险，对冒险应进行评估，对冒险作业，应加强监护，使隐患受控
7	隐患就是管理不善	隐患就是管理不善，应极力避免，不能交流，以避免对项目造成不利的影响	隐患就是资源能力不足造成，是发展过程必须经历的过程，通过交流提升能力
8	作业人员安全意识淡薄	通过培训提高认识，通过当场处罚，对作业人员违章起到震慑作用，通过震慑作用，加强管理	通过培训提高认识，通过程序管理发现积极分子，通过及时奖励，扩大积极分子
9	隐患治理一次到位	隐患治理必须一次到位	隐患治理需要量力而行

（六）打造负责任的 EPC 总承包商

1. 为什么打造负责任的 EPC 总承包商？
2. 如何打造负责任的 EPC 总承包商？
3. 我能为打造负责任的 EPC 总承包商做什么？
4. 如何才能抓住 EPC 总承包商发展的机遇？
5. 试论 EPC 总承包项目管理的发展趋势？

第七章　永无止境

一、安全管理的冬天▶▶▶

（一）理清现状

周一下午，QHSE 部的胡部长找小王交流两个问题，一是如何把目前 EPC 总承包项目管理创新的成果进行推广应用；二是如何进一步推进 EPC 总承包项目管理创新，把 EPC 总承包项目管理研究工作推向深入。

小王说："目前管理架构刚刚调整完毕，很多人还有一个适应过程，我们应该把我们的工作分为两个阶段，第一阶段，进行成果推广应用；第二阶段，深入开展 EPC 总承包项目管理研究。试点工作参与的分包商都是积极分子，还有一些分包商未参加，有的分包商对推行不符合项管理，还有不同意见，建议在 EPC 总承包商层面召开一次试点工作经验交流总结大会，让试点积极分子讲述试点取得的经验和成绩，进一步扩大影响，全面推广已取得的成果。"

QHSE 部的胡部长说："组织机构刚调整，EPC 总承包项目管理创新经验交流会准备还得一个过程，推进成果应用这项工作不能等，目前，进度有日报表，安全只有安全人工时统计，质量安全管理还没有日报表，我们应该把不符合项、作业许可、质量确认形成日报表，让大家认识到现状，才能提升对质量安全管理的重视程度。"

小王说："不符合项、作业许可和质量确认只要通过网上走流程，我们就可以实现自动生成日报表，问题是有些分包商不愿意在网上走流程，这样，不愿意走流程的分包商就难以纳入我们的系统管理。"

QHSE 部的胡部长说："前一段时间是试点，对各分包商没有强制要求，现在是全面推广阶段，对各分包商就有要求，不符合项、作业许可和质量确认必须通过网上走流程，纳入我们的信息监督状态。"

小王说："每一人的网上权限，由文控信息部负责设置和调整，要推行网上流程，还需要文控信息部配合，分包商作业层监督与确认人员的管理权限在施工部，我们还要协调施工部落实组织机构调整后的人员职责和名单。"

QHSE 部的胡部长说:"我们先编制一个方案,上报张总,由张总协调刘总,确定下一步工作安排。"

小王说:"好,我负责方案编制。"

经过 QHSE 部的胡部长和小王的艰苦努力,项目上终于有了一张质量安全管理日报表,质量安全管理日报表列举了各单位发布的不符合项及其整改情况、作业许可审批情况、工程质量确认情况,以及安全人工时统计情况。

(二) 感知冷暖

刘总每天坚持看质量安全管理日报表,重点关注不符合项及其整改情况。一周后,刘总叫来张总,说道:"每看一张质量安全管理日报表,就感受到质量安全管理的一阵寒意,没有想到作业现场竟有如此多的不符合项。有些不符合项被操作规程列为严禁,而这些不符合项却每天都在现场重复发生。有些不符合项已有人员伤亡的案例,而我们却是禁而不止。如果出了安全事故,这都会追究我们的管理责任。我们的质量安全管理仿佛就在冬天。"

张总说:"从不知冷暖到感知冷暖,这本身就是一个很大的进步。"

刘总说:"每天生活在随时可能会出安全事故,随时可能会被追究责任的日子里,难怪很多项目经理不愿意搞不符合项管理,是受不了如临深渊、如履薄冰这种恐怖日子的煎熬。"

(三) 破解困局

张总说:"如果我们发现处在深渊边,就应在深渊旁边加一个栏杆,如果发现走在薄冰上,就应在薄冰上架设一个安全走道,这样就安全了。面临危险,只要我们认清了安全管理规律,把安全措施做到位,就能消除恐怖的煎熬。我们要开展 EPC 总承包项目管理,就避不开安全管理风险。"

(四) 强化底线思维,杜绝严禁或禁止的作业

刘总说:"我不是说不搞不符合项管理,不符合项管理是零距离辨识风险,危险已在我们身边,如果不报告,就是不知危险;如果有危险不引起重视,就不会有应对措施;如果没有应对措施,事故就有可能随时发生。勇敢面对不符合项,也是对我们项目管理人员的一种磨炼,如果我们不能正确对待安全管理的困难,我们的 EPC 总承包项目管理就不会成功。不符合项管理我们一定要坚持搞下去,而且,要梳理法律、法规、标准、规范中严禁或者禁止条文清单,

发布我们项目上应该执行的法律、法规、标准、规范强制性安全管理规定，进一步明确我们的安全管理重点。对进入严禁或者禁止范围的违章人员，如果采取立即开除，是可以消除现场作业风险，却带来了很多管理风险；如果派人紧盯，增加了管理成本，同时，违章的人员在躲避监督的过程中也会发生危险。我们应想办法从管理角度去消减或者消除违章。例如，相关单位责任人要找违章人员谈话，让违章人员认识到违章带来的后果，与违章人员谈话要有书面确认记录，提升违章人员的责任意识，强化自我约束。如果谈话后，仍旧违章作业，我们就应对违章人员进行劝退，如果不愿意退出，就必须接受严厉的处罚。我们在促进违章人员认清责任，并正确履行责任的同时，也要采取技术措施，使我们的操作环境达到本质安全。对于没有达到本质安全的作业环境，对危险危害作业要实行分级管理，通过加强管理，理性应对风险。"

张总说："我们把各种安全管理法律、法规、标准、规范认真梳理一遍，理出严禁或禁止条文，并制订相应处罚措施。"

刘总说："严禁或禁止的条文就是质量安全管理的底线，如果对越过底线的人员不采取强制措施，这些违章的人员一旦出事故，自己掉入深渊，也会把我们带到深渊。从事相关工作的人员，必须熟悉工作范围内的严禁或禁止条文，我们EPC总承包商和分包商应分别建立进入严禁或禁止条文范围内的违章处理记录台账，实施零报告制度，强化责任追究，防范重大风险。"

张总说："严禁或禁止的条文是底线，是红线，不能容忍，非严禁或禁止条件范围内的不符合项是黄线，应引起我们警示，给予适当的包容，以加强管理。"

刘总说："只有坚持底线思维和黄线思维，才能正确应对我们目前面临的错综复杂的管理局面。"

张总说："正是因为我们的EPC总承包项目管理处处面临危险，我们的管理才会引起广泛的关注；正是因为我们从事的工作处处有危险才吓走了无数英雄好汉。我们的工作关键是在要危险的环境中，创造出平安。名山大川就是因为险，才引起人们无限向往，景点管理部门把险转化为安，才引来游人如织。"

刘总说："我们要打造具有特色的安全方式，不断提升安全风险管理能力。"

张总说："建立完善红线管理制度和不符合项管理制度，是我们开展违章治理的重要一步，也是最关键的一步，也是打造具有我们特色的安全管理重要的一步。我们有完整的风险清单，也开展了作业前安全风险分析，这些都是事前措施，如果没有发生危险，出现事故，谁也不重视这些措施。因此，开展红线管理和不符合项管理，是做好我们当下安全管理的一个重要方法。"

（五）为什么看不到分包商治理隐患？

刘总说："我们投入了大量的质量安全管理人员，换回来的却是一堆不符合项。还有一个问题，从报表上看，不符合项主要是我们 EPC 总承包商的管理人员查出并发布，分包商为什么就看不出现场这些简单问题，非要等到我们 EPC 总承包商的管理人员去管，分包商的质量安全管理体系为什么就不运行？如果分包商的质量安全管理体系不运行，我们 EPC 总承包商越加强管理，分包商就会越放弃管理，最后就变成了以管代包。我们的 EPC 总承包质量安全管理就沉没在分包商的不符合项之中。"

张总说："如何破解亲属相隐的局限性，我们还需要进一步研究。"

刘总说："EPC 总承包商制定一个让分包商屈从的管理方案很容易，因为，EPC 总承包商对分包商有控制权。EPC 总承包商制定一个让分包商成功的政策就很难，因为，EPC 总承包商要约束自己的不当行为。"

张总说："从统计数据上来看，除了参与试点的分包商外，我们对分包商的管理不成功。没有分包商的成功，就不会有 EPC 总承包商的成功。"

刘总说："在质量安全管理方面，如何打造成功的分包商是我们 EPC 总承包项目管理必须面对的难题。参与试点的分包商是质量安全管理的积极分子，而在推行过程中，就必须面对所有的分包商。目前，有些分包商观念转变快，有些分包商观念转变慢，有些分包商不愿意转变观念，还有少数分包商甚至反对我们改革创新。我们只有用打造成功的分包商来引导大家转变观念。"

张总说："我们既要留出分包商的管理空间，又要防止分包商管理不当，造成质量安全管理事故，对我们目前的管理要进行系统地梳理。"

刘总说："我们在加强分包商管理的同时，要进一步约束我们 EPC 总承包商不当的管理行为，只有这样，才能让分包商成功。分包商成功了，我们 EPC 总承包商才能真正成功。"

张总说："给分包商阳光，分包商就会把不符合项报告出来；如果给分包商狂风，分包商就会把隐患藏起来。我们应该想办法给分包商阳光，约束我们给分包商的狂风。分包商报告了隐患，积极治理隐患，分包商就会走向成功，我们的 EPC 总承包安全管理才能真正走出冬天。"

刘总说："让分包商报告自己检查出的不符合项，核心是要破解亲属相隐这个难题。只有分包商主动报告和积极整改了现场存在的不符合项，才能扭转我们的 EPC 总承包项目管理的被动局面。在安全管理方面，我们要突破传统思维，

要充分发掘我们的管理优势,利用管理措施,提升安全管理水平。"

张总说:"如果我们找到了正确评价分包商隐患辨识和治理能力的方法,这种方法是给阳光而不是狂风,就解决了我们面临的难题。下来,我组织 EPC 总承包项目管理研究小组的人员对这一难题认真研究。"

二、提升能力治隐患 ▶▶▶

(一)为什么隐患治理成了零和游戏?

张总叫来付部长和小王,对如何引导分包商加强不符合项管理进行了探讨。

张总说:"为什么我们 EPC 总承包商治理隐患成了零和游戏?"

小王说:"最近大家对不符合项管理的认识提高了,所以现场发现的不符合项的确比较多。"

张总说:"我们对分包商发现的不符合项进行过统计分析吗?"

施工部的付部长说:"还没有,因为分包商的管理人员在现场发现问题往往都直接告诉给现场作业人员,不符合项的发布,主要是口头方式。"

小王说:"我们对分包商口头发布的不符合项也没有统计。"

施工部的付部长说:"没有统计,我们就很难说清楚分包商在 QHSE 方面的管理。"

小王说:"分包商看到我们搞隐患治理,就开始捂问题。"

施工部的付部长说:"结果,我们 EPC 总承包商治理隐患就变成了零和游戏。"

小王说:"隐患对分包商来说也是一种危险,多治理一份隐患,分包商就多添一份安全。"

施工部的付部长说:"为什么有利于分包商的事,分包商却如此反对。"

小王说:"我们总是把隐患治理与处罚或者批评联系在一起,分包商为了减少处罚或者批评,自然就会反对。"

施工部的付部长说:"在隐患治理方面,分包商总是表现为受害者。这说明,我们治理隐患的方式、方法有问题。"

张总说:"怎样才能使我们的隐患治理方式、方法得到分包商的支持?"

(二)如何评估隐患辨识与治理能力?

施工部的付部长说:"我们对前一阶段的试点工作也需认真总结,一些好的经验和做法应进一步提升,例如,我们在隐患排查和隐患治理方面就做得很有特色,如果我们把各分包商的隐患排查和隐患治理能力分别用一个指标来衡量,大家对不符合项管理就会从正面来看问题,而不是像现在,一提到不符合项管理,就充满了敌意,就开始反对,就开始捂问题。"

小王说:"用指标来衡量?我们原来只想到给分包商下发不符合项,并督促他们整改,没有想到刺激他们的积极性,让他们主动参与。付部长的说法,的确很有特色,我们要打造具有我们特色的质量安全管理,看来,用指标法,就是一个突破口。"

施工部的付部长说:"我们现在已经做了大量的基础工作,只要再引入两个概念就行了。一个是隐患辨识能力,一个是隐患治理能力。"

小王说:"如果把不符合项的辨识,视为隐患辨识能力,把不符合项的整改视为隐患治理能力,从提高隐患管理能力的角度看不符合项管理,就把大家认为负面的事情,变成了正面,再开展工作就容易多了,深入开展不符合项管理,我们也得转变观念。"

施工部的付部长说:"换一个说法,我们就从不符合项的直接管理,变成了间接管理,我们的管理水平又上了一个台阶。"

小王说:"谁都希望提升能力,不愿意看到问题,同样一件事,换一个说法,就满足了大家的心理需求。人非圣贤,谁都愿意听良言,不愿意听直言,改变说法,就如同给良药之外加了一个糖衣,良药就变得不苦口。"

施工部的付部长说:"分包商进度款是我们控制分包商的重要手段,为打造负责任的EPC总承包商,我们的进度款支付方式也要打破原来的管理方式,把分包商的隐患辨识能力、隐患治理能力、作业许可制度的执行和质量确认一次合格率纳入进度款考核。引入分包商不符合项辨识比率这个概念,来衡量分包商对隐患的辨识能力;引入分包商不符合项整改比率这个概念,来衡量分包商对隐患的治理能力;通过指标来强化分包商对不符合项的辨识与整改的管理。"

分包商隐患辨识能力——不符合项辨识比率为:

$$NI_{SUB} = \frac{NN_{SUB1}}{NN_{SUB1} + NN_{SUB2}} \times 100\%$$

式中 NI_{SUB}——分包商不符合项辨识比率;

NN_{SUB1}——分包商考核期内自己辨识不符合项数量;

NN_{SUB2}——所在分包商考核期内EPC总承包商辨识不符合项数量。

分包商隐患治理能力——不符合项整改比率为：

$$NR_{SUB} = \frac{NN_{SUB3}}{NN_{SUB4}} \times 100\%$$

式中　NR_{SUB}——分包商不符合项整改比率；

　　　NN_{SUB3}——分包商考核期内不符合项已完成的整改数量；

　　　NN_{SUB4}——所在分包商考核期内需整改不符合项总数量。

小王说："引入隐患辨识能力和隐患治理能力这两个评价指标，是项目管理的一项创新，很有必要。还有一个问题就是分包商有时整改不认真，整改后仍然为不合格，我们对隐患治理能力还应做适当的修正，才能符合实际要求，否则，大家就对整改工作不重视。"

施工部的付部长说："我们再引入一个修正系数，即一次整改合格率。"

$$NP_{SUB} = \frac{NN_{SUB3} - NN_{SUB5}}{NN_{SUB3}} \times 100\%$$

式中　NP_{SUB}——分包商不符合项整改一次性合格率；

　　　NN_{SUB3}——分包商考核期内不符合项已整改数量；

　　　NN_{SUB5}——分包商考核期内不符合项已整改后，EPC总承包商确认仍不合格的数量。

施工部的付部长继续说："这样，通过修正后分包商的隐患治理能力，就是EPC总承包商确认的隐患治理能力，即EPC总承包商确认分包商不符合项整改比率。"

$$NC_{SUB} = NR_{SUB} \times NP_{SUB}$$

NC_{SUB}——EPC总承包商确认分包商不符合项整改比率。

小王说："通过EPC总承包商确认分包商不符合项整改比率这个评价指标，也可以考查EPC总承包商对分包商的隐患治理情况的管理。"

施工部的付部长谈到，我们对分包商的管理应由直接控制，到间接控制，到量化控制方向转化。打造负责任的EPC总承包商，从本质上来说，就是要提高分包商的管理能力。要提高分包商的管理能力，就得让分包商认清责任，并履行责任。只有对分包商的认清责任并履行责任进行量化，我们才能把分包商责任转化为进度款支付手段，并用进度款支付手段对分包商实施控制，从而达到责任与进度款——钱的统一。

小王说："有了分包商不符合项辨识比率和整改比率，就可以知道分包商结合现场实际的隐患辨识能力和隐患治理能力，如果我们再引入EPC总承包商不符合项辨识比率和整改比率,是否就可以知道我们 EPC 总承包商根据现场实际情况开展的隐患辨识和隐患治理管理水平?"

施工部的付部长说:"外部监督机构检查也会下发不符合项,如果引入 EPC 总承包商不符合项辨识比率和整改比率,就可以促进我们 EPC 总承包商加强不符合项管理,这样从管理机制上,把隐患排查和治理落到实处。"

EPC 总承包商隐患辨识能力——不符合项辨识比率为:

$$NI_{EPC} = \frac{NN_{EPC1}}{NN_{EPC1} + NN_{EPC2}} \times 100\%$$

式中 NI_{EPC}——EPC 总承包商不符合项辨识比率;
NN_{EPC1}——EPC 总承包商考核期内辨识不符合项数量;
NN_{EPC2}——考核期内监督机构辨识不符合项数量。

EPC 总承包商隐患治理能力——不符合项整改比率为:

$$NR_{EPC} = \frac{NN_{EPC3}}{NN_{EPC4}} \times 100\%$$

式中 NR_{EPC}——EPC 总承包商不符合项整改(包括各分包商)比率;
NN_{EPC3}——EPC 总承包商考核期内不符合项已整改数量;
NN_{EPC4}——考核期内需整改的不符合项总数量。

EPC 总承包商不符合项一次整改合格率:

$$NP_{EPC} = \frac{NN_{EPC3} - NN_{EPC5}}{NN_{EPC3}} \times 100\%$$

式中 NP_{EPC}——EPC 总承包商不符合项整改一次性合格率;
NN_{EPC3}——EPC 总承包商考核期内不符合项已整改数量;
NN_{EPC5}——EPC 总承包商考核期内不符合项已整改后,监督机构确认仍不合格数量。

监督机构对 EPC 总承包商隐患治理能力评价:

$$NC_{EPC} = NR_{EPC} \times NP_{EPC}$$

式中 NC_{EPC}——监督机构确认 EPC 总承包商不符合项整改比率。

小王说:"我们对过程监督有了评价指标,对分包商报验确认也应该有评价指标,才有利于加强管理。"

施工部的付部长说:"对,统计的目的是为了分析,最后得出简单清晰,便于决策的结论,各项统计分析工作才会有意义。以前我们给各领导汇报工程完成情况,说了很多内容,结果让各级领导一头雾水,不知道工程究竟完成到什么程度。后来,引入完成百分比这个指标,汇报后,各级领导就知道了工程完成

理顺

情况。对确认情况,目前总体来说是说不清楚,搞不明白,归根结底就是因为没有建立评价指标,因此,建立确认评价指标,对于加强确认环节的管理非常迫切。"

(三) 如何评估确认管理能力?

小王说:"治理隐患,确认环节也非常关键,如果确认环节不认真,就会把隐患流转到下一步工作之中。工程管理确认主要包括:(1)承包商提供资源的确认;(2)不符合项整改确认;(3)工程质量报验确认;(4)安全作业许可确认。不符合项整改确认,在隐患治理能力中已经说明。承包商提供资源的确认主要包括:(1)临时设施的确认;(2)主要机械设备的确认;(3)主要管理人员和特殊作业人员资质的确认;(4)主要检测计量工器具的确认。工程质量报验确认主要包括:(1)进场物资质量报验;(2)隐蔽工程报验;(3)工程施工试验报验;(4)试验室试验报验;(5)施工检查(规范规定专项检查项目)报验;(6)检验批报验;(7)分项工程报验;(8)分部工程报验;(9)单位工程报验等。作业许可方面的确认主要是针对危险危害较大,为确保安全,需要强制落实作业活动前置条件的项目。"

施工部的付部长说:"对分包商提供资源的确认,也是管理过程中的一个难题。只有分包商最了解自己的资源状况,尤其是分包商的管理人员。还有一个问题是,分包商提供的临时设施和主要机械设备,进场验收时是符合要求,在使用过程中,会逐渐变得不符合要求。分包商的管理人员可能开始不符合要求,经过一段时间的交流与培训后,会逐渐变得符合要求。"

小王说:"对于分包商的资源管理,我们主要是从两个方面入手实施管理,一是开工审计与审批,二是过程报验。开工审计与审批环节的管理,我们有开工管理程序,总体上,开展了一系列的管理工作。而实施过程中的新增资源,往往没有认真进行检查,因此,在下一步工作中,我们还应认真总结经验。分包商资源是工程项目管理的重要基础,必须给予高度重视,才有助于推动我们的管理水平进一步提高。"

施工部的付部长说:"目前,工程质量报验确认管理,是各级质量检查的重点,我们应对这一环节进行认真研究,应在报验率和确认一次合格率两个方面需要建立评价指标。"

小王说:"现在有很多工程,管理人员图省事,对质量报验往往进行批量处理,集中一次签字确认,而不是一次检查验收,一次签字确认。"

施工部的付部长说:"统计质量报验率目前还有很大的难度,必须有报验管理设计,才能开展报验率评价。"

小王说:"我们目前做了一些报验方面的基础工作,如编制项目竣工资料管理作业指导书、项目划分手册等等。我们可以通过实际报验项数除以应该报验多少项来确定报验率,通过确认合格项数除以报验项数得出报验一次性合格率。"

施工部的付部长说:"分包商报验率主要考查分包商工作的积极性和主动性,一次性合格率主要考查分包商的能力和责任,分包商工程质量报验能力评价可采用报验率与一次性合格率的乘积来表示。"

分包商工程质量报验率:

$$QR_{SUB} = \frac{QN_{SUB1}}{QN_{SUB2}} \times 100\%$$

式中　QR_{SUB}——分包商工程质量报验比率;

QN_{SUB1}——分包商已完成工程质量报验项数;

QN_{SUB2}——分包商应完成工程质量报验项数。

EPC总承包商确认分包商工程质量报验一次性合格率:

$$QP_{SUB} = \frac{QN_{SUB3}}{QN_{SUB1}} \times 100\%$$

式中　QP_{SUB}——分包商工程质量报验一次性合格率;

QN_{SUB3}——EPC总承包商确认分包商工程质量报验一次性合格项数。

EPC总承包商确认分包商报验能力:

$$QC_{SUB} = QR_{SUB} \times QP_{SUB}$$

式中　QC_{SUB}——EPC总承包商确认分包商工程质量报验管理能力。

小王说"各级监督机构对EPC总承包商也在加强质量管理,监督机构对EPC总承包商工程质量确认能力的评价,有助EPC总承包商加强工程质量报验环节的管理。"

施工部的付部长说:"各级监督机构只能对EPC总承包商所管辖的工程质量确认环节进行抽查,根据EPC总承包商登记报验项数与监督机构检查报验漏项数,确定EPC总承包商工程质量报验率;通过资料检查或者现场实际抽查,确定EPC总承包商工程质量报验确认一次性合格率;根据报验率和一次性合格率,确认EPC总承包商对工程质量确认管理能力。"

EPC总承包商工程质量报验率:

$$QR_{\text{EPC}} = \frac{QN_{\text{EPC1}}}{QN_{\text{EPC1}} + \frac{QN_{\text{EPC2}}}{\lambda}} \times 100\%$$

式中 QR_{EPC}——EPC 总承包商工程质量报验比率；

QN_{EPC1}——EPC 总承包商已登记工程质量报验项数；

QN_{EPC2}——抽查 EPC 总承包商工程质量报验漏项数。

λ——工程质量报验抽查比例

EPC 总承包商工程质量确认一次性合格率：

$$QP_{\text{EPC}} = \frac{QN_{\text{EPC1}} - \frac{QN_{\text{EPC3}}}{\lambda}}{QN_{\text{EPC1}}} \times 100\%$$

式中 QP_{EPC}——EPC 总承包商工程质量报验确认一次性合格率；

QN_{EPC3}——抽查 EPC 总承包商确认不合格项数。

EPC 总承包商工程质量确认管理能力：

$$QC_{\text{EPC}} = QR_{\text{EPC}} \times QP_{\text{EPC}}$$

式中 QC_{EPC}——EPC 总承包商工程质量报验确认能力。

小王说："我们有了控制（隐患治理能力）、监督（隐患辨识能力）、确认（报验确认能力）等关键性评价指标，就可以对分包商的管理作一些评价。如果我们要对分包商进行系统的评价，就应该建立分包商管理评价模型，通过评价模型引导分包商建立管理体系，强化资源管理，提高管理水平。"

（四）如何评估项目基本管理能力？

施工部的付部长说："对，我们不仅要建立分包商管理评价模型，还应建立 EPC 总承包商项目管理评价模型，因此，在 EPC 总承包项目管理方面，要打造高水平的项目管理团队还有很多问题需要研究，还有很长的路要走。我们的 EPC 总承包项目管理水平总体上还在经验管理阶段，距科学化、数字化和信息化还很遥远，因此，我们还需要持续不断的研究和创新。"

小王说："从经验管理过渡到科学化、数字化和信息化管理，我们就需要一大批具有创新能力的项目管理人才，因此，EPC 总承包项目管理人才队伍建设，也是我们推进 EPC 总承包项目管理创新的一个重要方面。"

施工部的付部长说："人才队伍建设是一个长期的过程，如何有效防范当前面临的风险，也是我们需要重点关注的问题，只有把长远目标与当下管理相结合，我们的管理创新才能顺利推进。"

第七章　永无止境

小王说:"对于危险危害较大的作业项目,必须有书面的工作前安全风险分析,对于站场工程,作业现场必须危险危害因素告知牌,化解重大安全风险。危险危害较大的作业项目主要有:1. 进入受限空间;2. 挖掘作业;3. 高处作业;4. 移动式吊装作业;5. 管线打开;6. 临时用电;7. 动火作业;8. 危险性较大的分部分项工程(建设部规定)。对于危险危害较大的作业项目,一是要开展工作前安全分析,建立班前风险辨识台账;二是要开展安全培训教育,并建立培训台账;三是要签订安全责任状,明确各级安全管理责任,避免违章指挥、违章操作;四是严格履行作业许可制度;五是强化班前讲话,把风险融入班前讲话之中,班前讲话应形成书面记录;六是实施违章处罚,并建立违章处罚台账;七是建立和开展各层次的监督检查活动,并通报监督检查结果;八是定期或不定期地开展交流活动,培育安全管理忧患意识。通过这些措施把当前的安全风险控制在一个可以接受的范围内。"

施工部的付部长说:"在管理创新当前,既要管理好当下风险,又要谋划未来的发展,只有实现当下与未来的协调发展,才算走上了正道。根据目前的研究成果,结合当前管理实际,应对质量安全管理星级服务方案进行修订,促进分包商不断提升隐患辨识和治理能力,以解刘总的心头之患,我们的管理创新才能得到刘总的更大支持。"

小王说:"我们现在有了评价指标,可以根据评价指标对分包商开展质量安全管理星级服务方案进行修订。"

施工部的付部长说:"质量安全管理明星由隐患辨识能力、隐患治理能力和报验确认能力排名第一的单位推荐,由我们EPC总承包商审批。对各分包商的评价继续实行红旗制,隐患辨识能力占0.4权重,隐患治理能力占0.3权重,报验确认能力占0.3权重,取一、二、三名实施月度表彰。"

小王说:"如果公布各分包商的隐患治理能力,各分包商会积极整改,最后可能都是100%,明星是谁就难以确定。我们可以把隐患治理能力作为明星制和红旗制的否决指标,不能给予存在严重质量安全问题,未整改落实到位的分包商表彰。"

施工部的付部长说:"隐患治理需要时间,如果把隐患辨识能力与治理能力放在同一时间,隐患治理能力就不可能达到100%,我们可以把隐患辨识能力的统计时间段定为上月26日至本月25日,把隐患治理能力定为本月初到本月末,每月5日发布评价结果。这样就可以实现治理能力未达到100%的分包商不能参与评优。把隐患辨识能力权重调整为0.6,把报验确认能力调整为0.4,对分包商进行综合评价。"

小王说:"还有一种情况也得考虑,表彰是为了寻找积极分子,如果没有找出积极分子,我们设定的表彰方案就有问题,如果大家隐患治理能力均未达到100%,就没有个人明星和单位红旗。"

施工部的付部长说:"我们可以把隐患治理能力作为乘积来处理,这样分包商基本管理能力就可以用一个公式表示出来。"

$$P_{SUB} = NC_{SUB} \times (0.6NI_{SUB} + 0.4QC_{SUB})$$

式中　P_{SUB}——分包商基本管理能力;

NC_{SUB}——EPC 总承包商确认分包商不符合项整改比率;

NI_{SUB}——分包商不符合项辨识比率;

QC_{SUB}——EPC 总承包商确认分包商工程质量报验管理能力。

小王说:"有了分包商基本能力计算公式,对分包商的基本能力评价就可能实现由定性到定量的转变。"

施工部的付部长说:"根据以上原理,也可以组织对我们 EPC 总承包商作业现场基本管理能力开展自评。"

$$P_{EPC} = NC_{EPC} \times (0.6NI_{EPC} + 0.4QC_{EPC})$$

式中　P_{EPC}——EPC 总承包商作业现场基本管理能力;

NC_{EPC}——监督机构确认 EPC 总承包商不符合项整改比率;

NI_{EPC}——EPC 总承包商不符合项辨识比率;

QC_{EPC}——EPC 总承包商工程质量报验确认能力。

小王说:"对于出现重大质量安全问题的分包商刘总具有否决权,对分包商上报的明星和分包商基本能力评价结果,最后要报刘总审批。"

小王把研究成果向张总进行了汇报。张总觉得小王提出的方案可行。

张总把小王提出的方案向刘总进行了汇报。

刘总觉得,通过评价指标,能够引导分包商不断提升自身能力,不断提高项目管理水平,使分包商由 EPC 总承包商加制监督,向分包商自主管理过渡。刘总决定,先试点,再推行。

张总向小王传达了刘总的指令。

小王找到付部长和小高,决定开展试点工作。

小高把分包商基本能力评价试点的事向吴总进行了汇报,吴总表示已接到刘总的指令,并让小高全力配合试点工作。

为了扩大试点工作的影响,小王与付部长协商后,决定召集 EPC 总承包项目管理研究小组成员,对试点方案进行了讨论。

三、完善管理责任链

（一）为什么要求没有落到实处？

小王觉得，我们现在的监督检查工作只停留在作业现场，而事实上，不符合项出现的主要原因在于管理责任，目前，对管理责任没有认真地追查，致使隐患治理不能落到实处。QHSE 部的胡部长在内控管理方面有所研究，于是，小王找 QHSE 部的胡部长探讨了如何通过对管理层的管理，完善管理责任链。

小王说："我们施工在标准化方面做了大量的工作。有施工技术标准，有施工组织设计，还有质量安全管理方面的作业指导书和各种检查表，作业现场出现的质量安全不符合项，都能找到标准或者管理文件方面的依据，说明我们的技术标准和管理文件基本上能够满足作业现场的各项活动要求。如果把这些要求落实到实际工作之中，就应该没有不符合项，而现场不符合项重现率居高不下，说明这些要求没有落到实处。"

QHSE 部的胡部长说："现场存在不符合项是管理存在问题的外在表象，其根源仍然是管理存在的问题。根据内控管理原理，我们应该对管理责任链进行跟踪分析，找出管理责任链出现问题的环节，然后，针对存在问题的环节采取相应措施，才能逐步减少不符合项出现的频率，乃至消除不符合项。"

小王说："我们应该逐步改变我们的监督管理方法，从不符合项入手，根据管理责任链去追查管理出现问题的环节。"

QHSE 部的胡部长说："作业现场之所以不符合项居高不下，就是管理责任链上的某一个环节上的问题没有消除。"

小王说："对，例如，公司颁发了临时用电'五统一'管理规定，但在监督检查中，临时用电不符合项居高不下。我们不仅要检查不符合项现象，还应该对不符合项产生的环节进行排查。临时用电监督检查的主要环节和内容有：一是检查管理环节是否存在问题，即管理体系是否符合规律要求，体系运行是否有效，体系更新是否及时，工作任务是否分解到管理、设计、采办、安装、运行管理等环节，责任是否落实到各级管理人员，管理界面是否清晰；二是检查设计环节是否存在问题，即是否开展临时用电规划与设计，设计是否符合现场实际需求，交底是否落实到位，变更是否及时；三是采购环节是否存在问题，即采购的设施是否符合质量安全标准要求，是否满足现场环境条件要求，是否方便现场操作使用；四是现场安装与防护环节是否存在问题，即现场安装是否符合质量安全标准

理顺

要求，防护措施是否得当，标志标识是否完善，安装完成后是否进行检查验收；五是运行维护管理环节是否存在问题，即是否有运行维护的管理制度，管理制度是否有执行人，执行人在运行维护过程中是否有记录，对记录中存在的问题是否及时提交相关责任人及时处理，处理完成后是否与运行维护人员进行交接检查验收。如果把管理的每一个环节责任落实了，不符合项就会自然减少，管理也就自然加强了。"

QHSE部的胡部长说："问题是我们现在开展的监督检查工作只查作业现场一个环节，就开始琢磨对分包商的说辞，诸如责心不强、技术交底不落实、监督检查不到位、以包代管、质量安全意识淡薄、投入不足等等，没有进一步对责任环节的追查。我们提到的这些原因，由于缺乏准确定位，分包商对这些说辞不重视，我们的监督检查人员也觉得自己做了大量不能引起人们重视的工作而感到郁闷。"

小王说："我们应对监督工作进行认真研究，不能仅停留在作业现场。"

（二）如何对管理责任链实施监督？

QHSE部的胡部长说："如果把监督工作分为几个阶段，也许能够找到问题的答案。把现场问题与标准规范对照，确定不符合项，是监督检查工作的第一阶段，也是最基础、最关键的一个阶段。在第一阶段，我们要熟悉设计图纸资料、标准规范、风险清单和不符合项案例，有实体不符合项的辨识能力。我们要继续追查实体不符合项产生的原因，就得查管理职责，即管理不符合项，监督检查工作就进入了第二阶段。第二阶段是根据体系查管理责任是否落实，这一阶段的主要工作是查管理文件，查责任记录。要把责任查清楚，我们就要熟悉项目管理体系，有对管理过程中的控制、监督、确认、协调与考核等责任的辨识能力，对管理体系架构有辨识能力。由于管理体系架构在不断地调整，目前，也没有相应的标准。管理不符合项如果仅依照分包商自己的标准——施工组织设计、作业指导书等发出，也可能存在问题。如果施工组织设计，或者作业指导书本身在管理方面就有错误，我们不能要求分包商继续扩大或者延续自己的管理错误。"

小王说："我们要顺利开展第二阶段的工作，还得制定和不断完善适应项目管理的体系标准。"

QHSE部的胡部长说："现在认证的管理体系都是内部管理体系，我们的管理体系如何与别人的管理内部体系有效对接，别人的管理体系与我们的管理体系是否能够有效对接，别人的管理体系是否符合我们的管理要求，这些衔接管理界

第七章 永无止境

面都是管理不符合项的重要来源。"

小王说:"第二阶段的监督检查工作要比第一阶段的监督检查工作要难得多。如果第二阶段的监督检查工作不启动,我们就只有永远停留在强制的监督管理阶段。"

QHSE部的胡部长说:"我们完成了EPC总承包项目管理试点工作,我们应该根据EPC总承包项目管理试点,抓紧制定EPC总承包项目管理标准,再查管理体系,我们就有依据,管理不符合项就能发出。"

小王说:"如果能够发出管理不符合项,我们就进入了对管理体系的治理阶段,这样就把作业现场的不符合项与管理不符合项联系起来,使管理过程中的控制链发挥作用。"

QHSE部的胡部长说:"管理体系能否有效地发挥作用,还取决于我们每一个管理人员、操作人员的能力。所以,第三阶段的监督检查工作就是追查管理人员、操作人员为什么没有正确履行责任,如何才能让管理人员、操作人员正确地履行责任,如何防止管理人员、操作人员不正确地履行责任。"

小王说:"要做到责任可追查,就必须书面化、信息化和流程化。"

QHSE部的胡部长说:"对,开展第三阶段的工作,必须有质量安全管理信息系统支持。第三阶段监督检查工作的重点是根据设计、采办、施工和运行维护管理流程和作业流程,看是否落实各项管理和作业要求。"

小王说:"第三阶段的监督检查工做对我们提出更高的要求,必须熟悉设计图纸资料、采办管理程序和设施技术参数、施工工艺要求和运行维护要求,把管理与工程技术有机融合。只有管理是空谈,只有技术是瞎谈,只有把技术与管理相结合,才能做到真抓实干。"

QHSE部的胡部长说:"第一阶段和第二阶段,我们都能做到,第三阶段,我们需要学习大量的工程技术知识,才能完成此项工作,因此,第三阶段的工作需要一个较长的过程。"

小王说:"最近与关总监进行过沟通,关总监在思考如何做好管理提升工作。讲了一管理责任链的故事。"

QHSE部的胡部长说:"那就讲一讲关总监完善管理责任链的故事,看是否对我们下一步工作有所启发。"

于是,小王向QHSE部的胡部长讲了关总监开展管理提升活动的故事。

关总监说:"提升管理,最关键的是管理者得管住自己,如果管不住自己,管理就不可能提升。管理提升的过程是:先得自己会做事,然后自己会管别人,

325

理顺

最后是自己得管住自己。做事就得有做事的标准，管别人就得有管别人的标准，管自己就得有管自己的要求。要当好总监，就得每天认真看现场监理人员的监理日志，只有自己每天坚持看现场监理的监理日志，现场监理才会认真履行职责；如果总监不看监理日志，现场监理出现的错误或者工作失误，现场监理的行为结果就没有人关注，如果长期没有人关注，现场监理就会出现偷懒的情形，最后，就可能出现质量安全事故。如果总监坚持认真看现场监理日志，现场监理活动过程中的不符合项就能及时提出，及时整改，确保对现场监理的有效管理。"

关总监说："有一次，在检查监理日志时，发现监理日志附图上有现场试验，而对承包商的检查确认却为零，于是，关总监把参与试验的乔监理叫来，查问原因。"

乔监理说："现场试验做了，符合设计及规范要求，承包商的技术员是把数据填错格了，我让他们返工，明天就送过来。"

关总监觉得，只有我们自己把这帮现场监理管住，承包商的管理才会改善。关总监说："试验做了，没有书面记录，要是外部监督检查人员查出来了，不就追究监理责任？"

乔监理说："我已给承包商的技术员说了，他们保证明天提交。"

关总监说："如果明天不交怎么办？"

乔监理说："我们除了再催，还有什么办法？"

关总监说："我们应对承包商下发管理不符合项，通过我们的不符合项管理程序，加强对承包商的管理，不能把承包商的管理不符合要求变成承包商管理人员与现场监理的交易。现场监理对承包商的技术员控制能力有限，搞不好，就会被承包商的技术员控制。对承包商的管理问题，我们要有清醒的头脑。"

（三）为什么要以责任链为基础，划分责任，实施考评？

小王说："后来，关总监根据现场监理的管理现状，建立了内部管理不符合项制度，现场监理过程中应下不符合项，而未下不符合项，记现场监理一次管理不符合要求；应履行确认管理程序，而未履行确认管理程序，记现场监理一次管理不符合要求；在承包商提交报验后，资料错误，未及时提交确认记录，现场监理应向承包商下发管理不符合项，如果现场监未下不符合项，就记现场监理一次管理不符合要求。外部检查单位检查的不符合项，如果现场监理管辖范围内，未下发不符合项，外部检查单位下发多少个不符合项，就记现场监理多少个管理不符合项，并把现场监理管理不符合项纳入月度考评，通过管理不符合项措施加强对现场监理的管理。"

QHSE部的胡部长说:"我们以前只是在检查现场作业环节,如果把管理不符合项纳入管理状态,就把各级管理人员的工作纳入管理状态,开始对管理环节的隐患进行辨识和治理。"

小王说:"对,关总监还根据现场监理下发的不符合项,由监理部对承包商管理环节进行追查,排查承包商管理环节是否存在管理不符合项,如果存在,就下发管理不符合项,并将管理不符合项纳入承包商的考评,以加强承包商管理环节的管理。关总监的这些措施,都是对监理工作的创新。"

QHSE部的胡部长说:"我们只有对分包商下发管理不符合项,监督检查工作才能进入第二阶段,这也是判断我们的监督检查水平是在第一阶段还是在第二阶段的一个重要标志。"

小王说:"对管理环节的监督检查,也就是对项目管理保障体系的监督检查。例如,对地基验槽环节的监督检查,如果勘察单位未参与地基验槽活动,就有可能是多个环节出现管理不符合项。如果是承包商完成基槽开挖,未通过程序通知勘察单位,就应该追查通知管理环节的不符合项。如果勘察单位的勘察合同已到期,未根据现场进度对合同延期,就应该追查合同管理环节的不符合项。管理环节不符合项的追查比现场实体不符合项的追查难度要大得多,只有加大管理环节的不符合项追查,才能不断完善管理责任链,堵住管理漏洞;只有堵住了管理漏洞,管理体系运行才会顺畅。"

QHSE部的胡部长说:"我们现在的管理往往是重现场实体环节的管理,轻视了管理环节的管理。我们往往可以说出现场一系列不符合项,而造成不符合项的管理环节问题,往往只有推论,没有准确结论。"

小王说:"如果从查实体不符合项的角度开展监督检查工作,监督工作相对容易;如果从完善管理责任链的角度开展监督检查工作,就相对复杂,有一定的难度。"

QHSE部的胡部长说:"管理环节的问题,也不外乎管理设计环节的问题和管理实施环节的问题。从管理设计环节上来说,一是是否开展了管理设计,即管理过程是否有程序;二是是否不断完善管理设计,即管理程序是否符合管理实际,是否针对管理实际,对不合适的管理程序进行及时修订,对程序未覆盖的管理过程,是否及时补充和完善管理程序。从管理实施环节上来说,一是管理人员是否知晓和熟练使用管理程序;二是管理过程是否认真执行了管理程序。"

小王说:"开展EPC总承包项目管理工作,不仅要对现场实体进行管理,还

应加强管理各环节的管理。每增加一个管理环节,就增加一个管理难度。如果不清楚管理规律,随着管理环节的增加,往往就不知道怎样开展管理。"

(四)为什么在多重选择的过程中,EPC 总承包商能够获取项目执行的主导权?

小王说:"有道数学题,约束条件是,两个人,每一个人每次至少取走一个字母,至多取走三个字母;寻求的答案是:看谁能得到最后一束花?"

QHSE 部的胡部长说:"我们可以找几个人来演练一下,看有什么结果?"

小王说:"我策划一下。"

小王设置了九个方案,如图 7-1 所示。

QHSE 部的胡部长说:"我们可以通过计时,评价按规律办事的效果。"

小王说:"通过计时,可以看一看,规律在复杂项目管理中的作用。"

小王找了六个人,每两人一组,分为甲、乙、丙三组。甲组两人标识为(1)和(2),乙组两人标识为(3)和(4),丙组两人标识为(5)和(6)。

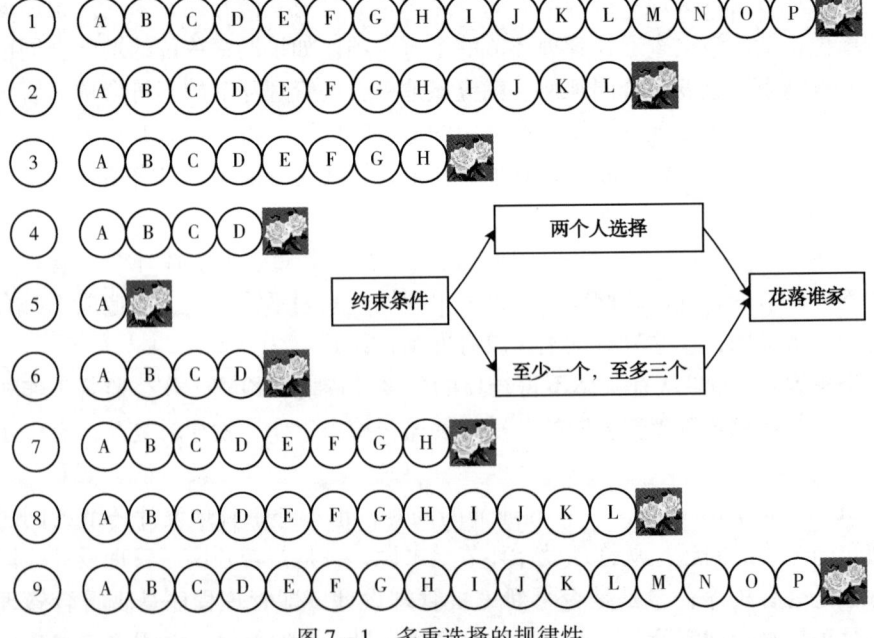

图 7-1 多重选择的规律性

小王编制了一张计时表 7-1,记录首先拿第一颗子的人取得首次胜利经历过失败的次数和消耗的时间。

328

表7-1 演练计时表

序号	甲组		乙组		丙组		先取先胜的
	(1)先(1)胜	(2)先(2)胜	(3)先(3)胜	(4)先(4)胜	(5)先(5)胜	(6)先(6)胜	次数/平均时间
①							
②							
③							
④							
⑤							
⑥							
⑦							
⑧							
⑨							

从表7-1中的数据可以看出，没有找到规律之前，失败的次数多，花费的时间长，找到规律后，失败的次数就显著减少，花费的时间也显著减少，效率也有了极大的提高。

有了演练数据，小王找到QHSE部的胡部长说："从①到④难度越来越小，而从⑥到⑨则没有难度。同样一道题，掌握了规律就易，没有掌握规律就难。我们的EPC总承包项目管理就正如这道数学题。只有按照EPC总承包项目管理的规律办事，我们搞好EPC总承包项目管理就容易，如果不按EPC总承包项目管理的规律办事，我们就可能永远做不对EPC总承包项目管理这道难题。"

QHSE部的胡部长说："EPC总承包项目管理较传统的设计、采办、施工管理要复杂得多。增加管理复杂性过程，也是努力化解矛盾，理顺管理的过程。我们只有加强多层级项目管理理论的学习和运用，才能面对'通过发展去解决矛盾'这一艰巨难题。"

小王说："问题是，我们每一个参与工程项目管理的人员都是有经验的人员，每一个都会按照自己的经验办事。每一个的经验并不一定符合EPC总承包项目管理的规律。"

QHSE部的胡部长说："这就是说我们的EPC总承包项目管理有风险。"

小王说："我们应该审查管理责任链，利用EPC总承包项目管理的规律，促进大家思想观念转变，完善责任链，推进管理流程化，有效防范责任风险。"

QHSE部的胡部长说："业主、监理、EPC总承包商、分包商在项目管理过程中，都曾有过主导项目的执行权，不仅我们EPC总承包项目管理有风险，整个项目管理也面临着风险。"

理顺

小王说:"业主有拿第一颗子的优先权,如果业主懂得复杂条件下的项目管理规律,业主就会取胜;监理的优先权仅次于业主,如果监理在多重选择的某一个环节获取了优先权,监理就会掌握项目管理的主动权;EPC 总承包商的优先权次于业主和监理,但是,EPC 总承包商掌握着资源的直接控制权,如果 EPC 总承包商利用自身的优势,也能够获取 EPC 总承包项目管理的主动权;分包商往往只有最后的选择权,在最后的选择中,往往利用自身的优势,获取了最后的主动权。"

QHSE 部的胡部长说:"整个项目执行有风险,也给我们 EPC 总承包项目管理带来了主导项目执行的机会。"

小王说:"谁主导,谁占优势。"

QHSE 部的胡部长说:"这种观念非常重要。如果我们 EPC 总承包商具有优势,就应成为工程建设的主导者。"

小王说:"1984 年开工建设的云南鲁布革水电站引水隧道工程,EPC 总承包商凭借自身的管理优势,成为工程建设的主导者。京津塘高速公路工程,咨询公司凭借知晓世界贷款项目规则的优势,成为工程建设的主导者。国外公司在我国能做到这一点,我们应积极创新思路,奋力开拓,才会有新的发展。"

QHSE 部的胡部长说:"如何开发我们的优势?"

小王说:"如果我们利用多层级项目管理原理和项目管理再平衡原理,实施一体化管理,打造负责任的 EPC 总承包商,就能开发我们的优势,就能够牢牢地把握项目管理执行的主导权。"

QHSE 部的胡部长说:"怎样才能实施一体化管理?"

小王说:"信息化,只有信息化,才能把业主、监理纳入我们 EPC 总承包商的管理一体化。"

QHSE 部的胡部长说:"打造负责任的 EPC 总承包商是业主的希望,也是监理的梦想。如果以此为目标,凭借我们的管理优势、信息化优势,推进项目管理一体化就一定能够成功。"

小王说:"通过一体化信息系统可以看出业主、监理、EPC 总承包商、分包商谁的隐患辨识能力最强,哪一个分包商的隐患治理最快,从而正确引导业主和监理规范项目管理。"

QHSE 部的胡部长说:"管理一体化就成为我们加强对业主、监理管理风险的一种管理手段。提升 EPC 总承包项目管理水平,只有从更广阔的视野看成问题,才能把各种风险纳入我们的管理状态,合理处置风险,使其处于受控状态。"

小王说："我们的 EPC 总承包项目管理要想取得更大的成就，必须对 EPC 总承包项目管理进行更深入的研究，凭借我们对资源的直接控制优势，进一步推进质量安全管理，不断夯实发展基础。"

四、流程化高速公路

随着管理流程化的推进，管理责任链上的问题也层出不穷，小王也时常听到分包商和业主反映 EPC 总承包商的管理人员遇事推诿的行为。如何加强内控管理，防范管理风险，也显得越来越迫切。

一天，小王与 QHSE 部的胡部长谈起如何有效防范流程化管理的风险。

小王说："我们发现了项目管理体系构建规律，却出现了项目管理竞争。我们发现项目管理再平衡原理，又出现了项目管理负平衡。我们刚从直接控制转化到间接控制，如果我们从间接控制转化到量化控制，还会遇到新问题、新矛盾。"

QHSE 部的胡部长说："流程化管理，使工作任务远离了工作成果带来的不利后果，如果不对责任进行记录，并对不负责任的行为予以追究，流程化管理会给项目带来更大的质量安全风险。为了有效防范风险，必须把管理流程信息化，通过信息化促进管理流程运行透明化，监督工作信息化。"

小王说："问题是大家都对信息化不感兴趣。"

QHSE 部的胡部长说"现在最大的问题是，我们在修建一条管理高速公路，经验式的管理就如同双腿走路，走在乡村的小路上，觉得很舒适；而现在，我们要让经验式的管理者用双腿在高速公路上走路，经验式的管理者总想翻栏杆，抄近路。"

小王说："管理加栏杆是为了更安全，加完栏杆就有不方便；大家想抄近路，不想绕弯，就去翻栏杆；翻栏杆就成了习惯性违章。如果我们的管理要求已经加了栏杆，而作业现场仍然处在乡村小路上，我们的检查人员，以高速公路的标准去检查，那肯定到处都是习惯性违章。"

QHSE 部的胡部长说："设计时速低于六十公里的车辆，就不能上高速公路，行人更不能在高速公路上行走。"

小王说："这就是说，我们的管理必须有准入标准。我们现在修建了一条管理高速公路，由于没有准入标准，低速车辆和行人都在管理高速公路上行走，最后，我们修建的管理高速公路，在实际使用过程中，变为乡村公路。"

QHSE 部的胡部长："通过这么一梳理，质量安全环保健康管理标准化也变得十分迫切。"

小王说："隐患治理，我们得有新思路。"

QHSE 部的胡部长说："我们不能只看到交通堵塞，就站在大街上疏导交通，现在很多大城市都有绕城高速，分流就是隐患治理的新思路。"

小王说："专业化就是一种分流措施，是隐患治理的上等措施。以往脚手架和混凝土工程是安全和质量的最大隐患，现在脚手架有专门的承包商，混凝土有专门的生产商，隐患很快就得到了治理。"

QHSE 部的胡部长说："我们不仅要盯着隐患去治理，更应该创造新的管理措施，消除隐患存在的基础。"

小王说："不是大型项目，不是总承包，我们就很难创造性地开拓管理新思路。"

QHSE 部的胡部长说："我们现在有大型项目，有总承包的机会，我们就得抓紧修建管理高速公路，提升我们的管理水平。"

小王说："我们在修建高速公路的同时，还得开发车辆，还得让大家买得起，还得让大家方便使用，还得让大家喜欢用，我们的管理才能成功。"

QHSE 部的胡部长说："我们用多层级管理架构理论修建项目管理信息化高速公路，信息化用户就是管理高速公路上的车，我们在信息化管理方面做了大量的工作，有基础，只要加强引导，大家采用信息化的方式开展项目管理，我们的管理方式就能够有效推行，最后，就会成功。"

小王说："我们通过试点，修了一条简化的高速公路，我们一方面得完善高速公路上的标识；另一方面，还得引导大家适应信息化条件下的项目管理。原来想，试点工作完成后，我们的管理创新就会告一段落，没有想到试点之后，还有这么多工作要做。"

QHSE 部的胡部长说："我们的管理信息化高速公路建设也得加快推进，随着大家对多层级项目管理架构理论的理解与实践，也会有更多的单位和人员，开始参与管理信息化高速公路的建设，如果我们落后了，就只能依托别人的管理信息化之路，如果我们对别人管理信息化之路熟悉还好，知道怎么走。"

小王说："问题是管理信息化之路并非全是管理信息化高速公路，如果让我们走别人开发的管理信息化乡村之路，我们研究的信息化管理之车就不能充分发挥作用。"

QHSE 部的胡部长说："如果我们是规模型企业，如果我们要想在项目管理上不断突破，如果我们要在项目管理方面领先，我们就必须建立自己的项目管理信息化高速公路。否则，我们的发展、我们的未来就受制于人，别人发展，我们就跟着发展；别人不发展，我们就不得不停止发展。"

小王说:"管理竞争,已由个人竞争,变成集团式的竞争,这种竞争,成功就会造就一个优秀的企业,引领时代的发展;失败,就只有跟随别人发展。"

QHSE 部的胡部长说:"信息化涉及到一个企业未来发展的安全,我们必须坚持有自主的信息化发展之路,努力开拓,不断奋进,才有光明的未来。"

小王说:"没有我们自己的信息化,我们管理探索的成果就无法转化成现实的生产力,为了引领管理的潮头,管理信息化,已是时不我待。"

QHSE 部的胡部长说:"管理探索,也永无止境。"

五、管理效率与效益 ▶▶▶

为解决 EPC 总承包项目管理成果推进过程中的突出问题,张总召集 EPC 总承包项目管理研究小组成员进行了座谈。在座谈会上,张总强调我们要尽快地把 EPC 总承包项目管理创新的成果转化为现实的生产力。为减少成果转化的阻力,决定下周四召开 EPC 总承包项目管理创新经验交流会。经验交流会的主题是:打造负责任的服务型 EPC 总承包商。张总与 EPC 总承包项目管理创新实施小组人员交流,并确定了交流题目。

小王的交流题目是:管理效率与效益。

1. 创新前的组织架构和创新后的组织架构分析,如图 7-2 所示及见表 7-2。

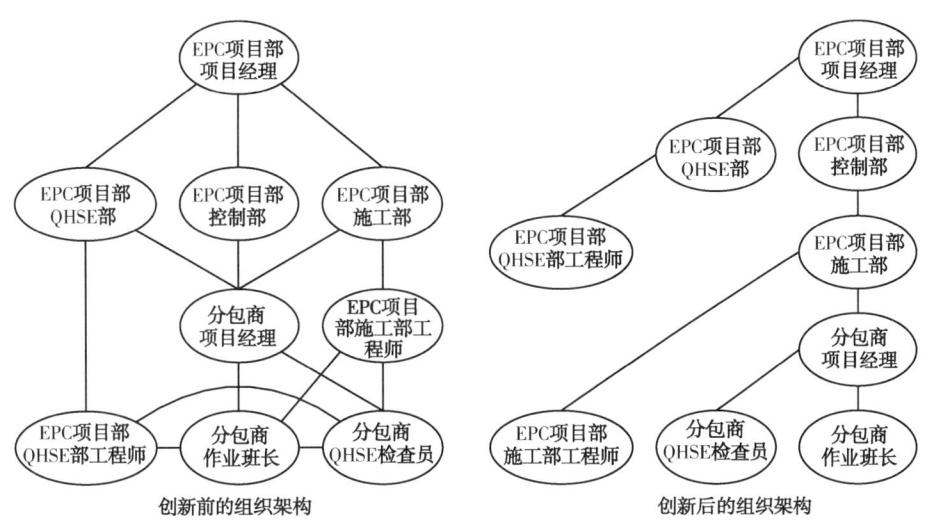

图 7-2 创新前后组织架构对比

表7-2 创新前后组织架构对比分析表

序号	对比项目	创新前	创新后
1	EPC项目部项目经理	直接控制施工部、控制部和QHSE部	重点控制控制部,重点关注QHSE部
2	QHSE部	直接控制分包商	监督施工部及分包商
3	控制部	直接控制分包商	直接控制施工部
4	施工部	直接控制分包商	直接控制分包商
5	QHSE部工程师	直接控制分包商作业班长和QHSE检查员	监督施工部工程师、分包商QHSE检查员和作业班长
6	施工部工程师	直接控制分包商作业班长和QHSE检查员	监督分包商作业班长和QHSE检查员,确认QHSE检查员的工作成果
7	分包商项目经理	直接控制分包商作业班长和QHSE检查员	重点控制分包商作业班长,重点关注QHSE检查员
8	分包商QHSE检查员	直接控制作业班长	监督分包商作业班长,确认作业班长的工作成果
9	信息化、流程化管理	多头管理,难以信息化、流程化管理	由于需要信息交换,需要信息化、流程化管理
10	QHSE不符合项	由QHSE负责发布和落实,矛盾大、冲突大	由QHSE部发布,施工部落实,矛盾小、冲突小,安全由施工部负责
11	控制指令	不唯一,存在多头管理,效率低下	控制指令唯一,监督与控制分离,QHSE部和施工部现场管理人员可以压缩

结论:理顺后QHSE部和施工部的人员可以压缩,控制部的人员可以适当增加。

2. 判断管理体系是否正确的检验方法与标准。

小王谈到,一个管理体系是否能够理顺,取决于管理架构是否符合规律要求，符合规律要求，就有可能理顺，不符合规律要求，就不可能理顺。

判断一个管理体系是否符合规律的方法是不符合项示踪法，即在管理体系的任意管理节点上加载一个不符合项，如果不符合项只有唯一的管理流程，并且能够顺利，无矛盾地流转，并最终得到解决，这个管理体系就符合规律要求，项目就可能理顺；如果在管理体系的任意管理节点上加载一个不符合项，不符合项有多个管理流程，并且按照任一管理流程流转，会产生矛盾和冲突，最终使得不符合项在矛盾中得到解决，这个管理体系就不符合规律要求，项目就难以理顺。

比如，创新前，QHSE部的工程师在现场发现不符合项，就有多种途径去解决。

一是QHSE部的工程师直接找作业班长解决。如果作业班长手中有足够的资源可以解决，如果没有资源就难以解决。如果作业过程中，分包商的项目经理对作业班长有要求，作业班长首先满足分包商项目经理的需求，然后，才是QHSE部的工程师的需求。因此，该路径存在一定的质量安全管理风险。

二是QHSE部的工程师直接找分包商的QHSE检查员解决。如果QHSE检查员能够顺利地指挥和调动作业班长，就可以解决；如果不能调动，就不能解决。用该方案实施质量安全管理，会有一定的风险性。

三是QHSE部的工程师找QHSE部解决。QHSE部找分包商的项目经理，而分包商的项目经理有两条路径可以解决，一条是通过作业班长，一条是通过QHSE检查员。如果分包商的项目经理面临施工部的压力，在资源有限的情况下，分包商的项目经理往往会优先安排施工部的工作，然后才是QHSE部安排工作，这样，相关问题就难以及时解决。

结论：创新前，管理体系难以理顺。

创新后，在管理体系的任意管理节点上，加载一个不符合项，讨论如下：

QHSE部的工程师在现场发现不符合项，找QHSE部；QHSE部找项目经理；项目经理找控制部；控制部找施工部；施工部找分包商的项目经理；分包商的项目经理找作业班长，路径唯一，可以解决。管理体系可以理顺。

施工部的工程师在现场发现不符合项，找施工部；施工部找分包商的项目经理；分包商的项目经理找作业班长，路径唯一，可以解决。管理体系可以理顺。

分包商的QHSE检查员在现场发现不符合项，找分包商的项目经理；分包商的项目经理找作业班长，路径唯一，可以解决。管理体系可以理顺。

创新前后信息流转如图 7-3 所示：

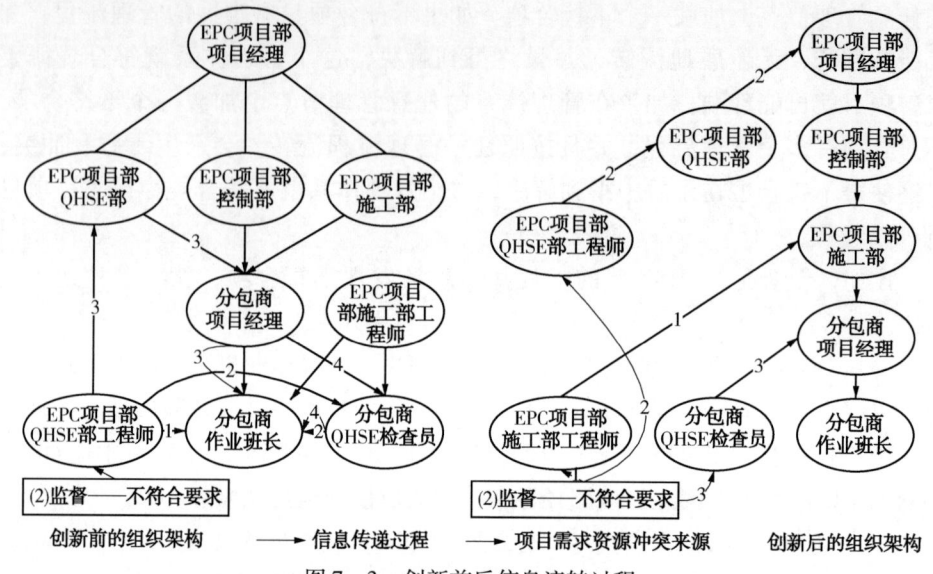

图 7-3 创新前后信息流转过程

结论：创新后，管理体系可以理顺。

3. 认清管理链，落实控制权。

创新前，质量安全管理控制链不唯一，管质量安全，就得对质量安全行使控制权，造成质量安全管理人员与生产管理人员争控制权，由于生产管理人员控制主要资源，这样项目执行过程中的主要资源主要集中在工程进度上，质量安全处于次要地位，难以落实《安全生产法》中的谁管生产，谁负责安全的精神。

创新后，质量安全管理控制链唯一，监督部门负责质量安全的监督管理，控制部门负责质量安全管理的控制，从体系上，把《安全生产法》中的谁管生产，谁负责安全的精神落实到生产管理之中。

结论：创新前，谁管质量安全，谁危险；创新后，谁管生产，谁负责安全。

4. 管理体系与隐患治理。

创新前，作业现场制造隐患，QHSE 部门治理隐患，隐患治理是一种消耗战，由于管理体系不顺，隐患治理没有尽头，不能够进入隐患歼灭战关口。

创新后，作业现场存在隐患，监督部门或人员（QHSE 部工程师、施工部工程师、分包商的 QHSE 检查员、作业班长等）发现隐患，项目经理和控制部门（控制部、施工部、分包商项目经理、作业班长等）治理隐患。隐患治理纳入控制环节，管理体系顺，隐患治理进入歼灭战关口。创新后的管理架构实现了监控分离，如图 7-4 所示。

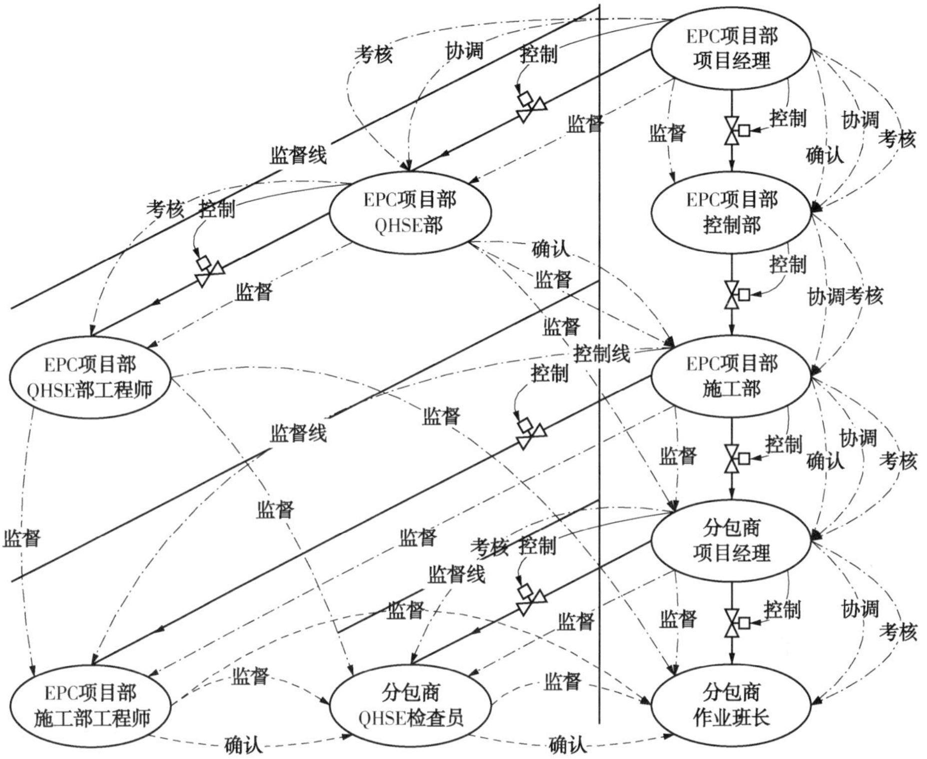

图 7-4　监控分离——监督线与控制线

结论：管理体系不符合规律要求，管理理不顺，不能完成隐患歼灭战；管理体系符合规律要求，管理可以理顺，能够完成隐患歼灭战。

5. 创新后的项目管理流程模型。

小王对照项目管理流程模型（图 7-5），对各管理节点的工作作了简要介绍。

从图 7-5 可以看出，EPC 总承包项目管理过程，始终是五个管理要素之间的有机协同配合的过程。五个管理要素之间的协同，信息的交换，构成了项目管理体系。为了更简洁地认清控制、控制与监督、控制与确认、控制与协调、控制与考核之间的关系，我们可以把图 7-5 进行分解如下：

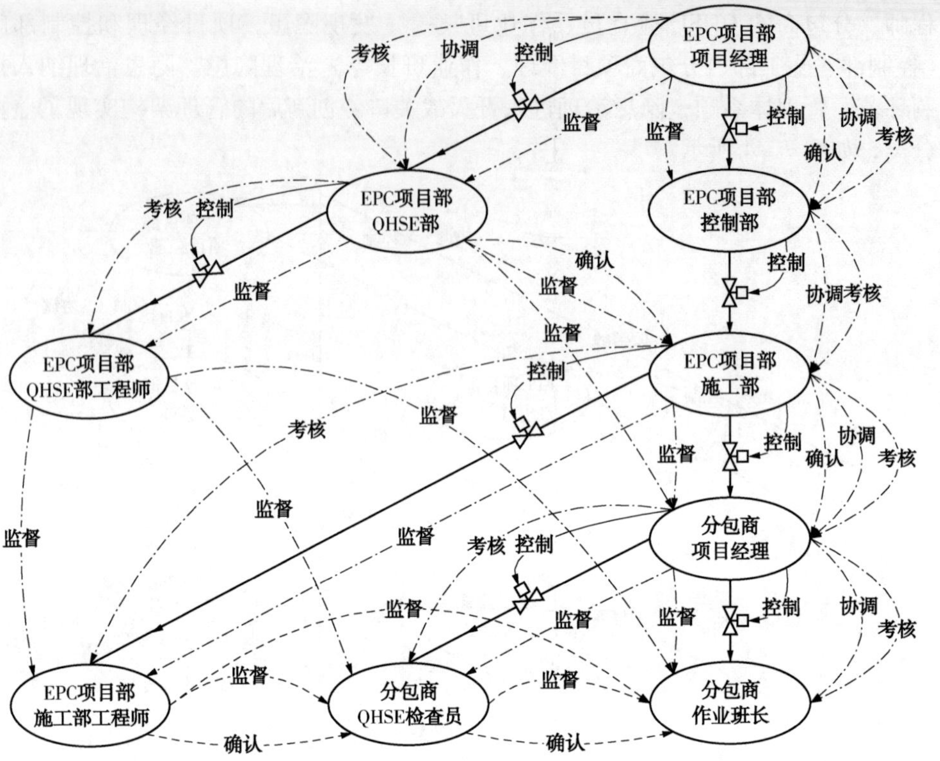

图 7-5 EPC 总承包施工管理模型

EPC 总承包项目各管理节点的控制关系如图 7-6 所示；EPC 总承包项目各管理节点的控制与监督关系如图 7-7 所示；EPC 总承包项目各管理节点的控制与确认关系如图 7-8 所示；EPC 总承包项目各管理节点的控制与协调、考核关系如图 7-9 所示。

从图 7-6、图 7-7、图 7-8、图 7-9 可知，控制与资源关联，控制与监督关联，控制与确认关联，控制与协调关联，控制与考核关联。没有资源就没有控制，没有控制就没有监督、确认、协调、考核。项目管理是以计划为目标，以资源为基础，控制为主轴，监督、确认、协调、考核为支撑的管理体系。EPC 总承包项目管理过程，就是控制、监督、确认、协调、考核信息交换的过程，项目越大，信息交换量越大，管理越复杂。因此，只有在信息化条件下，才能真正实现 EPC 总承包项目管理，没有信息化就没有 EPC 总承包项目管理。

结论：EPC 总承包项目管理信息系统只有自己开发，才能满足我们的 EPC 总承包项目管理不断发展的需求。

第七章 永无止境

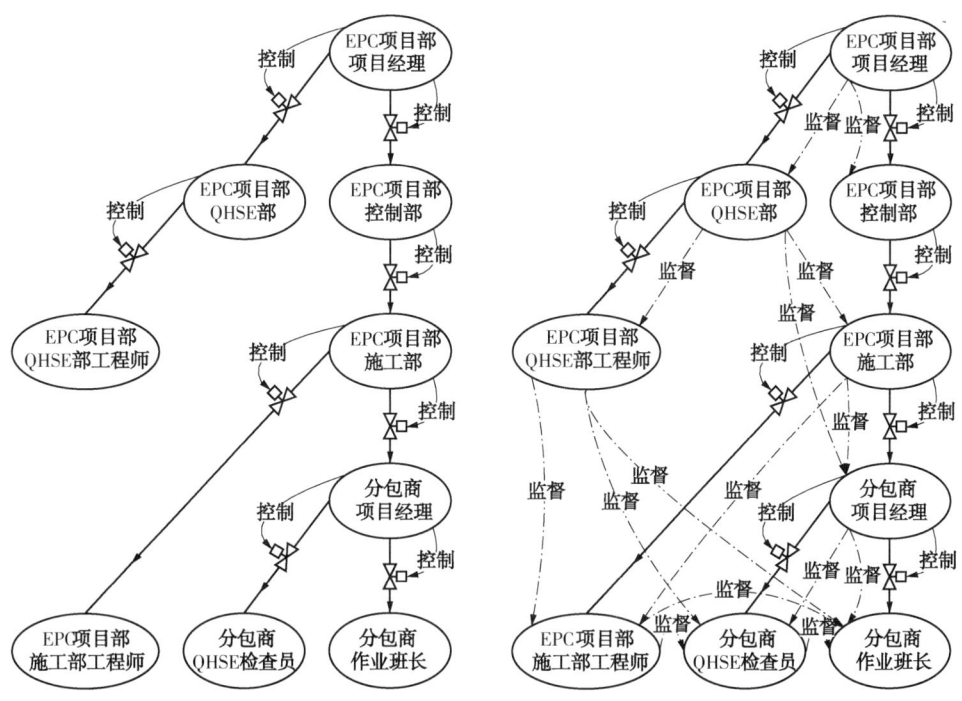

图7-6 各管理节点的控制关系　　图7-7 各管理节点的控制与监督关系

6. 管理架构与效益、速度。

资源质量决定了资源在管理架构中流动的效益。正如我们的管道系统，优质资源在管道系统中流动就顺畅，管道系统的利用能力就高，例如天然气和成品油。如果是高黏度原油，在管道系统中流动，就得采取措施。我们的管理也是这样，如果大家对工程建设管理内容非常熟悉，项目管理就顺畅，如果大家对工程建设管理内容不熟悉，我们就得采取加热措施或化学措施以降低黏度——加强培训或采用奖励机制。

资源的数量决定了管理架构的规模。管理架构必须与其中资源的流动量和资源的品质相适应。资源流动量越大，管理架构就会越复杂。资源流动量越小，管理架构就越简单。只有管理架构与资源流动量相匹配，管理效率才最高，管理效益才最优。大管道如果与高黏度原油流动量不匹配，管理过程就会出现互相斗争。如果项目管理人员越多，管理水平越低，项目管理过程中的斗争也就越严重。项目管理过程中，管理人员适度效率最高。因此，根据管理架构，适度控制项目管理人员有助于加强项目管理。

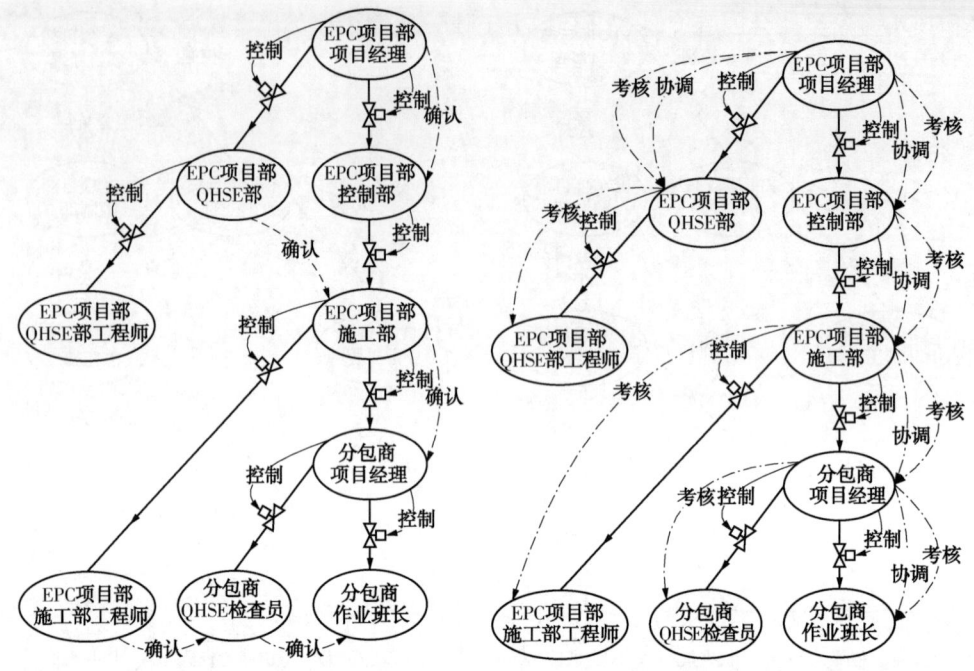

图7-8 各管理节点的控制与确认关系　　图7-9 各管理节点的控制与协调、考核关系

小型项目管理架构就如同一条没有分道线的乡村路,中型项目管理架构就如同一条有隔离带的单向公路,大型项目管理架构就如同一条只允许单向通行的快速路,特大型项目管理架构就如同一条高速公路。以计划为目标,以资源为基础,控制为主轴,监督、确认、协调、考核为支撑的管理体系,使原来管理体系中存在的多头控制,转变为唯一控制,使项目管理架构变为如同一条有隔离带的单向公路、快速路、高速公路。

结论:需要我们一手抓管理资源开发,提升管理资源的质量,一手抓管理架构的完善,提升管理基础设施的水平,使资源流动与管理架构相适应,通过改善资源质量和调整管理架构,不断提升管理水平。

7. 让安全文化创造效益。

问题:文化、理念与科学、技术之间有什么关联?

文化和理念的源泉是什么?是大师们的沉思,还是伟人们的梦想?

从托勒密的"地心说",到哥白尼的"日心说",到牛顿的万有引力定律,到观测天体的质量和计量地球上物体的重量,诠释着一种文化和理念,这种文化和理念就是引导人们走近科学和技术,认识、体验、实践科学和技术,并使科学和技术为人类社会创造价值。万有引力定律传递的一种文化和理念就是在地球的不同位上,同等质量的物体,可能会有不同的重量。

文化和理念有三个来源,一是实践体验和经验,如守株待兔的故事;二是科学和技术,如起重设备必须与电力线保持安全距离,我们在电力线下面作业,就必须遵循这个原则,这就是电磁理论形成的安全文化和理念;三是人的欲望,如生命至上,亲情无价,就会形成关爱生命的安全文化和理念。

如何正确地处理文化和理念的三个来源?我们可以利用法、儒、道来分析文化和理念与科学和技术、体验和经验、欲望三个来源之间的关系。

从图7-10中可以看出,文化和理念应人的欲望为动力,以科学和技术为基础。通过文化和理念管理措施,增强我们的欲望,提升我们应用科学和技术的自觉性。

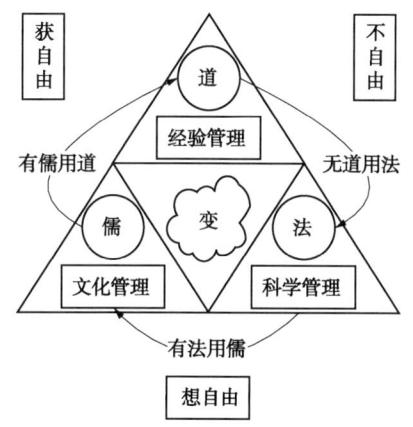

图7-10 科学管理、文化管理与
经验管理之间的关系

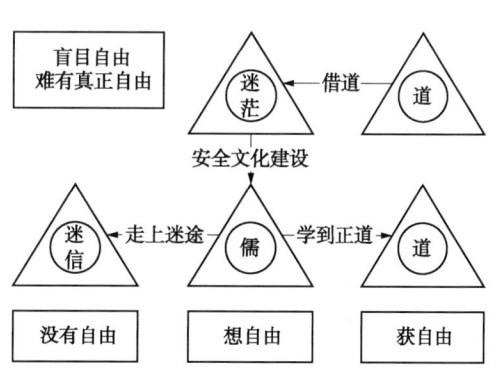

图7-11 迷信与正道

如果我们不以科学、技术为基础,以人为本来培育我们的安全文化,而是从他人经验出发,培育我们的安全文化,就可能有一定的风险,从图7-11可以看出,如果学到了正道,我们就获"道",如果对他人之道痴迷,就可能继续走上迷途。

文化和理念、科学和技术、领导、市场、商业价值、企业发展之间的关系如图7-12所示。

我们应以人为本,生命至上为基本原则,利用多层级项目管理原理和项目管理再平衡原理,推进安全文化建设。在体系管理方面,我们倡导"控制依权、监督依势、确认依规、协调依情、考核依约"的管理原则;在风险管理方面,我们

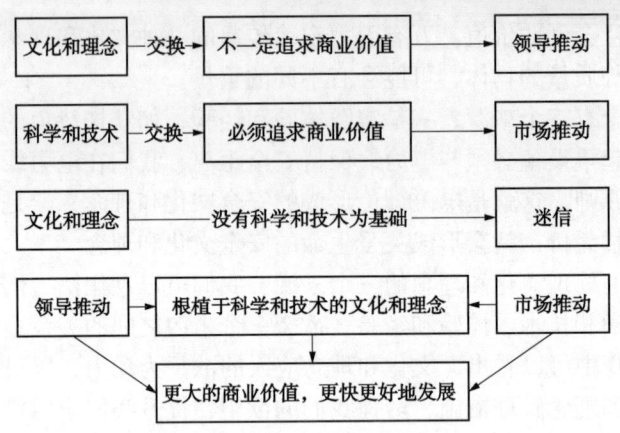

图7-12 科学技术转化成商业对文化建设的推动作用

倡导"本位管理原则、主体责任原则、系统管理原则、明示管理原则和反馈管理原则";在监督、控制与执行管理方面,我们倡导"监督逢错必报,控制有错必纠,执行知错必改"的管理原则;面对大型项目的管理竞争,我们倡导"权、势、法、度的平衡",促使项目过程管理,在竞争中走向融合、平衡、统一;在系统管理方面,我们倡导"源头控制、过程监督、成果确认、事中协调、事后考核",强化项目约束,提升自主管理水平。

推行安全文化建设,需要关注的几个问题:

一是必须坚持以人为本。

二是一定要弄清安全文化背后的科学、技术内涵,避免盲目照抄照搬他人安全文化。

报告或指令在某个环节沿着非控制链传递就是严格监督文化,报告或指令始终沿着控制链传递就是自主管理文化,如果坚持严格监督的文化理念,就难以走出严格监督阶段,如果积极推进自主管理的文化理念,就会逐步走出严格监督阶段,迈向自主管理阶段。

三是推行安全文化建立,一定要正视自己的发展基础。人力资源质量决定文化建设的推进质量,反过来,文化建设的质量又会推动和提升人力资源质量。

四是安全文化建设应以提升项目安全管理水平和安全管理效益为导向,避免形式主义和表面文章,没有实质内涵的口号式安全文化。

没有安全文化不行,只有安全文化,不注重科学技术的应用,这种安全文化建设最终会误入歧途,由于没有商业价值,没有提升管理效益,最终会走向消亡。

结论：安全文化建设应坚持以人为本，突出科学、技术的结合，以市场、效益和提升管理水平为导向，理论结合实际，积极探索实践，不断提高安全管理的自主性，最终走出严格监督阶段。

8. 推进管理一体化，打造负责任的 EPC 总承包商。

EPC 总承包商的优势分析：

一是人才、技术、管理、文化方面的优势。EPC 总承包商为适应市场竞争的需要，只有不断扩大人才、技术、管理、文化方面的优势，才能提升市场影响能力，夯实发展基础。

二是资源规模优势。在人力资源和设备设施的投入方面，EPC 总承包商要远远超出业主、监理。

三是控制能力优势。EPC 总承包商直接控制分包商，主导分包商的管理。

EPC 总承包商的劣势分析：

一是从管理层次上，EPC 总承包商在业主和监理之下，受制于业主和监理的管理。

二是在资源投入上，受业主的资金制约。

三是在管理能力上，受分包商的能力制约。

EPC 总承包商削减劣势，增加优势的对策：

一是利用管理优势，主导项目管理，突破业主和监理的制约。

二是利用资源投入的信息优势，引导业主资金投入。

三是利用 EPC 总承包商市场优势，引导分包商加强项目管理、调节资源投入，提升对分包商的控制能力。

通过占据项目的主导权，推进管理一体化，打造负责任的 EPC 总承包商。

9. 新管理、新未来。

新管理——系统化、网络化、节点化、7-13 所示。

（1）系统化——只有从系统化的角度，建立设计、采办、制造、储运、施工一体化的管理体系，才能实现资源的有效配置。

（2）网络化——管理过程中的数据是根据管理需求而流动，只有从网络化

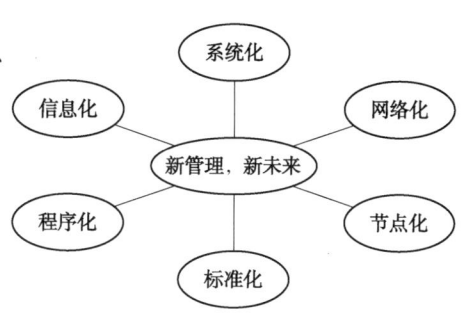

图 7-13 新管理思维方式

的角度，分析管理需求，才能理清数据之间的关系，发挥过程管理信息在项目管理过程中的作用。

（3）节点化——每一个管理节点的管理过程都是独立的，理清每一个管理节点的关联需求数据，是实现复杂管理的基础。

（4）标准化——多节点之间协同的数据交换，必须以标准化为基础，只有这样才能加快信息的流动，为管理提供决策依据。

（5）程序化——多节点之间标准数据的交换，可以按照规定的程序进行，简化和规范了过程管理，降低了管理难度，提高了管理效率。

（6）信息化——网络化的结构，节点化的管理，标准化的接口、程序化的运作，为信息化提供基础，适应时代的发展潮流，提升管理水平，提高管理效率。

结论：新管理突破大型项目矩阵式管理思维，进入系统化、网络化、节点化管理新时代，能够用我们的聪明才智，创造新未来。

最后，小王说道："EPC总承包项目管理任重道远，需要我们长期的努力，才能突破。让我们努力自我开发，使自己成为一辆优秀的管理之车，让我们共同努力，建设一条项目管理高速公路，适应大型项目管理的需要。好车配好路，管理提速度，为了美好的未来，让我们共同奋斗吧！谢谢！"

小王的发言，赢得了大家的热烈掌声。

在经验交流会上，刘总听了大家的发言后，认为开展EPC总承包项目管理试点工作非常必要，一方面，投石问路，大胆试验，避开矛盾；另一方面，通过试点，引导创新，化解矛盾。尤其是听了小王的报告后，刘总与张副总协商，应该尽快启动EPC项目管理研究工作，加快制定EPC总承包项目管理标准，以理论指导实践，以标准规范管理，深入推进EPC总承包项目管理，突出我们的管理优势，力争把我们自己打造成负责任的服务型EPC总承包商。